Buchner / Koenig / Schuppener
Inklusive Forschung

Tobias Buchner
Oliver Koenig
Saskia Schuppener
(Hrsg.)

Inklusive Forschung

Gemeinsam mit Menschen mit
Lernschwierigkeiten forschen

Verlag Julius Klinkhardt
Bad Heilbrunn • 2016

Dieser Titel wurde in das Programm des Verlages mittels eines Peer-Review-Verfahrens aufgenommen. Für weitere Informationen siehe www.klinkhardt.de.

Bibliografische Information der Deutschen Nationalbibliothek
Die Deutsche Nationalbibliothek verzeichnet diese Publikation
in der Deutschen Nationalbibliografie; detaillierte bibliografische Daten
sind im Internet abrufbar über http://dnb.d-nb.de.

2016.k. © by Julius Klinkhardt.
Das Werk ist einschließlich aller seiner Teile urheberrechtlich geschützt.
Jede Verwertung außerhalb der engen Grenzen des Urheberrechtsgesetzes ist ohne Zustimmung des Verlages unzulässig und strafbar. Das gilt insbesondere für Vervielfältigungen, Übersetzungen, Mikroverfilmungen und die Einspeicherung und Verarbeitung in elektronischen Systemen.

Bildnachweis Cover: „Schmetterlinge" © Patrick Siegl, München.
Druck und Bindung: AZ Druck und Datentechnik, Kempten.
Printed in Germany 2016.
Gedruckt auf chlorfrei gebleichtem alterungsbeständigem Papier.

ISBN 978-3-7815-2079-0

Inhaltsverzeichnis

Jan Walmsley und Kelley Johnson
Vorwort 9

Saskia Schuppener, Tobias Buchner und Oliver Koenig
Einführung in den Band: Zur Position Inklusiver Forschung 13

1 Grundlagen

Geschichte der Forschung

Gottfried Biewer und Vera Moser
Geschichte bildungswissenschaftlicher Forschung zu Behinderungen 24

Entwicklungslinien gemeinsamen Forschens

Stephanie Goeke
Zum Stand, den Ursprüngen und zukünftigen Entwicklungen
gemeinsamen Forschens im Kontext von Behinderung 37

Durchführung partizipativer und inklusiver Forschung

Hella von Unger
Gemeinsam forschen – Wie soll das gehen?
Methodische und forschungspraktische Hinweise 54

Carlisle People First Research Team Ltd.
Who we are and what we do 69

Anforderungen und Merkmale partizipativer und inklusiver Forschung

Mandy Hauser
Qualitätskriterien für die Inklusive Forschung mit
Menschen mit Lernschwierigkeiten 77

2 Forschungsprojekte

Gertraud Kremsner
„Weil sie mir immer eingeredet haben, es geht nicht" –
Biographische Erzählungen von Menschen mit Lernschwierigkeiten
in (totalen) Institutionen 100

Karen Kohlmann und Anne Goldbach
Gemeinsam Forschen. Kultur für ALLE 112

Monika Seifert
„Leben im Quartier" – Menschen mit Lernschwierigkeiten als AkteurInnen
im Kontext eines teilhabeorientierten Forschungsprojektes 125

Raphael Zahnd und Barbara Egloff
Das Forschungsprojekt „Lebensgeschichten" 137

Petra Flieger und Volker Schönwiese
Das Bildnis eines behinderten Mannes –
ein partizipatives Forschungsprojekt 147

*Tobias Buchner, Rainer Grubich, Ulrike Fleischanderl, Oliver Koenig und
Sylvia Nösterer-Scheiner*
Inclusive Spaces – SchülerInnen erforschen
die sozialen Räume an ihren Schulen 159

Jana Zehle
Eye and I of the Camera – Der Blick auf mich
Ein Photovoice Projekt im Norden Äthiopiens 172

3 Kritische Reflexionen und Erweiterungen

Herausforderungen und Barrieren Inklusiver Forschung

Melanie Nind
Towards a second generation of inclusive research 186

Methodologische Reflexionsansätze

Tina Goethals, Geert Van Hove, Lien Van Breda und Elisabeth De Schauwer
Researching together: voice as a guide in research 199

Monika Wagner-Willi
Kritischer Diskurs Inklusiver Forschung
aus Sicht der praxeologischen Wissenssoziologie 216

Annäherungs- und Ausgrenzungsprozesse durch inklusive und partizipative Forschung

Val Williams
Being a researcher with intellectual disabilities:
the hallmarks of inclusive research in action 231

Wiebke Curdt
Machtstrukturen im Kontext partizipativer Forschung 247

Partizipatorische Forschung mit Kindern mit Lernschwierigkeiten

Mary Kellett
Making it happen:
young people with learning difficulties undertaking their own research   260

4 Inklusive Hochschule

Mandy Hauser, Saskia Schuppener, Gertraud Kremsner, Oliver Koenig und Tobias Buchner
Auf dem Weg zu einer Inklusiven Hochschule?
Entwicklungen in Großbritannien, Irland, Deutschland und Österreich 278

Karin Terfloth und Theo Klauß
Menschen mit Lernschwierigkeiten an der Hochschule!? 290

Molly O'Keeffe, Edurne Garcia Iriarte, Zoe Hughes und John Kubiak
The impact and journey of the Certificate in
Contemporary Living (CCL) – a third level course for adults
with intellectual disabilities at Trinitiy College, Dublin (Ireland).................. 306

Ausblick

Oliver Koenig, Tobias Buchner und Saskia Schuppener
Inklusive Forschung im deutschsprachigen Raum:
Standortbestimmung, Herausforderungen und ein Blick in die Zukunft 320

Autorinnen und Autoren 334

Jan Walmsley und Kelley Johnson

Vorwort

Inclusive Research: a remarkable journey

As 'grandmothers' of inclusive research, we are honoured to write the preface to this remarkable book. Reading it marks a coming of age for a movement (and we use that word consciously) which began long before it was named in the early 2000s. It was part of the swing to optimism about the potential of people with intellectual disabilities which characterised the later twentieth century. Inclusive research went alongside and was part of the recognition of people with intellectual disabilities as fellow citizens, not people to be feared or pitied, but people who could speak for themselves, and take their place in many spheres of life, including research. As grandmothers, like parents, we have watched inclusive research grow and develop since we wrote a book trying to document both its origins and methodologies in 2003 (Walmsley & Johnson 2003). From small beginnings inclusive research has now become a diverse movement involving researchers in many different countries across the world. Sometimes there is a hesitant first step towards it by academic researchers, who for the first time, seek the views of people with intellectual disability. Sometimes the research is controlled by people with intellectual disability and sometimes they are involved as paid community researchers.

But while inclusive research is a great movement, it is also a confusing one. We believe this is because the reasons for doing inclusive research are quite diverse, and it's not always about the best methodology to address the research questions. It is sometimes done for other, possibly equally valid reasons. This is because it is part of a movement, not just another research methodology.

The key thing about inclusive research is that it seeks to enable people with intellectual disabilities to be more than just subjects for professional researchers. This is well illustrated when we consider very early research in which people with intellectual disabilities were witnesses to their own lives. Arguably this started with US sociologist Robert Edgerton. He interviewed people who had left the Pacific State Institution in California in the early 1960s. Edgerton has been criticised because he viewed what people said to him through a particular lens, that their primary task was to overcome stigma, following Goffman (1963). Nevertheless he gathered some fantastic first person testimony, worth reading today if you can get hold of his early books, particularly Cloak Of Competence (1967). He was followed by two more US sociologists, Robert Bogdan and Steven Taylor, who published life stories of two formerly institutionalised people, Inside Out (1982). They used these stories to argue that intellectual disability (mental retardation then) was a social construct, and that their informants were as normal as any of us, but that being labelled had forced them down a particular life path. Whichever lens you prefer, what these two seminal publications have in common is that the researchers assumed the right, even the duty, to interpret what people said to them. The stories and testimonies were used to make an academic argument, and it was an argument which belonged to the researchers, not to the informants.

Inclusive research has sought to get away from the idea that people's stories and insights are material for the academic gaze. It was in the later 1980s, with the UK in the vanguard this time, that a number of people, unconnected and in different parts of the country, began to look for ways for research to truly represent the authentic voices of individuals labelled as having an intellectual disability. One of the authors (Jan) remembers this vividly. Being part of a team at the aptly named Open University who had produced learning packages called Patterns for Living, first for staff, family members and advocates, and then for people with intellectual disabilities, our next task was an undergraduate course. We subscribed in principle to 'nothing about me without me', but how to get the voices of people with intellectual disabilities at the heart of student learning was a challenge. We hit on an anthology. Over 200 people contributed stories, art, poems, reflections, vignettes. The editors tried hard to stand back and let people's voices and ideas speak through the pages of the book. An advisory group comprised of people with intellectual disabilities advised on issues like whether to correct spelling and grammar, how to manage confidentiality, what titles to give each chapter, and what to call the book. It was called 'Know Me As I Am' (Atkinson & Williams 1990). And it marked a turning point.

Things moved on from there. The ambition became, not just to 'hear' and share people's voices as untainted as possible by the academic gaze, but to enable people to be researchers. Since that time, the validity of 'inclusive research' has gradually been recognised by some funders, some academics and some people with intellectual disabilities, including those contributing to this book. Inclusive research has taken its place alongside other research epistemologies. It has achieved a great deal in terms of acceptance. One of the authors (Kelley) has seen the development of inclusive research as a national movement in the Republic of Ireland. Initiatives in the UK and Australia have led to special journal issues which have documented the research undertaken inclusively (British journal of learning disabilities 2012; Journal of applied research in intellectual disability 2014). But there remain questions about its purpose, and about its impact, many of which this book explore. We can trace the impetus for inclusive research to a diverse range of influences. Depending which you choose, the emphasis and the purpose changes.

If, for example, the driving force is self advocacy, enabling people with intellectual disabilities to speak for themselves, then we would expect that inclusive research would be about researchers supporting people to tell their stories and let others know who they are, and what they want. We would expect the result to be that there will be a more positive view of people, looking beyond the label to see the unique human being, and a clearer view of how best to support people to lead a good life. We might also expect that inclusive research itself would be used by self advocates in asserting their rights and in attempts to change policies and practices.

If the driving force is social role valorization, then the emphasis would be more on the process, on research as a route to valued social roles for people at risk of devaluation. Doing research, being researchers gives people new roles and skills. People who are seen as able to do socially valued things like research will gain respect and inspire others. The result should be that perceptions of people with intellectual disabilities change and that the people engaged in the research gain in confidence and self esteem.

If the social model of disability is the conceptual framework, then the purpose of inclusive research is to identify how to get rid of the barriers to full participation in society. 'Nothing about us without us', the powerful slogan of the disability movement, applies also to research. It is unthinkable to return to the bad old days when Miller and Gwynne (1972), non disabled researchers, pronounced the disabled people they researched as 'socially dead' and inspired Paul Hunt, one of the people so described to become a leader of the disabled people's movement. If disabled people had been in charge, goes the argument, this insulting distancing would never have happened. This is a rationale for Experts by Experience to be involved in inspecting services and for ensuring the State takes responsibility for removing barriers for participation. Success for inclusive research in this paradigm would be that it finds solutions which reduce barriers to people being treated with respect, including finding jobs, getting better health care, education, and a better life. And if improving the quality of services is the aim, then the emphasis would be on partnerships between professionals and disabled people to find out how to make services work better. This is the idea behind co-production. The result should be that professionals learn to work in partnership, services really do meet people's needs, and these 'co-produced' solutions might even be less expensive.

Fieally, we may do inclusive research for the reason that this is the best way to get the answers to unanswered questions. Like the stories people have told about living in long stay institutions; or what makes a good supporter; or how to better understand how people with intellectual disabilities experience sexual relationships or how to ask straightforward questions, and interpret the answers.

Is it a problem that inclusive research has had such a diversity of influences? No, but it does make it harder to pin down what it is and what difference it makes.

Take the question of impact. Mainstream academia remains impervious to including people with intellectual disabilities. It is only at the margins that inclusion is prioritized. And while inclusive research depends on particular academics rather than being embedded more strongly in academia it will be at risk. The strongest evidence of impact is that individuals who have worked as co-researchers gain in confidence and skills. However, this gain may be short-lived as the project ends, and other opportunities are lacking. It will be a challenge that the next generation of inclusive researchers will have to rise to, to demonstrate that inclusive research gives added value beyond symbolism.

There are also questions of who can be a co-researcher. Early examples frequently cite friends of researchers being co-opted into research projects, with no formal selection process. More recently, especially when funding is available to pay co-researchers, there has to be a selection. It is not enough just to be labelled as having an intellectual disability, however that is defined. Literacy skills, competence in interviewing or in data analysis may also be requirements. There is then the danger of creating an elite group who are no more in touch with the grassroots than academics. On the other hand research which includes the skill development of researchers with an intellectual disability and recognizes these skills once they are there is also important. There remain many more questions about inclusive research, many of which are explored in this excellent book. We leave you with one last question:

If current policies of inclusion in mainstream schools and use of the generic services succeed, if personalization and the development of much more choice and control by individuals with intellectual disabilities develop strongly, if self advocacy and other settings where traditionally people gather continue to decline, where will people with intellectual disabilities be found, and how will they be recruited to be 'inclusive researchers'?

Enjoy the book, and enjoy the inclusive research journey.

Literatur

Atkinson, D. & Williams, F. (1990): Know me as I am. An anthology of prose, poetry and art by people with learning difficulties. London: Hodder Arnold H&S.

Bogdan, R. & Taylor, S. (1982): Inside out. Two first person accounts of what it means to be labeled mentally retarded. Toronto: University of Toronto Press.

British journal of learning disabilities (2012): Special issue. The research and work of learning disabled people with their allies and supporters, 40, 2.

Edgerton, R. (1967): The cloak of competence. Stigma in the lives of the mentally retarded. Berkeley: University of California Press.

Goffman, E. (1963): Stigma: Notes on the management of a spoiled identity. Englewood Cliffs, NJ: Prentice-Hall.

Miller, E. & Gwynne, G. (1972): A life apart. A pilot study of residential institutions for the physically handicapped and the young chronic sick. London: Tavistock Publications.

Walmsley, J. & Johnson, K. (2003): Inclusive research with people with learning disabilities. Past, present and futures. London: Jessica Kingsley Publishers.

Saskia Schuppener, Tobias Buchner und Oliver Koenig

Einführung in den Band:
Zur Position Inklusiver Forschung

Der Bereich der Sozialforschung hat sich in den letzten Jahrzehnten im deutschsprachigen Raum - mit einiger Verzögerung gegenüber internationalen Entwicklungen - einem grundlegenden Wandel unterzogen. Neben einer Erschließung neuer Forschungsfelder sind insbesondere weitreichende Veränderungen in den methodischen Zugängen zu verzeichnen. So lässt sich schon seit den 1950er Jahren eine zunehmende Vielfalt und Komplexität innerhalb des methodischen Vorgehens konstatieren (vgl. Hopf & Müller 1994). Unter Schlagwörtern wie Aktions- und Handlungsforschung oder partizipatorischer Forschung zeichnet sich in verschiedenen Disziplinen ein Trend ab, der zunächst im Kontext emanzipatorischer Überlegungen gedieh, in den letzten Jahren jedoch durch die Diskurse zur NutzerInneninvolvierung, Citizen Science und Responsible Science zusätzlich an Fahrt aufgenommen hat. In diesem Szenario wird verstärkt die Frage danach gestellt, wem produziertes akademisches Wissen nutzen soll und welche Modi der Wissensproduktion dabei zum Tragen kommen sollen. Diese Bewegung stellt traditionelle Denkmuster und Legitimationsansprüche von Wissenschaft radikal in Frage.

Die angedeuteten Entwicklungen spiegeln sich letztlich auch im Feld der Forschung zu Behinderung wieder. So übten VertreterInnen der Behindertenbewegung in den Vereinigten Staaten und Großbritannien bereits ab Ende der 1970er Jahre massive Kritik an einer „einseitigen Wissensproduktion". Demnach wurden innerhalb der Sonderpädagogik und ähnlich konnotierten (Sub-)Disziplinen defizitäre und individualisierende Diskurse zu Behinderung (re-)produziert. Behinderte Menschen hatten weder Zugang zu diesen Forschungsprozessen noch zu den Ergebnissen. Mit der Etablierung der Disability Studies wurde eine Kritik an traditioneller Forschung formuliert und ein Gegenmodell proklamiert, welches nicht nur die Einbeziehung behinderter Personen, sondern auch die Kontrolle über Programme und Untersuchungen forderte. Blieben diese Forderungen und die sich tatsächlich daraus entwickelnde neue Forschungskultur zunächst überwiegend auf Personen mit körperlichen und Sinnesbeeinträchtigungen beschränkt, so öffnete sie sich nach und nach auch für Menschen mit Lernschwierigkeiten (für eine genauere Darstellung dieser Entwicklungen siehe Buchner, Koenig & Schuppener 2011 sowie Goeke und Nind in diesem Band). Dementsprechend lässt sich in den letzten drei Jahrzehnten im englischsprachigen Raum eine Zunahme an

Forschungsarbeiten mit der besagten Personengruppe ausmachen, die unter den Termini der partizipativen oder emanzipatorischen Forschung firmieren und von den AutorInnen des Vorworts dieser HerausgeberInnenschaft, Jan Walmsley und Kelley Johnson, mit dem Überbegriff der Inklusiven Forschung zusammengefasst wurden.

Analog zur oben erwähnten generellen Verschiebung des Forschungsverständnisses in der Sozialforschung lässt sich die Einbeziehung von Menschen mit Lernschwierigkeiten in Forschung auch im deutschsprachigen Raum mit einiger Verzögerung beobachten. Seit Beginn der 2000er Jahre wurden in Deutschland, Österreich und der Schweiz einige innovative Projekte durchgeführt und zunehmend werden diese auch von großen Förderorganisationen finanziert. Zudem lassen sich auf wissenschaftlichen Tagungen mitunter intensive Diskussionen dazu ausmachen, wie denn im Kontext Behinderung geforscht werden sollte.

Die vorliegende HerausgeberInnenschaft ist eine Art Resultat der Diskussionen und Weiterentwicklung diesbezüglicher Forschung. Wir als HerausgeberInnen waren von Beginn an in die erwähnten Prozesse im deutschsprachigen Raum involviert, haben selbst inklusiv geforscht, gelehrt und publiziert. Im Laufe der Jahre haben wir, aber auch viele weitere KollegInnen, eine große Anzahl an Erfahrungen sammeln können, die wir mit diesem Band dokumentieren und diskutieren möchten. Auf unseren Reisen und internationalen Tagungen haben wir seit einigen Jahren viele ForscherInnen aus anderen europäischen Ländern kennengelernt, die sich ebenfalls inklusiver Forschung verschrieben haben – wir haben auch sie zu Beiträgen für diesen Band eingeladen. Aus diesem Grund haben wir uns für ein bilinguales Werk entschieden. Ziel dieser HerausgeberInnenschaft ist es einerseits einen Überblick zu aktuellen und bisherigen Bemühungen im Kontext von Inklusiver Forschung im deutschsprachigen Raum zu geben. Andererseits sollen über das Anliegen einer solchen Sichtbarmachung bisheriger Aktivitäten die gesammelten Erfahrungen und Herausforderungen kritisch reflektiert werden. Dies beinhaltet auch grundlegende Überlegungen zu Entstehungsbedingungen, Qualitätsmerkmalen und methodologischen Fragestellungen zu inklusiver Forschung sowie eine Auseinandersetzung mit dem deutschsprachigen Hochschulsystem. Die Beiträge von AutorInnen aus Deutschland, Österreich und der Schweiz werden dabei durch internationale Perspektiven ergänzt. Damit möchten wir einen Blick „über den Tellerrand" wagen und mit Beispielen zeigen, was anderen Orts bereits möglich ist, eine eigene Standortbestimmung vornehmen sowie innovative Impulse für die Weiterentwicklung entsprechender Bemühungen im deutschsprachigen Raum sammeln.

Zu den Beiträgen ist vorab anzumerken, dass diese eine Schwerpunktsetzung auf Forschung mit Menschen mit Lernschwierigkeiten aufweisen. Eine solche Engführung erscheint mitunter problematisch, gleichzeitig aber auch unabdingbar um einen entsprechenden Diskurs hierzulande zu vertiefen. Zudem sei auf den folgenden Aspekt verwiesen: Der Titel der Herausgeberschaft lautet: „Inklusive Forschung" – was jedoch nicht bedeutet, dass wir andere Spielarten des gemeinsamen Forschens nicht berücksichtigen, was auch nicht der Intention der Erzeugerin der Wortkreation, Jan Walmsley (2001), entsprechen würde. So finden sich in diesem Buch Beispiele aus partizipativen, emanzipatorischen und inklusiven Forschungsbemühungen. Im Folgenden möchten wir die Struktur und Inhalte unseres Buches kurz vorstellen.

Der erste Teil des Buches ist den Grundlagen gemeinsamen Forschens gewidmet. In dieser Sektion werden sowohl Einblicke in die Entwicklung und Etablierung einer gemeinsamen Forschungspraxis gegeben, wobei die Etappen von den Anfängen bis zu einem heutigen Verständnis von angewandter partizipativer und inklusiver Forschung nachgezeichnet werden. Einen wesentlichen Schwerpunkt dieses Teils der HerausgeberInnenschaft stellt die Erarbeitung von Empfehlungen und Gütekriterien für inklusive Forschung dar.

Am Anfang der Beiträge zu diesem Themenkomplex skizzieren Gottfried Biewer und Vera Moser die „Geschichte bildungswissenschaftlicher Forschung zu Behinderungen" in Deutschland und Österreich. Auf der Basis eines historischen Blicks auf die sogenannte Behindertenpädagogik wird dabei auch die Forschungskultur in diesem Wissenschaftsbereich nachgezeichnet. Die eingesetzten Forschungsmethoden werden von den AutorInnen hinsichtlich ihres Grades an Offenheit und an Partizipationsmöglichkeiten reflektiert und im aktuellen Entwicklungszusammenhang inklusiver Pädagogik diskutiert.

Ausgehend von einer Betrachtung der Forschungslandschaft im Feld von Lernschwierigkeiten nimmt Stephanie Goeke eine Differenzierung von verschiedenen Ansätzen vor, die unter dem Oberbegriff „Gemeinsames Forschen" subsumiert werden können. Diese können als Produkt verschiedener Entwicklungslinien innerhalb der betreffenden Scientific Community verstanden werden. Hinsichtlich der Entstehungsbedingungen im englischsprachigen Raum arbeitet die Autorin Faktoren heraus, welche die nachgezeichneten Entwicklungen maßgeblich beeinflussten, wie etwa das Normalisierungsprinzip oder das soziale Modell von Behinderung. Mit einem Blick nach vorne werden zum Abschluss Visionen wünschenswerter (Weiter-)Entwicklungen für das Feld der partizipativen Forschung umrissen.

Im Anschluss formuliert Hella von Unger Empfehlungen für das „Gemeinsame Forschen" und zeigt auf, wie partizipative Forschungsprozesse konkret ausgestaltet werden können. Modellhaft wird ein Ablauf anhand von einzelnen möglichen Forschungsstationen dargelegt und mit anschaulichen Hinweisen für die Ausformung dieses Forschungsansatzes gegeben.

Nachfolgend stellt sich das Carlisle People First Research Team aus Brampton in England vor. Dieser Zusammenschluss stellt ein Aushängeschild der britischen inklusiven Forschung dar; eine langjährige Kollaboration, die sich zwischen SelbstvertrerInnen und WissenschaftlerInnen herausgeformt und viele AkteurInnen im Feld inspiriert hat. Im vom gesamten Forschungsteam gemeinsam in einfacher Sprache verfassten Beitrag werden die Entstehungshintergründe der Gruppe, Aktivitäten und durchgeführte Projekte betrachtet. In diesem Zusammenhang wird auch die eigene Forschungstätigkeit reflektiert und es werden „Top Tips" für das gemeinsame Forschen auf der Basis eigener Erfahrungen formuliert. Der Artikel steht innerhalb dieser HerausgeberInnenschaft nicht zuletzt auch als exemplarisches Produkt einer partizipatorischen Praxis (Ergebnisproduktion).

Mandy Hauser schließt den einführenden Grundlagenteil unseres Bandes mit dem Anspruch des Entwurfs von „Qualitätskriterien für die inklusive Forschung mit Menschen mit Lernschwierigkeiten". Sie nimmt eine Standortbestimmung von inklusiver Forschung vor und beschreibt differenziert die notwendigen Gütekriterien, die dieser Forschung zu Grunde liegen sollten.

Innerhalb des zweiten Schwerpunktteils unserer Publikation werden ausgewählte, exemplarische Forschungsprojekte vorgestellt, die einem partizipativen oder inklusiven Anspruch gefolgt sind. Es handelt sich überwiegend um Projekte aus dem deutschsprachigen Raum wenngleich auch ein internationaler Exkurs stattfindet.

Gertraud Kremsner berichtet von ihrem Dissertationsprojekt „Biographische Erzählungen von Menschen mit Lernschwierigkeiten in (totalen) Institutionen", das mit einem inklusiven Forschungsanspruch verbunden ist. In der Arbeit werden biographische Erlebnisse von Menschen mit Lernschwierigkeiten unter den Gesichtspunkten von Macht- und Gewalterfahrung in Institutionen wie psychiatrischen Krankenhäusern, Kinderheimen und Institutionen der Behindertenhilfe analysiert. In einer Reflexion der bisherigen Tätigkeiten widmet sich Kremsner einer Skizzierung der Vorteile einer inklusiven Wissensproduktion zur Thematik.

Mit „Gemeinsam Forschen. Kultur für ALLE" stellen Karen Kohlmann und Anne Goldbach ein vom europäischen Sozialfond gefördertes Forschungsprojekt vor, welches sich der Frage nach der kulturellen Partizipation von Menschen mit Lernschwierigkeiten in Leipzig widmet. Neben der Darstellung des Projekts werden die im Zuge der gemeinsamen Forschungsaktivitäten aufgetretenen Herausforderungen angeführt und diskutiert.

Monika Seifert präsentiert anschließend das Projekt „Leben im Quartier", welches in drei Berliner Bezirken durchgeführt wurde und sich mit der Frage nach subjektiv bedeutsamen Teilhabefaktoren im jeweiligen Stadtviertel der Projektteilnehmenden beschäftigt. Die Autorin geht dabei auch auf die sozialräumlichen Methoden ein, die in den Forschungsprozessen angewendet wurden.

Raphael Zahnd und Barbara Egloff erläutern in ihrem Beitrag ein Forschungsprojekt, das an der Universität Zürich durchgeführt wurde. Im Zuge des Projekts wurden in Anlehnung an die insbesondere im angelsächsischen Raum entwickelten Adaptionen des Konzepts des „Life History Research" vier Lebensgeschichten von Menschen mit Lernschwierigkeiten gemeinsam geschrieben. In ihrem Beitrag blicken die AutorInnen auf die während des Forschungsprozesses aufgetretenen Schwierigkeiten zurück, zum Beispiel der Verschriftlichung der Lebensgeschichten in Leichter Sprache.

Petra Flieger und Volker Schönwiese stellen die Studie „Das Bildnis eines behinderten Mannes" vor, in deren Fokus die interdisziplinäre Analyse der Darstellung von Menschen mit Beeinträchtigungen auf historischen Gemälden stand. Die Forschungsaktivitäten wurden von einer Referenzgruppe inhaltlich begleitet und mitgestaltet, die sich aus jeweils vier behinderten Männern und Frauen zusammensetzte. Flieger und Schönwiese setzen in ihrem Artikel einen Schwerpunkt auf die Erörterung dieses partizipativen Kollaborationsformats.

Tobias Buchner, Ulrike Fleischanderl, Rainer Grubich, Silvia Nösterer-Scheiner und Oliver Koenig stellen ein partizipatives Projekt aus Wien vor, in dem SchülerInnen aus sogenannten Integrationsklassen mit erwachsenen WissenschaftlerInnen den Themenkomplex Inklusion, Differenz und sozialer Raum gemeinsam untersuchen. Basierend auf dem Insider-Wissen der SchülerInnen sollen durch diese Art der Zusammenarbeit, Beispiele für inklusive Räume von Schule aber auch für Exklusion gesammelt werden, um schulische Inklusion mit dem generierten Wissen weiter voranzutreiben.

In Erweiterung des Fokusses auf den deutschsprachigen Raum wird eine Untersuchung vorgestellt, die in Amhara in Äthiopien durchgeführt wurde. Hier gibt Jana Zehle einen interessanten Einblick in die Studie „Eye and I of the Camera – Der Blick auf mich", die versucht die Lebensumstände aus der Perspektive von Menschen mit Behinderung abzubilden. Mittels der Photovoice-Methode hatten die TeilnehmerInnen die Gelegenheit, für sie bedeutsame Herausforderungen, Barrieren und Hilfsmittel zu fotografieren und zu kommentieren, um auf ihre Alltagssituation aufmerksam zu machen.

Im dritten Teil des vorliegenden Bandes möchten wir den Blick auf verschiedene Herausforderungen und Erweiterungsmöglichkeiten von inklusiver Forschung richten. Hierbei haben wir uns bewusst für einen mehrperspektivischen Zugang entschieden, um die Gegenwart und Zukunft inklusiver Forschung möglichst weitsichtig abzubilden und Gemeinsamkeiten sowie Differenzen in der Scientific Community und der Forschungspraxis in verschiedenen Ländern aufzuzeigen. Daher finden sich in dieser Sektion Beiträge zu internationalen Perspektiven auf ausgewählte inhaltliche und methodische Schwerpunkte in einem interdisziplinären und bilingualen Format.

In ihrem Beitrag „Towards a second generation of inclusive research" erörtert Melanie Nind aus Großbritannien die aktuellen Fokusse inklusiver Forschungspraxis. Hierbei wird zunächst chronologisch die bisherige Entwicklung inklusiver Forschungsprojekte reflektiert. Im Anschluss daran werden zehn Punkte für zukünftige Aufgaben inklusiver Forschung benannt.

Die folgenden beiden Beiträge widmen sich einer methodologischen Reflexion gemeinsamer Forschung. Tina Goethals, Geert van Hove, Lien van Breda und Elisabeth de Schauwer aus Belgien erörtern ein zentrales Anliegen inklusiver Forschung, nämlich die Stimmen behinderter Personen abzubilden und einer breiteren Öffentlichkeit zuzuführen. Das Konzept "voice" wird hier einer methodologischen Betrachtung im Kontext inklusiver Forschungsprozesse unterzogen. Dabei wird auf postmoderne Überlegungen zurückgegriffen, in deren Rahmen "voice" vor dem Hintergrund der "multiplen Selbste" ("multiple selves") der in inklusive Forschungspraktiken involvierten AkteurInnen diskutiert wird. Wie eine Sensibilisierung für diesen methodologischen Aspekt in Forschung angemessen berücksichtigt werden kann, stellen Goethals und KollegInnen anhand einer Studie dar, die mit einer belgischen Selbstvertretungsgruppe zum Thema politische Partizipation durchgeführt wurde.

Monika Wagner-Willi führt in ihrem Artikel einen kritischen Diskurs zu Inklusiver Forschung aus Sicht der praxeologischen Wissenssoziologie. Dabei wird eine ausgemachte Unschärfe von inklusiver Forschung im deutschsprachigen Raum eingehender analysiert: die Argumentationslinie, mit der die Einbeziehung von Menschen mit Lernschwierigkeiten begründet wird. In ihren Ausführungen differenziert die Autorin zwischen unterschiedlichen Arten von Fremdheit und Dimensionen von Standortgebundenheit. Aufgrund der Ergebnisse ihrer Überlegungen plädiert Wagner-Willi für eine methodisch kontrollierte Reflexion der Standortgebundenheiten der in inklusive Forschungsprojekte involvierten Personen.

Val Williams beleuchtet in ihrem Beitrag „Being a researcher with intellectual disabilities: the hallmarks of inclusive research in action" anhand von konversations- und mikroanalytisch aufgearbeitetem Datenmaterial zu Interaktionssequenzen in zwei inklusiven Forschungsprojekten Stationen der Partizipation von Menschen mit Lernschwierigkeiten. Hierbei wird nicht nur über die Einbindungs- und Teilhabemöglichkeiten reflektiert, sondern auch die notwendigen Befähigungen als ForscherIn im Rahmen von Forschungsprozessen beschrieben.

Wiebke Curdt setzt sich mit „Machtstrukturen im Kontext partizipativer Forschung" auseinander. Mit Bezugnahme auf Foucault diskutiert sie die Rolle von WissenschaftlerInnen im Rahmen von gemeinsamer Forschung. Diese haben ihre Subjektivierung in akademischen Kontexten, ihre in der Wissensproduktion privilegierte Position sowie die daraus resultierenden Hierarchien in der Zusammenarbeit mit Menschen mit Lernschwierigkeiten zu reflektieren. Sie können im Rahmen inklusiver Forschungsarbeiten Menschen mit Lernschwierigkeiten aber dabei behilflich sein, deren bereits vorhandenes, jedoch gesellschaftlich delegitimiertes Wissen zu einem Gegen-Diskurs zu formieren und dadurch wirkkräftig zu machen.

Mary Kellett schließt diesen Teil des Buches mit einem erfahrenen Blick auf eine bislang noch wenig repräsentierte TeilnehmerInnengruppe von partizipatorischer Forschung: Kinder und Jugendliche mit Lernschwierigkeiten. In ihrem Beitrag skizziert die Autorin zunächst die internationalen Entwicklungen zu deren Einbeziehung in Forschung. Anschließend werden konkrete Einblicke in ein Projekt gegeben, in dem Jugendliche mit Lernschwierigkeiten dabei unterstützt wurden, ihre eigenen Forschungsprojekte zu selbstgewählten Themen durchzuführen, die sie interessierten.

Der vierte Teil dieser HerausgeberInnenschaft befasst sich mit der Frage nach den Strukturen akademischer Institutionen und Orten der Wissensproduktion und wie diese im Sinne einer inklusiven Hochschule geöffnet werden können.

Im ersten Beitrag richten wir als HerausgeberInnen gemeinsam mit Mandy Hauser und Gertraud Kremsner zunächst den Blick auf eine veränderte Wissenschaftskultur, wenn wir nach der Präsenz und Rolle von Menschen mit Lernschwierigkeiten an der Hochschule (Studierende, Lehrende und Forschende) im deutschsprachigen Raum fragen. Wir beziehen uns u.a. auf eigene und internationale Erfahrungen, die zeigen welche Spielräume für Inklusion an Hochschulen bestehen bzw. geschaffen werden können und was daraus für zukünftige Strategien abgeleitet werden können.

Karin Terfloth und Theo Klauß berichten in ihrem Artikel „Menschen mit Lernschwierigkeiten an der Hochschule!?" von einem Seminar, in dem Sonderpädagogik-Studierende und Menschen mit Lernschwierigkeiten gemeinsam an der Entwicklung eines Heidelberger Stadtführers arbeiten. Die AutorInnen identifizieren Barrieren im Prozess der inklusiven Erwachsenenbildung und reflektieren didaktische Methoden und Kriterien für die Ausgestaltung von Teilhabe am Beispiel der Pädagogischen Hochschule Heidelberg.

Im dritten Beitrag zeigen Molly O'Keeffe, Edurne Garcia Iriarte, Zoe Hughes und John Kubiak aus Irland auf, welche Zugangs- und Partizipationsmöglichkeiten für Menschen mit Lernschwierigkeiten im Hinblick auf das Studieren, Forschen und Lernen an einer Hochschule entwickelbar sind. Es wird das Lernangebot im „Centre for Inclusion and Intellectual Disability" vorgestellt und gleichzeitig werden internationale Programme und Zugänge für Menschen mit Lernschwierigkeiten zum tertiären Bildungssektor beispielhaft aufgezeigt.

Zum Abschluss des Bandes ziehen wir HerausgeberInnen analog zu dieser Einführung eine Art Bilanz. Dabei nehmen wir mit Blick auf die in diesem Band versammelten Beiträge eine Standortbestimmung zu inklusiver Forschung im deutschsprachigen Raum vor. Zudem widmen wir uns den Herausforderungen einer gemeinsamen Forschungspraxis, verweisen jedoch auch auf die in diesem Band versammelten zahlreichen positiven Aspekte und Förderfaktoren. Am Ende steht ein Ausblick in die Zukunft: Wohin kann die (Forschungs)Reise gehen?

Welche Schwerpunktsetzungen scheinen perspektivisch lohnenswert? Welche Herausforderungen gilt es zu beachten?

Wir möchten an dieser Stelle noch einige Worte zur Sprache verlieren, die für dieses Werk gewählt wurde. Wir haben uns dafür entschieden, diesen Band in „schwerer Sprache" zu verfassen. Uns ist bewusst, dass dies eine Barriere darstellt, die sich grundsätzlich im Rahmen der „Gemeinsamen Forschung" mit ForscherInnen mit Lernschwierigkeiten nicht ohne Weiteres rechtfertigen lässt. Das bedeutet jedoch nicht, dass wir dadurch Personen von den in dieser HerausgeberInnenschaft enthaltenen Überlegungen und Wissensbeständen ausschließen. Vielmehr finden sich die Beiträge dieses Buchs in Leichter Sprache in einer Publikation wieder, die im Lebenshilfe-Verlag unter dem Titel „Gemeinsam Forschen" erscheint.

Abschließend möchten wir uns bei allen BeitragsautorInnen auf das Herzlichste für die wunderbare Zusammenarbeit und damit das Zustandekommen dieses Buches bedanken.

Unser Dank geht ebenfalls an den Klinkhardt-Verlag, der uns die Möglichkeit der Bearbeitung und Abbildung des Themas „Inklusive Forschung" gegeben hat und uns in jeder Hinsicht tatkräftig unterstützt hat. Entgegen marktüblicher Praktiken wurde in Zusammenarbeit mit dem Lebenshilfe-Verlag eine Verlagskooperation realisierbar, welche die parallele Entstehung des Bandes „Gemeinsam Forschen" in Leichter Sprache ermöglichte. Auch dafür ein großes Dankeschön. Und nicht zuletzt möchten wir Marsha Richarz für die Unterstützung beim Satz des Buches ganz herzlich danken.

Allen LeserInnen wünschen wir eine interessante, bereichernde Lektüre und einen vielschichtigen Einblick in die Theorie und Praxis partizipativer und inklusiver Forschung...

Die HerausgeberInnen

Mag. Tobias Buchner
queraum.kultur- und sozialforschung, Wien.
buchner@queraum.org

Dr. Oliver Koenig
Universität Wien – Wissenschaftlicher Mitarbeiter am Institut für Bildungswissenschaft, Heilpädagogik und Inklusive Pädagogik
oliver.koenig@univie.ac.at

Prof. Dr. Saskia Schuppener
Universität Leipzig, Erziehungswissenschaftliche Fakultät – Professorin für Pädagogik im Förderschwerpunkt „geistige Entwicklung" im Institut für Förderpädagogik
schupp@rz.uni-leipzig.de

Literatur

Buchner, T., Koenig, O. & Schuppener, S. (2011): Gemeinsames Forschen mit Menschen mit intellektueller Behinderung. Geschichte, Status quo und Möglichkeiten im Kontext der UN-Behindertenrechtskonvention. Teilhabe, 50 (1), 4-11.

Hopf, C. & Müller, W. (1994): Zur Entwicklung der empirischen Sozialforschung in der Bundesrepublik Deutschland. ZUMA Nachrichten 18, 35, 28-53.

Walmsley, J. (2001): Normalisation, Emancipatory Research and Inclusive Research in learning disability. Disability & Society, 16 (2), 187-205.

1 Grundlagen

Geschichte der Forschung

Gottfried Biewer und Vera Moser

Geschichte bildungswissenschaftlicher Forschung zu Behinderungen

Zusammenfassung

Ein forschender Zugang zu Behinderungen war bereits im 19. Jahrhundert zu erkennen. Die Bildungsprobleme von Menschen mit Lernschwierigkeiten, wie sie sich heute nennen, wurden erst mit Verspätung und teilweise unzureichend von der behindertenpädagogischen Forschung aufgegriffen. Dies war auch Folge eines verspäteten und lange unzureichenden Zugangs zu adäquater Bildung für diese Personengruppe. Mit der Etablierung der Schulen für geistig Behinderte in den 1960er Jahren entstand auch ein Fachgebiet „Geistigbehindertenpädagogik" an den Pädagogischen Hochschulen und Universitäten, dessen Forschungskompetenzen sich erst langsam entwickeln mussten. Erste Versuche Menschen mit Lernschwierigkeiten in den Wissenschaftsbetrieb zu involvieren waren die Folge der Selbstbestimmungsdebatte ab den 1990er Jahren, führten aber erst in jüngster Zeit zur Aufnahme von deren Perspektive in den Forschungsprozess.
Der vorliegende Beitrag gibt einen Überblick über die Geschichte von Forschung, die sich auf Personen bezieht, die sich heute „Menschen mit Lernschwierigkeiten" nennen, aber im Laufe der Geschichte ganz unterschiedliche Bezeichnungen erfahren haben. Seit den 1950er Jahren wurde von der Elternvereinigung Lebenshilfe von „geistiger Behinderung" gesprochen und damit wurden andere medizinisch konnotierte Begriffe aufgegeben, die bereits damals als diskriminierend und entwertend abgelehnt wurden. Der vorliegende Beitrag, der auf die geschichtliche Entwicklung von Forschung fokussiert, benutzt die Terminologie, die für die jeweilige Zeit üblich war. Dabei wird gesehen, dass Begriffe immer Entwicklungen unterworfen sind, weil sie obsolet wurden oder als diskriminierend empfunden wurden. Die Substitution des Begriffs „Menschen mit geistiger Behinderung" durch „Menschen mit Lernschwierigkeiten" trägt Empfindungen der Zurücksetzung der betroffenen Personengruppe in der heutigen Zeit Rechnung.

Entsprechend der fachlichen Zuordnung der AutorInnen hat der Beitrag bildungswissenschaftliche, insbesondere behindertenpädagogische[1] Forschung im Blick. Er bezieht sich nicht nur auf Forschung über Bildungsprozesse, sondern gleichzeitig auf weitere Themenfelder der lebenslangen Entwicklung, die in den vergangenen Jahrzehnten von der deutschsprachigen Behindertenpädagogik bearbeitet wurden.

1 Die Entstehung eines forschenden Zugangs zum Phänomen der Behinderung

Aus theorie-systematischer Perspektive lassen sich zwei Forschungstraditionen rekonstruieren, die sich mit dem Phänomen Behinderung befasst haben – die eine ist an einem eher hermeneutischen Verstehensprinzip orientiert und die andere an einer Wissenschaftssystematik, die heuristische Modelle für die Entwicklung einer wissenschaftlichen Heilpädagogik vorgelegt hat. Beide Forschungsperspektiven entstehen im Kontext der Europäischen Aufklärung – und zwar zunächst im Bereich der Konturierung einer pädagogischen Wissenschaft. Damit sind die Thematik der Behinderung und die Begründung einer Heilpädagogik zunächst in die Frage der anthropologischen Entfaltung einer wissenschaftlichen Pädagogik eingebunden. Hier werden auf der einen Seite Selbstzeugnisse und Berichte über sogenannte ‚Wilde' oder auch ‚Sonderlinge' verfasst, die dazu dienen, das Leben mit Behinderung zu verstehen, aber auch Sammlungen anzulegen, um das Phänomen einzuordnen, auszudifferenzieren und möglicherweise zu systematisieren (vgl. Moser 1995, 1998). Hierzu zählen u.a. auch enzyklopädische Werke wie das renommierte, zwischen 1783 und 1793 von Karl Philipp Moritz, Karl Friedrich Pockels und Salomon Maimon herausgegebene zehnbändige ‚Magazin zur Erfahrungsseelenkunde'. Diese phänomenologischen Zugänge stehen aber zugleich in einem Prozess zur Bestimmung dessen, was als ‚normal' und was als ‚unnormal' galt. Erste Systematiken zu einer Heilpädagogischen Wissenschaft finden sich hier zeitgleich, wie etwa die Entwürfe von Greiling (1765) oder von May (1793) (vgl. Moser 1995, 201). Dennoch gilt als Grundlegung der Heilpädagogik das weithin bekannte Werk von Georgens und Deinhardt ‚Die Heilpädagogik, mit besonderer Berücksichtigung der Idiotie und der Idiotenanstalten' (1861/63), das einerseits eine Systematik des Faches entwickelt und andererseits Methodiken der Erziehung, im engeren Sinne auch einer Didaktik vorlegt. Dieses Werk ist theoriegeschichtlich als Anlehnung an Pestalozzi, aber auch die Philanthropen zu se-

---

1 „Behindertenpädagogik" wird hier als Fachgebietsbezeichnung synonym zu Begriffen wie „Heilpädagogik", „Sonderpädagogik" oder „Förderpädagogik" verwendet. Lediglich in den historischen Teilkapiteln wird eine diachrone Abfolge der Begriffe Heilpädagogik hin zu Behinderten- und Sonderpädagogik unterlegt.

hen, die aus eigenen praktischen Erfahrungen der Anstaltstätigkeit pädagogische Prinzipien ableiten, denn bis Mitte des 19. Jahrhunderts entstehen in Deutschland die ersten Anstalten für sogenannte ‚Taubstumme', Blinde' und ‚Idioten'. Diese Einrichtungen waren Privatgründungen von Ärzten und Pastoren, die eine familiäre Größe zunächst kaum überschritten. Getragen vom Aufklärungsgedanken, wissenschaftlicher Neugier und Vorbildern wie Itard, Séguin und Pestalozzi schien die Erziehung und Bildung, aber auch die ‚Heilung' dieser Klientel eine wichtige und interessante Aufgabe zu sein und dem Prozess der individuellen und gesellschaftlichen Perfektibilisierung zu dienen. Diese Erfahrungen sind die Grundlagen, wie bei Georgens und Deinhardt, zur Abfassung wissenschaftlicher Betrachtungen über die Erziehung und Bildung behinderter Menschen. Auf dem Wege zur Heilpädagogischen Wissenschaft fehlte allerdings noch ein Konstrukt eines gemeinsamen wissenschaftlichen Nenners, auf den sich das Fach beziehen sollte – hier stand die Konstruktion der Klientel im Mittelpunkt. Als Vorläufer des Behinderungsbegriffs wird in den heilpädagogischen Schriften des 19. und frühen 20. Jahrhunderts der Topos der ‚moralischen Abweichung' entfaltet (Heller 1904; v. Düring 1925; Hanselmann 1930; Bopp 1930; Heinrichs 1931). So spricht etwa Theodor Heller von den „Störungen des Gefühls- und Willenslebens", die neben den Störungen der Intelligenz heilpädagogische Anstrengungen erfordern (vgl. Moser 2003, 35). Ähnliches ist im Lehrbuch ‚Grundlagen und Grundsätze der Heilpädagogik' von Ernst von Düring von 1925 nachzulesen:

„Das Wesentliche bei den Schwachsinnigen ist neben einer Verkümmerung der Intelligenz eine disharmonische Ausbildung der verschiedenen geistigen Fähigkeiten. Alle Schwachsinnigen sind gleichzeitig Psychopathen, denn Psychopathen sind Menschen mit abnormen Seelenleben – und das Seelenleben der Schwachsinnigen ist abnorm" (von Düring 1925, 79).

Diese Konstruktion von Behinderung wird wissenschaftlich im Hauptwerk Heinrich Hanselmanns (dem ersten heilpädagogischen Lehrstuhlinhaber/Universität Zürich 1931) 1930 zur ‚Gesamtseelenschwäche' weiter ausdifferenziert und avanciert damit zum Grundvokabular der ersten wissenschaftlichen Ausarbeitung von Heilpädagogik. Außer bei Hanselmann sind in diesen theoretischen Grundlegungen im ersten Drittel des 20. Jahrhunderts deutlich sozialdarwinistische Argumentationslinien zu erkennen, denn Behinderung wurde (auch) im Kontext von Anormalität, sozialer Belastung und Verwahrung verhandelt (vgl. auch Brill 2011).

Die Konstruktion von Behinderung als moralischer Schwäche, die besondere Behandlung und Verwahrung nach sich ziehe, kann auch am Hilfsschüler historisch nachgezeichnet werden. Wirkungsvoll trägt Kielhorn auf der 27. Allgemeinen Deutschen Lehrerversammlung folgende Beschlussvorlage vor:

„Schwachbefähigte Kinder, d.h. Kinder, welche die Spuren des Schwachsinns in solchem Maße an sich tragen, daß ihnen nach mindestens zweijährigem Besuche der Volksschule ein Fortschreiten mit geistig gesunden Kindern nicht möglich ist, müssen besonderen Schulen (Hilfsschulen, Hilfsklassen) überwiesen werden" (Kielhorn 1887, 313).

Ein solches Behinderungsverständnis trägt die wissenschaftliche heilpädagogische Theorie bis in die 1960er Jahre hinein. Das letzte Werk, das in dieser Tradition von Relevanz ist, ist die Publikation von Paul Moor ‚Heilpädagogik' (1965). Bis hierhin kann auch von einer rein geisteswissenschaftlichen Theoriebildung gesprochen werden, die sich eklektizistisch zwischen Fallbeispielen und Anleihen in der Theologie und Psychologie eingerichtet hat, ohne sich dabei aber auf die hermeneutische Methodik der Geisteswissenschaftlichen Pädagogik zu beziehen. Dies ist schließlich auch ein Grund dafür, dass Bleidick (1972) eine grundlegende Verwissenschaftlichung der Heilpädagogik, oder wie er es nannte, der Behindertenpädagogik einforderte, um Heilpädagogik als universitäre Disziplin etablieren zu können.

Zusammenfassend kann festgehalten werden, dass Heilpädagogik in der Tat empirische Wurzeln hatte, aber hierzu keine systematischen Forschungszugänge entwickelte und sich ab etwa 1900 vor allem darauf konzentriert hat, eine wissenschaftliche Systematik zu entwickeln, die sich auf die theoretische Konstruktion des Behinderungsbegriffs bezieht wie auch auf eine Systematik der Behinderungsformen, die der Disziplin zuzurechnen sind (so war bis in die 1930er Jahre noch umstritten, inwiefern die Sinnesbehinderungen Teilgebiet der Heilpädagogik sein sollten, vgl. von Düring 1925). Insofern ist Tenorth an dieser Stelle zuzustimmen, der einen folgenschweren Verlust der Praxisreflexion und der Methodenentwicklung zugunsten kategorialer Zuschreibungen beklagt. Aufgegeben wurde mit Beginn des 20. Jahrhunderts, so Tenorth, eine seit der Aufklärung begonnene Suche nach Methoden und Techniken der Bildung, denn „(…) nicht mehr die universale Idee der Bildsamkeit regiert jetzt, sondern (…) ein Mechanismus, in dem die Bildsamkeit nicht generell unterstellt, sondern klienttypisch zu- oder abgesprochen wird. Die Reaktion der Pädagogen im Alltag ist jetzt schlicht und schlecht handwerklich, ohne die alte professionelle Ambition und Erfindungskraft. (…) Für die Sonderpädagogen entsteht in diesem Kontext nicht nur eine neue Diagnostik, sondern ein spezifisches Bewusstsein von der professionellen Kompetenz. Das erfährt seit 1933 in der Mitwirkung an den Erbgesundheitsverfahren seine Zuspitzung, die in Konsequenz des ‚Gesetzes zur Verhütung erbkranken Nachwuchses' veranstaltet werden" (Tenorth 2006, 517f.).

2 Empirische Forschung unter Anbindung an Institutionen tertiärer Bildung

Die Verankerung des Bildungsrechts von Kindern und Jugendlichen mit einer geistigen Behinderung war das Werk der Elternvereinigungen ab den späten 1950er Jahren. „Geistigbehindertenpädagogik" war in den 1960er und 1970er Jahren eine Pädagogik der „Schule für Geistigbehinderte" und sah ihre Aufgabe in der Ausbildung von Lehrkräften für diese Einrichtungen, in denen Lehraufgaben bis dato überwiegend von KindergartenerzieherInnen wahrgenommen wurden. Mit den an den Pädagogischen Hochschulen ausgebildeten SonderschullehrerInnen konnten anfangs die Leitungsstellen und später zunehmend auch LehrerInnenstellen an den Schulen besetzt werden.

Ein forschender Zugang war mit der Etablierung des Fachgebiets „Geistigbehindertenpädagogik" an Pädagogischen Hochschulen noch kaum verbunden. Erst mit der Integration der Pädagogischen Hochschulen in die Universitäten am Ende der 1960er und zu Beginn der 1970er Jahre in Deutschland, wurde auch das Fach Sonderpädagogik mit einem Forschungsanspruch konfrontiert, der zuvor nur eine geringe Rolle spielte. Den Lehrkräften der sonderpädagogischen Studiengänge an den Universitäten, die zumeist selbst einer LehrerInnenausbildung mit mangelhafter akademischer Reputation entstammten, fiel es nicht leicht, entsprechende universitäre Erwartungen zu erfüllen. Es bedurfte der Entwicklung eines eigenen akademischen Nachwuchses nach universitären Kriterien, um in den nachfolgenden Jahren auch empirische Forschung im Sinne universitärer Standards zu praktizieren. So ist es auch kein Wunder, dass in einer Bilanz des Fachs Behindertenpädagogik von 1950 bis 2008 im Untertitel lediglich von „Bildungspolitik und Theorieentwicklung" die Rede ist, nicht aber von Forschung (Bleidick & Ellger-Rüttgardt 2008).

Die 1960er und 1970er Jahre waren auch die Zeit, in der empirische Forschung in den Erziehungswissenschaften eine zunehmende Bedeutung erfuhr, ohne dass das Fach über sozialwissenschaftliche empirische Forschungstraditionen verfügte. So ist es nicht erstaunlich, dass empirische sonderpädagogische Forschung in der Anfangsphase von ForscherInnen bestimmt war, die ihren eigenen fachlichen Hintergrund in der Psychologie hatten, teilweise zusätzlich noch mit institutioneller Einbindung in die Psychiatrie. Die Arbeiten, denen empirische Forschungen zugrunde lagen, waren sowohl thematisch auf die Generierung handlungsleitenden Wissens begrenzt wie auch methodisch auf ein kleines Spektrum ausschließlich quantitativer Methoden eingeschränkt. Nicht selten waren sie mit außerpädagogischen Forschungszusammenhängen (insbesondere Medizin und Psychiatrie) verknüpft.

Kennzeichnend für empirische Forschungen der damaligen Zeit waren vereinfachende anthropologische Grundannahmen. Empirische Forschungen zur „geistigen Behinderung" in den 1970er Jahren beruhten häufig auf der Beobachtung von Verhalten anhand von Items, die von den Forschenden festgelegt wurden. Es lag ein technologisches Verständnis des Erziehungsprozesses vor, das darauf zielte Verhaltensformen mit lerntheoretischen Methoden aufzubauen und zu modifizieren. Die Forschungen waren anwendungsorientiert und mündeten in Programme, die darauf zielten wünschenswertes Verhalten aufzubauen oder auch schulische Probleme technologisch zu lösen. Das Buch von Kane/Kane (1978), das ein Programm beschreibt, welches Psychologen am Max-Planck-Institut für Psychiatrie in München entwickelten, steht für eine ganze Anzahl vergleichbarer Schriften. Es wurden Resultate lerntheoretisch orientierter Forschung verwendet, um Programme zur Verhaltensmodifikation zu entwickeln. Das Erlenen lebenspraktisch relevanter Fertigkeiten wie selbständig zur Toilette zu gehen oder die Schnürsenkel der eigenen Schuhe zu binden, standen hier im Zentrum. Dabei wird mit der Belastung argumentiert, die die Kinder für Eltern und Betreuer darstellen und der Erleichterung für Eltern und Pfleger, wenn die Kinder mehr Tätigkeiten selbst ausführen können (ebd., 11).

Das Kind als Subjekt mit einem eigenen Bildungsanspruch kommt hier nicht vor. Das hier zugrundeliegende Menschenbild reduzierte die menschlichen Eigenschaften auf den Aspekt funktionellen und angepassten Verhaltens in der Umgebung. Es ist vielleicht kein Zufall, dass speziell im Bereich geistiger Behinderung diese Form von Forschung besonders verbreitet war, ebenso wie die Programme zur Verhaltensmodifikation. Unter dem Begriff der „adaptive behaviour analysis" haben sich diese Verfahren bis zum heutigen Tage gehalten. Kennzeichnend für die 1970er Jahre ist aber die unkritische Art, in der sie rezipiert wurden und auf breite Zustimmung und praktische Anwendung stießen.

3 Unterschiedliche Theorieansätze mit Folgen für die Forschung zu Behinderung im deutschsprachigen Raum

Die Gründungen von „Schulen für geistig Behinderte" (die Bezeichnungen differierten zu den Begriffen in der Schweiz und in Österreich, aber auch zwischen den einzelnen deutschen Bundesländern), die als letzte Sonderschulform in den 1960er Jahren in Westdeutschland aufgebaut wurden, waren Voraussetzung für die Entwicklung einer Fachrichtung „Geistigbehindertenpädagogik" an den Pädagogischen Hochschulen und Universitäten. Mit der Gründung der „Schulen für geistig Behinderte" wurde einerseits das Bildungsrecht und auch das Recht auf Schulbesuch einer Gruppe durchgesetzt, die nach der Terminologie seit dem Reichsschulpflichtgesetz von 1938 als „bildungsunfähig" diskreditiert wurde. Andererseits wurden Ausschlusskriterien definiert, die die SchülerInnen als für den Besuch der „Schulen für Lernbehinderte" ungeeignet erscheinen ließen (Thümmel 2003, 146-153). Geistigbehindertenpädagogik als sonderpädagogische Fachrichtung, die anfangs aus schulpädagogischen Themenstellungen hervorging, und sich somit auf die Bildung von Kindern und Jugendlichen bezog, erweiterte mit dem Ausbau der Erziehungswissenschaft an den Universitäten in den 1970er Jahren ihre Adressaten um die Gruppe der Erwachsenen. Neben der Erziehung und Bildung im Kindes- und Jugendalter fokussierten pädagogische Publikationen auch Fragen der Rehabilitation und des Lebens im Erwachsenenalter (Speck 1977). Entwicklungsfragen des Erwachsenenalters, die außerhalb des deutschsprachigen Raumes eher im Umfeld soziologischer, psychologischer und sozialarbeiterischer Forschung angesiedelt waren, fanden in Deutschland eine starke sonderpädagogische Verankerung.

Wie bereits dargestellt, kann die Theoriebildung der Heilpädagogik bis in die 1960er Jahre hinein als geisteswissenschaftlich orientiert betrachtet werden, dies gilt für die Schweizer Heilpädagogik über diesen Zeitraum auch darüber hinaus (Kobi 1993; Haeberlin 1996, 1998; vgl. zusammenfassend Moser 2003), ohne dass von hier aus ausdrücklich forschungsmethodische Zugänge expliziert wurden. Mit der Gründung von sonder- bzw. behindertenpädagogischen Instituten an den Universitäten in den ausgehenden 1960er Jahren setzte dann eine Welle der Verwissenschaftlichung ein – und damit auch verbunden ein ‚Schulenstreit', in der realwissenschaftliche (Bleidick 1972), historisch-materialistische (Feuser 1994; Jantzen 1987), humanistisch-psychologische (vgl. Reiser 1998, 2006), konstruktivistische (z.B. Lindemann & Vossler 1999) und systemtheoretische Theoriemodelle (Speck 1996) entwickelt wurden. Im Kern unterscheiden sich diese Theorieansätze dadurch, inwiefern sie Behinderung als gesellschaftlich hervorgebracht bzw. konstruiert (historisch-materialistische bzw. konstruktivistische Perspektive), als individuelles Merkmal (realwissenschaftliche Perspektive), als individuelles Merkmal in vernetzten gesellschaftlichen Systemen (systemtheoretische Perspektive) oder auch unter einer therapeutischen Perspektive betrachten (humanistisch-psychologische Betrachtung). Allen Ansätzen ist allerdings gemeinsam, dass sie die Aufgabe der Sonder- bzw. Behindertenpädagogik (auch) darin sehen, eine professionelle, ‚heilende' Beziehung zum Klienten aufzubauen – dies wird unter dem Stichwort der ‚Dialogizität' schulenübergreifend verhandelt (vgl. auch Moser 2003).

Parallel zu dieser Theorieentwicklung laufen wenige empirische Forschungsvorhaben, die einerseits an die amerikanische Sozialforschung angelehnt sind (z.B. Begemann 1969) und andererseits der pädagogischen Psychologie zuzurechnen sind (verhaltenstherapeutische Ansätze, s.o. sowie Arbeiten im Bereich der schulischen Diagnostik, z.B. Kanter & Masendorf 1981). Eine stärkere empirische Orientierung erhält die behindertenpädagogische Forschung allerdings im Kontext der Umsetzung von Integration. Diese Forschungen sind wissenschaftliche Begleitforschungen, die im Kontext von Modellversuchen in Kindergärten und Schulen durchgeführt wurden und die ihrerseits wiederum auch theoriebildend gewirkt haben (z.B. Prengel 1993; Hinz 1993; Feuser 1994). Hier entwickelte sich inzwischen auch ein breiterer Fokus auf pädagogisch relevante Differenzen – neben Behinderung wurde zunehmend auch die soziale Herkunft einschließlich Migration und Geschlecht in den Blick genommen. Allerdings wird derzeit kritisch eingewendet, dass diese Ansätze „politische Pädagogiken sind, die jedoch nicht mehr die Perspektive der gesamtgesellschaftlichen Modernisierung, sondern eine Perspektive der Emanzipation gesellschaftlicher Gruppen auf Basis libertärer Orientierung und postmoderner Politikformen verfolgten. Referenzthemen sind nicht mehr soziale Ungleichheit und Chancengleichheit, sondern Gleichberechtigung, basisdemokratische Mitbestimmung sowie Anerkennung von Identität" (Emmerich & Hormel 2013, 123, Hervorh. im Original).

Insofern steht eine Weiterentwicklung differenz- und modernisierungstheoretischer Arbeiten zur Integration bzw. Inklusion an, die die Arbeiten von Prengel (1993); Hinz (1993) und Feuser (1994) fortführen können.

4 Vorläufer inklusiver Forschung in der Behindertenpädagogik

Innovative Strömungen innerhalb des Wissenschaftsbetriebs benötigten mitunter länger, um sich durchzusetzen. Daher macht es Sinn solche Strömungen in den Blick zu nehmen, die zumindest einzelne Elemente im Forschungsprozess enthielten, die heute als partizipativ oder partizipatorisch bezeichnet würden. Fragen wir nach den Vorläufern inklusiver Forschung in der erziehungs- und bildungswissenschaftlichen Forschung, so ist der Rückgriff auf die Handlungsforschung der 1970er Jahre naheliegend. Hier ging es darum die Lebenssituation marginalisierter Menschen zu beforschen, die Betroffenengruppe als Akteure in diesen Forschungsprozess zu involvieren und gleichzeitig deren Lebenssituation zu verbessern. Forschung war mit der Zielsetzung der Veränderung und der Verbesserung der Lebensverhältnisse verbunden, wobei die Akteure im Feld gemeinsam mit den WissenschafterInnen diese Veränderungen durchsetzen sollten.

In der Behindertenpädagogik gab es Projekte, die auf die gesellschaftliche Teilhabe sozial benachteiligter Menschen, insbesondere Kinder, zielten. Müller (1989) stellt ein Handlungsforschungsprojekt in einem Notwohngebiet vor, in dem über viele Jahre hinweg Studierende der Behindertenpädagogik der Universität Würzburg gemeinsam mit Lehrenden die Situation erforschten und Veränderungsprozesse einleiteten. Referenzrahmen ist die Kritische Theorie und Veränderungsprozesse beruhen auf den gemeinsamen Aktivitäten von BewohnerInnen eines Notwohngebietes einer Kleinstadt mit den universitären Akteuren. Das von Müller geleitete Projekt bestand über einen Zeitraum von rund 10 Jahren und ermöglichte einen

Lernprozess bei allen Beteiligten, aber auch moderate Verbesserungen der Lebenssituation sozial benachteiligter Kinder und ihrer Familien.

In die Handlungsforschungsprojekte der 1980er Jahre waren Menschen mit intellektueller Beeinträchtigung nicht einbezogen. Der Kongress „Selbstbestimmung" des Bundesverbandes Lebenshilfe im Jahre 1994 ist das erste große Ereignis, dass ihnen in einem Event des Wissenschaftsbetriebs eine gleichberechtigte Rolle zu geben versucht (Bundesvereinigung Lebenshilfe 1996). Der Kongress stellt eine Zäsur dar für den Umgang des Wissenschaftsbetriebs mit intellektuell beeinträchtigten Menschen. Erstmals wurde ein großer Fachkongress unter gleichberechtigter Beteiligung von WissenschafterInnen und professionellen FachvertreterInnen auf der einen Seite, aber auch von Menschen mit einer „geistigen Behinderung" auf der anderen Seite durchgeführt. So gab es zwei Kongresspräsidenten, einen Universitätsprofessor für Sonderpädagogik und einen jungen Mann, der in einer Werkstatt für behinderte Menschen arbeitete. Es wurden 3 Formen von Veranstaltungen angeboten, die jeweils durch eine andere Farbe im Kongressprogramm dargestellt wurden: Veranstaltungen für Menschen mit geistiger Behinderung, solche für Menschen ohne geistige Behinderung und gemeinsame Veranstaltungen für Menschen mit und ohne geistige Behinderung. Die Kongressthematik („Selbstbestimmung") prägte über Jahre neue Arbeitsschwerpunkte der Geistigbehindertenpädagogik. Auch wenn eine Einbeziehung von Menschen mit geistiger Behinderung als Akteure in Forschungsprojekte noch nicht angedacht war, so wurden durch einen veränderten Umgang im Forschungsbetrieb die Grundlagen dafür gelegt.

Die Disability Studies entwickelten sich seit den 1980er Jahren als soziale Bewegung von WissenschafterInnen mit Behinderung. Das „Handbook of Disability Studies" (Albrecht, Seelman & Bury 2001) stellt die Breite der Bewegung dar und propagiert einen transdisziplinären Zugang. Die Durchsicht des Verzeichnisses der Schreibenden (ebd., 843-852) offenbart, dass Themen im Feld von Bildung und Erziehung eher schwach vertreten sind. Der schlechten Repräsentation bildungswissenschaftlicher Themen in den Disability Studies entspricht die mangelnde Rezeption der Diskurse der Disability Studies in der deutschsprachigen Behindertenpädagogik. Erst nach 2000 gab es überhaupt relevante Publikationen in der Bildungswissenschaft (z.B. Weisser 2005).

Die bereits im vorausgegangenen Abschnitt dargestellte Tendenz der deutschsprachigen Geistigbehindertenpädagogik, Fragen der lebenslangen Entwicklung unter erziehungswissenschaftlicher Perspektive anzugehen, verstärkten die Rolle professionellen Personals der Behindertenhilfe zu Lasten der Entwicklung der Eigenständigkeit erwachsener Menschen. Neben der unzureichenden Rezeption angloamerikanischer Entwicklungen mag dies mit ein Grund dafür gewesen sein, dass der Ansatz der Disability Studies erst mit Verspätung Einzug in die deutschsprachige Bildungswissenschaft gehalten hatte.

An der Auswahl der Themen und auch an den Inhalten der Beiträge des „Handbook of Disability Studies" fällt auf, dass Menschen mit Lernschwierigkeiten („learning difficuties") als Forschungsakteure hier nicht vorkommen. Es gab nur wenige Versuche (z.B. in Australien und in Irland) in den 2000er Jahren diese Lücke zu füllen, die sich allesamt nicht im Mainstream der Disability Studies niederschlugen (Walmsley & Johnson 2003; Ramcharan, Grant & Flynn 2004). Erst mit den neueren Veröffentlichungen bahnt sich hier eine Modifikation an (Stalker 2012) (siehe hierzu Beitrag von Melanie Nind in diesem Band). Auch deutschsprachige Publikationen zu den Disability Studies, erwähnten Menschen mit Lernschwierigkeiten kaum oder gar nicht (Dederich 2007). Die Thematisierung der Perspektive von Menschen mit intellektueller Beeinträchtigung (bzw. Menschen mit Lernschwierigkeiten) ist erst in den letzten Jahren festzustellen (Fasching & Biewer 2014; Sigot 2013).

5 Geschichte der Forschung und ihr Einfluss auf aktuelle Entwicklungen

Betrachten wir Forschung über Bildung und lebenslange Entwicklung im internationalen Vergleich, so lassen sich nach Biesta (2014) derzeit zwei unterschiedliche Forschungskulturen unterscheiden. Es ist zum einen die im englischen Sprachraum tonangebende sozialwissenschaftliche Forschung, in der empirische Zugänge der Psychologie und Soziologie mit den in beiden Fachgebieten verbreiteten Methoden dominieren. Normative Aspekte werden hier an eine Philosophie der Erziehung delegiert. Es gibt aber darüber hinaus eine deutschsprachige pädagogische bzw. erziehungswissenschaftliche Forschung, die das Phänomen der Bildung und Erziehung in seiner Komplexität und allen seinen Dimensionen thematisiert. Dieser Forschungszugang nähert sich seinem Gegenstand mit hermeneutischen und phänomenologischen, aber auch mit empirischen Methoden, um Theorien zur Bildung und Erziehung zu entwickeln und entspricht damit auch der Tradition des Faches.
Die Bedeutung empirischer Forschung steht heute außer Frage. Frühere Gegensätze zwischen geisteswissenschaftlicher und empirischer Forschung, aber auch zwischen quantitativen und qualitativen Methoden lösen sich in der heutigen Forschung zunehmend auf. Der Begriff der „Mixed-methods" steht für dieses Neben- und Miteinander, das viele empirische Forschungsprojekte der heutigen Zeit bestimmt.
Betrachten wir aktuelle behindertenpädagogische Forschung, so lassen sich die beiden von Biesta beschriebenen Kulturen leicht identifizieren. Es stellt sich folglich die Frage, welcher der beiden Kulturen inklusive Forschung eher entspricht. Sie ist vielleicht keiner der Kulturen im Sinne Biestas zuzuordnen oder hat Ele-

mente beider Kulturen. Es ist die Tradition qualitativer Forschung und partizipatorischer Handlungsforschung, welche die Grundlagen für die Entwicklung Inklusiver Forschung gelegt hat und die Einflüsse, die gegenwärtig im deutschsprachigen Raum wirken, sind solche aus dem anglo-amerikanischen Raum mit einer starken soziologischen Ausrichtung, wie sie sich etwa in den Arbeiten von Anne Waldschmidt widerspiegeln (Waldschmidt & Schneider 2007).

In ihrem gegenwärtigen Entwicklungsstand muss inklusive Forschung ihre Verortung erst finden. Es ist nach wie vor nicht klar, welche Kriterien inklusive Forschung erfüllen muss, um in der Scientific Community bestehen zu können und auch im Wissenschaftssystem Anerkennung zu finden. So hilft ein Blick in die Geschichte der Forschung, um aktuelle Fragestellungen in ihrer Genese zu verstehen. Der historische Rückblick zeigt, dass wissenschaftliche Forschung in ihrem jetzigen Zustand keine zeitlose normative Struktur aufweist, sondern geschichtlich geworden ist. Er zeigt auch, dass Zielsetzungen und Verfahrensregeln in die Wissenschaft eintreten können, die vor Jahrzehnten noch als unwissenschaftlich diskreditiert werden konnten. Gleichzeitig treten aber auch neue Normen, etwa im Bereich ethischer Maßstäbe, für deren Notwendigkeit vor Jahrzehnten noch keinerlei Sensibilität bestand.

Der Versuch inklusive Forschung unter der Perspektive der Bildungswissenschaft, insbesondere der Behindertenpädagogik, zu betrachten, zeigt, dass wir es hier weniger mit einer kontinuierlichen Entwicklung zu tun haben, als mit dem Einzug eines neuen forschungsmethodischen Zugangs. Während normative Grundlegungen Inklusiver Forschung an die Theorien integrationspädagogischer Forschung anschlussfähig sind, stoßen Fragen der Forschungsmethodik weniger auf ein historisch gewachsenes anschlussfähiges institutionelles Umfeld. Angehörige des Wissenschaftsbetriebs durchlaufen institutionelle Sozialisationen, die nach der Hochschulzugangsberechtigung und dem Studium um weitere Initiationen (Promotion und Habilitation) ergänzt werden oder entlohnte Beschäftigungsverhältnisse mit Forschungseinrichtungen einschließen. Wer diese Berufskarriere nicht durchlaufen hat, muss mit Vorbehalten rechnen und sein Status als Forscher wird schnell in Frage gestellt. Angesichts dieser Rahmenbedingungen erschließt inklusive Forschung tatsächlich Neuland. Die Zukunft ist von Hoffnungen geprägt, ihr Verlauf ist aber nicht vorhersehbar.

Literatur

Albrecht, G.L., Seelman, K.D. & Bury, M. (2001): Handbook of Disability Studies. Thousand Oaks, London, Delhi: Sage.

Begemann, E. (1969): Die Erziehung der sozio-kulturell benachteiligten Schüler: Zur erziehungswissenschaftlichen Grundlegung der 'Hilfsschulpädagogik'. Diss. Münster.

Biesta, G. (2014): The two cultures of educational research: Paper presented at the European Conference on Educational Research (ECER), Porto.

Bleidick, U. & Ellger-Rüttgardt, S. (2008): Behindertenpädagogik – eine Bilanz. Bildungspolitik und Theorieentwicklung von 1950 bis zur Gegenwart. Stuttgart: Kohlhammer.
Bopp, L. (1930): Allgemeine Heilpädagogik in systematischer Grundlegung und mit erziehungspraktischer Einstellung. Freiburg: Herder.
Brill, W. (2011): Pädagogik der Abgrenzung. Die Implementierung der Rassenhygiene im Nationalsozialismus durch die Sonderpädagogik. Bad Heilbrunn: Klinkhardt.
Bundesvereinigung Lebenshilfe für geistig Behinderte (Hrsg.) (1996): Selbstbestimmung. Kongressbeiträge. Dokumentation des Kongresses „Ich weiß doch selbst, was ich will!" Menschen mit geistiger Behinderung auf dem Weg zu mehr Selbstbestimmung. Vom 27. September bis zum 1. Oktober 1994 in Duisburg. Marburg: Lebenshilfe-Verl.
Dederich, M. (2007): Körper, Kultur und Behinderung. Eine Einführung in die Disability Studies. Bielefeld: transcript.
Düring, E. v. (1925): Grundlagen und Grundsätze der Heilpädagogik. München, Leipzig: Rotapfel.
Emmerich, M. & Hormel, U. (2013): Heterogenität – Diversity – Intersektionalität. Zur Logik sozialer Unterscheidungen in pädagogischen Semantiken der Differenz. Wiesbaden: VS.
Fasching, H. & Biewer, G. (2014): Wissenskonstruktionen mit Menschen mit intellektueller Beeinträchtigung in der Bildungswissenschaft. In: Zeitschrift für Bildungsforschung, 1-14. doi: 10.1007/s35834-014-0100-1.
Feuser, G. (1994): Behinderte Kinder und Jugendliche: Zwischen Integration und Aussonderung. Darmstadt: Wiss. Buchgesellschaft.
Georgens, J.D. & Deinhardt, H.M. (1861/63): Die Heilpädagogik, mit besonderer Berücksichtigung der Idiotie und der Idiotenanstalten. 2 Bde. Leipzig: Fleischer.
Greiling, J.C. (1793): Ueber den Endzweck der Erziehung und über den ersten Grundsatz einer Wissenschaft derselben. Schneeberg: Arnold.
Haeberlin, U. (1998): Allgemeine Heilpädagogik (5. Aufl.). Bern, Stuttgart, Wien: Haupt.
Haeberlin, U. (1996): Heilpädagogik als wertgeleitete Wissenschaft. Bern, Stuttgart, Wien: Haupt.
Hanselmann, H. (1930): Einführung in die Heilpädagogik. Zürich/Leipzig: Rotapfel.
Heinrichs, K. (1931): Versuch einer wissenschaftlichen Grundlegung der Heilpädagogik. Oaterwieck: Zickfeldt.
Hinz, A. (1993): Heterogenität in der Schule. Hamburg: Curio.
Heller, Th. (1904): Grundriss der Heilpädagogik. Leipzig: Wilhelm Engelmann.
Jantzen, W. (1987): Allgemeine Behindertenpädagogik (2 Bde.). Weinheim: Beltz.
Kane, J. F. & Kane, G. (1978): Geistig schwer Behinderte lernen lebenspraktische Fertigkeiten (2. durchges. Aufl.). Bern, Stuttgart, Wien: Huber.
Kanter, G.O. & Masendorf, F. (1981): Lernvoraussetzungen bei Behinderten. Berlin: Marhold.
Kielhorn, H. (1887): Schule für Schwachbefähigte Kinder. (Verhandlungen der 27. Allgemeinen Deutschen Lehrerversammlung zu Gotha). In: Allgemeine Deutsche Lehrerzeitung 32. Jg., 307-313.
Kobi, E.E. (1993): Grundfragen der Heilpädagogik (5. Aufl.). Bern, Stuttgart, Wien: Haupt.
Lindemann, H. & Vossler, N. (1999): Die Behinderung liegt im Auge des Betrachters. Konstruktivistisches Denken für die pädagogische Praxis. Luchterhand: Neuwied.
May, J.F. (1765): Die Kunst der vernünftigen Kinderzucht in den nöthigsten Grundsätzen. Helmstädt.
Moritz, K.P., Pockels, K.F. & Maimon, S. (1793ff.): Magazin zur Erfahrungsseelenkunde. Berlin: August Mylius.
Moser, V. (1995/1998): Die Ordnung des Schicksals. Zur ideengeschichtlichen Tradition der Sonderpädagogik. Butzbach: Afra.
Moser, V. & Sasse, A. (2008): Theorien der Behindertenpädagogik. München, Basel: Reinhardt.
Müller, A. (1989): Kinder am Rande. Handlungsforschung im Rahmen der Kinder- und Jugendarbeit in einem Notwohngebiet. Würzburg: Edition Bentheim.
Prengel, A. (1993): Pädagogik der Vielfalt. Opladen: Leske + Budrich.

Ramcharan, P., Grant, G. & Flynn, M. (2004): Emancipatory and participatory research? How far have we come? In: Emerson, E., Hatton, C., Thompson, T. & Parmenter, T. R. (Hrsg.): Applied research in intellectual disabilities. Hoboken et al., John Wiley & Sons, 83-111.

Reiser, H. (2006): Psychoanalytisch-systemische Pädagogik. Erziehung auf der Grundlage der Themenzentrierten Interaktion. Stuttgart: Kohlhammer.

Reiser, H. (1998): Sonderpädagogik als Service-Leistung? Zeitschrift für Heilpädagogik, 49. Jg., 46-54.

Sigot, M. (2013): Voraussetzungen und Auswirkungen der Teilhabe von Frauen mit Lernschwierigkeiten an einem partizipatorischen Forschungsprojekt. In: Dorrance, C. & Dannenbeck, C. (Hrsg.): Doing Inclusion. Inklusion in einer nicht inklusiven Gesellschaft. Bad Heilbrunn: Klinkhardt, 96-103.

Speck, O. (1977): Die Rehabilitation der Geistigbehinderten: Ein Beitrag zur sozialen Integration (2. Aufl.). München: Reinhardt.

Speck, O. (1996): System Heilpädagogik: Eine ökologisch reflexive Grundlegung (3. Aufl.). München, Basel: Reinhardt.

Stalker, K. (2012): Theorizing the position of people with learning difficulties within disability studies: progress and pitfalls. In: Watson, N. (Hrsg.): Routledge handbook of disability studies. London et al., Routledge, 122-135.

Tenorth, H.-E. (2006): Bildsamkeit und Behinderung. Anspruch, Wirksamkeit und Selbstdestruktion einer Idee. In: L., R. & Ders. (Hrsg.): Ideen als gesellschaftliche Gestaltungskraft in Europa der Neuzeit. Beiträge für eine erneuerte Geistesgeschichte. München: Oldenbourg, 497-520.

Thümmel, I. (2003): Sozial- und Ideengeschichte der Schule für Geistigbehinderte im 20. Jahrhundert: Zentrale Entwicklungslinien zwischen Ausgrenzung und Partizipation. Weinheim, Basel, Berlin: Beltz.

Waldschmidt, A. & Schneider, W. (Hrsg.) (2007): Disability Studies, Kultursoziologie und Soziologie der Behinderung. Bielefeld: transcript.

Walmsley, J. & Johnson, K. (2003): Inclusive research with people with learning disabilities. London, Philadelphia: Jessica Kingsley.

Weisser, J. (2005): Behinderung, Ungleichheit und Bildung. Bielefeld: transcript.

Entwicklungslinien gemeinsamen Forschens

Stephanie Goeke

Zum Stand, den Ursprüngen und zukünftigen Entwicklungen gemeinsamen Forschens im Kontext von Behinderung

Zusammenfassung

Der Aufsatz arbeitet die Ursprünge des gemeinsamen Forschens im Kontext von Behinderungen heraus und betrachtet insbesondere die Entwicklung partizipativer und inklusiver Forschung. Der Stand der Forschungsansätze, die Partizipation Betroffener als Kernmerkmal beinhalten, wird skizziert. Anhand der Entwicklungslinien gemeinsamen Forschens von Menschen mit und ohne Behinderungen werden die Einflussfaktoren deutlich. Der Partizipation von Menschen mit Lernschwierigkeiten an Forschungsprozessen kommt besonders Aufmerksamkeit zu. Dabei wird die von Betroffenen favorisierte Bezeichnung für einen heterogenen Personenkreis, der meist als geistig behindert bezeichnet wird, verwendet. Abschließend wird herausgearbeitet, welche (Weiter-)Entwicklungen insbesondere im deutschsprachigen Raum zu begrüßen wären.

1 Aktuelle Situation in der Forschungslandschaft im Kontext Lernschwierigkeiten

Partizipative und inklusive Forschungsvorhaben führen derzeit im deutschsprachigen Raum nicht nur im Kontext geistiger Behinderung ein Nischendasein. Insgesamt fehlen im deutschsprachigen Raum vielfältige Forschungsvorhaben, bei denen Menschen mit und ohne Behinderungen gemeinsam Wissen produzieren. Während im deutschsprachigen Raum die Diskurse über partizipative Forschung langsam zahlreicher und intensiver werden, kann in anderen Ländern bereits auf vielfältige Forschungsvorhaben und Diskussionen verwiesen werden (vgl. Buchner & Koenig 2011 und den Beitrag von Melanie Nind in diesem Band). Wie groß ist bei diesen Forschungsprojekten das Ausmaß der Partizipation und der Kontrolle über den Forschungsprozess? Eine breitere Erfahrung mit partizipativen

Forschungszugängen im deutschsprachigen Raum findet man z.B. in der Gesundheitsforschung (vgl. von Unger 2012; Burtscher 2014).
Inklusive Forschung lautet der Titel dieses Herausgeberwerks. Jan Walmsley (2001) prägt den Terminus *Inclusive Research (Inklusive Forschung)* als Reaktion auf die strittige Frage der Besitzrechte an und der Kontrolle von Forschung. Inklusive Forschung wird dabei verstanden als ein Set von Kategorien, wo sowohl die partizipatorische als auch die emanzipatorische Forschung im Kontext von Lernschwierigkeiten eingeschlossen werden (vgl. Walmsley & Johnson 2003). Der Terminus Inklusive Forschung ist wie Nind (2014) konstatiert bisher jedoch nicht weit verbreitet. Nach Walmsley & Johnson (2003) sind Menschen mit Lernschwierigkeiten aktive Teilnehmende des Forschungsprozesses, das heißt nicht nur Subjekte, die befragt werden, sondern auch InitiatorInnen, Handelnde, AutorInnen, Analysierende und MultiplikatorInnen sowie NutzerInnen von Forschung. „Wir definieren Inklusive Forschung als Forschung, die Menschen mit Lernschwierigkeiten einbezieht und involviert, und zwar mehr als nur als Forschungssubjekte. Sie sind AkteurInnen, Menschen deren Sichtweisen in eigenen Worten direkt in den veröffentlichten Ergebnissen repräsentiert sind, aber – und das ist wichtig – sie sind gleichzeitig ForscherInnen, die eine aktive Rolle spielen als AnstifterInnen, InterviewerInnen, Datenanalysierende oder AutorInnen." (ebd., 61f) (eig. Übersetzung)
Da hierbei ein enges Inklusionsverständnis vorliegt, das Menschen mit Lernschwierigkeiten fokussiert, erachte ich den Terminus als irreführend. Das Denkmodell der Inklusion/Exklusion bezieht sich auf alle Heterogenitätsdimensionen und sollte eine Engführung z.B. auf Menschen mit Lernschwierigkeiten vermeiden. Konsequenterweise müsste der Terminus der Inklusiven Forschung i.S. von Walmsley erweitert werden, so dass sich dieser Forschungsansatz auf die Beteiligung aller Menschen bezieht und je nach Forschungsfrage die jeweiligen Heterogenitätsdimensionen wie Behinderung, Geschlecht, Ethnie, Alter, Migrationserfahrungen, Religionszugehörigkeit, sexuelle Orientierung usw. in den Blick nimmt. Letztlich könnte man auf den Zusatz „inklusiv" verzichten, wenn sichergestellt wäre, dass in Forschungsvorhaben sowohl alle Heterogenitätsdimensionen als auch deren Verwobenheit bzw. Überschneidung (Intersektionalität) eine adäquate Berücksichtigung finden. Der Reflexivität des eigenen Handelns, als eine Aufgabe der reflexiven Inklusion (vgl. Budde & Hummrich 2014) muss auch im Forschungshandeln die entsprechende Bedeutung zukommen.
Nind verwendet den Terminus Inklusive Forschung in einer umfassenden Weise für die Ansätze „partnership and user-led research, child-led research, peer research, community research, activist scholarship, decolonising research, community-based participatory research, participatory action research and democratic dialogue" (Nind 2014, 2f).

Im Folgenden wird auf einige dieser Ansätze, die im Kontext von Behinderungen an Bedeutung gewonnen haben, eingegangen, wobei nicht alle nationalen Unterschiedlichkeiten hier Berücksichtigung finden können. In den Sozialwissenschaften existiert ein breites Tableau gemeinsamen Forschens, das verschiedene Ausprägungen umfasst (vgl. Bergold & Thomas 2012). Eine gemeinsame Definition zu finden, erweist sich als schwierig, weil „partizipativ" bzw. „partizipatorisch" nicht immer eindeutig definiert ist. Festzuhalten ist, dass das Innovationspotential partizipativer sowie partizipatorischer Forschungsansätze in den Sozialwissenschaften unterschiedlich hoch ist. Zugleich ist auch die methodologische und methodische Auseinandersetzung mit partizipativer Forschung in den einzelnen Fachdisziplinen (Psychologie, Gesundheitswissenschaften, Sozialwissenschaften) zum jetzigen Zeitpunkt unterschiedlich intensiv.

Partizipative Forschung erscheint derzeit als der umfassendere und geläufigere Begriff im deutschsprachigen Raum, der sich auf Forschungszugänge bezieht, die Menschen mit den unterschiedlichsten Heterogenitätsdimensionen und auch unterschiedlichen Behinderungen – nicht nur mit Lernschwierigkeiten – beteiligen, d.h. als ein zentrales Moment Partizipation an der Wissensproduktion ermöglichen. Dabei kann sich die Partizipation auf den Inhalt der Forschung und/ oder den Forschungsprozess selbst beziehen. Im deutschsprachigen Raum begegnet man den Begriffen „partizipative" und „partizipatorische" Forschung: „Partizipatorische Forschung bedeutet, den Anspruch der Teilhabe auf wissenschaftliche Forschung zu übertragen" (Flieger 2009, 161), d.h., die Teilhabe ausdrücklich zu bezwecken. Partizipatorische Forschung nach Flieger heißt also, gemeinsam forschen mit dem Ziel, den Beforschten (Betroffenen) zu ermöglichen, an etwas zu partizipieren. Die Bezeichnung „partizipatorische Forschung" erachtet ich daher für angemessener, gleichwohl im Einzelfall immer geprüft werden muss, was genau gemeint ist. Da dessen ungeachtet der Gebrauch des Terminus „partizipative Forschung" üblicher scheint, wird dieser im Weiteren verwendet.

Partizipative Forschung wird verstanden als Forschungsstil und Forschungsstrategie (vgl. Bergold & Thomas 2012). „Partizipative Forschung lässt sich vielmehr als eine Methodologie ansehen, die für die Möglichkeit, Bedeutsamkeit und Nützlichkeit des Einbezugs der Ko-ForscherInnen in den Erkenntnisprozess argumentiert" (Bergold 2007)." (ebd., 2) Sie stellt einen eigenständigen wissenschaftlichen Forschungsansatz dar und speist sich wiederum aus einer Vielzahl von Forschungsmethoden, die die Partizipation der Ko-ForscherInnen fördern und fordern (vgl. ebd.). Das Kernmerkmal des gesamten Forschungsprozesses ist die Partizipation. Hella von Unger (2012, 1) definiert partizipative Forschung als einen „Oberbegriff für Forschungsansätze, die soziale Wirklichkeit partnerschaftlich erforschen und beeinflussen" und somit eine Verknüpfung von Untersuchung und Intervention stattfindet, die letztlich einer partizipativen Erkenntnisgewinnung dient.

In der Forschung im Kontext der Lebenssituation von Menschen mit so genannter geistiger Behinderung lassen sich verschiedene Forschungsperspektiven ausmachen. Janz und Terfloth (2009) skizzieren die Entwicklung der Forschungsperspektiven „an, über, für, mit und von" Menschen mit geistiger Behinderung, wobei sie festhalten, dass es sich hierbei nicht um einen linearen Verlauf handelt und eine Forschungsperspektive die andere ablöst. Vielmehr bestehen die Forschungsperspektiven aktuell nebeneinander (vgl. ebd.). Es wird erkennbar, dass sich die Forschung im Kontext so genannter geistiger Behinderung deutlich verändert hat und diese Veränderungen sich u.a. auf die Herangehensweise an Forschungsfragen, die AdressatInnen von Forschungsergebnissen und die am Forschungsprozess Beteiligten beziehen (vgl. ebd.). Forschung „an" Menschen mit sogenannter geistiger Behinderung diente vor allem „rein medizinisch naturwissenschaftlichen Interessen zur Vermeidung oder zur Heilung der Behinderung" (ebd.) und insbesondere in der Zeit des Nationalsozialismus wurden medizinische Verbrechen im Rahmen der Vernichtungslehre begangen (vgl. Wuttke-Groneberg 1980). Moderne biomedizinische und traditionelle sozialwissenschaftliche Forschung testet, zählt, vermisst, beschreibt, analysiert, etikettiert oder pathologisiert zum Teil auch heute noch den Personenkreis der Menschen mit Lernschwierigkeiten (vgl. Graumann 2004). Dahingehend nehmen Partizipative Forschungszugänge Menschen mit Lernschwierigkeiten als Subjekte und Ko-Forschende wahr und beteiligen sie am Forschungsprozess. In der strengsten Form (= „von") wird Forschung von Menschen mit Lernschwierigkeiten selbst betrieben, wohingegen Forschende ohne Lernschwierigkeiten die Rolle der UnterstützerInnen einnehmen.

In der aktuellen Forschungslandschaft im deutschsprachigen Raum sind Menschen mit Behinderungserfahrungen, und insbesondere Menschen mit Lernschwierigkeiten derzeit gar nicht oder nur vereinzelt am Forschungsgeschehen aktiv beteiligt. Mittlerweile werden häufiger Menschen mit Lernschwierigkeiten selbst befragt und es wird weitestgehend auf Stellvertreteraussagen verzichtet. In ihrem Aufsatz „Das Problemzentrierte Interview bei Menschen mit einer geistigen Behinderung" konstatiert Niediek mit Bezug auf US-amerikanische und britische AutorInnen „Stellvertreterbefragungen stellen in einem sehr eng begrenzten Rahmen eine Alternative zur direkten Datenerhebung dar: Sie können eingesetzt werden, wenn objektive Daten der Lebenssituation erfasst werden sollen. Die subjektiv empfundene Lebenswirklichkeit der betroffenen Personen können sie dagegen nicht hinreichend valide abbilden" (Niediek 2014, 104).

Vereinzelt werden Frauen oder Männer mit Behinderungen als InterviewerInnen eingesetzt. Wenn z.B. wie in der Studie „Live, Leben und Interessen vertreten – Frauen mit Behinderung: Lebenssituation, Bedarfslagen und Interessenvertretung von Frauen mit Körper- und Sinnesbehinderungen" Frauen mit Körperbehinderung als Interviewerin auftreten, wird selten eine kritische Diskussion ihrer Rolle als Interviewerin geführt (vgl. Eiermann, Häußler & Helfferich 2000).

Oftmals wird die Nähe zur Interviewpartnerin – hier aufgrund der Behinderung – als Chance und Vorteil betrachtet, die „Gleichheit" kann aber auch Distanz schaffen und zu Abgrenzungsversuchen auf Seiten der Interviewten führen. Partizipative Forschungszugänge stellen eine Herausforderung für alle Beteiligten dar, implizieren ein anderes Forschungsverständnis und bedürfen der ständigen Reflexion der eingenommenen Rollen und Interessen (vgl. Goeke & Terfloth 2006). Im Kontext von Menschen mit Lernschwierigkeiten sind diese Forschungszugänge innerhalb der Scientific Community der Pädagogik bei Menschen mit geistiger Behinderung umstritten. Buchner, Koenig und Schuppener (2011, 8) beschreiben „innerhalb der deutschsprachigen Scientific Community ein nachhaltig vorhandenes Unbehagen bezüglich der Zusammenarbeit mit Menschen mit intellektueller Behinderung" und verdeutlichen dies kurz an Irritationen und Widerständen, die auftreten, wenn Menschen mit Lernschwierigkeiten in der Rolle der Forschenden z.b. an Fachtagungen teilnehmen möchten. Vielfältige Exklusionsmechanismen sind hier weiterhin wirksam. Wie es zum Ausschluss behinderter Menschen aus dem akademischen Raum und der Wissensproduktion kommt und welche Zugangsbarrieren bestehen, kann in Anlehnung an Bourdieus Kapitaltheorie gut aufgezeigt werden (vgl. Goeke & Kubanski 2012). So verfügen Menschen mit Behinderung oftmals über weniger ökonomisches, kulturelles, soziales und symbolisches Kapital, was ihnen wiederum Zugänge zu Forschungskontexten verwerrt. Ermutigende Erfahrungen, dass partizipative und inklusive Forschungsvorhaben im Kontext so genannter geistiger Behinderung Erfolg haben, lassen sich u.a. in Großbritannien, in Irland, in den USA, Australien, Neuseeland und Kanada finden.[1]

2 Gegenwärtige partizipative Forschungsansätze

Im Folgenden werden zunächst unterschiedliche Forschungsrichtungen und -traditionen kurz eingeführt, um einen Überblick zu schaffen und Unterschiede als auch Gemeinsamkeiten sichtbar zu machen. Im internationalen Diskurs trifft man u.a. auf die Ansätze Participatory Action Research (PAR), Emancipatory Research, Community-Based Participatory Research (CBPR) und Inclusive Research. Vereinzelt ist in einigen Wissenschaftsbereichen im deutschsprachigen Raum der Terminus transdisziplinäre Forschung zu finden. Diesen aktuellen Strömungen von Partizipation in der Forschung werden laut Petra Flieger (vgl. 2009,

---

[1] Beispielhaft sei hier das Norah Fry Research Centre der Universität Bristol (UK) genannt. Die Forschungsberichte sind in leichter Sprache verfasst und auch online einsehbar. Informationen zu abgeschlossenen und laufenden Forschungsprojekten bieten die nationalen Netzwerke Inclusive Research (http://www.inclusiveresearch.net/), die irischen Netzwerke (IRN und IRISS) und das finnische Netzwerk (http://www.kvps.fi/images/tiedostot/Blogi/Tiihonen-Inclusive-Research-Network-in-Finland-07-2014.pdf).

163) auf EU-Ebene zunehmend mehr Aufmerksamkeit gewidmet, von einem bahnbrechenden und flächendeckenden Durchbruch dieser Forschungsansätze kann nicht die Rede sein.

Emancipatory Research stellt die radikalste Form partizipatorischer Forschung dar, weil „Kontrolle, Macht und Entscheidungsgewalt in den Händen von Frauen und Männern mit Behinderungen liegen" (Flieger 2009, 164) und somit die Menschen mit Behinderungen und ihre Organisationen die Kontrolle über die Forschung und deren Ziele haben. Partizipatorische Forschung ist ein Schritt auf dem Weg zur Entwicklung eines emanzipatorischen Forschungsparadigmas und eine Voraussetzung für diese (vgl. Zarb 1992). „Simply increasing participation and involvement will never by itself constitute emancipatory research unless and until it is disabled people themselves who are controlling the research and deciding who should be involved and how." (ebd., 128). Emanzipatorische Forschung ist eng verbunden mit der Behindertenbewegung und wird als ein Teil ihrer Bemühungen für Bürgerrechte (Walmsley 2001, 195) gesehen, so dass der politische Kern dieses Forschungsansatzes nicht unterschätzt werden darf. Forschung ist im Verständnis von Finkelstein nicht emanzipatorisch, wenn sie der Agenda anderer z.B. der Regierung folgt (zit. in Walmsley 2001, 196).

Der im US-amerikanischen Raum diskutierte Begriff *Participatory Action Research* (PAR), kann auf Deutsch als partizipative Handlungsforschung übersetzt werden. PAR basiert auf wesentlichen Merkmalen der Aktionsforschung und versteht sich als eine grundsätzliche Haltung. „Participatory Action Research recognizes the need for persons being studied to participate in the design and conduct of all phases (e.g., design, execution and dissemination) of the research that affects them. PAR is an approach or strategy for research, not a research methodology" (Doe/ Whyte 1995). (zit. in Flieger 2009, 165)

Community-Based Participatory Research (CBPR) ist eine Forschungsstrategie die insbesondere im Kontext der sozialwissenschaftlichen Gesundheitsforschung zu finden ist. In der Aktionsforschung nach Kurt LEWIN (1946) und in partizipativen Ansätzen afrikanischer, asiatischer und lateinamerikanischer AutorInnen liegen die historischen Wurzeln dieses Forschungsansatzes (vgl. von Unger 2012). Die Erkenntnis, dass Forschung und Praxis im Gesundheitsbereich enger verzahnt werden müssen, um z.B. Einfluss auf die Gesundheitsprävention und die Wirksamkeit von Maßnahmen zu nehmen, hat zum Erfolg von CBPR beigetragen (ebd.). „CBPR sieht vor, in und mit Communities die Ursachen von Gesundheitsproblemen zu erforschen und Handlungsstrategien zu entwickeln. Der Befähigung (Empowerment) und Kompetenzentwicklung (capacity building) der Beteiligten kommt dabei ein zentraler Stellenwert zu." (ebd., 5)

Im Vergleich zur Aktions-/Handlungsforschung der 1970er in Deutschland hat CBPR ein klares Selbstverständnis als Forschung (vgl. ebd.). Dabei ist festgelegt, dass CBPR bewusst „nicht nur professionelle PraktikerInnen und Einrichtungen

des Sozial- und Gesundheitswesens einbezieht, sondern immer auch NutzerInnen, BürgerInnen und Communities (...) und diese von Anfang an und gleichberechtigt in der Forschung zu beteiligen sind" (ebd.,11).
Als Community gilt auch die heterogene Gruppe von Menschen mit Behinderungen. Im Kontext von CBPR wird dem Empowermentprozess von Frauen und Männern mit Behinderungen eine große Bedeutung zugemessen.
Der Terminus *Transdisziplinäre Forschung* ist im deutschsprachigen Raum in einigen Wissenschaftsbereichen zu finden. Die transdisziplinäre Forschung versucht ausgehend von gesellschaftlichen Problemstellungen wissenschaftliches und praktisches bzw. nicht-akademisches Wissen zu verknüpfen, indem verschiedene Disziplinen und Fachgebiete gemeinsam forschen, um schließlich zu einer am Gemeinwohl orientierten Lösung zu gelangen. Somit wird die traditionelle Trennung zwischen akademischer Wissensproduktion und praxisbezogenem Erfahrungswissen zugunsten eines gleichberechtigten Dialogs zwischen diesen beiden Wissensformen verschoben. Transdisziplinäre Forschung ist mehr als nur die disziplinären Grenzen zu überschreiten. Die „Kooperation von WissenschaftlerInnen und nichtwissenschaftlichen gesellschaftlichen AkteurInnen bzw. Stakeholdern im Forschungsprozess" rückt in den Mittelpunkt (Flieger 2009, 168).
Die dahinterliegende Idee ist, komplexe Probleme und Fragestellungen jenseits von einer Disziplin adäquat lösen bzw. beantworten zu können.[2]
Gemeinsam ist allen genannten Forschungsansätzen, dass paternalistische und defizitorientierte Sichtweisen über z.B. Menschen mit Behinderungen überwunden werden. Zugleich wird damit die im letzten Jahrhundert vorherrschende Vorstellung, wonach Menschen mit Lernschwierigkeiten aufgrund essentialistischer Zuschreibungen als nicht valide InterviewpartnerInnen erachtet wurden, überwunden. Die Entwicklung partizipativer Forschungsmethoden ermöglicht Frauen und Männern mit Behinderungen andere Rollen einzunehmen. „Allen hier skizzierten Forschungsansätzen ist gemeinsam, dass tradierte Grenzen von Wissenschaft und Praxis mit dem Ziel aufgehoben werden, einen engagierten Dialog mit der Praxis zu führen und gesellschaftliche/lebensweltliche Verhältnisse im sozialen Nahraum zum Besseren zu verändern." (Goeke & Kubanski 2012, 19)
Als ein aktuelles Forschungsvorhaben sei hier auf das Projekt „Menschen mit Lernschwierigkeiten und Gesundheitsförderung" (GESUND!) verwiesen. Im Rahmen dieses Projekts werden Frauen und Männer mit Lernschwierigkeiten zunächst als „Gesundheitshelfer" qualifiziert, um dann im zweiten Schritt gemeinsam mit anderen AkteurInnen kommunale Gesundheitsziele für alle zu entwickeln (vgl. Burtscher 2014). Mit dem Berliner Verbundprojekt „Gesunde Kommunen durch

---

2 Im Kontext der Fragestellungen zu Menschen mit Lernschwierigkeiten sind mir im deutschsprachigen Raum keine Forschungsarbeiten bekannt, die sich der transdisziplinären Forschung zuordnen lassen. Vielfältige Diskussionen werden hier zu Lande im Zusammenhang mit sozial-ökologischen Problemlagen und Fragestellungen der Nachhaltigkeit transdisziplinär geführt.

integrierte, partizipative Strategien der Gesundheitsförderung (PartKommPlus)" soll u.a. ein Beitrag zur Weiterentwicklung Partizipativer Gesundheitsforschung geleistet werden (vgl. ebd.).

Ein neuer Strang in der Forschungslandschaft, der sich seit kurzer Zeit in Deutschland formiert, ist die *Teilhabeforschung*. Hierbei ist es Ziel, „eine interdisziplinäre Teilhabeforschung zu profilieren und voran zu bringen, welche die Lebenssituation von Menschen mit Beeinträchtigungen und die Verwirklichung ihrer Selbstbestimmung, Gleichstellung und Teilhabe zum Gegenstand hat." (Wansing 2014, 8)

Vor dem Hintergrund der Definition von Teilhabe der Weltgesundheitsorganisation versteht sich Teilhabeforschung als interdisziplinäres Forschungsfeld mit dem Fokus auf Teilhabe und Selbstbestimmung (vgl. DVfR & DGRW 2012). Es handelt sich sowohl um einen kontextbezogenen als auch einen träger- und institutionenübergreifenden Ansatz mit sozial- und gesundheitspolitischen Anwendungsbezug (vgl. ebd.). Die Beteiligung der betroffenen Menschen wird als ein Merkmal der Teilhabeforschung benannt. Dazu heißt es im Diskussionspapier der Deutschen Vereinigung für Rehabilitation (DVfR) und der Deutschen Gesellschaft für Rehabilitationswissenschaften (DGRW): „Die subjektiven Sichtweisen, Lebensentwürfe und Präferenzen der betroffenen Menschen stellen einen zentralen Gegenstand der Teilhabeforschung dar. Darüber hinaus muss Forschung zur Teilhabe von Menschen mit Behinderungen gewährleisten, dass diese an der Forschung selbst teilhaben können." (ebd., 4).

Des Weiteren sei eine „angemessene Vertretung und Mitwirkung von Betroffenen in Gremien, die über Forschungsförderung oder über den Transfer von Forschungsergebnissen entscheiden, erforderlich" (ebd.)

Auch die Arbeitsgruppe Teilhabeforschung formuliert, dass eine Teilhabeforschung die Partizipation von Menschen mit Beeinträchtigungen im Forschungsprozess erfordert (vgl. Wansing 2014).

Kritisch sei dazu angemerkt, dass es sich hierbei um Zusammenschlüsse von WissenschaftlerInnen unterschiedlicher Disziplinen und Forschungsinstituten handelt, jedoch nicht deutlich sichtbar wird, inwieweit Betroffene und ihre Organisationen in die derzeitigen Entwicklungen zur Teilhabeforschung eingebunden sind. Gleichwohl haben die fünf Fachverbänden der Behindertenhilfe (BEB, BVKM, BV Lebenshilfe e.V., CBP, BV anthroposophisches Sozialwesen e.V.) selbst 2012 zehn Thesen zur Teilhabeforschung zur Diskussion gestellt. Des Weiteren ist noch nicht klar erkennbar mit welcher Konsequenz und Entscheidungsmacht Menschen mit Lernschwierigkeiten partizipieren können. Dass ein erheblicher Forschungsbedarf zum Thema Teilhabe besteht, wird nicht bestritten.

Im Folgenden wird die Entstehungsgeschichte der oben genannten Forschungsansätze herausgearbeitet.

3 Entstehungsgeschichte partizipativer Forschungsansätze

Die gesellschaftlichen, politischen und sozialen Entwicklungen der letzten Jahrzehnte haben nicht allein die inklusive Forschung im Sinne von Walmsley beeinflusst, sondern sind insgesamt Impulsgeber für die Forschungsperspektive des gemeinsamen Forschens von Menschen mit und ohne Behinderung. Die letzten Jahrzehnte waren zugleich geprägt durch Entwicklungen in der Qualitativen Forschung die z.B. in der Feministischen Forschung, die das Bild der „positivistischen" oder „objektivistischen" Forschung in Frage stellten und die Frage der Rolle der Forschenden erneut diskutierten. Zahlreiche Bürgerrechtsbewegungen schufen ein neues Bild des Bürgers, subjektorientiert, aktiv handelnd, selbstbestimmt und empowert. Ein Blick auf die Ursprünge Partizipativer Gesundheitsforschung (Participatory Health Research) verdeutlicht ebenfalls die Vielzahl der Wurzeln und Einflüsse, die zu deren Entwicklung beitrugen (vgl. Wright 2013).

Die Entstehungsgeschichte von Participatory Action Research (PAR) kann wie folgt umrissen werden. PAR hat neben der Aktionsforschung mehrere Vorläuferzellen und grundlegende Inspirationen durch die Arbeiten von Paulo Freire und das Civil Rights Movement erhalten. Der kolumbianische Soziologe Orlando Fals Borda trug maßgeblich zur Entwicklung von PAR bei. Seine Haltung wird im folgenden Zitat einer Tagung von 1995 gut sichtbar:

> „Do not monopolise your knowledge nor impose arrogantly your techniques, but respect and combine your skills with the knowledge of the researched or grassroots communities, taking them as full partners and co-researchers. Do not trust elitist versions of history and science which respond to dominant interests, but be receptive to counter-narratives and try to recapture them. Do not depend solely on your culture to interpret facts, but recover local values, traits, beliefs, and arts for action by and with the research organisations. Do not impose your own ponderous scientific style for communicating results, but diffuse and share what you have learned together with the people, in a manner that is wholly understandable and even literary and pleasant, for science should not be necessarily a mystery nor a monopoly of experts and intellectuals." (Gott 2008)

Im Kontext des Themenfeldes Behinderung werden der US-amerikanische Soziologe Whyte und die kanadische Behindertenrechtsaktivistin Doe als Impulsgeber für die Entwicklung von PAR benannt (vgl. Flieger 2009). Der Ansatz PAR wurde in den USA sowohl von der Independent Living Bewegung als auch vom National Institute on Disability and Rehabilitation Research (NIDRR) aufgegriffen (vgl. Flieger 2003).

Einfluss auf die Entwicklung der inklusiven Forschung nahmen neben PAR, die Self-Advocacy-Bewegung (vgl. Priestley 2003), das Normalisierungskonzept und die Aufwertung sozialer Rollen (vgl. Wolfensberger 1977), das soziale Modell von Behinderung sowie die Ko-Produktion und veränderte professionelle Praxis (Walmsley & Johnson 2003; Walmsley 2014). Ko-Produktion (co-production) ist ein schwer fassbares Konzept und nicht klar definiert. Eine simple Definition lautet: „people who use services contribute to the production of services" (Needham & Carr 2009, 2).

Dies geht einher mit dem Wechsel der Macht zwischen Professionellen und ihren Organisationen sowie den BürgerInnen hin zur Teilung der Macht und gleichberechtigten Zusammenarbeit um z.B. Wissen zu produzieren oder Dienstleistungen zu verbessern. Grundlegend sind die Anerkennung der Expertise und Fähigkeiten der NutzerInnen und ihre Einbeziehung bevor Entscheidungen getroffen werden. Nach Needham und Carr (2009) sind die Menschen keine passiven EmpfängerInnen von Dienstleistungen, sondern können ihre Expertise zur (Weiter-)Entwicklung dieser Dienstleistungen einbringen und dazu einen aktiven Beitrag leisten. Die folgende tabellarische Übersicht verdeutlicht die genannten Einflüsse auf die inklusive Forschung (vgl. Walmsley 2009):

Tab. 1: Einflussfaktoren auf die Inklusive Forschung

	Partizipatorische Forschung	Normalisierung: Aufwertung sozialer Rollen	Soziales Modell von Behinderung	Ko-Produktion
Annahmen über die Wurzel des Problems	Bewegungen wissen was sie brauchen aber haben nicht die Ressourcen um ihre Probleme über Forschung zu lösen	Zuschreibungen führen zu sozialer Abwertung, und des Verschließens des Zugangs zu wertgeschätzten sozialen Rollen	Behindertwerden ist ausgelöst durch gesellschaftliche Barrieren zu voller Teilhabe, BürgerInnenstatus und Inklusion	Menschen selbst sind die wichtigste Ressource in den Bereichen der Gesundheit und Begleitung. Professionelle arbeiten partnerschaftlich, um das volle Potential auszuschöpfen
Intervention durch ForscherInnen	ForscherInnen unterstützen Gruppen zu definieren was für sie wichtig ist, und nach Lösungen zu suchen die in ihrem Kontext passen.	Einbeziehung in Forschung schafft wertgeschätzte Rollen in wertgeschätzten Settings mit wertgeschätzten Menschen in valued settings with valued people	Menschen mit Behinderung übernehmen Kontrolle über Forschung, entscheiden die Fragestellungen, gestalten den Prozess & erhalten und nützen die Ergebnisse in ihrem Sinn.	Forschungspartnerschaften zwischen Professionellen und Menschen die bestimmte Dienstleistungen benötigen, um die wirklichen Bedürfnisse, die Betroffene von Unterstützung haben, zu erforschen.

Erwartete Ergebnisse	Praktische Lösungen für die praktischen Probleme von sozialen Gruppen. Befähigung der handelnden AkteurInnen.	Erhöhung von Möglichkeiten und Ansehen in sozial wertgeschätzte Rollen einzusteigen. Als Beteiligte in Forschungsprojekten und Rollenvorbilder für andere Menschen.	Forschung orientiert sich an den Problemen und Bedürfnissen behinderter Menschen, um Lösungen zu finden, die Barrieren abbauen und Teilhabe und Inklusion ermöglichen	NutzerInnen von Diensten erfahren Empowerment. Veränderung der Rolle von Professionellen von „Machern" zu „Ermöglichern"
Erfolgsbestimmung	Mehr Möglichkeiten für soziale Gruppen ihre Probleme zu identifizieren und diese zu beseitigen.	Veränderung gesellschaftlicher Wahrnehmungen von Menschen mit Lernschwierigkeiten.	Weniger Barrieren, mehr Inklusion	Professionelle sind „Ermöglicher". Verbesserung der Leistungen und Effizienz von sozialen Dienstleistungen und dadurch Kosteneinsparung.

Jan Walmsley (2001) arbeitet in ihrem Aufsatz „Normalisation, Emancipatory Research and Inclusive Research in Learning Disability" klar heraus, wie das Normalisierungsprinzip die Entwicklung inklusiver Forschung beeinflusst hat. Dabei beeinflusste die Idee der Normalisierung zugleich Inhalt und Methode der Forschung. Bedeutsam ist, dass die Impulse für das Normalisierungsprinzip und die daraus abzuleitenden Veränderungen von Menschen kamen, die sich selbst nicht als geistig behindert oder mit Lernschwierigkeiten bezeichnen würden – ganz im Unterschied zur Bürgerrechtsbewegung der schwarzen oder körperbehinderten Menschen (vgl. ebd.). Die Impulse zur Entwicklung des Normalisierungsprinzips kamen von nicht-behinderten WissenschaftlerInnen und Professionellen ohne Beteiligung von Menschen mit Lernschwierigkeiten (vgl. ebd.).

Einflüsse des Normalisierungsprinzips

Den wesentlichen Einfluss, den das Normalisierungsprinzip in Großbritannien ab Mitte der 1980er Jahre ausübte und teils noch immer ausübt, ordnet Walmsley (2001) vier Überschriften zu. Erstens wurden hierbei Erfahrungen mit dem Leben von Menschen mit Behinderungen in der Gemeinde nutzbar gemacht, als das Normalisierungsprinzip in der Form des Konzepts zur Aufwertung sozialer Rollen zu einer Rollenvielfalt beigetragen hat und Menschen mit Lernschwierigkeiten somit auch Rollen von Befragten und Forschenden einnehmen konnten (vgl. ebd.). Wolfensberger (1977) ersetzte den Begriff Normalisierung durch den Begriff der

Social Role Valorization³ und machte mit seiner Systematisierung deutlich, dass sich die Normalisierung nicht nur auf Handlungen bezieht, sondern auch darauf, wie Menschen mit Lernschwierigkeiten von „außen" wahrgenommen werden. Stellvertreteraussagen wurden durch Methoden und Publikationen abgelöst, die Frauen und Männer mit Behinderungen selbst ins Zentrum stellten. Zum zweiten gab es einen Fokus auf die Qualität der Dienstleistungen, insbesondere die Ergebnisqualität (vgl. Walmsley 2001). Drittens wurde das Normalisierungsprinzip als Maßstab für Evaluationen genutzt (vgl. ebd.). Als vierten Einfluss identifiziert Walmsley (2001) die Prinzipien von citizen advocacy. Menschen mit Lernschwierigkeiten übernehmen wertvolle und aktive Rollen im Forschungsprozess, wobei sie dabei zunächst Unterstützung durch nicht-behinderte Forschende erhalten (vgl. ebd.). Vornehmlich der Social Role Valorization (Aufwertung sozialer Rollen) kommt eine große Bedeutung zu.⁴

In verschiedenen autobiographischen Publikationen finden sich erste Impulse, Frauen und Männer mit Behinderungen eine Stimme zu geben und das Interesse für partizipative Forschungsansätze zu wecken. Insbesondere der Lebensgeschichtsforschung wird eine große Bedeutung bei der Entwicklung partizipativer Forschung im Kontext von Behinderung zugeschrieben. Buchner & Koenig (2011) heben hier die Pionierarbeit von Dorothy Atkinson hervor, die „den Ansatz der Lebensgeschichtsforschung aus dem Bereich der Oral History so adaptierte, dass der gesamte Prozess des gemeinsamen Erarbeitens der Lebensgeschichte unter der Kontrolle der erzählenden Person ist" (Hervorh. im Original).

Das soziale Modell von Behinderung und sein Impulscharakter

Neben dem Normalisierungsprinzip sehen Walmsley & Johnson (2003) den zweiten großen Einfluss in dem sozialen Modell von Behinderung. Das soziale Modell von Behinderung hat sich in den späten 1970er Jahre in Großbritannien entwickelt. Als Begründer gelten Michael Oliver, Vic Finkelstein und Paul Hunt (Hirschberg 2009, 114). Die Vorstellung, dass Behinderung sozial gemacht wird, beeinflusste insbesondere die partizipatorische und emanzipatorische Forschung. Fakt ist, dass die Diskurse „zu einer Reflexion und Kritik an der akademischen Wissensproduktion zum Themenfeld Behinderung" beitrugen (Buchner, Koenig & Schuppener 2011, 5).

---

3 Seine Neuformulierung des Normalisierungsprinzips lautet: „Utilization of means which are as culturally normativ as possible, in order to establish and/or maintain personal behaviors and characteristics which are culturally normative as possible." (Wolfensberger 1977, 28)

4 Auf die feministische Kritik am Normalisierungsprinzip kann hier nicht eingegangen werden. So fehlt u.a. der Blick auf die politische Dimension, d.h. Empowerment der Menschen in marginalisierten Positionen, sowie die kritische Analyse gesellschaftlicher Prozesse der Unterdrückung (vgl. Knust-Potter 1997).

Einen weiteren wesentlichen Einfluss auf die Entwicklung inklusiver Forschung nahm Mitte der 1990er Jahre die Emanzipatorische Forschung ein (vgl. Walmsley 2001). Die emanzipatorische Forschung ist eng verbunden mit dem sozialen Modell von Behinderung und der Etablierung der Disability Studies. Die von Zarb (vgl. 1992) geforderte Berücksichtigung zentraler Prinzipien, so z.b. dass Forschung als Werkzeug zur Verbesserung der Lebensbedingungen behinderter Menschen dienen und ForscherInnen mit Behinderung Kontrolle über den Forschungsprozess haben sollten, machen deutlich, welcher Einfluss von der emanzipatorischen Forschung auf die Entwicklung des inklusiven Ansatzes ausging. Sie verdeutlichen aber nicht den entscheidenden Unterschied zur partizipatorischen Forschung. Auch wenn eine klare Abgrenzung schwierig bleibt, so bezeichnet Zarb (vgl. 1992) in Anlehnung an Oliver als Schlüsseldimension den Prozess des Empowerments.

> „The key issue „is not how to empower people but, once people have decided to empower themselves, precisely what research can do to facilitate this process ... the social relations of research productions have to be fundamentally changed" (Oliver 1990, 13-14) (ebd., 128).

Gerade um die Partizipation benachteiligter Menschen am Forschungsprozess sicherzustellen, wurde der Ansatz der Participatory Action Research (PAR) geprägt. Im Gegensatz zu Ansätzen, die gesellschaftliche Situationen und Bedingungen beobachten und studieren, sollen durch PAR gemeinsame Anstrengungen unternommen werden, um langfristig zur Verbesserung der Lebensbedingungen und der Lebensqualität Betroffener beizutragen. Und es finden sich mehr und mehr AutorInnen und ForscherInnen, die für eine Radikalisierung partizipativer Forschung stehen und dafür plädieren, dass die Forschungsverantwortung von den betroffenen Menschen selbst übernommen werden soll. So sieht z.B. Jasna Russo (2012) User-led research (betroffenen-kontrollierte Forschung) als weiteste Entwicklung des partizipativen Ansatzes im psychiatrischen Bereich, da es sich um Forschung „von" Menschen mit psychiatrischer Erkrankung handelt und ihr Erfahrungswissen einen großen Stellenwert einnimmt.

Die Rolle und der Einfluss der Self Advocacy-Bewegung

Ohne Zweifel spielt die Self Advocacy Bewegung eine entscheidende Rolle in der Ermöglichung inklusiver Forschung, denn ohne sie würde es weitaus eingeschränktere Möglichkeiten für organisierte Gruppen geben, die an Forschungsprojekten mitarbeiten könnten (vgl. Walmsley & Johnson 2003). Eine besondere Rolle nehmen Autobiographien ein. Beispielhaft dafür stehen Publikationen wie „We can speak for Ourselves" (Williams & Shoultz 1982) (vgl. ebd.). Ideen, die in den USA entwickelt wurden, wurden in den 1970er Jahren nach Großbritannien und Australien importiert. Es folgten zahlreiche Konferenzen und Projekte, die

Frauen und Männern mit Lernschwierigkeiten eine Stimme gaben. Durch ihre Teilnahme an Forschungsprojekten beeinflussten sie durch ihr emanzipatorisches Selbstverständnis sowohl Forschende mit als auch ohne Lernschwierigkeiten (vgl. Buchner & Koenig 2011). Mit zeitlicher Verzögerung entwickelte sich die People First Bewegung in Deutschland und führte auch hier dazu, dass sich SelbstvertreterInnen Fähigkeiten aneigneten und Projekterfahrungen sammelten, die sie nun in Forschungskontexte einbringen können

4 Zukünftige Entwicklungslinien

Wo liegen zukünftige Entwicklungslinien und Diskussionsstränge? Um partizipative Forschungsansätze aus ihrem Nischendasein herauszuführen, wird meines Erachtens eine fundierte Auseinandersetzung über zentrale Fragestellungen benötigt, die in anderen Ländern und/oder in anderen Fachdisziplinen bereits geführt, zumindest jedoch begonnen wurde. Da vielfältige Impulse der Handlungsforschung zu verdanken sind, plädiert Reinhard Markowetz (2009, 298) für eine Wiederentdeckung derselben, da sie u.a. „die Kultur des Forschens auch und gerade in der Pädagogik für Menschen mit geistiger Behinderung bereichern" könnte. Erforderlich erscheint mir die Reflexion der Rolle(n) der nichtbehinderten ForscherInnen, da diese oft strittig ist. Eine Mindestanforderung an den Forschungsprozess ist die Herstellung von Transparenz über die eingenommenen Rollen. Sinnvoll ist es auch, dass zugrunde gelegte Wissenschaftsverständnis zu verdeutlichen. Markowetz (vgl. 2009, 279) empfiehlt denjenigen ForscherInnen, die ein emanzipatorisches und auf Partizipation gerichtetes Erkenntnisinteresse verfolgen, ihr Verständnis von Wissenschaft zu explizieren. „Zudem sollten sie ihr forschungsmethodologisches Vorgehen begründen, um sich des Vorwurfs der Unwissenschaftlichkeit oder des bloßen naiven Wissenschaftsjournalismus erwehren und in der ‚scientific community' positionieren zu können." (ebd.) Während im deutschsprachigen Raum derzeit ein eher konservatives Wissenschaftsverständnis vorherrscht, formiert sich gleichzeitig – wie oben aufgezeigt wurde – eine radikalere Sicht. Diese Sicht kann man zugespitzt wie folgt formulieren: Wenn Betroffene die Frage nicht haben, braucht man dazu nicht forschen.
Hierbei wird deutlich, dass unterschiedliche Erwartungen an Forschung bestehen können. Während WissenschaftlerInnen u.a. an ihrem akademischen Weiterkommen interessiert sind, erwarten Menschen mit Behinderungserfahrung, dass Forschung z.B. einen Beitrag leistet ihre Probleme zu lösen. Überspitzt formuliert stehen sich hier akademische Laufbahn und Erkenntnisinteresse scheinbar unvereinbar gegenüber.
Dringend erforderlich sind fundierte Diskussionen zu Nähe und Distanz zum Forschungsgegenstand (siehe hierzu den Beitrag von Wagner-Willi in diesem

Band) sowie Fragen von Macht und Kontrolle im Forschungsprozess (siehe hierzu den Beitrag von Curdt in diesem Band). Impulse für die Weiterentwicklung und Diskussion bietet der betroffenen-kontrollierte Ansatz insbesondere der Forschung zur Psychiatrie (vgl. Russo 2012). Einen Einblick in die aktuellen Diskurse um forschungsethische Prinzipien finden sich bei Hella von Unger und Petra Narimani (2012).

Die Herausgeber dieses Buches konstatieren, dass sich im Unterschied zu den Entwicklungen in Großbritannien „Inklusive Forschung im deutschsprachigen Raum mit einer bedeutenden zeitlichen Verzögerung zu etablieren beginnt und noch längst nicht die Themenvielfalt sowie Bandbreite an (kreativen) Methoden erreicht hat" (Buchner, Koenig & Schuppener 2011, 8). Die Änderungen von Förderrichtlinien bedeutender Einrichtungen der britischen Behindertenhilfe seit Beginn der 1990er Jahre trugen maßgeblich zur Entwicklung partizipativer Forschungsansätze bei (vgl. ebd., 6). Hier wäre ein weiterer Ansatzpunkt zu sehen, in dem Förderkriterien neu zu formulieren sind und die Partizipation Betroffener stärker einzufordern ist, wobei eine Alibibeteiligung zu verhindern ist.

Grundlegend bleibt die Frage zu beantworten: Was heißt Partizipation? Das Stufenmodell nach Wright, Block und von Unger (vgl. Unger 2012, 29) könnte hier einen Ausgangspunkt für weitere Diskussionen in der sozialwissenschaftlichen Behindertenforschung bieten. Bergold und Thomas (vgl. Bergold & Thomas 2012, 31) merken kritisch an, dass Stufenmodelle ein Kontinuum suggerieren. „Zur Unterscheidung verschiedener Beteiligungsformen scheint es uns angemessener, die Entscheidungssituationen im Forschungsprozess und die TeilnehmerInnengruppen spezifiziert anzugeben und offenzulegen, wer, mit welchen Rechten, zu welchem Zeitpunkt und zu welchem Themen an den Entscheidungen teilnehmen kann." (ebd., 33)

Bedeutend ist, Machtbeziehungen in der Wissensproduktion zu reflektieren und eine Pseudobeteiligung von Betroffenen zu verhindern. Hilfreich wäre eine Aufarbeitung der Erfahrungen aus der Aktions-/Handlungsforschung, die Offenlegung verschleierter Hierarchien und die Transparenz unterschiedlicher Interessen. Ernsthafte Diskurse auf Augenhöhe sollten in Bezug auf eine betroffenen-kontrollierte Forschung geführt werden (vgl. Russo 2012). Dabei steht die zentrale Frage wer soll/ muss einbezogen werden im Raum: wer partizipiert wann woran? Grundlagen partizipativer Forschung wurden für den Kontext Lernschwierigkeiten im deutschsprachigen Raum noch nicht an den üblichen Orten der Wissensproduktion (Universitäten, Forschungsinstituten, Tagungen, Organisationen etc.) diskutiert und vergemeinschaftet. Die bestehenden Lehrstühle für Disability Studies könnten ein Raum dafür sein. Zu den Fragestellungen gehören neben den benannten Aspekten der Partizipation, die Themen „Demokratie als Voraussetzung für partizipative Forschung" und „die Bedeutung eines sicheren Raums" (vgl. Bergold & Thomas 2012).

Bei all diesen genannten Punkten darf nicht der Fehler gemacht werden, diese Diskussionen ohne Frauen und Männer mit Behinderungen/Lernschwierigkeiten zu führen. Die Partizipation der Betroffenen an der Weiterentwicklung partizipativer Forschung muss von Beginn an realisiert werden. Eine zentrale Frage, auf die eine Antwort gefunden werden muss, ist bildlich gesprochen: wer hat in dieser Diskussion den Hut auf? Mit anderen Worten, die Auseinandersetzung um die Machtbeziehungen in Wissenschaft und Forschung nimmt weiter eine zentrale Stellung im Kontext dieses Themas ein. Tradierte Machtverhältnisse zu überwinden ist eine der größten Herausforderungen auf dem Weg in eine inklusive Forschungslandschaft.

Literatur

Bergold, J. & Thomas, S. (2012): Partizipative Forschungsmethoden: Ein methodischer Ansatz in Bewegung 13 (1), Art. 30. Online unter: http://www.qualitative-research.net/index.php/fqs/article/view/1801/3332 (30.06.2014)

Buchner, T. & Koenig, O. (2011): Von der Ausgrenzung zur Inklusion: Entwicklung, Stand und Perspektiven gemeinsamen Forschens. Online unter: http://bidok.uibk.ac.at/library/buchner-ausgrenzung.html (29.06.2014)

Buchner, T., Koenig, O. & Schuppener, S. (2011): Gemeinsames Forschen mit Menschen mit intellektueller Behinderung. Geschichte, Status quo und Möglichkeiten im Kontext der UN-Behindertenrechtskonvention. In: Teilhabe, 50, 4-9.

Budde, J. & Hummrich, M. (2014): Reflexive Inklusion. Online unter: http://www.inklusion-online.net/index.php/inklusion-online/article/view/193/199 (01.07.2014)

Burtscher, R. (2014): Gesundheitsförderung und Gesundheitsbildung mit Menschen mit Lernschwierigkeiten. In: Erwachsenenbildung und Behinderung, 25, 4-11.

Deutsche Vereinigung für Rehabilitation (DVfR) & Deutsche Gesellschaft für Rehabilitationswissenschaften (DGRW) (2012): Diskussionspapier Teilhabeforschung. Online unter: http://www.dvfr.de/fileadmin/download/Fachaussch%C3%BCsse/Forschung/DiskussionspapierTeilhabeforschung_-_DVfR-DGRW_M%C3%A4rz2012.pdf (31.08.2014)

Eiermann, N., Häußler, M. & Helfferich, C. (2000): Live, Leben und Interessen vertreten – Frauen mit Behinderung: Lebenssituation, Bedarfslagen und Interessenvertretung von Frauen mit Körper- und Sinnesbehinderungen. Schriftenreihe des Bundesministeriums für Familie, Senioren, Frauen und Jugend (Hrsg.). Band 183. Stuttgart, Berlin, Köln: Kohlhammer.

Flieger, P. (2003): Partizipative Forschungsmethoden und ihre konkrete Umsetzung. In: Hermes, G. & Köbsell, S. (Hrsg.): Disability Studies in Deutschland – Behinderung neu denken! Dokumentation der Sommeruni 2003. Kassel: bifos Schriftenreihe, 200-204.

Flieger, P. (2009): Partizipatorische Forschung: Wege zur Entgrenzung der Rollen von ForscherInnen und Beforschten. In: Jerg, J., Merz-Atalik, K., Thümmler, R. & Tiemann, H. (Hrsg.): Perspektiven auf Entgrenzung. Erfahrungen und Entwicklungsprozesse im Kontext von Inklusion und Integration. Bad Heilbrunn: Klinkhardt, 159-172.

Goeke, S. & Terfloth, K. (2006): Inklusiv forschen – Forschung inklusive. In: Platte, A., Seitz, S. & Terfloth, K. (Hrsg.) (2006): Inklusive Bildungsprozesse. Bad Heilbrunn: Klinkhardt, 43-54.

Goeke, S. & Kubanski, D. (2012): Menschen mit Behinderungen als GrenzgängerInnen im akademischen Raum – Chancen partizipatorischer Forschung. In: Forum Qualitative Sozialforschung 13 (1), Art. 6. Online unter: http://www.qualitative-research.net/index.php/fqs/article/view/1782/3302 (30.06.2014)

Gott, R. (2008): Orlanda Fals Borda. Sociologist and activist who defined peasant politics in Colombia. The Guardian, Tuesday 26 August 2008. Online unter: http://www.theguardian.com/world/2008/aug/26/colombia.sociology (30.08.2014)

Graumann, S. (2004): Ethik und Behinderung – warum ist ein Perspektivwechsel notwendig? In: Graumann, S., Grüber, K., Nicklas-Faust, J., Schmidt, S. & Wagner-Kern, M. (Hrsg.): Ethik und Behinderung. Frankfurt/New York: Campus, 20-24.
Hirschberg, M. (2009): Behinderung im internationalen Diskurs. Frankfurt/M.: Campus.
Janz, F. & Terfloth, K. (Hrsg.) (2009): Empirische Forschung im Kontext geistiger Behinderung. Heidelberg: Universitätsverlag Winter.
Knust-Potter, E. (1997): Das Normalisierungsprinzip und die feministische Kritik – Reflexionen zum theoretischen Bezugsrahmen für Community Living. In: Behindertenpädagogik, 36, 149-166.
Needham, C. & Carr, S. (2009): SCIE Research briefing 31: Co-production: an emerging evidence base for adult social care transformation Online unter: www.scie.org.uk/publications/briefings/briefing31/ (28.04.2015)
Niediek, I. (2014): Das Problemzentrierte Interview bei Menschen mit einer geistigen Behinderung. In: Teilhabe, 53, 100-105.
Nind, M. (2014): Inclusive research and inclusive education: why connecting them makes sense for teachers and learners democratic development of education. In: Cambridge Journal of Education, 2014. Online unter: http://eprints.solon.ac.uk/368020/1/0305764X.2014.936825 (20.12.2014)
Markowetz, R. (2009): Handlungsforschung als komplexe Methode und qualitatives Design zur Lösung sozialer Probleme von Menschen mit geistiger Behinderung. In: Janz, F. & Terfloth, K. (Hrsg.): Empirische Forschung im Kontext geistiger Behinderung. Heidelberg: Universitätsverlag Winter, 279-303.
Priestley, M. (2003): Worum geht es bei den Disability Studies? Eine britische Sichtweise. In: Waldschmidt, A. (Hrsg.) (2003): Kulturwissenschaftliche Perspektive der Disability Studies, Kassel: bifos e.V., 23-35.
Russo, J. (2012): Survivor-Controlled Research: A New Foundation for Thinking about Psychiatry and Mental Health [95 paragraphs]. Forum Qualitative Sozialforschung, 13 (1), Art. 8. Online unter: http://www.qualitative-research.net/index.php/fqs/article/view/1790/3310 (24.07.2014)
Unger, H. von (2012): Partizipative Gesundheitsforschung: Wer partizipiert woran? In: Forum Qualitative Sozialforschung, 13 (1), Art. 6. Online unter: http://www.qualitative-research.net/index.php/fqs/article/view/1781/3298 (24.07.2014)
Unger, H. von & Narimani, P. (2012): Ethische Reflexivität im Forschungsprozess. Herausforderungen in der Partizipativen Forschung. Online unter: http://bibliothek.wzb.eu/pdf/2012/i12-304.pdf (16.07.2014)
Walmsley, J. (2001): Normalisation, Emancipatory Research and Inclusive Research in Learning Disability. In: Disability & Society 16 (1), 187-205.
Walmsley, J. & Johnson, K. (2003): Inclusive Research with People with Learning Disabilities. Past, Present and Futures. London: Jessica Kingsley Publishers.
Walmsley, J. (2009): Inclusive Research with People with Intellectual Disabilities: Progress and Pitfalls? Vortrag auf der 10.NNDR-Konferenz vom 2.-4. April 2009 in Nyborg, Dänemark.
Wansing, G. (2014): Editorial: Teilhabeforschung – ein neues Forschungsfeld entfaltet sich. In: Arbeitsgruppe Teilhabeforschung (Hrsg.): Forschungsfragen der Teilhabeforschung. Methoden und Zugänge. Kassel: University Press, 6-9. Online unter: http://www.uni-kassel.de/upress/online/OpenAccess/978-3-86219-597-8.OpenAccess.pdf (01.09.2014)
Wolfensberger, W. (51977): Normalization. (Unknown Binding) Toronto.
Wright, M.T. (2013): Was ist Partizipative Gesundheitsforschung? Positionspapier der International Collaboration for Participatory Health Research. In: Prävention und Gesundheitsförderung. Partizipative Gesundheitsforschung, 8 (3), 122-131.
Wuttke-Groneberg, W. (1980): Von Heidelberg nach Dachau. In: Baader, G. & Schulze, U. (Hrsg.): Medizin und Nationalismus. Berlin: Verlagsgesellschaft Gesundheit mbH, 113-144.
Zarb, G. (1992): On the Road to Damascus: first steps towards changing the relations of disability research production. In: Disability, Handicap & Society, 7 (2,) 125-138.

Durchführung partizipativer und inklusiver Forschung

Hella von Unger

Gemeinsam forschen – Wie soll das gehen? Methodische und forschungspraktische Hinweise

Zusammenfassung

In diesem Beitrag gebe ich einige praktische Hinweise zur Durchführung von partizipativen Forschungsprojekten. Ich gehe weniger auf Begründungen für diese Art der Forschung ein und ich vernachlässige auch die Frage, worin genau die Gemeinsamkeiten und Unterschiede der verschiedenen Ansätze partizipativer und inklusiver Forschung bestehen. Für den vorliegenden Band gehe ich davon aus, dass inklusive Forschung eine Variante der partizipativen Forschung ist, die in einem bestimmten Anwendungskontext verortet ist und durch diesen auf besondere Art und Weise geprägt wird: Die Lebens- und Arbeitswelten von Personen mit ‚geistigen‘ und/oder körperlichen Einschränkungen und die auf sie bezogene professionelle Praxis sind eingebettet in spezifische gesellschaftliche Diskurse. Sie zeichnen sich durch besondere Strukturen, Akteure und Interaktionen aus. Auf die Spezifika dieses Anwendungsfeldes und der darin verorteten Forschungspraxis gehe ich nur am Rande ein, da hierzu andere Beiträge in diesem Buch Auskunft geben. Ich formuliere stattdessen einige allgemeine Hinweise zum gemeinsamen Forschen und zum Ablauf einer forschenden Zusammenarbeit. Das ist kein einfaches Unterfangen. Da jedes partizipative Projekt anders verläuft, lässt sich im Grunde kein einheitliches Schema beschreiben. In den meisten Projekten werden jedoch ähnliche „Stationen" durchlaufen bzw. ähnliche Arbeitsschritte unternommen und die bespreche ich hier, in der Hoffnung, dass Lesende dies für die Planung, Gestaltung und Reflexion ihrer Forschung hilfreich finden.

1 Welche „Stationen" werden durchlaufen?

Wie gesagt gibt es keinen einheitlichen Ablauf, keine vorgefertigte „Strecke", die jedes partizipative Forschungsprojekt zurücklegt. Partizipative Forschung nimmt die Grundsätze der Offenheit und Gegenstandsangemessenheit der Methodenwahl, die auch in der qualitativen Forschung eine zentrale Rolle spielen, sehr ernst und berücksichtigt zusätzlich die besonderen Anliegen, Kompetenzen und Ressourcen der beteiligten Personen und Einrichtungen. Partizipative Forschung ist immer ein Wagnis mit offenem Ausgang und jedes Projekt nimmt einen anderen Weg. Dementsprechend ist auch das Bild der „Station" nicht schematisch gemeint (also nicht im Sinne eines Schienennetzes, wo erst Station A angefahren wird, dann Station B, usw.), sondern eher – um in der bildlichen Sprache zu bleiben – als Wegkreuzung, Hinweisschild oder Raststätte, die auf einer Gruppenreise ohne standardisierte, festgelegte Route mehrfach auftauchen bzw. angesteuert werden kann. Es sind im Prinzip Arbeitsschritte, die in unterschiedlicher Abfolge geleistet werden können. Es sind Punkte, an denen Entscheidungen getroffen werden. Wenn ich dazu rate, einen Arbeitsschritt vor dem nächsten zu tun, ist das ein Rat, den ich auf Basis meiner eigenen Forschungserfahrung formuliere, wohlwissend, dass es auch in einer anderen Abfolge gut funktioniert bzw. funktionieren könnte. Zum Beispiel werden PartnerInnen in der Regel nicht nur zu Beginn, sondern auch im weiteren Verlauf der Forschung gefunden und Ziele sollte zwar am Anfang diskutiert und gesetzt werden, können sich aber durchaus auch im Verlauf noch spezifizieren, verschieben und ändern. Wenn Sie diese Flexibilität und Prozesshaftigkeit partizipativer Forschungsprozesse mitdenken, dann stellt die folgende Darstellung des Ablaufs nach wie vor eine grobe aber möglicherweise auch eine hilfreiche Vereinfachung dar (vgl. Abb 1).[1]

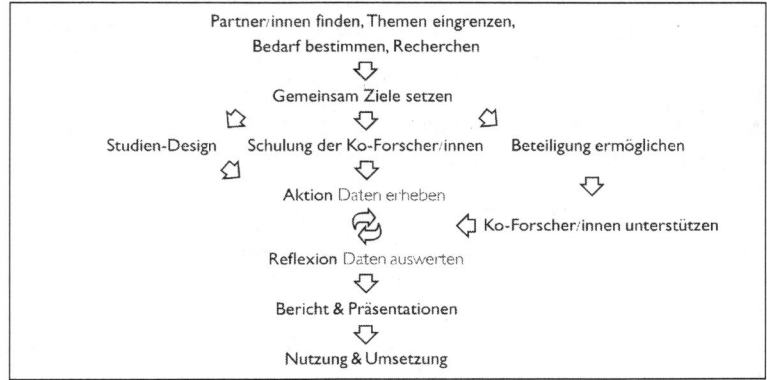

Abb. 1: Stationen einer partizipativen Studie (von Unger 2014, 52)

---

[1] Dieser Beitrag basiert auf „Kapitel 4 Der Forschungsprozess" in meinem Buch „Partizipative Forschung: Einführung in die Forschungspraxis" (von Unger 2014) und wurde für die vorliegende Version gekürzt und überarbeitet.

2 Partner finden, Lebenswelt-ExpertInnen einbeziehen

Zu Beginn des Forschungsprozesses gilt es, zu einem noch relativ weit gefassten Thema PartnerInnen zu finden. Je nach Ansatz und Anwendungsfeld sind dies Personen und Einrichtungen, die von einer Thematik betroffen beziehungsweise in einem Setting aktiv sind. Die PartnerInnenwahl stellt eine „Weichenstellung" (von Unger 2012, Absatz 72) für die weitere Entwicklung des Projekts dar, da die Sichtweisen, Wissensbestände, Interessen und sozialen Kontakte der PartnerInnen dieses entscheidend mitbestimmen. Forschung ist in einer gesellschaftlichen Praxis verortet, in der um Deutungen und Ressourcen gekämpft wird. Partizipative Projekte positionieren sich durch die Wahl ihrer PartnerInnen in diesem Kontext. Das heisst, die PartnerInnenwahl ist immer auch eine politische Entscheidung, sich auf bestimmte AkteurInnen (und ihre Anliegen und Deutungen) einzulassen. Für partizipative Forschung in medizinischen und/oder sozialpädagogischen Versorgungskontexten stellt sich die Frage, inwiefern unterschiedliche Personengruppen zusammen arbeiten können und wollen (z.B. PatientInnen und Ärzte, Personen mit Behinderungen und Pflegekräfte, SchülerInnen und LehrerInnen, etc.) und inwiefern diese Zusammenarbeit gleichberechtigt gestaltet werden kann. Wenn die alltägliche Praxis durch starke Hierarchien und Abhängigkeiten geprägt ist, kann es unrealistisch sein zu denken, dass sich diese im Rahmen eines partizipativen Projekts ohne weiteres überwinden lassen. Vor diesem Hintergrund gibt es Ansätze der „Betroffenenkontrollierten Forschung", die die Zusammenarbeit mit professionellen Fachkräften, z.B. im Bereich der Psychiatrie, nur sehr eingeschränkt anstreben oder gar ablehnen (Beresford 2012; Russo 2012; Sweeney 2012). Die Form der partizipativen Forschung, der ich mich verbunden fühle (communitybasierte partizipative Forschung) (vgl. von Unger 2012, 2014), ist grundsätzlich darum bemüht, nicht nur privilegierte, bereits aktive und leicht zu erreichende PartnerInnen einzubinden, sondern vor allem auch marginalisierte Personen und Gruppen, die im Diskurs bislang nicht ausreichend ‚gehört' werden. Bei der PartnerInnenwahl knüpft man häufig an bestehenden Arbeitsbeziehungen an, in denen bereits Vertrauen aufgebaut wurde, und auch forschungspraktische Aspekte spielen eine nicht unwesentliche Rolle (z.B. Wen gibt es in meiner Stadt?). Die PartnerInnenwahl sollte jedoch auch vor dem Hintergrund der Frage nach der Reproduktion bestehender Machtverhältnisse und deren Einschlüsse (Inklusion) und Ausschlüsse (Exklusion) kritisch reflektiert werden (siehe hierzu der Beitrag von Wiebke Curdt in diesem Band).
Es werden Projekt- und Arbeitsgruppen gebildet, die sich über das Thema, die Form und die Konditionen der Zusammenarbeit verständigen. Häufig übernehmen kleinere Gruppen Steuerungs- und Koordinierungsfunktionen für einzelne Aspekte und/oder den Gesamtprozess. Die Bedingungen und Grundsätze der Zusammenarbeit werden gemeinsam festgelegt und im weiteren Verlauf mög-

lichst transparent kommuniziert sowie bei Bedarf angepasst. Gemeinsam mit den Partnern wird das Thema eingegrenzt und das vorhandene Wissen zusammengetragen. Dieser Prozess der ersten Bestandsaufnahme zur Situation kann durch Recherchen und das gezielte Einholen weiterer Perspektiven und Wissensbestände unterstützt werden. So wird gemeinsam festgestellt, welcher Handlungs- und Forschungsbedarf besteht.

3 Gemeinsam Ziele setzen

Den Ausgangspunkt partizipativer Forschung bilden Themen und Anliegen, die für die Betroffenen und beteiligten Personen relevant sind. Für die Forschungspraxis bedeutet das, dass WissenschaftlerInnen sich thematisch offen und flexibel dem Feld nähern und auf die Anliegen der Praxis- und Community-Partner[2] einlassen. Die Zielsetzung wird partizipativ vorgenommen, das heißt alle PartnerInnen sind gleichberechtigt und mit Entscheidungsmacht daran beteiligt (vgl. von Unger 2014, 35-49). Die Ziele richten sich zum einen auf die Veränderung der Praxis (Handlungs- oder Praxisziele) und zum anderen auf den angestrebten Erkenntnisgewinn (Erkenntnisziele). Diese Ziele sind miteinander verknüpft: In der Regel unterstützt der Erkenntnisgewinn die Handlungsziele. Für die Diskussion und partizipative Festlegung der Ziele eignen sich folgende Fragen:
- Was soll erreicht oder verändert werden? (Praxisziele)
- Welches Wissen wird dazu benötigt? (Erkenntnisziele)

4 Studiendesign und Ko-ForscherInnen

Die Wahl der Forschungsmethoden richtet sich nach der Fragestellung und Zielsetzung des Projektes sowie nach den Erfordernissen und Möglichkeiten des spezifischen Forschungs- und Handlungsfeldes (d.h. der Lebenswelt, dem Setting, der Organisation). Im Mittelpunkt steht die Frage: Welche Verfahren eignen sich, um in dem jeweilgen Kontext mit den verfügbaren Mitteln die Ziele zu erreichen und die Forschungsfragen zu beantworten? Die Methoden sollten nicht nur dem Forschungsgegenstand angemessen sein, sondern auch den beteiligten Ko-ForscherInnen entsprechen. Dabei ist zu berücksichtigen, welche Kompetenzen vorhanden sind, die genutzt und (weiter) entwickelt werden können, und welche zusätzlichen Kompetenzen für die Ko-ForscherInnen von Nutzen wären. Um Kommunikation und Teilnahme am partizipativen Forschungsprojekt zu ermög-

---

2 Mit Community-PartnerInnen meine ich Laien, BürgerInnen, „Betroffene" und ihre sozialen Netzwerke, d.h. z.B. behinderte Personen sowie deren FreundInnen und Angehörige; Praxis-PartnerInnen sind professionelle Akteure im Feld, d.h. z.B. Pflegekräfte, Quartiersmanager, Institutionen und Versorgungseinrichtungen (vgl. von Unger 2012: Absatz 22).

lichen, sollten die gewählten Methoden dem Setting und den darin beheimateten Ausdrucksformen entsprechen. Somit ist auch zu fragen: Welche Kommunikations- und Ausdruckformen sind anzutreffen, und in welcher Form (und Sprache) äußern sich die AkteurInnen potentiell zum Thema (mündlich, schriftlich, visuell, performativ, etc.)?

Die beteiligten Community-PartnerInnen werden spätestens jetzt zu Ko-ForscherInnen geschult (vgl. von Unger 2014, 41-44). Ihre Beteiligung an der Gestaltung des Studiendesigns und am weiteren Verlauf des partizipativen Prozesses muss ermöglicht werden: Dazu gehören finanzielle, zeitliche und personelle Ressourcen (z.B. Aufwandsentschädigungen und Honorare, Koordination, Supervision, Räume, Computer, Aufnahmegeräte, etc.) sowie eine Verständigung über die Bedingungen und Formen der Unterstützung (bzw. der Freiräume und Möglichkeiten der Selbstorganisation), die die Ko-ForscherInnen benötigen, um als gleichberechtigte PartnerInnen an dem Prozess teilzuhaben.

Auch theoretische Vorannahmen fließen in die Gestaltung des Studiendesigns ein. Dies sind zum einen (implizite und explizite) theoretische Annahmen über den Gegenstand der Forschung seitens der PartnerInnen aus den Lebenswelten, der professionellen Praxis und der Wissenschaft. Zum anderen gibt es Annahmen, die der partizipativen Forschung allgemein zugrunde liegen, wie die Grundannahme, dass die Akteure in den Lebenswelten über relevante Wissensbestände verfügen und zu kritischer Reflexion in der Lage sind. Sie werden als erkennende Subjekte gesehen, deren Wissensbestände und Deutungen nicht nur Gegenstand von wissenschaftlichen Analysen sind, sondern die selbst in einem empirischen Forschungsprozess neues Wissen generieren. Handlungstheoretische Annahmen gehen zudem davon aus, dass soziale AkteurInnen einerseits von den gesellschaftlichen Strukturen geprägt sind (und diese re/produzieren), aber dass sie andererseits über einen gewissen Handlungsspielraum verfügen und gesellschaftliche Strukturen neu hervorbringen können (vgl. von Unger 2014, 46ff.). So erklärt sich, dass in vielen partizipativen Projekten teilweise Strukturen, Verhaltensweisen, Stereotype etc. reproduziert werden, die Teil des Problems sind. Aber gleichzeitig besteht immer auch die Möglichkeit, diese (zumindest teilweise) zu transformieren. Die PartnerInnen aus den Lebens- und Arbeitswelten und weitere AkteurInnen im Feld sind also nicht nur in der Lage, ihre Sichtweisen und Bedürfnisse zu artikulieren, sondern auch Lösungsansätze zu entwickeln und in der praktischen Umsetzung der Maßnahmen als „change agents" eine entscheidende Rolle einzunehmen (Wang & Burris 1997, 375).

Das Repertoire an Methoden der Datenerhebung und Datenauswertung, die in der partizipativen Forschung zur Anwendung kommen, ist vielfältig. Neben klassischen Methoden der qualitativen und quantitativen Sozialforschung – wie Interviews, Umfragen, teilnehmende Beobachtung, Gruppengespräche und Fokusgruppen – werden insbesondere auch interaktive, visuelle, performative und kreative Methoden eingesetzt, etwa Weltcafés, Open Space, Photovoice, Mapping Verfahren, Ethnodrama, Video-Arbeiten und vieles mehr (vgl. Bergold & Thomas 2012; Brydon-Miller et al. 2011a; Knowles & Cole 2008; Reason & Bradbury 2008; Yallop et al. 2008).

Damit zusammenhängend ist bei der Gestaltung des Forschungsdesigns zu klären, wie Güte und Qualität in der Zusammenarbeit definiert und realisiert werden. Der britische Sozialforscher Joseph Maxwell (2005) versteht unter Validität in qualitativen Studiendesigns „die Korrektheit und Glaubwürdigkeit einer Beschreibung, Schlussfolgerung, Erklärung oder Interpretation" (ebd., 106). Validität ist ihm zufolge kein Produkt, das sich durch die strikte Befolgung eines bestimmten Prozederes herstellen ließe, sondern ein Ziel, das durch die konsequente Auseinandersetzung mit der Frage „Wie könnte ich falsch liegen?" in jeder Phase des Forschungsprozesses verfolgt wird (ebd.). In der partizipativen Forschung sind zudem die besonderen Ansprüche an Beteiligung, Empowerment und die doppelte Zielsetzung (soziale Wirklichkeit zu verstehen und zu verändern) zu beachten, die eigene Qualitätsmaßstäbe setzen und in einem Spannungsverhältnis zu rein wissenschaftlich orientierten Ansprüchen stehen können. Vorgeschlagen wird, jeweils passende Kriterien für die verschiedenen Ansätze zu erarbeiten (Cassell & Johnson 2006). Für die Community-basierte partizipative Gesundheitsforschung werden beispielsweise bereichsspezifische Gütekriterien entwickelt (ICPHR 2013, 19-20; Wright et al. 2010). Für Action Research identifizieren Hilary Bradbury und Peter Reason ein Set an Fragen oder „choice points", die es zu beantworten gilt: im Hinblick auf die Gestaltung der Partnerschaften, den praktischen Nutzen, das gemeinsam generierte Wissen („extended ways of knowing") und die Auswirkungen der partizipativen Zusammenarbeit (Bradbury & Reason 2001, 344ff). Für den Bereich der Praxisforschung werden folgende Gütekriterien vorgeschlagen: Transparenz, Stimmigkeit, Adäquatheit, Intersubjektivität und Anschlußfähigkeit (Moser 1995). Diese bestehenden Argumente und Kriterienkataloge bieten eine Orientierung, ersetzen jedoch nicht eine projektbezogene Verständigung über Qualität in der partizipativen Zusammenarbeit.

5 Daten erheben und auswerten in Zyklen von Aktion und Reflexion

In der praktischen Umsetzung partizipativer Forschungsprozesse werden Daten von Ko-ForscherInnen erhoben und gemeinsam ausgewertet. Kurt Lewin beschrieb ein spiralförmiges Vorgehen mit sich abwechselnden Phasen von Planung, Aktion und „fact finding" (Lewin 1946, 206). In neueren Action Research-Ansätzen werden „Zyklen von Aktion und Reflexion" beschrieben, so beispielsweise von Peter Reason und Hilary Bradbury in dem englischsprachigen Handbook of Action Research:

> „Within an action research project, communities of inquiry and action evolve and address questions and issues that are significant for those who participate as co-researchers. Typically such communities engage in more or less systematic cycles of action and reflection: in action phases co-researchers test practices and gather evidence; in reflection stages they make sense together and plan further actions." (Reason & Bradbury 2008, 1)

Die partizipative Zusammenarbeit beinhaltet also eine Abfolge von gemeinsamem Handeln (Aktion) und Auswertung (Reflexion). Die Aktionen umfassen dabei zum einen Forschungshandlungen (d.h. Datenerhebungen in Form von Interviews, teilnehmender Beobachtung, Gruppengesprächen/Fokusgruppen, Weltcafés, Photovoice, Mapping-Verfahren und anderen Methoden) und zum anderen Interventionen im Forschungs- und Handlungsfeld, wie zum Beispiel Maßnahmen zur Stärkung von Gemeinschaften (Community Building, Community Development). Alle Aktionen werden audiovisuell oder schriftlich dokumentiert und als empirische Daten ausgewertet. Durch die zyklische Abfolge von Datenerhebung und Auswertung, von Aktion und Reflexion werden sukzessive ein neues, vertieftes Verständnis der Zusammenhänge erreicht und neue Handlungsansätze generiert.

Eine Besonderheit der partizipativen Forschung liegt in der Beteiligung von Community- und PraxispartnerInnen auch am Auswertungsprozess. Grundsätzlich sind der Wahl der Auswertungsverfahren keine Grenzen gesetzt, sofern sie unter Beteiligung der PartnerInnen durchgeführt werden können. Forschungspraktisch ist jedoch erkennbar, dass bestimmte Verfahren besser geeignet sind als andere. Melanie Nind (2011) unterscheidet Ansätze der partizipativen Auswertung in formale und weniger formale, strukturierte und unstrukturierte, solche, bei denen die Ko-ForscherInnen extra geschult werden, und solche, bei denen das nicht der Fall ist (trained vs. untrained), sowie explizite und implizite Ansätze ein. Sie plädiert dafür, Verfahren zu entwickeln, die dem jeweiligen Projektkontext und den Beteiligten angemessen sind (siehe Beitrag von Melanie Nind in diesem Band). Auch wenn manche Gruppen in ihren Partizipationsmöglichkeiten teilweise eingeschränkt sind (wie z.B. Kinder oder Menschen mit Lernschwierigkeiten), sollte die analytische Kompetenz der Mitglieder dieser Gruppen nicht unterschätzt werden. Im Kern geht es in der partizipativen Forschung nicht darum, ein vorgegebenes, methodisches Verfahren auf eine bestimmte Art und Weise umzusetzen, sondern darum, Reflexion zu ermöglichen. Es geht um eine gemeinsame Reflexion der beteiligten PartnerInnen, die durchaus unterschiedliche Perspektiven vertreten können. Im Idealfall verstehen sich die PartnerInnen als Teil einer gemischten Forschungsgemeinschaft, in der unterschiedliche „Wahrheiten" über komplexe soziale Wirklichkeiten bestehen:

„*If the research has been designed as participatory (…) there will already be a sense of a mixed community working with multiple truths that reflect complex, contextual social realities.*" (Nind 2011, 359)

Die Verschränkung der Perspektiven in einem zyklischen Prozess ist das entscheidende Moment der Auswertung. Die Analyse findet im Verlauf der Interaktionen und des gemeinsamen Lernprozesses im Nachdenken über die Daten statt. Sie ist ein eingebetteter, andauernder Prozess und nicht ein einmaliges, endgültiges Verfahren. Nind schlägt vor, dabei auf die wichtigsten Botschaften und besten Teile der Daten zu fokussieren. Grundsätzlich sollten die Verfahren der Auswertung in einer partizipativen Zusammenarbeit umsetzbar und nachvollziehbar sein. Ähnlich wie bei der qualitativen Evaluationsforschung können in der partizipativen Forschung „Abkürzungsstrategien" im Sinne von begründeten Abweichungen von akademischen Maximalforderungen der methodischen Genauigkeit und Vollständigkeit vorgenommen werden (Flick 2006, 21). Dazu gehören zum Beispiel Entscheidungen für weniger aufwendige Dokumentationsverfahren (z.B. die Entscheidung, detaillierte Notizen und Protokolle zu verfassen, anstatt Gespräche aufzuzeichnen und im Wortlaut zu transkribieren). Auswertungsverfahren, die schwer nachvollziehbar sind und ein spezielles Fachwissen oder ein bestimmtes theoretisch-begriffliches Vorwissen voraussetzen, sind weniger gut für eine partizipative Zusammenarbeit geeignet. Hinzu kommt, dass eine stark interpretierende Analyse, die beispielsweise latente Sinngehalte rekonstruiert und Deutungen vornimmt, die von den Deutungen der AkteurInnen im Feld stark abweichen, von Community- und Praxis-PartnerInnen möglicherweise als anmaßend und bevormundend erlebt wird. Daher können auch bestimmte soziologische und psychoanalytisch geprägte hermeneutische Auswertungsverfahren nicht nur wegen ihres hohen Zeitaufwandes ungeeignet sein. Als gut geeignet haben sich inhaltsanalytische Verfahren erwiesen, die leicht nachvollziehbar sind und ein pragmatisches Vorgehen ermöglichen (Jackson 2008). Manche AutorInnen argumentieren allerdings, dass die zyklische Verschränkung von Aktions- und Reflexionsprozessen in der partizipativen Forschung vor allem mit dem Vorgehen der Grounded Theory-Methodologie kompatibel ist, und schlagen vor, die Ansätze zu verbinden (Dick 2007). Projekterfahrungen unterstützen diesen Vorschlag und zeigen, dass es auch forschungspraktisch möglich ist, partizipative Forschung unter Zuhilfenahme der Grounded Theory-Methodologie umzusetzen (Lopéz et al. 2005).

Grundsätzlich kann in partizipativ gestalteten Auswertungsprozessen arbeitsteilig vorgegangen werden – nicht alle beteiligten PartnerInnen (ob Ko-ForscherInnen oder akademische ForscherInnen) müssen alle Schritte der Aufbereitung und Auswertung der Daten persönlich durchführen. Dabei ist allerdings darauf zu achten, dass bei einem arbeitsteiligen Vorgehen die Verfahren transparent kommuniziert und verständlich erklärt werden, so dass sie für die gesamte Gruppe, das heißt für alle PartnerInnen im partizipativen Projekt, nachvollziehbar sind. Außerdem sollten die von kleineren Arbeitsgruppen oder Einzelpersonen erarbeiteten Ergebnisse mit der Gruppe diskutiert und kommunikativ validiert werden. Es ist darauf zu achten, dass nicht nur die akademischen PartnerInnen Auswertungsarbeiten übernehmen, sondern insbesondere auch die Ko-ForscherInnen. Eine klassische akademische Arbeitsteilung, bei der die akademischen ForscherInnen die Auswertung übernehmen und möglicherweise im Rahmen einer kommunikativen Validierung ihre Ergebnisse zur Diskussion stellen, läuft Gefahr, die Auswertung zu einseitig an ihrer Perspektive auszurichten. Auf diese Weise werden nur solche Themen diskutiert, die den akademischen Forschenden relevant erscheinen (Nind 2011, 359).

Um diese Gefahr zu vermeiden, schlägt Suzanne Jackson (2008) ein vereinfachtes, gruppenbasiertes Auswertungsverfahren vor, mit dem Community- und PraxispartnerInnen die Analyse weitgehend selbstständig durchführen können. Sie orientiert sich dabei an den fünf Arbeitsschritten der qualitativen Auswertung nach John W. Creswell (1998) und adaptiert diese zu einem gruppenbasierten, partizipativen Auswertungsverfahren in vier Schritten:

1. Daten aufbereiten (data preparation),
2. Daten gruppieren und Themen identifizieren (grouping data and identifying themes),
3. dem Ganzen einen Sinn geben (making sense of the whole thing),
4. die Geschichte erzählen (telling the story) (vgl. Abb.2).

Das Verfahren wurde von Jackson in drei partizipativen Projekten in Kanada entwickelt, die einen Fokus auf Frauengesundheit und Inklusion legten und mit verschiedenen Gruppen, inklusive obdachloser Frauen, durchgeführt wurden. Die Ko-ForscherInnen, die in diesen Projekten ausgebildet wurden, nannten sich „Inclusion Researchers" (Jackson 2008, 162).[3]

In dem Verfahren sind im dritten Arbeitsschritt sowohl interaktive Kleingruppen, als auch Diskussionen im Plenum und die Nutzung von Visualisierungen vorgesehen. Diese Visualisierungen können schematisch oder figurativ-metaphorisch

---

3 Die Frage der Bezeichnung der Ko-ForscherInnen ist übrigens keine nebensächliche Frage. Wenn Bezeichnungen die Personen als „Betroffene" outen (z.B. Personen, die über Erfahrung mit Obdachlosigkeit verfügen), können damit stigmatisierende Auswirkungen einhergehen. Nicht nur, aber auch bei internetbasierten Darstellungen des Projekts und der Ergebnisse (die noch für viele Jahre im Internet zugänglich sein können) empfiehlt es sich zudem, mit namentlichen Nennungen von Personen sehr bewusst umzugehen. In den Sozialwissenschaften ist es (u.a. aus datenschutzrechtlichen Gründen und um die Personen zu schützen) üblich, die Namen von Teilnehmenden zu anonymisieren, aber dies ist in partizipativen Projekten nicht immer angemessen bzw. muss sorgfältig abgewogen und diskutiert werden (Tilley & Woodthorpe 2011; von Unger & Narimani 2012).

gestaltet werden.[4] Das von Jackson vorgeschlagene gruppenbasierte Vorgehen legt die Analyse fast vollständig in die Hände der Ko-ForscherInnen und reduziert die Beteiligung von akademischen ForscherInnen auf ein Minimum.

Qualitatives Verfahren	Partizipatives Verfahren in Gruppen
1 Daten-Management	1 Daten aufbereiten
Feldnotizen werden abgetippt und Audioaufnahmen von Interviews, Fokusgruppen etc. werden von dem Forscher/der Forscherin transkribiert	Daten in Form von Notizen zu Interviews, Beobachtungen und Fokusgruppen werden für die Gruppenarbeit aufbereitet (Ausdruck einzelner Aussagen auf Streifen farbigen Papiers); im Rahmen der Datenaufbereitung sichten die Co-Forscher/innen das Material
2 Sichtung des Materials	
Transkripte und Notizen werden von dem Forscher/der Forscherin gelesen	2 Daten gruppieren & Themen identifizieren
3 Kodierung & Kategorienbildung	Die Co-Forscher/innen sortieren in einem Gruppenprozess die Aussagen auf den Streifen zu Bündeln und vergeben Überschriften
Ein/e Forscher/in oder ein kleines Team kodiert das Material nach zuvor festgelegten oder aus dem Material gebildeten Themen	3 Dem Ganzen einen Sinn geben
4 Interpretation	Die Co-Forscher/innen ordnen die Bündel und Überschriften zu einem Muster und visualisieren dies; sie diskutieren die Geschichte, die sie mit den Daten und der Visualisierung des Musters verbinden. Dabei werden sie von einer/m akademischen Forscher/in unterstützt
Der/die Forscher/in oder das kleine Team entwickelt ein Kategoriensystem und bezieht dieses auf die Literatur und Theorien	
5 Darstellung & Verfassen eines Berichts	4 Die Geschichte erzählen
Ein/e Forscher/in schreibt einen Bericht	Ein Mitglied der Gruppe schreibt die Geschichte zu den Daten auf

Abb. 2: Partizipatives Auswertungsverfahren nach Jackson (2008) (eigene Abbildung vgl. von Unger 2014, 64).

Andere Auswertungsverfahren beziehen auch die beteiligten WissenschaftlerInnen stärker mit ein (vgl. Nind 2011). Grundsätzlich stellt die Verschränkung der

---

4 Beispielsweise wurde bei der Analyse der Faktoren, die die Gesundheit der Frauen beeinflussen, das Bild eines Gartens entworfen: Erde, Wasser und Wurzeln stellten die sozialen Einflüsse auf die Gesundheit dar, und die Blumen waren Symbole für jene Frauen, deren Inklusion und Gesundheit gefördert werden sollte. Diese Visualisierung wurde allerdings wieder verworfen, weil das Bild der Blumen zu passiv war und die Möglichkeiten der Kontrolle und aktiven Einflussnahme der Frauen auf ihre Gesundheit nicht angemessen darstellte (Jackson 2008, 166). So fungierte die Visualisierung als Zwischenschritt im analytischen Prozess, der dazu beigetragen hat, die Bedeutung der „agency" von Frauen deutlicher zu machen.

verschiedenen Perspektiven und Wissensbestände (lebensweltlich, praktisch, wissenschaftlich) in den Reflexions-, Lern- und Auswertungsprozessen ein zentrales Moment dar, mithilfe dessen neue Erkenntnisse hervorgebracht werden können. Die Bereitschaft, die eigene Perspektive infrage zu stellen und sich mit anderen Perspektiven auseinanderzusetzen, ist vor diesem Hintergrund eine Grundvoraussetzung der partizipativen Forschung, die für alle Beteiligten gilt.

Für akademische ForscherInnen bedeutet dies, dass sie kein Privileg auf Wissen beanspruchen können und ihre Sichtweisen nicht den Sichtweise der AkteurInnen übergeordnet sind. In der partizipativen Zusammenarbeit stellt ihr Wissen nur einen Wissensbestand unter vielen dar. Er wird genutzt, aber nicht privilegiert. So fließt beispielsweise das methodische und theoretische Wissen der WissenschaftlerInnen bei Bedarf ein. Häufig nehmen sie auch koordinierende und moderierende Funktionen wahr. Sie schulen und begleiten die Ko-ForscherInnen. Wenn akademische ForscherInnen in einer arbeitsteiligen Zusammenarbeit Aufgaben übernehmen, die besondere technische, handwerkliche oder andere wissenschaftliche Kompetenzen erfordern, so ist darauf zu achten, dass die von ihnen erarbeiteten Ergebnisse nicht als gültig gesetzt und hingenommen werden, sondern Gegenstand kritischer Diskussion sind. Die Hauptrolle der beteiligten WissenschaftlerInnen besteht gerade nicht darin, als wissenschaftliche ExpertInnen aufzutreten, sondern sich auf den gemeinsamen Lernprozess einzulassen und diesen zu unterstützen (z.B. durch Moderation, Rat, Zuhören und ein Bewusstsein für die eigenen, ebenfalls begrenzten Kompetenzen).

6 Verbreitung und Verwertung der Ergebnisse

Die Verbreitung und Verwertung der Ergebnisse wird – wie alle anderen Projektphasen auch – partizipativ gestaltet. Grundsätzlich zeichnen sich partizipative Projekte dadurch aus, dass die Frage des Nutzens nicht erst am Ende gestellt, sondern zu Beginn thematisiert wird. Zudem ist vorgesehen, dass bereits im Verlauf der Zusammenarbeit ein Prozessnutzen entsteht, in dem das Gelernte umgesetzt wird und zum Beispiel Beziehungen, Kommunikationen, Arbeitsabläufe etc. noch während der Zusammenarbeit verbessert werden. Die Verknüpfung von Wissen und Handeln und die „Übersetzung" von Gewusstem in Handlungsstrategien stehen im Zentrum des partizipativen Anliegens.

Im Hinblick auf praktische Fragen der Verbreitung und Verwertung sind unterschiedliche Strategien möglich. Das Internet hat in der Darstellung und Kommunikation von Projektvorhaben, -verläufen und -ergebnissen einen immer höheren Stellenwert, nicht zuletzt weil es einen niedrigschwelligen Zugang ermöglicht und audio-visuelle sowie interaktive Formate zulässt (von Unger et al. 2010). Gleichzeitig werden kreative und performative Verfahren weiterentwickelt, wie spoken word und Theaterformate (Fine & Torre 2008). Die für den partizipativen Prozess kennzeichnende Verschränkung der Perspektiven kann auch die Darstellung der Ergebnisse prägen, in dem Dokumentationen und Publikationen sich darum bemühen, die Mehrperspektivität und Mehrstimmigkeit widerzugeben (Hermann et al. 2004).

Grundsätzlich gilt es zu klären, wer über die Fortschritte und Ergebnisse eines Projekts informiert werden soll. Darauf aufbauend werden solche Darstellungs- und Kommunikationsformen gewählt, die diesen AdressatInnen-Gruppen entsprechen. In der Regel werden Projektergebnisse nicht nur an die Wissenschaft, sondern auch an die Öffentlichkeit, die Politik, die professionelle Praxis und die jeweiligen lebensweltlichen Gemeinschaften kommuniziert, die im Projekt vertreten sind. Hierbei können sehr unterschiedliche Formate zur Anwendung kommen. So können für die Politik ein- bis zweiseitige Zusammenfassungen mit klaren Problembeschreibungen und Handlungsempfehlungen (executive summaries) angemessen sein. Die Wissenschaft erwartet längere, theoretisch und methodisch abgesicherte Abhandlungen in der jeweiligen Fachsprache. Professionellen Fachkräfte und Einrichtungen wünschen sich häufig praktische Handwerkszeuge (tools). Lebensweltliche Gemeinschaften und öffentliche Medien sind dagegen auch an individuellen Geschichten, Bildern und interaktiven Formaten interessiert. Da die Mitglieder der jeweiligen Gemeinschaften und Settings ihre Systeme am besten kennen, sollten auch sie die angemessene Aufbereitung der Ergebnisse in den entsprechenden Formaten übernehmen, um diese anschlussfähig zu machen. In der Entwicklung von Verwertungsstrategien stellt sich auch die Frage nach Ko-AutorInnenschaft und namentlicher Nennung der beteiligten PartnerInnen. Bei diesen Fragen sind auch forschungsethische Aspekte, wie die Möglichkeiten, Vor- und Nachteile von Anonymisierung, zu bedenken (Tilley & Woodthorpe 2011, vgl. Fußnote 3).

7 Schlussbemerkung

Die partizipative Forschung hat viel zu bieten – für alle Beteiligten. Die Community-PartnerInnen (z.B. Menschen mit Lernschwierigkeiten, ihre FreundInnen und Angehörigen, die im Projekt als Ko-ForscherInnen mitarbeiten) haben im Idealfall individuell etwas davon: Sie entwickeln Kompetenzen – und zwar nicht nur Forschungskompetenzen –, sie sammeln Projekterfahrung, vernetzen sich, lernen neue Leute kennen und bekommen einen ‚Stimme', wenn sie ihre Ergebnisse präsentieren. Die partizipative Forschung will aber darüber hinaus auch kollektive Strukturen befördern, d.h. Netzwerke und Gemeinschaften fördern und community-basierte Initiativen nachhaltig aufzustellen. Die Politik, sofern sie involviert ist, hat einen Nutzen, in dem sie Handlungsempfehlungen bekommt und zeigen kann, dass sie etwas tut oder getan hat, um ihre politischen Ziele zu erreichen. Die professionelle Praxis profitiert in vielfältiger Weise davon, wenn sie die Perspektiven, Lebens- und Arbeitswelten ihrer KlientInnen besser versteht und ihre Angebote besser darauf zuschneiden kann.

Auch die Wissenschaft profitiert von der gemeinsamen Forschung, allerdings müssen auch die Einschränkungen und Probleme offen benannt werden, um diesen „Forschungsstil" (Bergold & Thomas 2012, Abs. 2) realistisch und ausgewogen einzuschätzen. Im deutschsprachigen Raum ist die partizipative Forschung in vielen Bereichen (wieder) im Kommen, aber sie wird von Teilen der Wissenschaft nicht ernst genommen oder sogar abgelehnt. Um die partizipative Forschung auch in der Wissenschaft stärker zu etablieren, sind Arbeiten notwendig, die den wissenschaftlichen Ertrag von partizipativer Forschung aufzeigen, die Limitationen transparent diskutieren und theoretische, methodologische und epistemologische Argumente für den Forschungsstil entwickeln, die an bestehende wissenschaftliche Diskurse anknüpfen (vgl. von Unger 2014, 98ff). Die größte Herausforderung für die beteiligten WissenschaftlerInnen und ihre Professionen besteht sicher darin, die eigene Rolle und den damit einhergehenden ExpertInnen-Status zu hinterfragen. In der Soziologie wurde beispielsweise die Professionalisierung des Faches vor nicht all zu langer Zeit hart erkämpft – wenn wir nun sagen, auch Laien können forschen, stellt das in gewisser Weise die gerade errungene Legitimation und Autorität wieder in Frage (und ähnlich geht es anderen Professionen in den Sozial- und Gesundheitswissenschaften). Es nicht zu tun, hieße aber, die eigenen Kompetenzen zu überschätzen und die Potentiale der partizipativen Zusammenarbeit ungenutzt zu lassen. WissenschaftlerInnen haben im Rahmen ihrer Ausbildung gelernt, wissenschaftlich zu arbeiten. Auch andere AkteurInnen sind dazu grundsätzlich und vor allem: projektbezogen in der Lage. Statt einseitig die Limitationen der Forschungskompetenzen von Laien zu betonen, ist es daher angemessener, einen Kompetenzdiskurs zu führen (Nind 2011, 359-60) und Möglichkeiten auszuloten, wie mehr Partizipation ermöglicht werden kann – in der gesellschaftlichen Praxis und in der Wissenschaft. So ließe sich partizipative Forschung als ein Ansatz im wissenschaftlichen ‚Werkzeugkasten' auch für die Wissenschaft gewinnbringend nutzen: z.B. um einer sozialen Verantwortung gerecht zu werden, Partnerschaften und Vertrauen aufzubauen, die eigenen Horizonte zu erweitern, Konzepte und Theorien zu hinterfragen und neue Ideen zu entwickeln.

Literatur

Beresford, P. (2012): Die Rolle des Wissens der Betroffenen beim Aufbau von Alternativen zur Psychiatrie. In: Verein zum Schutz vor psychiatrischer Gewalt e.V. (Hrsg.): Auf der Suche nach dem Rosengarten. Echte Alternativen zur Psychiatrie umsetzen. Projektdokumentation. Verein zum Schutz vor psychiatrischer Gewalt e.V.: Berlin, 8-15.

Bergold, J. & Thomas, S. (2012): Partizipative Forschungsmethoden: Ein methodischer Ansatz in Bewegung. In: Forum Qualitative Sozialforschung, 13 (1). Online unter: http://nbn-resolving.de/urn:nbn:de:0114-fqs1201302. (22. 12.2014)

Brydon-Miller, M., Antal, A.B., Friedmann, V.J. & Wicks, P.G. (2011): The changing land-scape of arts and action research. In: Action Research, 9 (1), 3-11.

Cassell, C. & Johnson, P. (2006): Action research: Explaining the diversity. In: Human Relations, 59 (6), 783-814.
Creswell, J.W. (1998): Qualitative inquiry and research design: Choosing among five approaches. Sage, Los Angeles CA.
Dick, B. (2007): What Can Grounded Theorists and Action Researchers Learn from Each Other? In: Bryant, A., Charmaz, K., Clarke, E.A., Covan, E.K., Creswell, J.W. & Dey, I. (Hrsg.): The Sage handbook of grounded theory. Sage, Thousand Oaks CA, 398-416.
Fine, M. & Torre, M.E. (2008): Theorizing Audience, Products and Provocation. In: Reason P, & Bradbury H. (Hrsg.): The Sage Handbook of Action Research. Sage, Los Angeles CA [etc.], 407-419.
Flick, U. (2006): Qualitative Evaluationsforschung zwischen Methodik und Pragmatik – Einleitung und Überblick. In: Flick, U. (Hrsg.): Qualitative Evaluationsforschung. Rowohlt Verlag, Reinbek bei Hamburg, 9-29.
Hermann, A., Partenfelder, F., Raabe, S., Riedel, B. & Ruszetzki, R. (2004): „Miteinander statt übereinander": Ergebnisse einer Begleitstudie zum Weddinger Psychoseseminar und Erfahrungen mit der Forschungspartizipation von Psychoseerfahrenen. Journal für Psychologie, 12 (4), 295-325.
ICPHR (2013): Position Paper 1: What is Participatory Health Research? Version: Mai 2013. Berlin: International Collaboration for Participatory Health Research (ICPHR). Online unter: www.icphr.org/uploads/2/0/3/9/20399575/ichpr_position_paper_1_defintion_-_version_may_2013.pdf. (15. 11.2014)
Jackson, S.F. (2008): A Participatory Group Process to Analyze Qualitative Data. In: Progress in Community Health Partnerships: Research, Education, and Action, 2 (2), 161-170.
Knowles, J.G. & Cole, A.L. (2008): Handbook of the arts in qualitative research: Perspectives, methodologies, examples, and issues. Sage, Los Angeles CA [etc.].
Kolb, B. (2008): Beteiligen, mitteilen, analysieren – Potentiale des partizipatorischen Fotointerviews. In: Forum Qualitative Sozialforschung, 9 (3). Online unter: http://nbn-resolving.de/urn:nbn:-de:0114-fqs0803127. (22. 12.2014)
Lewin, K. (1946): Action research and minority problems. In: Lewin, K. & Lewin, G.W. (Hrsg.): Resolving social conflicts. Harper & Brothers, New York NY, 201-216.
López, E.D.S., Eng, E., Randall-David, E. & Robinson, N. (2005): Quality-of-life concerns of African American breast cancer survivors within rural North Carolina: blending the techniques of photovoice and grounded theory. In: Qualitative Health Research, 15 (1), 99-115.
Maxwell J. (2005): Validity: How Might You Be Wrong? In: Qualitative research design: An interactive approach. In: Applied Social Research Methods 41. Sage, Thousand Oaks CA [etc.], 105-116.
Moser, H. (1995): Grundlagen der Praxisforschung. Lambertus, Freiburg im Breisgau.
Nind, M. (2011): Participatory data analysis: a step too far? In: Qualitative Research 11 (4), 349-363.
Oliver, M. (1997): Emancipatory Research: Realistic goal or impossible dream? In: Barnes C. & Mercer G. (Hrsg.): Doing Disability Research. The Disability Press, Leeds, 15-31.
Reason, P. & Bradbury, H. (2008): Introduction. In: Reason, P. & Bradbury, H. (Hrsg.): The Sage Handbook of Action Research. Sage, Los Angeles CA [etc.], 1-10.
Reason, P. & Bradbury, H. (2001): Introduction: Inquiry and Participation in Search of a World Worthy of Human Aspiration. In: Reason P. & Bradbury H. (Hrsg.): Handbook of Action Research. Sage, London [etc.], 1-14.
Russo, J. (2012): Betroffenen-kontrollierter Ansatz: ein neuer Ausgangspunkt in der Forschung zur Psychiatrie. In: Forum Qualitative Sozialforschung, 13 (1). Online unter: http://nbn-resolving.de/urn:nbn:de:0114-fqs120187. (22. 12.2014)
Sweeney, A. (2012): Einführung in die Betroffenen-kontrollierte Forschung. In: Verein zum Schutz vor psychiatrischer Gewalt e.V. (Hrsg.): Auf der Suche nach dem Rosengarten. Echte Alternativen zur Psychiatrie umsetzen. Projektdokumentation. Verein zum Schutz vor psychiatrischer Gewalt e.V.: Berlin, 15-21.

Tilley, L. & Woodthorpe, K. (2011). Is it the end for anonymity as we know it? A critical examination of the ethical principle of anonymity in the context of 21st century demands on the qualitative researcher. In: Qualitative Research, 11 (2), 197-212.

Unger, H. von (2014): Partizipative Forschung. Einführung in die Forschungspraxis. Wiesbaden: Springer VS.

Unger, H. von (2012): Partizipative Gesundheitsforschung: Wer partizipiert woran? In: Forum Qualitative Sozialforschung, 13 (1). Online unter: http://www.qualitative-research.net/index.php/fqs/article/view/1781. (22.12.2014)

Unger, H. von & Narimani, P. (2012). Ethische Reflexivität im Forschungsprozess: Herausforderungen in der Partizipativen Forschung. In: WZB Discussion Paper SPI 2012-304. Wissenschaftszentrum Berlin für Sozialforschung (WZB), Berlin. Online unter: http://bibliothek.wzb.eu/pdf/2012/i12-304.pdf. (22. 12.2014)

Unger, H. von., Gekeler, C., Ziesemer, M., Block, M., Kilian, H., Lemmen, K. & Wright, M.T. (2010): Interaktiv und Online: Internet-Ressourcen zur Partizipativen Qualitätsentwicklung. In: Wright M.T. (Hrsg.): Partizipative Qualitätsentwicklung in der Gesundheitsförderung und Prävention. Huber, Bern, S 125-140.

Wang, C. & Burris, M.A. (1997): Photovoice: Concept, Methodology, and Use for Participatory Needs Assessment. In: Health Education & Behavior, 24 (3), 369-387.

Wright, M.T. (Hrsg.) (2010): Partizipative Qualitätsentwicklung in der Gesundheitsförderung und Prävention. Huber, Bern.

Yallop, J.J.G., de Vallejo, I.L. & Wright, P. (2008): Editorial: Overview of the Performative Social Science Special Issue. In: Forum Qualitative Sozialforschung, 8 (2). Online unter: http://nbn-resolving.de/urn:nbn:de:0114-fqs0802649. (22. 12.2014)

Carlisle People First Research Team Ltd.

Who we are and what we do

Abb. 1: From left to right: Lou, Pamela, Sara, Chloe, Rohhss, Clarence and Elizabeth (Val and John out of picture)

This chapter is about the work of the Carlisle People First Research Team. We will tell you who we are, what we do and how we do it. We also have some 'top tips' for other people want to research together.

Summary

We are very serious about our research but we like to have fun and travel as well. Over the years we have worked on lots of projects together.
We have been to many conferences at home and abroad to talk about our work. Travelling together helps the team to gel. People have ups and downs in life and we try to help each other out.
Some of the places we have visited are Iceland, Belgium, Canada, Bali, Australia, America, Ireland and Alaska.
It's good to start out working on people's own life histories. We have taped each other and set about getting things written down. It helps people to get to know each other and build trust. When new members join a group this is a very good thing to do.
Lou and Clarence have written books about their lives and other peoples' lives.

Elizabeth and Andy have also made presentations at conferences about their lives. We hope you are able to start your own research team and wish you all the best of luck. Keep in touch with us and let us know how it goes!

Who we are

We are based in the North of England in Cumbria, UK. It is a very beautiful county with lakes and fells (small mountains). We all have a background in the UK self-advocacy movement.

We started the team in 1997. We are registered as a company now, where we are all Directors. We all have a share in the company. We have a very kind accountant called Steve Farber, who works for us free of charge.

Some people in the team are labeled as having learning difficulties and some are not. Our team prefers not to use labels at all if possible. One of the important things about our group is that we are friends. We have been working together a long time and know a lot about each other's lives.

Mark and Fred who were in our team have both sadly died. Andy and Niall have moved on and we miss them very much. Pamela, Sara and Val are the newest members of the team.

Sometimes Nathan joins us at research meetings or on our visits away. He is Chloe's baby.

What we do

Carlisle People First Research Team Ltd does 'inclusive' or 'collaborative' research. These are names for researching together.

We work as a team using each other's best strengths. We talk about this in the section 'How we do it'.

When we first set up the research team, some of us were working together in a Self Advocacy group called Carlisle People First[1].

We started out by talking about life histories. As time went on we began discussing research skills to help with this. Rohhss already knew a bit about research and passed on what she knew. It linked to speaking out, to what self advocacy was all about. Everyone in the new team was very keen.

We were asked to do a piece of research for a day centre that was closing down. The service wanted the views of people with learning difficulties about the closure. We planned this out and then went to the centre and started the interviews in pairs.

---

1 Carlisle People First later merged into People First Independent Advocacy which is now a generic advocacy organisation across the county of Cumbria, UK.

We quickly found out that people had not been told their centre was closing! They were really very upset about it. Because we were asking people about it, they thought it was to do with us.

We were angry that people had not already been told what was happening. We just assumed that would have happened. Lou and Rohhss wrote an article about it (Chapman & Townson 2002).

Everything had happened the wrong way around. We felt we had just been used to break bad news. This work taught us an important lesson. The lesson was to make sure you know exactly what is going on. We stopped doing the interviews until the service told everyone. Then we went back in because we wanted to help people have their say.

In 2000, our supporter Rohhss went to study for a PhD about inclusive research (Chapman 2006). This was talked about in the research team and we gave her a reference. Everyone wanted to get involved in working on the project about People First groups in the UK and the views of support workers.

We all went to meet her supervisors at the Open University and from this we began to form links.

It started us off getting to know lots of other researchers from different countries. We became part of a 'Grundtvig' project (Schoeters, Schelfhout, Roets., Van Hove, Townson, Chapman & Buchanan 2005). This was about working in partnership with people with learning difficulties in the four different countries of Ireland, UK, Belgium and Iceland.

We went to visit each of these countries and made new friends. We found out lots of different ways of people working together. We still work with some of these people. Some of them have written chapters in a new book edited by Rohhss and Lou about sexuality and relationships (Chapman, Ledger, Townson & Docherty 2015).

We also went around the UK researching different self advocacy groups (Townson, Macauley, Harkness, Chapman, Docherty, Dias, Eardley & McNulty 2004). We ran another project alongside the PhD, to be owned by the team. This was about the History of People First Groups in the UK (Townson, Harkness, Docherty, Eardley, Chapman. & McNulty 2001).

We worked with members of self advocacy groups and held a national workshop. We did this on our own to help other groups develop.

Later on, we worked to get funding for other projects we wanted to do.

Some of the bigger projects we have had funding for are:
- The History of Self Advocacy Groups in the UK
- Self Advocacy and Autism
- Peoples Experiences of Direct Payments
- The War Memories of People with Learning Difficulties in Cumbria

At the moment we are working on a project with the Open University about how to archive our research by using the internet[2]. We are also working on a bid for another history project.

How we do our work

Over the years we have developed some guidelines about how to do inclusive research. Here are some of the main ideas:

No-one is rejected

Elizabeth says it is important that no-one is rejected when we carry out research. She said that if people are not included it means they are being actively rejected (Chapman & McNulty 2004). This is a very important basis for our work.

Ideas come straight from people themselves

The ideas for the research have come from people with learning difficulties about what is important in their own lives. For example, Andy wanted to do the project about war memories because of his interest in history and also Clarence's interest in the holocaust (Dias, Eardley, Harkness, Townson, Brownlee-Chapman & Chapman 2007).
Elizabeth wanted to research autism and self advocacy because she has the label of autism (Chapman, Townson, Macauley, Harkness, Docherty, Dias & Eardley2007). Lou and John were interested in relationships and sexuality. Lou had worked in a post as a woman's worker before.
Clarence had lived in an institution called Dovenby in Cumbria. He wanted the team to develop a project about what it was like to live there in order to provide some lessons for supported living today. This is the project we are currently trying to get funding for.

Working to people's strengths

We work to people's strengths to make sure everyone is included. In our team only some people can read, whereas others are great at finding things out in other ways. We all have different skills and things we are good at.
Listening well, asking questions, interviewing and working in groups are some of the key skills we use.
We find it best to learn new research skills as it comes up in our work. When John was working on the war memories project, he took a course on oral history with

---

2 Online unter: https://www.klikin.eu/page/view/cat/3407

his co-researcher. The university made it more accessible for the whole group so that John could be included well. This helped everyone on the course!

When we are on fieldwork we discuss what will happen and how we might go about it each day. That way it keeps things fresh in peoples' minds so we all know what we need to do.

Planning projects together

When we plan a project we use a PATH.

This is a graphic way of getting everyone's thoughts and ideas down. We sit in a big room with a long wall where we draw our ideas out onto paper. We work out where we want to get to and what needs to happen along the way. For example, we used a 'River Of History' to help us work out our 'History of People First Groups' project (Chapman & Townson 2013). We came up with the idea of using a 'time machine' for going back to the past (see 7 on the diagram) to help people recover their history.

We have also designed a 'research cycle' which gets worked through for each project (Carlisle People First Research Team (Townson, Harkness, Chapman, Docherty, Eardley. & McNulty) 2001).

By using the research cycle we developed we can check that we have thought about every stage of the project.

Doing the research

When we do research we think about which tasks each person will do. Usually each person will say what they want to do. Everyone then has a set of jobs to carry out that they are responsible for. We talk about the support needed to get the task done.

The main thing is that working together takes a lot of time to do it well. Sometimes funders and other people do not realise this is so important.

Keeping work accessible is very important to us. This is why we like to tell people about our work at conferences, face to face.

We do also write articles and book chapters together but that is quite hard for us and takes a long time! Mostly, we discuss what is important to say and then it gets typed up from a tape which gets transcribed. We go through it again until it is agreed. Sometimes a couple of people will go off together to work on a section and bring it back to join onto the others.

Equality

We also think people should be paid at the same rate as each other. When we get funding for a project that is what we do. Each researcher gets the same pay. This tells the world that we all have something important to give and that we are a team.

Over the years we have learned some lessons the hard way.

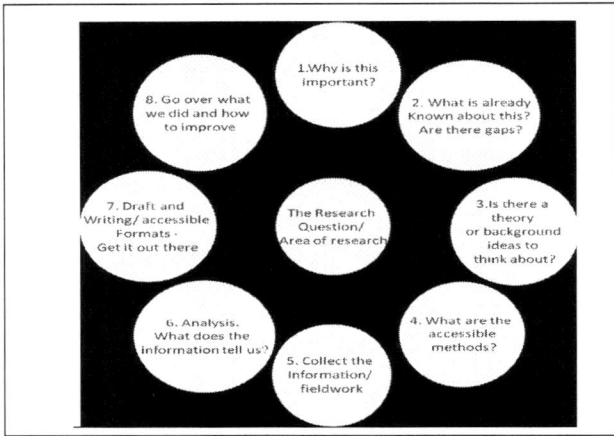

Abb. 2

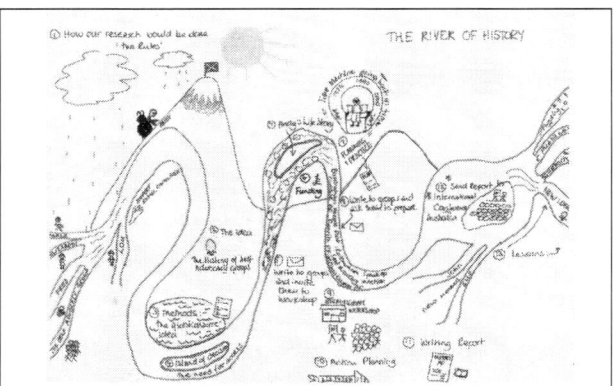

Abb. 3

Top tips for inclusive research

We like to help new groups set up. We offer to do training in researching together for them. We have been lucky to have found good friends who give us a lot of support. Becoming part of a research community can really help.

We do sometimes work with other people, who have asked us to join in on their research. This can be tricky. We have found it's important to work out ways of making sure we are happy with our role. We all have to agree it's a good project to be involved in. Sometimes we have said 'no', because we were not properly included. We have worked out some tips that may help you!

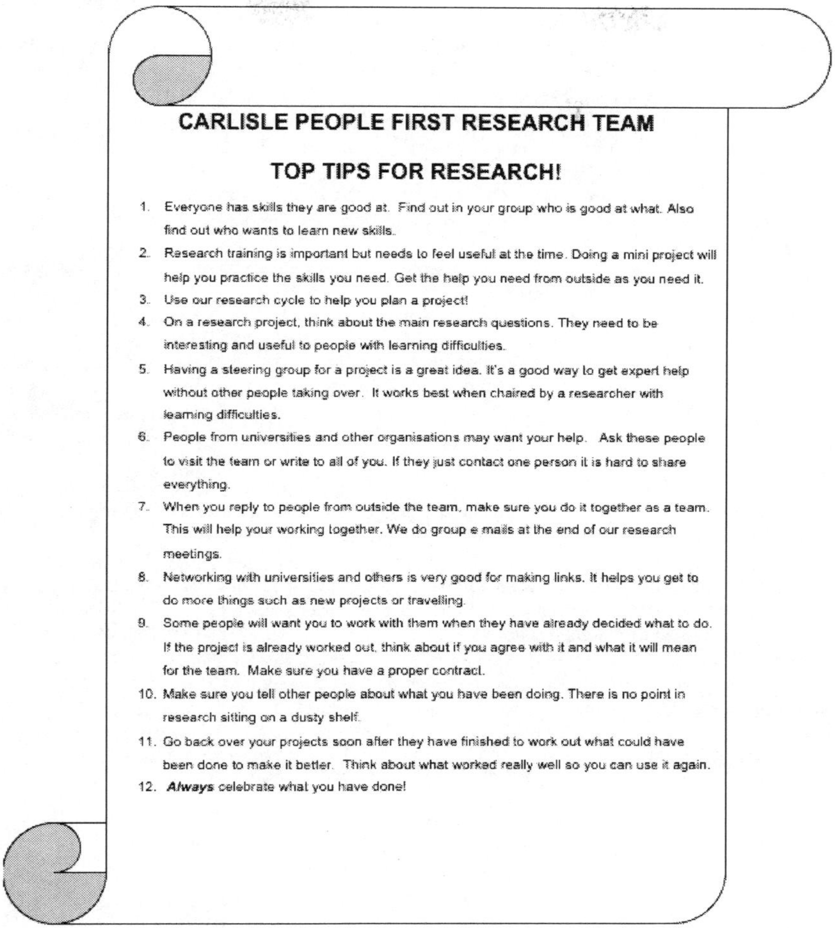

CARLISLE PEOPLE FIRST RESEARCH TEAM

TOP TIPS FOR RESEARCH!

1. Everyone has skills they are good at. Find out in your group who is good at what. Also find out who wants to learn new skills.
2. Research training is important but needs to feel useful at the time. Doing a mini project will help you practice the skills you need. Get the help you need from outside as you need it.
3. Use our research cycle to help you plan a project!
4. On a research project, think about the main research questions. They need to be interesting and useful to people with learning difficulties.
5. Having a steering group for a project is a great idea. It's a good way to get expert help without other people taking over. It works best when chaired by a researcher with learning difficulties.
6. People from universities and other organisations may want your help. Ask these people to visit the team or write to all of you. If they just contact one person it is hard to share everything.
7. When you reply to people from outside the team, make sure you do it together as a team. This will help your working together. We do group e mails at the end of our research meetings.
8. Networking with universities and others is very good for making links. It helps you get to do more things such as new projects or travelling.
9. Some people will want you to work with them when they have already decided what to do. If the project is already worked out, think about if you agree with it and what it will mean for the team. Make sure you have a proper contract.
10. Make sure you tell other people about what you have been doing. There is no point in research sitting on a dusty shelf.
11. Go back over your projects soon after they have finished to work out what could have been done to make it better. Think about what worked really well so you can use it again.
12. *Always* celebrate what you have done!

Abb. 4

Carlisle People First Research Team Ltd
Cambeck Bridge Cottage
Brampton
Cumbria
CA8 2AU
UK
cpfrt.research@yahoo.com
rohhss@yahoo.com
Tel +44 7926668381

Literatur

Carlisle People First Research Team (Townson, L., Harkness, E., Chapman, R., Docherty, A., Eardley, M. & McNulty, N.) (2001): 'Looking at Why and How the Self Advocacy Movement Started'. In Community Living, 15 (2), 25-27.

Chapman, R. (2006): The Role of the Self Advocacy Support Worker in UK People First Groups: Developing Inclusive Research, Unpublished PhD research, Faculty of Health and Social Welfare. Open University: Milton Keynes.

Chapman, R., Ledger, S., Townson, L. & Docherty, D. (2015): Sexuality and Relationships in the Lives of People with Intellectual Disabilities: ,Standing in my shoes'. London: Jessica Kingsley Publishers.

Chapman, R. & McNulty, N. (2004) Building bridges? The role of research support. In: self-advocacy, in British Journal of Learning Disabilities, 32 (2), 77-85.

Chapman, R., Townson, L., Macauley, S., Harkness, E., Docherty, A., Dias, J. & Eardley, M. (2007): Research project on advocacy and autism. In: Disability & Society, 22 (5), 523-536.

Chapman, R. & Townson, L. (2002): CONSULTATION: PLAN OF ACTION OR MANAGMENT EXERCISE?. In: ,The Managing Care Reader'. London: Open University Press, 29-35.

Chapman, R. & Townson, L. (2013): 'Researching together: pooling ideas, strengths and experiences'. In: Davies, C., Flux, R., Hales, M. & Walmsley, J. (Hrsg.): Better Health in Harder Times, Bristol: The Policy Press, 69-72.

Dias, J., Eardley, M., Harkness, E., Townson, L., Brownlee-Chapman, C. & Chapman, R. (2007): Keeping wartime memory alive: an oral history project about the wartime memories of people with learning difficulties in Cumbria. In: Disability & Society, 27 (1), 31-49.

Schoeters, L., Schelfhout, P., Roets, G., Van Hove, G., Townson, L., Chapman, R. & Buchanan, I. (2005): 'Partnership working between university researchers and self-advocacy organisations: 'a way forward for inclusion?'. In: England and ' fine feathers make a fine bird'. In: Flanders (Belgium)' Journal of Intellectual Disability, 9 (4).

Townson, L., Harkness, E., Docherty, A., Eardley, M., Chapman, R. & McNulty, N. (2001): Looking at why and how the self advocacy movement started. In: Community Living, 15 (2), 25-27

Townson, L., Macauley, S., Harkness, E., Chapman, R., Docherty, A., Dias, J., Eardley, M. & McNulty, N. (2004): We are all in the same boat: doing 'people'led research'. In: British Journal of Learning Disabilities, 32 (2), 72-76.

Anforderungen und Merkmale partizipativer und inklusiver Forschung

Mandy Hauser

Qualitätskriterien für die Inklusive Forschung mit Menschen mit Lernschwierigkeiten

Zusammenfassung

Im folgenden Beitrag werden Qualitätskriterien formuliert und diskutiert, die es ermöglichen sollen, gemeinsam mit Menschen mit Lernschwierigkeiten ethisch verantwortungsvoll und qualitativ hochwertig zu forschen. Da die Frage nach den Qualitätskriterien Inklusiver Forschung eng mit der Frage verbunden ist, was Forschung und wissenschaftlicher Erkenntnisgewinn auf der Basis der Wert- und Zielvorstellungen dieses Forschungsansatzes bedeuten, wird zunächst der wissenschaftstheoretische Bezugsrahmen Inklusiver Forschung skizziert, um daran anknüpfend Kriterien der Güte und Qualität herauszuarbeiten.

1 Einleitung

Inklusive Forschung steht ebenso wie andere partizipativ orientierte Forschungsansätze in der Tradition emanzipatorischer betroffenenkontrollierter bzw. -beteiligter Forschung, deren Anwendungsfelder sich in vielzähligen wissenschaftlichen Disziplinen wiederfinden. Als zentrale Motoren für Inklusive Forschung sind vor allem Disziplinen zu nennen, deren Forschungsfragen sich vielfach um soziale Kontexte marginalisierter Personengruppen drehen, wie Psychiatrische Forschung, Frauen- und Geschlechterforschung, die Interkulturelle Forschung oder die Disability Studies (vgl. Bergold & Thomas 2010). Trotz der unterschiedlichen Gegenstände, denen sich die genannten Forschungsdisziplinen widmen, vereinigt sich unter den Ansätzen Inklusiver Forschung ein zentrales Anliegen: das traditionelle Verständnis von Wissenschaft und die hegemoniale, Wertfreiheit postulierende akademische Wissensproduktion grundlegend zu hinterfragen und in diesem Zug alternative Ansätze zu entwickeln, die den emanzipatorischen, demokratieorientierten Wertvorstellungen und Zielen Inklusiver Forschung entgegenkommen.

Aus diesem Anliegen resultieren Grundsätze, die den wissenschaftstheoretischen Hintergrund Inklusiver Forschung bilden und deren Verknüpfung zur Bewertung der Qualität und Güte von Forschung im Folgenden aufgezeigt wird.

2 Akademische Wissensproduktion in der Inklusiven Forschung

Inklusiver Forschung liegen Maßgaben und theoretische Überlegungen zugrunde, die einen veränderten Blick auf die akademische Wissensproduktion werfen, der durch folgende Merkmale gekennzeichnet ist:

Das veränderte Verhältnis zwischen Wissenschaft und Gesellschaft

In diesem Zusammenhang geht es zum einen um die verstärkt geforderte NutzerInnenorientierung in der akademischen Wissensproduktion, welche beispielsweise durch die sogenannten Modus 2-Wissensproduktion (vgl. von Unger 2014) oder dem Citizen Science Ansatz theoretisch konzeptualisiert ist (vgl. Finke 2014). Zum anderen wird die Forderung emanzipatorischer Forschungsbewegungen, zu denen beispielsweise Teile der Frauen- und Geschlechterforschung oder die Disability Studies zählen, in den Fokus gerückt, die gesellschaftspolitischen Macht- und Unterdrückungsverhältnisse kritisch zu hinterfragen und sie zugunsten demokratischer, gleichberechtigter und nicht-diskriminierender Strukturen zu beeinflussen. Nach Maria Mies wird die „Veränderung gesellschaftlicher Verhältnisse zum Ausgangspunkt wissenschaftlicher Erkenntnisse" (Mies 1978 In: Isop 2009), womit die gesellschaftspolitische Relevanz von Forschung zum Qualitätskriterium erklärt wird.

Die veränderten Zielsetzungen von Forschung

Mit den skizzierten Einflüssen wissenschaftlicher Erkenntnisproduktion auf soziale Gegebenheiten geht eine veränderte Zielsetzung einher, die partizipativen und inklusiven Forschungsansätzen in Ergänzung zu den Zielen traditioneller Forschungsansätze gemein ist. Die Zielsetzung im traditionellen Verständnis von Forschung richtet sich vornehmlich auf den wissenschaftlichen Erkenntnisgewinn, der zum Verstehen sozialer Gegebenheiten beiträgt, während es die Überzeugung Inklusiver Forschung ist, soziale Verantwortung zu übernehmen und Veränderungen zu bewirken. Von Unger beschreibt in diesem Sinne „die doppelte Zielsetzung, soziale Wirklichkeit nicht nur zu verstehen, sondern auch zu verändern." (von Unger 2014, 46). Demnach geht es zum einen darum, neues Wissen zu generieren und im Zuge erkenntnisgeleiteter Theorieentwicklung zur Analyse und zum Verstehen sozialer Wirklichkeit beizutragen. Zum anderen geht es darum, die gewonnenen Erkenntnisse zur Erschließung von Handlungsansätzen zu nutzen, die den Zielen Inklusiver Forschung entsprechen.

Das veränderte Verständnis von Wissenschaft und Forschung

Das Wissenschaftsverständnis partizipativer und inklusiver Forschungsansätze richtet sich stark an den Grundsätzen qualitativer Forschung aus und ist durch eine Kritik an rein quantitativ-naturwissenschaftlich orientierter Wissenschaftspraxis geprägt, wobei besonders der Objektivitätsanspruch sowie das Postulat der Wertfreiheit problematisiert und grundlegend in Frage gestellt werden: „Im Gegensatz zur nomoethischen Forschung, welche zumeist Wertfreiheit postuliert, geht der partizipative Forschungsansatz davon aus, dass Forschung immer interessengeleitet und wertgebunden ist." (Bergold & Thomas 2010, 336). Die Forderung nach Wertfreiheit im Forschungsprozess geht mit der Vorstellung einher, dass Forschende eine unvoreingenommene, ‚objektive' Position in Bezug auf den Forschungsgegenstand und die Forschungsumstände einnehmen können. Dies wiederum würde bedeuten, dass es Forschenden möglich ist, ihre Standortverbundenheit, sprich die eigenen Erfahrungen, Sichtweisen und Wertvorstellungen bei der Erhebung, Auswertung und Interpretation gesammelter Daten außer Acht zu lassen. Daran haben kritische Wissenschaftlerinnen größte Zweifel, denn

> „[d]ie eigene Standortgebundenheit ist gerade deshalb nicht so ohne Weiteres zu suspendieren, weil sie im Wesentlichen durch vorreflexive bzw. erfahrungsbasierte, handlungspraktische Wissensbestände strukturiert ist, die unterhalb des expliziten, bewussten Denkens liegen."
> (Wagner-Willi 2011, 66; Hervorh. im Original).

Die Forderung nach Objektivität lässt auch Vermuten, dass es allgemeingültige Kriterien gäbe, die der Unterscheidung von „wahr" und „falsch" dienen und deren Anwendung den Wahrheitsansprüchen von Forschung gerecht würden. Dem entgegnet unter anderem Haraway (2007) mit dem Konzept des situierten Wissens: Sie geht davon aus, dass jede Erkenntnis in dem historischen, kulturellen und räumlichen Kontext zu sehen ist, in dem sie entstand und keine Erkenntnis den Anspruch auf universelle Wahrheit haben kann. Forschungsperspektiven[1] sind in diesem Sinne parteilich und sollten als solche reflektiert werden, was aber den Erkenntnisgewinn nach Haraway nicht minder bedeutsam macht. Sie plädiert für eine reflektierte Partialität, die es möglich macht, verschiedene Perspektiven in einem Erkenntnisinteresse zusammenzubringen und so Wissen zu generieren, welches dem Wahrheitsanspruch sehr viel näher kommt, als das traditionell auf Objektivität beharrende Wissenschaftsverständnis (vgl. Becker-Schmidt 2003).
Eine Forschung, die das traditionelle Forschungsverständnis um die dargelegten Aspekte erweitert, es in Teilen revidiert und auch ablehnt, kommt nicht umhin,

---

[1] Mit ihrer radikalen Kritik der Objektivitätsanspüche von Wissenschaft verweist Haraway in ihrer Argumentation auf die soziale Konstruiertheit aller Erkenntnisansprüche – sowohl die der sozialwissenschaftlichen Forschungsfelder als auch, „besonders und mit großer Gewissheit […] die in den Naturwissenschaften." (Haraway 2007, 305).

sich kritisch mit geltenden Qualitätsmerkmalen traditioneller Forschung auseinander zu setzen. Es geht darum, Qualität und Güte unter den veränderten Forschungsbedingungen und -zielen Inklusiver Forschung neu zu durchdenken, geltende Standards entsprechend zu modifizieren und um passende(re) Kriterien zu erweitern und eigene Qualitätsmaßstäbe zu setzen.

3 Qualitätskriterien

Kriterien zu den grundlegenden Werten Inklusiver Forschung

Respekt und Wertschätzung
Respekt und Wertschätzung sind zentrale Momente des zugrundeliegenden Menschenbildes Inklusiver Forschung (vgl. Koenig & Buchner 2011). Respekt gegenüber den Ko-Forschenden[2] ist auf unterschiedlichen Ebenen gleichsam Voraussetzung und Qualitätsmerkmal Inklusiver Forschung. Der Terminus bezieht sich inhaltlich auf den Respekt vor der Würde und der Autonomie sowie der Gleichheit und Unterschiedlichkeit der Forschungsteilnehmenden (vgl. NDA 2009).
Dazu zählt die Achtung der Privatsphäre der Beteiligten, der Respekt vor der freien Entscheidung zur Teilnahme oder Nicht-Teilnahme der Co-Forschenden und die Achtung der Persönlichkeitsrechte, wie das Recht auf informationelle Selbstbestimmung[3] sowie der Schutz der Integrität einer Person. Für eine ethisch verantwortungsvolle Forschung muss der Nutzen der Forschung immer hinter den individuellen Rechten der Teilnehmenden stehen (vgl. NDA 2009; DGS 2007).
Auch das Kriterium der Wertschätzung spiegelt ganz grundsätzlich eine kompetenzorientierte Haltung wieder, die der Achtung der Persönlichkeit entgegenkommt und besonders für Ko-Forschende mit Lernschwierigkeiten und ihren spezifischen Erfahrungen der Fremdbestimmung und Diskriminierung von großer Bedeutung ist (vgl. McDonald et al. 2012). Es geht hier konkret um die Anerkennung der sozialen, kulturellen und historischen Erfahrungen von Menschen mit Behinderung, die auf den Forschungsprozess einwirken und großen Einfluss auf das Gelingen oder Misslingen einer Forschungsstudie haben können. Es gilt,

---

2 Die Bezeichnung der ForschungspartnerInnen gestaltet sich international vielfältig: Ko-Forschende, Mit-Forschende, Peer-researcher, Lay-researcher. Gemeint sind damit „[...] Mitglieder einer Gruppe, eines institutionellen Settings oder einer lebensweltlichen Gemeinschaft, die geschult und begleitet werden, um Aufgaben der Studienplanung, Datenerhebung und Auswertung in ihren Settings oder Communities umzusetzen." (von Unger, 2014, 41).

3 Das Recht auf informationelle Selbstbestimmung „[...] verleiht dem Einzelnen die Befugnis, grundsätzlich selbst zu bestimmen, wann und in welchem Umfang er persönliche Lebenssachverhalte preisgeben möchte." (BMI). Es ist integrierter Bestandteil des allgemeinen Persönlichkeitsrechts im Grundgesetz der BRD.

die Erfahrungen anzuerkennen und im Sinne qualitativ hochwertiger Forschung zu reflektieren[4] (vgl. NDA 2009).
Wie sich der respektvolle und wertschätzende Umgang mit den Forschungsteilnehmenden jeweils ausdrückt, kann unterschiedliche Formen annehmen und ist vergleichsweise schwierig zu konkretisieren (vgl. Faulkner 2004).
Ein möglicher Anhaltspunkt, der besonders in der Inklusiven Forschung angestrebt wird, ist die Grundhaltung, Ko-Forschende als gleichwertige und stimmberechtigte Forschungsteilnehmende zu betrachten: „Although group members are finally responsible for any changes to research questions, I treat them as colleagues, and engage in debate with them. Anything less than this would not be respectful of their expertise on this and other topics." (Williams 1999, 50).
Dazu ist es notwendig, alle Forschungsparteien als ExpertInnen auf je unterschiedlichen Gebieten wahrzunehmen (AkademikerInnen als ExpertInnen für wissenschaftliches Arbeiten, Ko-Forschende als ExpertInnen für die Belange und Erfahrungen von Menschen mit Behinderung, Mitglieder der Research-Advisory-Group als ExpertInnen für Fragen bezüglich des Forschungsprozesses etc.).
Anliegen ist es, dass jede und jeder Teilnehmende von den jeweiligen Expertisen der anderen profitieren kann und ein kontinuierlicher Austausch von Erfahrung und Wissen stattfindet. Das trägt dazu bei, dass hierarchische Strukturen abgebaut werden können, was als Beitrag zu einem Emanzipationsprozess zu sehen ist, der auf intra- und interpersoneller Ebene bereits in der Forschungsstudie beginnt und mit der Veröffentlichung der Ergebnisse erweitert Einfluss auf die Lebensbedingungen von Menschen mit Lernschwierigkeiten nehmen kann (vgl. Barnes & Mercer 1997).
Für einen Arbeitsprozess auf Augenhöhe muss für die Ko-Forschenden deutlich werden, dass ihre Perspektiven und Sichtweisen, die im Zuge der Studie zum Ausdruck kommen, zu jedem Zeitpunkt respektiert und wertgeschätzt werden. Dieser Fakt wirkt sich wiederrum gravierend auf die Beziehung innerhalb der Forschungsgruppen, auf die Bereitschaft zur Teilnahme und letztlich auf die Authentizität des gesamten Forschungsprozess aus (vgl. Faulkner 2004).

Kompetenzorientierung[5]

Kompetenzorientierung wird in der Inklusiven Forschung als Teil des zugrundeliegenden Menschenbildes und somit als grundlegende Haltung gegenüber Menschen mit Lernschwierigkeiten verstanden und meint die prinzipielle Aufgeschlossenheit gegenüber allen Personen, die an einem Forschungsprojekt teilnehmen (möchten) – zunächst unabhängig von ihren jeweiligen Voraussetzungen (vgl. Faulkner 2004). Auf dieser Haltung fußt die (Weiter-) Entwicklung forschungs-

---

[4] vgl. hier auch das Prinzip Reflektierte Subjektivität in diesem Beitrag
[5] vgl. hier auch das Prinzip Kompetenzentwicklung in diesem Beitrag

praktischer Kompetenzen, die auch Nicht-AkademikerInnen benötigen, um in einem gemeinsam gestalteten Forschungsprozess qualitativ hochwertig und möglichst gleichberechtigt zu forschen. Im Grunde kann also jede Person forschen lernen, wobei die Realisierbarkeit immer eine Frage der angemessenen Vermittlung von forschungsrelevanten Kompetenzen ist (vgl. von Unger 2014).

Autonomie und Selbstbestimmung
Dieses Kriterium bezieht sich zum einen auf das Agieren der Ko-Forschenden im Forschungsprozess selbst und zum anderen auf die Auswirkungen der Forschungserkenntnisse auf die Teilnehmenden und den Personenkreis Menschen mit Lernschwierigkeiten (vgl. McDonald et al. 2012): Ko-Forschenden mit Lernschwierigkeiten ist es vor allem wichtig, autonome Entscheidungen treffen zu können, diese auch von den akademisch Forschenden wahr- und ernstgenommen zu wissen sowie sie dann im Forschungsprozess konkret umsetzen zu können (vgl. ebd.). Des Weiteren muss den Ko-Forschenden das Recht auf Risiko zugestanden werden, um die Gefahr der Fürsorge und des Paternalismus im Forschungsprozess zu reduzieren (vgl. McDonald et al.). Das bedeutet, dass auch wenn bestimmte Entscheidungen der Ko-Forschenden von den AkademikerInnen zunächst als risikohaft eingestuft werden, sie dennoch in einem ethisch vertretbaren Umfang akzeptiert und respektiert werden müssen. Das entbindet die AkademikerInnen jedoch nicht von ihrer Pflicht, über die potentiellen Gefahren bestimmter Forschungsaktivitäten, wie beispielsweise der Verzicht auf Anonymisierung der Forschungsdaten, aufzuklären. Über das konkrete Forschungsprojekt hinaus übernehmen die Ko-Forschenden als soziale Akteure die Rolle des Change Agent, indem sie mit dem Gewinn und der Veröffentlichung bedeutsamer Erkenntnisse durch ihre Beteiligung an der vorangegangenen Forschung eigenaktiv direkt Veränderungen in den für sie relevanten Aspekten ihrer Lebenswelt herbeiführen (vgl. von Unger 2014). Dieses Vorgehen kann dazu beitragen, sich selbst als handlungsfähiges Subjekt wahrzunehmen und ebenso als solches angenommen und anerkannt zu werden.

Kriterien zur Gestaltung des Forschungsprozesses

Barrierefreiheit
Um Menschen mit Lernschwierigkeiten partizipativ einbinden zu können, muss die barrierefreie Zugänglichkeit auf allen Ebenen und in allen Bereichen des Forschungsprozesses mitgedacht werden – von der Akquise der Ko-Forschenden bis zur Veröffentlichung der Ergebnisse (vgl. Walmsley & Johnson 2003). Barrierefreiheit bedeutet die Abstimmung aller Aspekte auf die psychische, physische und kognitive Verfasstheit der (potentiellen) Ko-Forschenden in Bezug auf die

Kommunikation, die Vermittlung von Informationen und Inhalten sowie auf die notwendigen materiellen Bedingungen, um weitestgehend autonomes Handeln im Forschungsprozess zu ermöglichen. Dazu gehört beispielsweise die übergreifende Arbeit mit Piktogrammen und Fotos, der Gebrauch Leichter Sprache, die Verwendung von Großdrucken, Audiomaterial oder Verschriftlichungen oder die barrierefreie Erreichbarkeit von Treffpunkten – je nach Kompetenzbereich und Assistenzbedarf der Betreffenden (vgl. NDA 2009; Gilbert 2004). Die Barrierefreiheit betrifft die Zugänglichkeit von Informationen zu einem geplanten Forschungsprojekt für potentielle Teilnehmende, um sich eigenaktiv über die Möglichkeit der Teilnahme an einem Forschungsprojekt informieren zu können (vgl. McDonald et al. 2012). Dafür müssen einerseits die Wege zur Akquise der Ko-Forschenden an die kommunikativen und kognitiven Voraussetzungen der Personen (Muttersprache, lokaler Dialekt, Verwendung Leichter Sprache etc.) angepasst werden (vgl. IASSID 2004). Andererseits gilt es als mögliche Barriere die sogenannte Gatekeeper-Funktion von EinrichtungsleiterInnen, und -mitarbeiterInnen in den Vorbereitungen des Forschungsprojekts zu berücksichtigen (vgl. Buchner 2008, 518f.).

Auch im Forschungsprozess selbst müssen alle Arbeitsbereiche, wie Workshops, Trainingsangebote oder Forschungstreffen entsprechend barrierefrei gestaltet werden, um eine möglichst gleichberechtigte Zusammenarbeit aller Teilnehmenden gewährleisten zu können (vgl. McDonald et al. 2012). Das Kriterium Barrierefreiheit bezieht sich auch auf die Veröffentlichung der Ergebnisse und aller Publikationen, die den Bedarfen der Forschenden und Ko-Forschenden und denen der AdressatInnen entsprechend angemessen gestaltet werden müssen. Dazu zählen beispielsweise Informationsveranstaltungen, die Veröffentlichung von mehrsprachigen bebilderten Zusammenfassungen (auch in Leichter Sprache) oder der Einbezug von „Mittlern", die in adäquater Weise von den Ergebnissen berichten (vgl. IASSID 2004; Faulkner 2004). Doch nicht nur die Form sondern auch die Art und Weise des Zugangs zu den (potentiellen) Ko-Forschenden ist von Bedeutung, wie beispielsweise die Wahl und Gestaltung einer vertrauensvollen und „benutzerfreundlichen" Umgebung für Interviews und anderer Formen von Zusammenkünften der Beteiligten (vgl. NDA 2009; Stalker 1998). Zur Barrierefreiheit gehört auch die finanzielle Entschädigungen der Ko-Forschenden, da die finanzielle Situation der Betreffenden zumeist prekär ist und sich bspw. bereits die (Vor-)Finanzierung der Fahrtkosten zu den Forschungsorten als problematisch erwiesen kann[6] (vgl. Faulkner 2007). Des Weiteren sollte es die Möglichkeit geben,

---

6 Der Bezug eines Gehalts ist zumeist den AkademikerInnen vorbehalten, während den Ko-Forschenden oft höchstens eine Aufwandsentschädigung zukommt.(vgl. Bergold & Thomas 2012). Deshalb wäre die finanzielle Entlohung aller ForschungspartnerInnen neben dem Effekt auf die Barrierefreiheit ein weiterer Schritt zur Reduzierung des Machtverhältnisses für die möglichst gleichberechtigte Zusammenarbeit im Forschungsteam (vgl. Faulkner 2007).

externe Vertrauenspersonen einzubinden, die von den Ko-Forschenden bestimmt werden und als UnterstützerInnen bei der Vermittlung und Umsetzung der Bedarfe der Ko-Forschenden fungieren (vgl. Bergold & Thomas 2012). Insgesamt ist zu betonen, dass Barrierefreiheit für jede teilnehmende Person individuellen Maßstäben gehorcht und die Maßnahmen nicht generalisiert werden können und sollten. Es zeigt sich, dass vor allem Forschende ohne Behinderungserfahrung Schwierigkeiten in der Einschätzung und Umsetzung geeigneter Maßnahmen zu Gewährleistung barrierefreier Zugänge haben und dafür Unterstützung benötigen, beispielsweise durch eine Assistenz vor Ort (vgl. Bergold & Thomas 2012), den Einsatz einer Research Advisory Group oder der Absolvierung eines disability awareness training durch Menschen mit Behinderungserfahrungen (vgl. Stalker 1998; NDA 2009).

Angemessenheit
Das Kriterium der Angemessenheit ist eng verwoben mit dem Anspruch barrierefreier Bedingungen für inklusive Forschungsstudien. Alle verwendeten Methoden, die Dauer einzelner Forschungsschritte und die Intensität der Zusammenarbeit müssen an die Voraussetzungen und Bedürfnisse der Forschenden und Ko-Forschenden, an die Bedingungen des Forschungssettings und den Bedarfen bezüglich des Forschungsgegenstands angepasst werden, um adäquate, ethisch vertretbare Partizipation am und Kommunikation im Forschungsprozess zu ermöglichen (vgl. Bergold & Thomas 2012; von Unger 2014). Die Anpassung der Methoden an die individuellen Voraussetzungen ist für Ko-Forschende mit Lernschwierigkeiten besonders relevant, da sie mit den spezifischen Bedingungen und Ansprüchen in Forschungskontexten wenig bis gar nicht vertraut sind und hier der Aufbau eines Forschungsverständnisses und das Gelingen von Forschungsstudien maßgeblich von der angemessenen Auswahl und auch Anpassung der Vermittlungs-, Erhebungs- und Auswertungsmethoden abhängt (vgl. Bergold & Thomas 2012). Steinke (1999) weist auf die Problematik hin, dass eine gegenstandsangemessene Auswahl an Methoden die Kenntnis des jeweiligen Gegenstands voraussetzt, was jedoch oft erst im Verlauf bzw. zum Ende der Studie der Fall ist. Sie führt als möglichen Ausweg das theoretische sampling ins Feld, welches die schrittweise Anpassung der Stichproben und des spezifischen methodischen Vorgehens an die jeweiligen Stand der gewonnenen Erkenntnisse und erstellten Theorien ermöglicht[7].
Um die Passung von Beteiligten, Methoden, nötigen Materialien und Kommunikationsformen zu gewährleisten, können beispielsweise Menschen mit Lernschwierigkeiten als BeraterInnen hinzugezogen werden (vgl. McDonald et al.

---

[7] zum theorietischen sampling siehe auch: Flick (2009)

2012). Des Weiteren ist die Pre-Testing der verwendeten Verfahren zu empfehlen, um die Passung sicherzustellen (vgl. ebd.).
Da die Wahl der Methoden für Inklusive Forschung wie betont „gegenstands-, situations- und millieuabhängig ist." (Steinke 1999, 205), gilt selbiges für die Wahl angemessener Gütekriterien die sich gerade in der qualitativen Forschung nur bedingt standardisieren lassen, weshalb u.a. Flick (2009) und Steinke (1999) für die Erstellung untersuchungsspezifischer, methodenangemessener Kriterien plädieren.

Transparenz und Offenheit
Die Kriterien Transparenz und Offenheit umschließen alle Beteiligten und alle Teile eines Forschungsprozesses (vgl. Faulkner 2004), von der Idee bis zur Veröffentlichung der Ergebnisse und stellen eine „[...] generelle Maxime eines ethisch verantwortungsvollen Forschens dar." (Koenig & Buchner 2011, 272). Menschen mit Lernschwierigkeiten sind von Anfang an transparent und offen über alle Aspekte der Forschung zu informieren: von den theoretischen Vorannahmen, den potentiellen Risiken, den Vor- und Nachteile, den Prinzipien und ethischen Standards die für die Forschung jeweils gelten über die persönlichen Überzeugungen und Erfahrungen der AkademikerInnen als ForschungsinitiatorInnen, die emotionalen Reaktionen und Verbindungen bis zu den Möglichkeiten der Bezahlung, den erforderlichen Kompetenzen und den Möglichkeiten der Partizipation im Forschungsprojekt (wer, wann und in welchem Ausmaß) sowie der Rollenverteilung und der Urheberrechte an den Ergebnissen und Veröffentlichungen (vgl. Koenig & Buchner 2011; Faulkner 2004; McDonald et al. 2012). Gerade dem Ausmaß der Beziehung zwischen den ForschungspartnerInnen sollte besondere Achtung geschenkt werden, da hier große Unterschiede in der Interpretation bestimmter Verhaltensweisen möglich sind. So besteht die Gefahr, dass bei unzureichender Transparenz über die Art der Beziehung die Ko-Forschenden sie als persönlicher bewerten könnten als die professionell Forschenden und dementsprechend bei einem Abbruch der Beziehung bspw. bei Beendigung des Forschungsprojekts, emotionale Verletzungen möglich sind[8] (vgl. Stalker 1998). Für eine ehrliche, offene Beziehung und ein vertrauensvolles Verhältnis zwischen den am Forschungsprozess Beteiligten ist die Bereitschaft für einen transparenten und sensiblen Umgang mit Emotionen sowie persönlichen Erfahrungen und Sichtweisen aller Forschenden notwendig (vgl. Bergold & Thomas 2012; Gilbert 2004). Dazu gehört auch der offene Umgang mit den subjektiven Einflüssen der Forschenden und

---

8 Das bedeutet nicht, dass die Beziehungen prinzipiell nach Abschluss der Studie beendet sind – auch bezüglich der Weiterführung der Beziehung sind alle Möglichkeiten offen. Doch sollte auch hier das machtvolle Verhältnisses von Personen mit unterschiedlichen Erfahrungen und sozialem Status reflektiert und sensibel mitgedacht werden.

Ko-Forschenden auf die Wissensproduktion, sprich den individuellen Erfahrungen, dem Vorwissen und den Vorannahmen (vgl. Gilbert 2004). Besondere Relevanz kommt der Transparenz in der Veröffentlichung der Forschungsberichte zu, da sie als Zeugnis der Entstehung der Ergebnisse fungieren, die für alle Lesenden nachvollziehbar beschrieben werden muss. Es muss deutlich werden, wer was zu welchem Zeitpunkt, mit welchen Methoden und mit welchem Ergebnis beigetragen hat (vgl. Bergold & Thomas 2012; DGS 2007).[9] Transparenz und Offenheit sind als zentrale Maximen also nicht nur in bestimmten Teilen der Forschung angebracht, sondern bezeichnen als ongoing transparancy eine den Forschungsprozess überdauernde Vorgehensweise gegenüber allen Beteiligten (vgl. Koenig & Buchner 2011).

Flexibilität

Der Einbezug von Menschen mit Lernschwierigkeiten, die nicht über Erfahrungen im akademischen Setting verfügen und deren Ausgangslagen und Vorerfahrungen sich als sehr heterogen beschreiben lassen, kann mit vielen Unwägbarkeiten und unvorhersehbaren Entwicklungen im Forschungsprozess verbunden sein. Will Inklusive Forschung ihren Prinzipien dennoch gerecht werden, ist das Kriterium Flexibilität eines der zentralen Qualitätsmerkmale und muss von Beginn an die zeitliche, materielle und personelle Planung der Forschung prägen (vgl. Faulkner 2004).

Im deutschsprachigen Raum birgt die Umsetzung des Kriteriums durch die vergleichsweise engmaschigen Richtlinien und Maßgaben bei der Antragstellung zur Förderung eines Forschungsprojekts enorme Schwierigkeiten, weshalb der Flexibilität bereits zu Beginn Grenzen gesetzt sein können. Faulkner (2004) gibt die Hinweise, bereits in der Vorbereitungsphase des Projekts die zeitliche und materielle Planung möglichst großzügig zu gestalten, den Forschungsumfang ggf. zu reduzieren und Details, wie Fahrtkosten oder möglicherweise notwendige Assistenzen gleich zu Beginn einzubeziehen.

Kriterien zur Zusammenarbeit der Teilnehmenden im Forschungsprozess

Partizipation und Inklusion

Die Kriterien Partizipation und Inklusion markieren trotz vieler inhaltlicher Überschneidungen die Trennlinie zwischen Partizipativer und Inklusiver Forschung. Partizipation ist das zentrale und namensgebende Prinzip Partizipativer Forschungsansätze, wobei die Frage, wie genau das Prinzip in der Forschungspraxis umgesetzt werden sollte, ganz unterschiedlich beantwortet wird. Das aktuelle

---

9 vgl. hier auch das Kriterium Intersubjektive Nachvollziehbarkeit in diesem Beitrag

Verständnis von Partizipation in inklusiven Forschungssettings unterstreicht die Forderung nach aktiver Teilnahme und Teilgabe der Ko-Forschenden an allen Teilen des Forschungsprozesses (Zielsetzung, Studiendesign, Umsetzung, Datenerhebung, Evaluation, Verwertung), welche die Mitbestimmung und die Übernahme von Entscheidungskompetenzen einbezieht (vgl. von Unger 2014). In der Inklusiven Forschung wird klar herausgestellt, dass Menschen mit Lernschwierigkeiten die Kontrolle über den Forschungsprozess und die Ergebnisse bekommen (vgl. Walmsley & Johnson 2003). Das bedeutet, dass die Entscheidungsmacht bei den Ko-Forschenden liegt und sich die Rolle der akademisch Forschenden auf die Beratung und Begleitung beschränkt, wodurch sich Einfluss und Macht der AkademikerInnen reduzieren sollte. Inklusive Forschung könnte nach Wright et al. (2007) als höchste Stufe der Partizipation beschrieben werden: „Die Verantwortung für eine Maßnahme oder ein Projekt liegt komplett in den Händen der Zielgruppe. Alle Entscheidungsträger sind Mitglieder der Zielgruppe. Alle Aspekte der Planung und Durchführung werden von Menschen aus der Zielgruppe realisiert." (Wright et al. 2007)

Als wichtiges Moment in der Debatte um das Partizipationsverständnis wird die Orientierung an den Bedürfnissen und autonomen Entscheidungen der Ko-Forschenden genannt. Die am Forschungsprozess beteiligten Personen sollten in dem Maße aktiv und auch passiv am Forschungssetting partizipieren können, wie sie selbst es möchten, denn nicht alle Ko-Forschenden wollen immer in gleichem Maße an allen Entscheidungen teilhaben (vgl. von Unger 2014). In diesem Sinne ist für die Qualität Inklusiver Forschung herauszustreichen, dass für jede Studie und u.U. zu unterschiedlichen Zeitpunkten innerhalb einer Studie im Kontext der jeweiligen Bedingungen und Bedürfnisse neu geklärt werden muss, wieviele Ko-Forschende, mit welchen Kompetenzen, an welchen Stellen des Forschungsprozesses, in welchem Ausmaß, mit welchen Handlungsspielräumen und zu welchen Zeitpunkten partizipieren (möchten) (vgl. Faulkner 2004).

Kompetenzentwicklung

Kompetenzentwicklung ist ein entscheidender Aspekt für einen qualitativ hochwertigen Forschungsprozess, denn ohne das notwendige know-how ist es für Menschen mit Lernschwierigkeiten äußerst schwierig, im akademischen Sektor handlungsfähig zu werden, was gravierende Auswirkungen auf die Glaubwürdigkeit und Qualität der Studie haben kann. Des Weiteren werden durch die Entwicklung und Erweiterung von Kompetenzbereichen wichtige Empowermentprozesse angeregt, die im Sinne einer „[...]individuellen und kollektiven (Selbst-)Befähigung und Ermächtigung der Beteiligten [...]." (von Unger 2014, 45) auch über den Forschungsprozess hinaus Bedeutung für alle Beteiligten behalten werden. Kompetenzentwicklung ist ein wechselseitiger Prozess, der zwischen den akademisch Forschenden und den Forschenden mit Lernschwierigkeiten stattfindet (vgl. NDA 2009). Als wichtigster Schritt gilt es für AkademikerInnen, ihre vermeintlich objektive Rolle als Forschende abzulegen und sich in reflektierter Subjektivität[10] zu üben (vgl. Walmsley & Johnson 2003). Die AkademikerInnen müssen Wissen über die Lebenswelt der Ko-Forschenden erlangen um Veränderungsprozesse in der Lebens- und Erfahrungswelt der Betreffenden unterstützen zu können und sich Fachkompetenzen aneignen, um weitere Kriterien, wie die Gestaltung von Barrierefreiheit, adäquat umsetzen zu können (vgl. Gilbert 2004; McDonald et al. 2012). Kompetenzen wie Geduld, Ausdauer, Flexibilität, die Fähigkeit zur Selbstreflexion und soziale Fähigkeiten sind zentrale Fähigkeiten für alle Beteiligten (vgl. Bergold & Thomas 2012; Gilbert 2004). Für Menschen mit Lernschwierigkeiten spielt, wie bereits erwähnt, der Aufbau von forschungsbezogenen Kompetenzen eine entscheidende Rolle. Dazu zählt einerseits die spezifische Auseinandersetzung mit dem Forschungsprozess selbst und der eigenen Rolle darin und andererseits das Verständnis, was einen Forschungsprozess ausmacht und was wissenschaftliche Forschung von Alltagshandlungen unterscheidet (vgl. Cook & Inglis 2012; Gilbert 2004). Um dieses Verständnis aufzubauen, müssen Inhalte erlernt werden, die für die jeweilige Studie relevant sind. Von Unger (2014) zählt dazu: Zielsetzung und Studiendesignentwicklung, forschungsethische Grundsätze, Datenschutz, Methoden der Datenerhebung und -management und -auswertung sowie Interview- und Moderationskompetenzen. Da die Aufgaben und Arbeitsbereiche in einem Forschungsprojekt vielfältig sind, kann jede Person selbstbestimmt nach Interesse und Neigung entscheiden, an welchen Teilen und in welcher Funktion sie teilnehmen möchte und welches Wissen und welche Fähigkeiten sie sich entsprechend aneignet: so kann es manche Personen eher ansprechen, den Forschungsprozess als MitarbeiterIn eines Ethik-Komitees zu begleiten, während es für andere Personen wichtig ist, aktiv am Prozess der Datensammlung oder der Präsentation des Forschungsprojektes und der Ergebnisse mitzuwirken (vgl. Faulkner 2004). Die akademischen Forschenden sind dazu angehalten vorbereitend und forschungsbegleitend den Bedarfen der Ko-Forschenden entsprechend Trainings und Workshops zu Schulung und Kompetenzaneignung anzubieten (vgl. Bergold & Thomas 2012). Dadurch wird es auch zunächst forschungsunerfahrenen Personen möglich, als Forschende in akademischen Kontexten tätig zu sein (vgl. McDonald et al. 2012; von Unger 2014).

Informierte Einwilligung

Die Informierte Einwilligung (informed consent) ist seit der Verfassung des Nürnberger Kodex 1947 ein zentrales ethisches Prinzip jeglicher Forschung (vgl. Bergdolt 2004). Darunter subsummieren sich eine Reihe von Forschungsaspekten, über die jede Person, die in welcher Form auch immer an der Forschung

---

10 vgl. hier auch das Prinzip Reflektierte Subjektivität in diesem Beitrag

teilnimmt, informiert werden muss, um daran anschließend ihre absolut freiwillige Einwilligung oder Ablehnung zur Teilnahme an einer Forschungsstudie geben zu können (vgl. Koenig & Buchner 2011; IASSID 2004). In Bezug auf den Forschungsprozess sind das Informationen über die Hintergründe und Absichten der Forschungsstudie, die mögliche Dauer der Studie, den Ablauf und die einzelnen Phasen des Forschungsprozesses, die übergreifende Bedeutung der Studie, die Verwendung und Lagerung der Daten sowie die Verbreitung der Ergebnisse. Des Weiteren müssen die Ko-Forschenden über ihre Rolle innerhalb der Studie und alle potentiellen Vor- und Nachteile für sie selbst oder ihr soziales Umfeld informiert werden (vgl. IASSID 2004). Für die Teilnehmenden muss außerdem deutlich werden, dass sie die Teilnahme jederzeit verweigern oder abbrechen können, ohne Konsequenzen befürchten zu müssen (vgl. ebd.). Um absichern zu können, dass die Einwilligung Bestand hat, muss sie nicht nur zu Beginn, sondern im Sinne des ongoing consent auch im Verlauf des Projekts beständig überprüft und neu erfragt werden (vgl. Koenig & Buchner 2011). Für die Teilnehmenden sollten authentische Entscheidungen möglich sein, die durch das Machtgefälle und die Unsicherheiten, die zwischen AkademikerInnen und Menschen mit Lernschwierigkeiten bestehen können, in Gefahr geraten. Da eine vertrauensvolle Beziehung jedoch als grundlegend für die Informierte Einwilligung zu betrachten ist, kann die Informierung auch durch vertraute Personen (Freunde, Familie, AssistentInnen) vorgenommen werden (vgl. McDonald et al. 2012). In jedem Fall ist die Informierte Einwilligung schriftlich oder durch Audio- und Videoaufzeichnungen zu dokumentieren (vgl. NDA 2009). Bei Menschen mit Lernschwierigkeiten und gerade Menschen mit sogenannter Komplexer Beeinträchtigung wird oft eine Proxy-Einwilligung in Erwägung gezogen. Die Positionen dazu sind strittig. So vertritt die IASSID (2004) die Ansicht, dass eine Proxy-Einwilligung prinzipiell möglich ist, jedoch immer abgewägt werden muss, inwieweit die StellvertreterInnen die Bedürfnisse der potentiellen TeilnehmerInnen einschätzen können und die Interessen der potentiellen Teilnehmenden vertreten können. Die NDA (2009) führt an, dass es immer zuerst den Versuch geben muss, die Betreffenden selbst zu befragen bzw. sie auch bei der Proxy-Einwilligung[11] anwesend sein müssen (NDA 2009). Auch hier ist es eine Frage der Angemessenheit und Zugänglichkeit der Informationswege, wobei immer mehrere Optionen (z.B. auditive und visuelle Hilfen, Rollenspiele, Wiederholungen, Arbeit mit Beispielen aus anderen Studien, Zusammenarbeit mit peers, die bereits über Forschungserfahrung verfügen) eingeplant und durchgeführt werden müssen, um das Verständnis aller wesentlichen Aspekte der Forschung abzusichern (vgl. Cook & Inglis 2012).

---

11 Proxy-Einwilligung: die informierte Einwilligung zur Teilnahme wird über Dritte (Eltern, andere enge Bezugspersonen) eingeholt (vgl. Stalker 1998, 8f.)

Schadensfreiheit

Um als wichtiges ethisches Qualitätskriterium die Schadensfreiheit der Ko-Forschenden gewährleisten zu können, ist einerseits die Einhaltung rechtlicher Rahmenbedingungen und Gesetze zum Schutz von Personen, speziell Kinder und Erwachsene, die aufgrund ihrer Erfahrungen, ihrer sozialen Situation oder spezifischen persönlichen Voraussetzungen als verletzlich gelten, erforderlich (vgl. Faulkner 2004). Für die Einhaltung geltenden Rechts müssen die Forschenden zunächst Kenntnisse über die Gesetzgebungen haben (vgl. NDA 2009)[12]. Doch auch außerhalb festgeschriebener Gesetze gelten forschungsethische Regeln, deren Beachtung maßgeblich Einfluss auf die Qualität eines Forschungsprojekts haben. Es gilt bspw. für AkademikerInnen, sehr achtsam mit den Vorerfahrungen und Bedürfnissen der Ko-Forschenden zu sein und diese nicht für eigene Zwecke zu missbrauchen. Gerade Menschen mit Lernschwierigkeiten gehören einer Personengruppe an, deren Lebensbedingungen häufig durch vergleichsweise wenig soziale Kontakte außerhalb ihres direkten Bezugsrahmens (Eltern, Geschwister, LehrerInnen, AssistentInnen etc.). geprägt ist. Das dadurch u.U. entstehende Bedürfnis nach Nähe, Beachtung und Anerkennung für die Teilnahme am Forschungsprozess auszunutzen, wäre ethisch nicht vertretbar (vgl. IASSID 2004). Dieser Umstand ist eng mit der Notwendigkeit des offenen und transparenten Umgangs mit den Ausmaßen der Beziehung verknüpft (vgl. Bergold & Thomas 2012).

Des Weiteren müssen zur Erhebung authentischer Aussagen und zum Schutz der Personen vertrauensvolle und möglichst angstfreie Bedingungen geschaffen werden, die die Sicherheit garantieren, dass in keinem Fall negative Konsequenzen zu erwarten sind (vgl. Bergold & Thomas 2012). Besonders bei Forschungsthemen, die sehr persönliche Inhalte ansprechen oder traumatische Erinnerungen wecken können (bspw. im Rahmen biografischen Interviews) ist ein hohes Maß an Sensibilität erforderlich, um die Beteiligten nicht zu re-traumatisieren und damit nachhaltig zu schädigen und entsprechen frühzeitig Warnsignale aufzunehmen um daraufhin eine Unterbrechung der Teilnahme zu ermöglichen (vgl. NDA 2009). Auch bei der Veröffentlichung der Ergebnisse ist besondere Vorsicht geboten, denn auch hier können langfristige Folgen für das Leben der beteiligten Personen und Personengruppen entstehen – besonders, wenn die publizierten Ergebnisse von bestimmten Interessensgruppen, wie politischen EntscheidungsträgerInnen, Dienstleistungsunternehmen oder Medien missbraucht werden (vgl. NDA 2009). Sollte die Anonymisierung der Daten nur erschwert möglich sein oder

---

12 Im Rahmen der Forschung mit sogenannten „nicht einwilligungsfähigen Personen", darunter auch Kinder und Jugendliche, geben die Gesetzgebungen aus der medizinischen Forschung Aufschluss, wie beispielsweise die Deklaration von Helsinki oder das Übereinkommen über Menschenrechte und Biomedizin.

werden die Beteiligten unter bestimmten Bedingungen explizit genannt, dann müssen alle Betroffenen über mögliche Konsequenzen informiert werden (vgl. ISA 2001). Insgesamt lässt sich die Schadensfreiheit für die Ko-Forschenden und alle anderen Beteiligten nur dann sicherstellen, wenn das Risiko im Rahmen der Forschungsaktivitäten so gering wie möglich bleibt (vgl. IASSID 2004). Um ein Gefühl für potentielle Risiken zu bekommen, die sich individuell sehr verschieden darstellen können, müssen sich die akademischen Forschenden im empathischen Vorgehen und sensibler Kommunikation üben (vgl. NDA 2009). Die Aufgabe der AkademikerInnen ist es ebenso, geeignete Maßnahmen, wie bspw. begleitende Supervision durch eine Research Advisory Group oder die Zusammenarbeit mit einem Ethik-Komitee zum Schutz aller Beteiligten vor (potentiellem) Missbrauch zu treffen (vgl. DGS 2007; NDA 2009).

Kriterien zur Wirkung und Bewertung der Ergebnisse Inklusiver Forschung

Nützlichkeit

Die Frage des Nutzens der Forschung stellt sich in jedem Forschungsprozess. Seit dem Nürnberger Kodex gilt fremdnützige Forschung als ethisch nicht vertretbar, so dass die Forschung immer zum Nutzen der TeilnehmerInnen sein sollte (vgl. Bergdolt 2004)[13]. In erster Linie werden dabei auch in sozialwissenschaftlichen Disziplinen die Forschungsergebnisse in den Blick genommen: Für welche Personen und/oder Personengruppen sind die Ergebnisse von Nutzen und welche Bedeutung und Auswirkung haben sie jeweils auf soziale und (sozio)politische Entwicklungen? Dies gilt auch für Ergebnisse, die in inklusiven Forschungsprojekten gewonnen werden, doch wird hier die Perspektive auf den Forschungsprozess selbst und die darin Agierenden im Sinne des Prozessnutzens erweitert (vgl. von Unger 2014). Mit dem Prozessnutzen sind verschiedene Ansprüche und Erwartungen an Inklusive Forschung verbunden, wie der Kompetenzzuwachs, die Verbesserung der Kommunikations- und Arbeitsstrukturen innerhalb des Forschungsteams, die Verbesserung der Lebensumstände und des sozialen Status durch (vielleicht sogar vergütete) Tätigkeit als Forschende und die Vermittlung von Kenntnissen über Menschen mit Lernschwierigkeiten und ihre spezifischen Erfahrungen an Menschen ohne Behinderungserfahrung (Buchner et al. 2011; McDonald et al. 2012). Entscheidend ist, dass Forschung den Betreffenden in dem Sinne nutzt, als das sie positiv Einfluss auf ihr Leben und ihre Lebensbedin-

---

13 Der Begriff des Nutzens ist komplex und wird besonders in der medizinischen Forschung kontrovers in Bezug zum Thema Gruppennutzen vs. Eigennutzen diskutiert. In der Inklusiven Forschung findet die Diskussion in der Form nicht statt, da sich deren VertreterInnen darauf verständigen, dass die Beteiligung an der Forschung und die Forschungsergebnisse für die Beteiligten nützlich sein müssen.

gungen nimmt: „the research makes impact on the lives of people with learning disabilities" (vgl. Nind 2014, 89).

Das Kriterium Nützlichkeit wird im gemeinsamen Forschen mit Menschen mit Lernschwierigkeiten als Paradigma und Qualitätsmerkmal verhandelt und steht im engen Zusammenhang zum nachfolgend expliziertem Qualitätsmerkmal Veränderung (vgl. IASSID 2004; McDonald et al. 2012).

Veränderung

Überall dort, wo neues Wissen generiert wird, findet Veränderung statt. In der Inklusiven Forschung ist es sowohl vorrangiges Ziel als auch Qualitätsmerkmal. Von Unger (2014, 46ff.) unterscheidet 3 Ebenen, auf denen partizipative und inklusive Forschungsansätze Veränderungen anstreben sollten[14]:

- Mikroebene: Auf dieser Ebene wird die intra- und interpersonelle Wirkung des Forschungsprozesses in den Blick genommen. Die beteiligten Ko-Forschenden und AkademikerInnen haben die Möglichkeit, ihre jeweiligen Kompetenzen in den Forschungsprozess einzubringen und zu erweitern (vgl. von Unger 2014). Neben dem Kompetenzerwerb kann auf dieser Ebene auch der Stärkung des Selbstbewusstseins und der sozial role valorisation, der Aufwertung des sozialen Status, für die Nicht-akademischen Forschenden genannt werden, die mit der Tätigkeit im akademischen Sektor verbunden sein kann (vgl. Walmsley 2001). Die Einbindung in den Forschungsprozess macht für die Ko-Forschenden als gesellschaftliche Akteure außerdem eine Distanzierung von Routinen und eingefahrenen Handlungsmustern möglich, was wiederum ein Um- und Neudenken anregen kann, dass Einfluss auf Gegebenheiten aller drei Veränderungsebenen haben kann (vgl. Bergold & Thomas 2012).
- Mesoebene: Die Veränderungen auf der Mikroebene und die Erkenntnisse der Forschungsstudien können Einfluss auf die Lebensbedingungen der beteiligten Personenkreise haben, wozu beispielsweise die Verbesserung von Dienstleistungen oder organisatorischen und institutionellen Prozessen gezählt werden kann (vgl. von Unger 2014) .
- Makroebene: Auf der Makroebene treten die angestrebten Einflüsse aus dem unmittelbaren (inhaltlichen und personellen) Bezug der Forschungsprojekte heraus und setzen auf gesamtgesellschaftliche und gesellschaftspolitische Veränderungen im Sinne von Demokratisierungsprozessen, der Etablierung von Partizipationsstrukturen und der Schaffung einer barriere- und diskriminierungsfreien Kultur (vgl. von Unger 2014).

---

14 Die Veränderungsprozesse auf den einzelnen Ebenen können sehr vielfältig sein und sind teilweise sehr eng miteinander verzahnt. Aus Platzgründen kann an dieser Stelle nur eine Auswahl an möglichen Veränderungen gegeben werden.

Als Vorschlag zur Abschätzung der Umsetzung des Kriteriums beschreibt Nind (2014) die Katalytische Validität und meint damit den Wirkungsgrad der Forschung zur Veränderung sozialer Gegebenheiten und sozialen Handelns.

Intersubjektive Nachvollziehbarkeit

Das Kriterium der intersubjektiven Nachvollziehbarkeit löst das aus traditionellen quantitativen Forschungszusammenhängen bekannte Kriterium der intersubjektiven Überprüfbarkeit ab und soll den Anspruch an Forschung einlösen, trotz fehlender Standardisierung in der qualitativen Forschung eine (kritische) Verständigung zwischen den Forschenden und den Rezipierenden der Forschung möglich zu machen (vgl. Steinke 1999).

Eine Möglichkeit, die intersubjektive Nachvollziehbarkeit umzusetzen, ist die ausführliche Dokumentation aller entscheidenden Details der Studie, um größtmögliche Transparenz im Forschungsprozess zu gewährleisten. Nach Steinke (1999) zählen dazu:
- das Vorverständnis, das theoretische wie praktische Vorwissen, die Ängste und die Erwartungen der Forschenden,
- die Transkripte und Transkriptionsregeln,
- die Daten sowie der Erhebungskontext,
- die Quellen und der Kontext, aus dem Informationen entstanden
- die Auswertungs- und die Erhebungsmethoden sowie die Auswahl der angewendeten Methoden,
- die aufgetretenen Schwierigkeiten und Widersprüche und
- die Kriterien und Prinzipien, denen die Forschung genügen soll.

Zu den von Steinke (1999) genannten Details müssen in Rückbezug auf die bisher genannten Qualitätsmerkmale Inklusiver Forschung weitere Aspekte ergänzt werden, die es zu dokumentieren gilt:
- Wer war zu welchem Zeitpunkt, an welchen Teilen und mit welchen Aufgaben an der Forschung beteiligt?
- Wie und in welchem Ausmaß wurde die Partizipation der Ko-Forschenden realisiert?
- Wie wurde die Informierte Einwilligung erhoben und abgesichert?
- Wie wurden welche Kompetenzen vermittelt?
- Welche Schritte wurden gemacht, um den barrierefreien Zugang zum Forschungsprojekt abzusichern?

Gerade für Inklusive Forschungsstudien ist die Intersubjektive Nachvollziehbarkeit ein Qualitätskriterium von großer Bedeutung, da die transparent durchgeführte Dokumentation eines Forschungsprozesses es ermöglicht, die Beurteilung der Nützlichkeit und Qualität von Forschungsergebnissen auch in die Hände derjenigen Rezipienten zu legen, die von ihnen betroffen sind. Um die Beurteilung für Personen möglich zu machen, die über keine oder wenig Erfahrungen im akademischen Raum verfügen, müssen die genannten Elemente der Barrierefreiheit, wie Veröffentlichungen in Leichter Sprache, Arbeit mit Piktogrammen und Fotos oder der Gebrauch von Video- und Audiomaterial, eingehalten werden (vgl. NDA 2009).

Reflektierte Subjektivität
Wie in der wissenschaftstheoretischen Aufbereitung u.a. unter Bezugnahme zum Terminus Standortverbundenheit bereits besprochen, tritt in der Inklusiven Forschung, welche verschiedene Perspektiven auf einen Forschungsgegenstand eint, das Kriterium Reflektierter Subjektivität an die Stelle von Objektivität und Neutralität (vgl. Bergold & Thomas 2012). Geht man davon aus, dass sich das Vorwissen, die Erfahrungen, Haltungen und Einstellungen der Beteiligten auf die Datenproduktion und -interpretation und auf die Gestaltung des gesamten Forschungsprozess auswirken, ist es essentiell, die Subjektivität der Forschenden für die Theoriebildung zu reflektieren (vgl. Theunissen & Plaute 2002). Als Teil dieses Prozesses muss sich jede und jeder Teilnehmende der eigenen Voraussetzungen bewusst werden, sie explizieren und offenlegen – auch die Gefühle, Ängste oder Irritationen gegenüber dem Forschungsgegenstand oder den Ko-Forschenden sind dabei wahr und ernst zu nehmen. Steinke (1999) empfiehlt ein Forschungstagebuch zur Begleitung des Forschungsprozess in dem alle wichtigen Situationen, Begegnungen, Assoziationen, Emotionen, Hypothesen etc. festgehalten werden können, um zu einem späteren Zeitpunkt „aus der Distanz heraus" (Steinke 1999, 239) analysiert zu werden. Als Unterstützung der Analyse ist der Einbezug von KollegInnen, die nicht direkt im Forschungsprozess beteiligt sind, möglich, wobei die Rückbesprechung mit „unbeteiligten" KollegInnen zur Reflexion und zur Aufdeckung „blinder Flecken" während des gesamten Forschungsprozesses nützlich sein kann.
Die möglichst weitreichende Reflexion des Forschungsprozesses inklusive eigener Hypothesen, Theoriebezüge und Werte wird auch von Seal (1999) zur Unterstützung der Reliabilität der Forschung empfohlen, wobei die Reliabilität in qualitativer Forschung einem anderen Verständnis unterliegt als in der traditionellen quantitativen Forschung: „Damit wird das Kriterium der Reliabilität in Richtung einer Prüfung der Verlässlichkeit von Daten und Vorgehensweisen reformuliert, die sich aus der Spezifik qualitativer Methoden heraus begründen lässt. Andere Verständnisweisen von Reliabilität wie die beliebig häufige Wiederholbarkeit von Erhebungen mit denselben Daten und Resultaten sind dagegen zurückzuweisen." (Flick 2009, 492).

Validität

Validität hat in der Inklusiven Forschung eine andere Bedeutung als in der rein quantitativ orientierten Forschung, die Flick (2010) mit der „Verlagerung der Validität zur Validierung" (Flick 2010, 400) beschreibt: Es geht weniger um die Frage der richtigen oder gültigen Version einer Information (Validität als Zustand), als mehr um die Offenlegung der verschiedenen Perspektiven auf den Forschungsgegenstand, die Transparenz des subjektiven Einflusses der Forschenden auf die Ergebnisse und die Identifizierung möglicher verdeckter oder unreflektierter „Verzerrungsmomente" als Maßnahmen, um die Glaubwürdigkeit und Authentizität der Daten und Ergebnisse zu erhöhen (Validierung als Prozess) (Flick 2010). Im Allgemeinen wird in Bezug auf die Gültigkeit von Forschungsergebnissen zwischen interner und externer Validität unterschieden: Interne Validität beschäftigt sich mit den Einflussfaktoren auf die gewonnenen Erkenntnisse, externe Validität ist mit der Frage nach Generalisierbarkeit und Repräsentativität der Forschungsergebnisse verbunden. Die Interne Validität soll durch die möglichst weitgehende Kontrolle der Kontextbedingungen gewährleistet werden, was in der Qualitativen Forschung allgemein und der Inklusiven Forschung im Besonderen nur erschwert umsetzbar ist, da die sonst übliche Standardisierung der Erhebungs- und Auswertungssituationen in vielen Fällen nicht angewendet werden kann und sollte. Dennoch müssen auch in der Inklusiven Forschung die Kontextbedingungen gezielt mitgedacht und ihre möglichen Einflüsse reflektiert werden. Als möglichen Reflexionsansatz führt u.a. Flick (2009) das Verfahren der Kommunikativen Validierung im Sinne eines member checks ins Feld: In einem gemeinsamen Validierungsprozess, der unter kontinuierlicher Bezugnahme zur Forschungsfrage stattfindet, wird die Interpretation der Daten mehrperspektivisch abgesichert, wobei sich die beteiligten Ko-Forschenden, die befragten Subjekte selbst oder auch externe KollegInnen einbringen können.

Im Rahmen externer Validierung besteht immer wieder die Frage nach der Generalisierbarkeit der Ergebnisse aus qualitativ-partizipativ gestalteten Forschungsprozessen, wozu hier auch Inklusive Forschung zählt. Steinke (1999) antwortet darauf mit dem Kriterium Limitation: Auch im Rahmen qualitativer Forschung ist es notwendig, den Geltungsbereich der entwickelten Theorie möglichst genau zu beschreiben. Daher scheint es angemessen, „[...] soweit als möglich Verallgemeinerungen vorzunehmen und zugleich die Grenzen (Limits) einer entwickelten Theorie aufzuzeigen." (Steinke 1999, 225). An die Stelle der Generalisierbarkeit als Qualitätsmerkmal von Forschung tritt in der Inklusiven Forschung also die Anforderung, die Forschungsergebnisse in ihrem Entstehungs- und Gültigkeitskontext zu überprüfen und daran zum einen die Verallgemeinerung der entstandenen Theorien vorzunehmen und zum anderen deren Grenzen zu erkennen und transparent darzustellen. Daran anknüpfend beschreibt Nind (2014) zur Evaluation eines inklusiven Forschungsprozesses weitere Ansätze des Validitätskonzepts, wie partizipative, intersubjektive, kontextuale oder ethische Validität[15], die als Alternativen zur traditionellen Auffassung ins Feld geführt werden können.

4 Fazit

Die hier vorgestellten Überlegungen und Ansätze machen deutlich, dass die Erkenntnisproduktion im Rahmen inklusiver Forschungsansätze nicht mit den traditionellen Gütekriterien empirischer Forschung beurteilt werden kann und sollte. Das veränderte Verständnis von und die erweiterten Ansprüche an Wissenschaft, Forschung und Erkenntnis und die damit zusammenhängenden spezifischen Prinzipien Inklusiver Forschung mit Menschen mit Lernschwierigkeiten verlangen einen Blick auf die Qualität und Güte von Forschung, der den ebenso spezifischen und auch vielfältigen Forschungsbedingungen gerecht werden kann. In dem vorliegenden Beitrag sollte gezeigt werden, dass die Frage der Qualität sich in inklusiven Forschungssettings über den gesamten Forschungsprozess erstreckt, von den zugrundeliegenden Werten über die Auswahl der Methoden bis zur Präsentation und Prüfung der Ergebnisse – Nind (2014) beschreibt das mit der Formulierung „[...] the qualities of/ quality in inclusive research [...]" (Nind 2014, 91). Dazu wurden einige Kriterien und Umsetzungsmöglichkeiten aus dem aktuellen Diskurs um qualitative partizipative und inklusive Forschungsansätze vorgestellt. Da es sich jedoch bei der Inklusiven Forschung mit Menschen mit Lernschwierigkeiten gerade im deutschsprachigen Raum um einen vergleichsweise wenig methodologisch fundierten Forschungsansatz handelt, gilt es auch in Zukunft den Gütediskurs vertiefend zu führen und um weitere Lösungsansätze, u.a. in Anlehnung an die Qualitätsdiskussion in der Qualitativen Sozialforschung, zu bereichern[16].

Literatur
Barnes, C. & Mercer, G. (Hrsg.) (1997): Breaking the Mould? An introduction to doing disability research. In: Doing Disability Research. Leeds: The Disability Press, 1-14.
Becker-Schmidt, R. (2003): Erkenntniskritik, Wissenschaftskritik, Gesellschaftskritik – Positionen Donna Harraway und Theodor W. Adorno kontrovers diskutiert. In: IWM Working Paper (2003) 1. Online unter: http://www.atria.nl/epublications/2002/ErkenntniskritikWissenschaftskritikGesellschaftskritik.pdf (05.09.2014)
Bergdolt, K. (2004): Das Gewissen der Medizin. Ärztliche Moral von der Antike bis heute. München: C.H. Beck Verlag.

---

15 Für das Kriterium Partizipative Validität lautet die Beschreibung bspw.: „Participatory Validity. The extent to which all stakeholders are able to take an active part in the research process tot he full extent possible." (Nind 2014, 91)
16 siehe hierzu das Promotionsvorhaben von Mandy Hauser „Qualitätsentwicklung in der Partizipativen und Inklusiven Forschung-Qualitätskriterien für das gemeinsame Forschen mit Menschen, die als geistig behindert gelten." (Abschluss vmtl. Mitte 2016)

Bergold, J. & Thomas, S. (2010): Partizipative Forschung. In: Mey, G. & Mruck, K. (Hrsg.): Handbuch Qualitative Forschung in der Psychologie. Wiesbaden: VS Verlag, 333-344.
Bergold, J. & Thomas, S. (2012): Partizipative Forschungsmethoden: Ein methodischer Ansatz in Bewegung. In: Forum Qualitative Sozialforschung, 13 (1), Art. 30. Online unter: http://www.qualitative-research.net/index.php/fqs/article/view/1801/3332 (05.09.2014)
Bundesministerium für Inneres (BMI): Der Schutz des Rechts auf informationelle Selbstbestimmung. Online unter: http://www.bmi.bund.de/DE/Themen/Gesellschaft-Verfassung/Datenschutz/Informationelle-Selbstbestimmung/informationelle-selbstbestimmung_node.html (11.12.2014)
Buchner, T. (2008): Das qualitative Interview mit Menschen mit einer so genannten geistigen Behinderung. Ethische, methodologische und praktische Aspekte. In: Biewer, G., Luciak, M. & Schwinge, M. (Hrsg.): Begegnung und Differenz. Länder – Menschen – Kulturen. Dokumentation der 43. Arbeitstagung der DozentInnen der Sonderpädagogik deutschsprachiger Länder. Bad Heilbrunn: Klinkhardt, 516-528.
Buchner, T., Koenig, O. & Schuppener, S. (2011): Gemeinsames Forschen mit Menschen mit intellektueller Behinderung. Geschichte, Status quo und Möglichkeiten im Kontext der UN-Behindertenrechtskonvention. In: Teilhabe, 50 (1), 4-11.
Cook, T. & Inglis, P. (2012): Participatory research with men with learning disability: informed consent. In: Tizard Learning Disability Review, 17 (2), 92-101.
Deutsche Gesellschaft für Soziologie (DGS) (2007): Ethik-Kodex der Deutschen Gesellschaft für Soziologie (DGS) und des Berufsverbandes Deutscher Soziologinnen und Soziologen (BDS). Online unter: http://www.soziologie.de/de/die-dgs/ethik-kodex.html (05.09.2014)
Faulkner, A. (2004): The ethics of survivor research Guidelines for the ethical conduct of research carried out by mental health service users and survivors. Bristol: The Policy Press.
Finke, P. (2014): Citizen Science. Das unterschätzte Wissen der Laien. München: oekom Verlag.
Flick, U. (2009): Qualitative Sozialforschung. Eine Einführung. 2. Auflage, Reinbeck bei Hamburg: Rowohlt Taschenbuch Verlag.
Flick, U. (2010): Gütekriterien Qualitativer Forschung. In: Mey, G. & Mruck, K. (Hrsg.): Handbuch Qualitative Forschung in der Psychologie. Wiesbaden: VS Verlag, 395-407.
Gilbert, T. (2004): Involving people with learning disabilities in research: issues and possibilities. In: Health and Social Care in the Community, 12 (3), 298-308.
Goeke, S. & Terfloth, K. (2006): Inklusiv forschen – Forschung inklusive. In: Platte et al. (Hrsg.): Inklusive Bildungsprozesse. Bad Heilbrunn: Klinkhardt Verlag, 43-54.
International Association for the Scientific Study of Intellectual and Developmental Disabilities (IASID) (2004): Ethics Guidelines for International, Multicenter Research Involving People with Intellectual Disabilities. In: Journal of Policy and Practice in Intellectual Disabilities, 1 (2), 57-70. Online unter: http://iassid.org/pdf/ethics-guidelines.pdf (05.09.2014)
International Sociological Association (ISA) (2001): Code of Ethics. Online unter: http://www.isa-sociology.org/about/isa_code_of_ethics.htm (05.09.2014)
Isop, U.: Emanzipatorische betroffenenkontrollierte Forschung aus feministischer und geschlechterkritischer Perspektive. Online unter: http://wwwu.uni-klu.ac.at/uisop/wordpress/wp-content/emanzipatorische-betroffenenkontrollierte-forschung-aus-feministischer-und-geschlechterkritischer-perspektive.pdf (05.09.2014)
Koenig, O. & Buchner, T. (2011): (Inklusive) Forschung als Empowerment. In: Kulig, W., Schirbort, K. & Schubert, M. (Hrsg.): Empowerment behinderter Menschen. Theorien, Konzepte, Best-Practice. Stuttgart: Verlag W. Kohlhammer. 267-281.
McDonald, K. E., Kidney, C. A. & Patka, M. (2012): You need to let your voice be heard: research participants views on research. Journal of Intellectual Disability Research, 57 (3), 216-225.
National Disability Authority (NDA) (2009): Ethical Guidance for Research with People with Disabilities. Online unter: http://www.nda.ie/cntmgmtnew.nsf/0/232F61AE5397A93D802576650052B-3B9/$File/EthicalGuidanceforResearchwithPeoplewithDisabilities.pdf (05.09.2014)

Neumann, O. (2011): Partizipatives Forschen unter dem Blickwinkel der Empowerment-Theorie – einige kritische Anmerkungen. In: Journal für Psychologie 19 (2). Online unter: http://www.journal-fuer-psychologie.de/index.php/jfp/article/view/9/72 (05.09.2014)

Nind, M. (2014): What is Inclusive Research? London, New York: Bloomsbury Publishing Plc.

Seale, C. (1999): The Quality of Qualitative Research. London: Sage Publications Ltd.

Stalker, K. (1998): Some Ethical and Methodological Issues in Research with People with Learning Difficulties. In: Disability & Society, 13 (1), 5-19.

Steinke, I. (1999): Kriterien qualitativer Forschung. Ansätze zur Bewertung qualitativ empirischer Sozialforschung. Weinheim: Juventa-Verlag.

Unger, H. von (2014): Partizipative Forschung. Einführung in die Forschungspraxis. Wiesbaden: Springer VS.

Wagner-Willi, M. (2011): Standortverbundenheit und Fremdverstehen. In: Teilhabe, 50 (2), 66-68.

Walmsley, J. & Johnson, K. (2003): Inclusive research with people with learning disabilities. London, Ney York: Jessica Kingsley Publisher.

Williams, V. (1999): Researching together. In: British Journal of Learning Disabilities. 27 (2), 48-51.

Wright, M., Block, M. & Unger, H. von (2007): Stufen der Partizipation in der Gesundheitsförderung. Online unter: http://www.armut-und-gesundheit.de/uploads/tx_gbbkongressarchiv/Wright_M.pdf (05.09.2014)

2 Forschungsprojekte

Gertraud Kremsner

„Weil sie mir immer eingeredet haben, es geht nicht." – Biographische Erzählungen von Menschen mit Lernschwierigkeiten in (totalen) Institutionen

Zusammenfassung

Der vorliegende Beitrag stellt ein Dissertationsprojekt vor, das derzeit an der Universität Wien als „Forschung so inklusiv wie möglich" durchgeführt wird. Neben einer detaillierten Beschreibung des Projekts wird auf die Bedeutung von Lebensgeschichten bzw. Biographieforschung eingegangen. Danach erfolgt eine Auseinandersetzung mit totalen Institutionen und totaler Erziehung, um in weiterer Folge den Rückbezug zu den im Projekt erhobenen Biographien herstellen zu können. Abschließend finden sich Anmerkungen zu einer sich innerhalb dieser (totalen) Systeme offenbarenden Konstruktion von Behinderung sowie einem Verweis zur Bedeutung kollaborativer Forschung in diesem Zusammenhang.

1 Das Projekt „Das Erleben von personalen und institutionellen Strukturen in den Biographien von Menschen mit Lernschwierigkeiten"

Vorab: (Lebens-)Geschichten

Ich möchte den nun folgenden Beitrag mit einer Geschichte beginnen. Eine Geschichte, die einerseits erzählen soll, wie es zu dem beschriebenen Forschungsprojekt gekommen ist, und andererseits auf die Bedeutung von Geschichten jeglicher Art an sich verweisen soll. Denn: „Through stories we find out about new experiences and ideas, we develop empathy and imagination, and we learn how to face challenges and solve problems." (Grove 2013, 3)
Im Herbst 2012 bat mich ein Mann mit Lernschwierigkeiten, mit ihm gemeinsam seine Lebensgeschichte, zu großen Teilen bestehend aus Erfahrungen in und mit (totalen) Institutionen, niederzuschreiben. Er hatte dies bereits mehrere Jahre zuvor schon einmal gemacht und im Zuge dessen Ausschnitte seiner Biographie vor Publikum erzählt. Weil ihm das viel Spaß gemacht habe, wolle er dies nun wiederholen, brauche dafür aber meine Unterstützung. Wir machten uns also gemeinsam ans Werk, plauderten über sein Leben und hielten diese Erzählungen

mündlich wie auch schriftlich fest. Wenige Wochen später kontaktierte mich eine seiner BetreuerInnen und forderte mich auf, zu erklären, was da vor sich gehe. Unter Berufung auf die Sensibilität des Besprochenen, unser beider freiwilliges und unbezahltes Engagement sowie die Abmachungen mit jenem Herrn (nennen wir ihn „Herr X") antwortete ich nur knapp, ohne Details preiszugeben. Noch am Abend desselben Tages teilte mir Herr X unter Tränen mit, dass er eine weitere Zusammenarbeit mit mir beenden müsse: Er habe Angst vor Konsequenzen durch das Betreuungspersonal. Als einzigen Ausweg sah er das Einverständnis seiner gesetzlichen Vertretung, die er allerdings weder persönlich kannte noch deren Namen er wusste. Nach mehreren gescheiterten Versuchen, dies von der zuständigen Betreuungsperson in Erfahrung zu bringen, wandte ich mich an deren Vorgesetzten, der sowohl die Erfassung der Lebensgeschichte des Herrn X befürwortete sowie die Kontaktdaten der gesetzlichen Vertretung nennen konnte. Kurze Zeit später lernte Herr X zum ersten Mal jene Person kennen, die in seinem Namen medizinische, rechtliche und finanzielle Angelegenheiten regelt. Allerdings erfuhr durch eben jenes Treffen auch die zuständige Betreuerin von der Zustimmung der gesetzlichen Vertretung für eine weitere Zusammenarbeit. Es folgte ein weiteres tränenerfülltes Telefonat, bei dem Herr X mir die zukünftige Zusammenarbeit endgültig absagte.

Als Konsequenz dieser Geschichte entstand meinerseits die Notwendigkeit, genauer hinzusehen – und zwar in wissenschaftlichem Sinne. In weiterer Folge begann ich, ein Dissertationsthema unter dem vorläufigen Titel „Das Erleben von institutionellen und personalen Strukturen in den Biographien von Menschen mit Lernschwierigkeiten" zu entwickeln. Fokus hierbei sind die Biographien von Menschen mit Lernschwierigkeiten, die einen großen Teil ihres Lebens in totalen Institutionen wie z.B. Kinderheimen und/oder Psychiatrien verbracht haben und auch aktuell noch von Trägervereinen oder Institutionen betreut werden. Vor allem die Schlagworte „Macht" und „Gewalt" spielen in den bereits erhobenen Biographien eine wesentliche Rolle (vgl. Kremsner 2014). Dieses Projekt – streng genommen initiiert durch Herrn X – soll Inhalt des hier vorliegenden Beitrages sein.

Der nun folgende Text widmet sich zunächst methodologischen Aspekten sowie der Entwicklung des Projektes und dessen Designs. Im Anschluss daran erfolgt ein kurzer Abriss zur Geschichte der Unterbringung von Menschen mit Lernschwierigkeiten in Österreich, bevor abschließend mit Michel Foucault und Gayatri Spivak ein heuristischer Rahmen gebildet wird.

Forschung „so inklusiv wie möglich"

Dass sich das besprochene Projekt innerhalb der inklusiven Forschung ansiedeln muss, ergibt sich einerseits aus dem Erheben von Lebensgeschichten von Menschen mit Lernschwierigkeiten. Die Notwendigkeit ihrer Einbeziehung in den

Forschungsprozess verstärkt sich durch deren langjährige Erfahrungen eines Lebens in totalen Institutionen in besonderem Maße: „The research participants are also people who have been labelled and discriminated against. In a sense, they are people whose life stories are 'missing', because of their institutional histories, and because of their personal case notes (often the only documentary record of their lives) are fragmented, lost or even destroyed" (Atkinson 2005, 429).
Andererseits verweist das Erkenntnisinteresse des Projektes – konkret: Die Auseinandersetzung mit Macht und Gewalt in den erhobenen Biographien – ebenso auf die Notwendigkeit einer Kollaboration zwischen Forscherin und Beforschten, um die Reproduktion dieser Mechanismen im Rahmen des Forschungsprozesses weitgehend zu vermeiden bzw. zumindest zu reflektieren. Denn: „Addressing the power relationship between the researcher and the researched is at the heart of inclusive research." (Nind 2014, 73)
Dennoch unterliegt das Vorhaben Rahmenbedingungen, die „echte" inklusive Forschung nur schwer möglich machen: Das Verfassen einer Dissertation verfolgt immer Eigeninteressen des Doktoranden bzw. der Doktorandin und unterliegt universitären bzw. akademischen Anforderungen, die im wissenschaftlichen Kontext einzuhalten sind. Insofern sind in einem solchen Setting viele der Kriterien Inklusiver Forschung (vgl. Walmsley & Johnson 2003) nur schwer umsetzbar. Ich habe mich aus diesem Grund dazu entschieden, auf all diese Einschränkungen zumindest sprachlich hinzuweisen und in weiterer Folge von „Forschung so inklusiv wie möglich" zu sprechen.
Beginnend mit Februar 2013 wurden 6 Lebensgeschichten von Menschen mit Lernschwierigkeiten erhoben, deren Gemeinsamkeit in den Erfahrungen eines Lebens in totalen Institutionen besteht. Die Datenerhebung erstreckte sich über knapp 1,5 Jahre und setzte das Aufbauen eines hohen Maßes an gegenseitigem Vertrauen voraus. Pro Person gibt es zwischen 6 und 8 Interviewtranskripte, sodass nunmehr eine Gesamtzahl von 41 Interviews zur weiteren Bearbeitung und Analyse vorliegt. Während das Erheben der Biographien im Zweiersetting erfolgte, ist die Auswertung der Daten als inklusiver Prozess angelegt – in einem Team bestehend aus allen 6 interviewten Personen (in der Rolle als Ko-ForscherInnen) sowie meiner Person. Die Entscheidung für dieses Vorgehen wurde gemeinschaftlich getroffen und intensiv darüber diskutiert, welche besondere Sensibilität eine Analyse der gruppeneigenen Biographien erfordert. In diesem Zusammenhang wurde auch deutlich, dass ein echtes Zusammenarbeiten auf Augenhöhe nur dann möglich ist, wenn ALLE beteiligten Personen im Zuge dieses gemeinschaftlichen Prozesses ihre eigene Biographie offenlegen, sodass in weiterer Folge auch meine eigene Lebensgeschichte erhoben und besprochen wurde, wenngleich eine detaillierte Analyse nicht in das Forschungsprojekt einfließen wird. Insofern ergibt sich – im Anschluss an Goodley et al. (2004) – in mehrfacher Hinsicht „(…)das wahrlich emanzipatorische Potenzial von Geschichten: Wenn eine Geschichte VON

die Geschichte ÜBER herausfordert." (Koenig & Buchner 2011, 143, Hervorh. im Original)

Bezugnehmend auf die eingangs erzählte Geschichte ließe sich das ursprüngliche Forschungsinteresse als der Versuch beschreiben, personale und institutionelle Strukturen in den Biographien von Menschen mit Lernschwierigkeiten aufzuspüren, die nicht nur in totalen Institutionen wirksam sind, sondern in einer veränderten, subtilen Form weit über diese hinausreichen. Dieses Forschungsinteresse hat im Zuge der Diskussionen mit den Ko-ForscherInnen eine veränderte Akzentuierung erfahren: Um den Blick auf die Analyse der aktuellen Lebenssituation richten zu können, bedarf es vorab einer intensiven Auseinandersetzung mit der Geschichte eben jener totalen Institutionen und einer Aufarbeitung dessen, was von den dortigen „Insassen"[1] erlebt wurde. In diesem Zusammenhang ist auch die Frage nach deren Zweck und somit in weiterer Folge nach der Konstruktion von Behinderung im Sinne der Disability Studies (vgl. z.B. Goodley 2011) – zu stellen: „Entities such as ‚learning difficulties', ‚abnormal', ‚criminal', ‚insane' are created within and by institutions of society through words and actions – discourses – which serve particular societal and institutional functions." (Goodley et al. 2004, 99)

2 (Totale) Institutionen & totale Erziehung

> *„Eine totale Institution lässt sich als Wohn- und Arbeitsstätte einer Vielzahl ähnlich gestellter Individuen definieren, die für eine längere Zeit von der übrigen Gesellschaft abgeschnitten sind und miteinander ein abgeschlossenes, formal reglementiertes Leben führen."* (Goffman 1973, 11)

Als Beispiele für totale Institutionen nennt derselbe Autor unter anderem Altersheime, Waisenhäuser, Irrenhäuser, Gefängnisse, Konzentrationslager, Kasernen, Internate oder Klöster, die allesamt – wenngleich in unterschiedlicher Ausprägung – folgenden Regeln unterworfen sind:

1. „Alle Angelegenheiten des Lebens finden an ein und derselben Stelle, unter ein und derselben Autorität statt.
2. Die Mitglieder der Institution führen alle Phasen ihrer täglichen Arbeit in unmittelbarer Gesellschaft einer großen Gruppe von Schicksalsgenossen aus, wobei allen die gleiche Behandlung zuteil wird und alle die gleiche Tätigkeit gemeinsam verrichten müssen.
3. Alle Phasen des Arbeitstages sind exakt geplant, eine geht zu einem vorher bestimmten Zeitpunkt in die nächste über, und die ganze Folge der Tätigkeiten

---

1 „Insassen" ist jener Begriff, den E. Goffman (1973) für in totalen Institutionen untergebrachte Personen verwendet.

wird von oben durch ein System expliziter formaler Regeln und durch einen Stab von Funktionären vorgeschrieben.
4. Die verschiedenen erzwungenen Tätigkeiten werden in einem einzigen rationalen Plan vereinigt, der angeblich dazu dient, die offiziellen Ziele der Organisation zu erreichen." (Goffman 1973, 17)

Die in den erhobenen Lebensgeschichten genannten totalen Institutionen sind vordergründig Kinderheime, Krankenhäuser, Großeinrichtungen der Behindertenhilfe sowie psychiatrische Kliniken. Da sich laut den entsprechenden Erzählungen innerhalb der biographischen Interviews kaum wesentliche Unterschiede in den Strukturen dieser Einrichtungen festmachen lassen und die Institutionen teilweise untereinander sogar verwechselt werden, soll an dieser Stelle der Terminus „totale Erziehung" in Anlehnung an Sieder und Smioski (2012) eingeführt werden, der den Missbrauch von Macht und Gewalt seitens der institutionellen Strukturen sowie auch erziehender Personen verdeutlichen soll: „[D]ie Einsperrung, die Briefzensur und die Kontaktsperre, die physische und psychische Disziplinierung, die Zufügung von körperlichen Schmerzen, Verächtlichmachung und Verängstigung, in einigen Fällen bis hin zur Auslösung von Todesängsten; wir nennen dies das Repertoire der totalen Erziehung." (Sieder und Smioski 2012, 49, Hervorh. im Original)

Die Lebensumstände in und rund um die genannten totalen Institutionen werden von den interviewten Personen als traumatisch und in besonderem Maße gewalttätig geschildert. Um dies zu verdeutlichen, seien einige Beispiele aus den erhobenen Lebensgeschichten genannt:

- Physische Gewalt – z.B durch Unterbringung in Netzbetten, Schläge, eiskalte Bäder, Würgen etc.
- Strukturelle Gewalt – z.B. durch äußerst rigide Heimordnungen, Umverlegungen ohne Vorwarnung oder Vorbereitung, (unfreiwillige) Verabreichung von Medikamenten etc.
- Psychische Gewalt – z.B. durch Drohungen oder in einem Fall sogar die Annahme, dass man die Zeit in der totalen Institution aufgrund der massiv ausgeübten körperlichen Gewalt nicht überleben wird
- Verbale Gewalt – z.B. durch Beschimpfungen, wiederholtes Absprechen der eigenen Zurechnungsfähigkeit, Vernunft und/oder Intelligenz etc.
- Sexuelle Gewalt – durch sexuellen Missbrauch, Verbot jeglicher sexueller Regungen seitens der Insassen (z.B. Masturbation) und/oder Zwangssterilisationen

Zudem galt der Wechsel von einer totalen Institution in die nächste für die befragten Personen als Teil einer alternativlosen Zukunftsperspektive: Eine Forschungsteilnehmerin zum Beispiel wurde nach einer Aufnahme im Krankenhaus im Grundschulalter an ein Kinderheim überstellt. Nach mehreren Übersiedlungen innerhalb der Kinderheim-Struktur landete sie schließlich in einer psychiatrischen Klinik, die sie erst nach der erfolgreichen Umsetzung der österreichischen Psychiatriereform wieder verlassen konnte.

Das System der Unterbringung von Menschen mit Lernschwierigkeiten in totalen Institutionen wird von einigen Autoren in direkten Zusammenhang zu den nie vollständig aufgearbeiteten Praktiken des Nationalsozialismus gebracht: Dessen Mordaktionen wurden mit dem Jahr 1945 zwar gestoppt, viele AkteurInnen kehrten jedoch wieder in ihre alten Funktionen – v.a. auch psychiatrische Leitungsfunktionen – zurück (vgl. Berger & Müller 2002). Ähnliches konstatiert der bereits erwähnte Endbericht „Gewalt gegen Kinder in Erziehungsheimen der Stadt Wien" (2012): „Die eugenische bzw. rasse(n)hygienische, d.h. erbtheoretisch unterfütterte und heilpädagogisch orientierte Fürsorge-Tradition in der ersten Hälfte des 20. Jahrhunderts sieht die Kontrolle von Erwachsenen, Kindern und Jugendlichen in allen prokreativen und erzieherischen Belangen vor. (...) Die postfaschistische Nachkriegs-Gesellschaft geht erst mit der Spaltung Europas und dem Kalten Krieg 1990 zu Ende." (Sieder & Smioski 2012, 519, Hervorh. im Original)

An dieser Stelle sei darauf hingewiesen, dass derzeit eine Aufarbeitung der Lebensumstände in österreichischen Kinderheimen stattfindet und dies auch auf breites öffentliches und mediales Interesse stößt (vgl. neben oben genanntem Bericht u.a. auch Helige et al. 2013). Entsprechend der Erzählungen in den erhobenen Lebensgeschichten wurden in eben jenen Heimen auch Menschen mit Lernschwierigkeiten untergebracht, bevor sie in psychiatrische Kliniken weiter transferiert wurden. Dies wurde an wenigen Stellen der entsprechenden Kommissionen auch vermerkt, findet in der öffentlichen Wahrnehmung bzw. den Medienberichten der letzten Jahre jedoch keinerlei Beachtung. Dieser Umstand wurde in den biographischen Interviews teilweise sehr intensiv thematisiert und führte letztlich zur gemeinschaftlichen Entscheidung, im Zuge des Forschungsprojektes auch die Lebensumstände von Menschen mit Lernschwierigkeiten VOR der Psychiatriereform 1991 zu analysieren. Zentralen Stellenwert in dieser Diskussion hat für die beteiligten Personen aufgrund ihrer eigenen Erfahrungen die Frage danach, warum es so lange gedauert hat, bis etwas am System der Unterbringung von Menschen mit Lernschwierigkeiten – unabhängig davon, ob diese in Kinderheimen oder in psychiatrischen Anstalten angesiedelt war – geändert wurde. Damit ging auch die Frage einher, ob und inwiefern die Zustände in diesen totalen Institutionen bei EntscheidungsträgerInnen bzw. der Öffentlichkeit bekannt waren. Auch dafür finden sich Hinweise, wie z.B. aus dem Protokoll einer Unterredung der Spartakus-Gruppe[2] mit Abgeordneten eines Parlamentsklubs, wo es in Bezug

---

2 Spartakus ist eine im Österreich der frühen 1970er-Jahre aktive Aktionsgruppe, „die sich mit unkonventionellen Mitteln den Problemen der Arbeiterjugend und besonders den Erziehungsheimen widmete" (Genner 2012, 35). Besondere Bedeutung für den hier vorliegenden Beitrag kommt deren Kampagne „Öffnet die Heime!" zu.

auf die Situation in den Wiener Kinderheimen heißt: „Es gibt ja z.B. nicht nur Kriminelle, sondern auch geistig Minderbemittelte in diesen Heimen." (Spartakus 1970, 3)

Die Schließung der Kinderheime sowie der Kinderübernahmestelle erfolgte in den 1990er-Jahren und bewirkte eine Eindämmung jener strukturellen Gewalt, „die in den Jahrzehnten zuvor immer wieder excessive Gewalt in den Heimen hervorgebracht hat" (Sieder & Smioski 2012, 532).

Innerhalb eines ähnlichen Zeitraums wurde die Psychiatriereform beschlossen: Mit dem Unterbringungsgesetz von 1991 wurde die dauerhafte Unterbringung von Menschen mit Lernschwierigkeiten in psychiatrischen Kliniken illegalisiert (vgl. Plangger & Schönwiese 2010); die Deinstitutionalisierung und damit die Ausgliederung von Menschen mit Lernschwierigkeiten aus psychiatrischen Anstalten gilt jedoch erst seit 2001 als abgeschlossen (vgl. Berger et al. 2006). In der 10-jährigen Übergangszeit wurden kleinere Wohnformen eingeführt und etabliert, wenngleich Theunissen (2009) folgend nur ein geringer Teil davon als nicht-institutionell betrachtet werden kann: Demnach grenzen sich nur „supported living" (Wohnungen mit 1-2 Personen), „small group homes" (Wohngruppen mit 3 Plätzen) und „larger group homes" (Wohngruppen mit 4-6 Plätzen) aufgrund ihrer Selbstversorgung im Sinne eines häuslichen Wohnens und der Ermöglichung eines hohen Grades an Autonomie von Institutionen ab (vgl. Theunissen 2009, 374f.). Viele Anbieter moderner Wohnformen für Menschen mit Lernschwierigkeiten in Österreich überschreiten diese Gruppengrößen deutlich und sind durch ihre Anbindung an Trägervereine nur eingeschränkt autonom. Abseits davon ist darauf hinzuweisen, dass Menschen mit Lernschwierigkeiten nach wie vor oftmals als „KlientInnen" von Trägervereinen betrachtet werden und nicht selbst als AuftraggeberInnen für Assistenzleistungen auftreten können, weswegen sich ein Machtungleichgewicht in mehrfacher Hinsicht ergibt: Menschen mit Lernschwierigkeiten sind abhängig von Unterstützungsleistungen, die wiederum von Personen ausgeführt werden, die den Anweisungen ihrer Vorgesetzten bei Trägervereinen und Dienstleistungseinrichtungen Folge leisten müssen (vgl. u.a. Stellungnahme des Monitoringausschusses 2011). Weiters kann festgehalten werden, dass viele PädagogInnen in Wohneinrichtungen der Behindertenhilfe sich noch nicht der Haltung anschließen können, Menschen mit Lernschwierigkeiten in ihrem Sosein zu akzeptieren – vielfach werden sie nach wie vor als Objekte zielgerichteter Veränderung betrachtet (vgl. Biewer 2009).

All dies deckt sich mit den Erzählungen der am Forschungsprojekt mitarbeitenden Menschen mit Lernschwierigkeiten. Sie alle stehen – nach ihrer Unterbringung in Kinderheimen, Krankenhäusern, Großeinrichtungen der Behindertenhilfe und/ oder psychiatrischen Kliniken – nach wie vor in einem Betreuungsverhältnis: in Form von Wohngemeinschaften oder teilbetreuten Wohnangeboten, teilweise auch durch wochentags besuchte Beschäftigungstherapien und Werkstätten. Die im vorangegangenen Absatz besprochenen Ausführungen lassen die Frage zu, inwiefern diese Betreuungssysteme nach wie vor als Institutionen bezeichnet werden können bzw. institutionellen Charakter aufweisen. Laut ersten Ergebnissen aus den geführten Interviews lassen sich auch hier, innerhalb dieser modernen Betreuungsformen, nach wie vor Hinweise auf den Missbrauch von Macht und Gewalt finden, wenn auch in weit weniger exzessiver und veränderter Form. Als Beispiel hierfür möchte ich die Erzählung einer Forschungsteilnehmerin schildern, deren Auszug aus der WG verunmöglicht wurde, indem ihr zunächst die (notwendige) Begleitung zu einer entsprechenden Beratungsstelle verweigert wurde. Als sie sich das entsprechende Informationsmaterial über Umwege schließlich doch organisieren konnte, wurde dies vom diensthabenden Betreuungspersonal gegen ihren Willen und vor ihren Augen verbrannt (vgl. Kremsner 2014). Verdeutlicht werden kann dies auch durch die eingangs erwähnte Geschichte. Insofern ließen sich, so der derzeitige Stand der Diskussion innerhalb des Forschungsteams, einzelne Merkmale von totalen Institutionen nach wie vor aufspüren.

3 Behinderung als Konstruktion?

„Learning difficulties is not a ‚condition' about which we can unproblematically amass absolute knowledge; rather, it is a discursively constituted object. The ways in which concepts of 'mental abilities' are constituted, and in which they emerge as particular types of problems in certain fields of knowledge, produce what we understand as 'learning difficulties'." (Yates 2005, 68)

Daran anschließend stellt sich im Rahmen des Forschungsprojektes die Frage, inwiefern durch die Erfahrungen, die Menschen mit Lernschwierigkeiten mit und in (totalen) Institutionen im Laufe ihres Lebens gemacht haben, ihnen „Behinderung" als Etikettierung in allen denk- und erlebbaren Konsequenzen zugeschrieben wurde. Wurde bzw. wird Behinderung durch das System der Unterbringung produziert? Insbesondere dem Erheben von Lebensgeschichten kommt hier eine besondere Bedeutung zu, denn „(...)schließlich können anhand ihrer Analyse nicht nur die realen Erfahrungen von behinderten Menschen zutage gebracht, sondern darüber hinaus auch die politischen und sozialen Strukturen und Kräfte analysiert werden, welche das Leben von Individuen beeinflussen" (Koenig & Buchner 2011, 149).

Personen antizipieren an sie gestellte Verhaltenserwartungen (z.B. durch die Aufforderung, „Mensch mit Lernschwierigkeit" zu sein) und treten als RollenträgerInnen in kooperative Handlungszusammenhänge ein. Diese sozialen Rollen bieten einzelnen Personen normative Orientierung und tragen so zur harmonischen Aufrechterhaltung des sozialen Systems bei (vgl. Pfahl 2011, 64). Als konkretes Beispiel aus den erhobenen Biographien sei auf den Titel dieses Beitrages verwiesen: Eine Ko-Forscherin möchte gerne in ihrer eigenen Wohnung leben, ist sich jedoch nicht sicher, ob sie das auch schaffen kann – und zwar „weil sie mir immer eingeredet haben, es geht nicht."

In diesem Zusammenhang bietet es sich an, sich mit dem Werk Michel Foucaults (vgl. insbesondere 1973 und 1977) zu befassen. Foucault argumentiert, dass seitens der Gesellschaft die Notwendigkeit eines Ausschlusses einzelner Personengruppen besteht. Zu diesem Zweck werden Institutionen eigens geschaffen und Klassifizierungen konstruiert, die dazu führen sollen, dass Menschen in diesen Institutionen verwahrt werden (können). Besonders bedeutsam erscheint dabei auch der Verweis auf die Produktivität von Macht als Mechanismus, der nicht nur ausschließt, unterdrückt u.ä., sondern Wirklichkeit produziert: „Das Individuum und seine Erkenntnis sind Ergebnisse dieser Produktion" (Foucault 1977, 250) – Es handelt sich somit also um einen Subjektivierungsmechanismus. Insbesondere in Zusammenhang mit dem vorgestellten Forschungsprojekt erscheint es daher besonders bedeutsam, eine Analyse vorzunehmen, die darauf abzielt „to uncover evidence of the forms of knowledge by which people are objectified, the interventions that operate upon them, the judgements, decisions and forms of authority to which they are subject, and the types of relationships with others in which they are situated" (Yates 2005, 71).

Dem schließt sich auch Gayatri Spivak[3] (2008) an, die die Frage stellt: „Können Subalterne[4] sprechen? Was muss die Elite tun, um der andauernden Konstruktion der Subalternen Beachtung zu schenken?" (Spivak 2008, 74) und somit ebenso auf die soziale Herstellung von marginalisierten Gruppen hinweist. Sie konstatiert, dass selbst wenn die Subalterne sprechen könnte, sie dennoch nicht verstanden werden würde, weil die Elite ihr nicht zuzuhören vermag. Unter „Elite" versteht Spivak auch WissenschaftlerInnen und ForscherInnen, die ÜBER Personen – vielleicht sogar im wohlwollenden Sinne – sprechen, ohne jedoch MIT ihnen zu sprechen (konkret wirft sie dies u.a. Foucault vor). Sie erkennt darin nicht nur einen missbräuchliche Verwendung von Macht, sondern fordert die Dokumentation dieser „sanktionierenden Ignoranz" (ebd., 65), um eine Reproduktion dieser Mechanismen tiefgreifend zu reflektieren. Insofern lassen sich Spivak's Ausführungen nicht nur in Bezug auf Macht und die Konstruktion von Subalternität

---

[3] G.C. Spivak beschäftigt sich vordergründig mit postkolonialer Theorie. Zentrales Thema bei Spivak ist die Vielschichtigkeit von Unterdrückung. Subalternität (vereinfacht ausgedrückt als besondere Ausprägungsform von Unterdrückung in mehrfacher Weise) wird durch hegemonialer Diskurse produziert und mündet in Exklusion. Sie selbst erwähnt Menschen mit Lernschwierigkeiten oder Behinderung nicht, sondern wählt als Beispiel für Subalternität die Witwenverbrennung indischer Frauen.

[4] Der Begriff der „Subalternen" bzw. „Subalternität" wurde durch A. Gramsci (1999) geprägt und von G.C. Spivak übernommen.

durch Eliten anwenden, sondern unterstreichen auch die Forderung nach „Forschung so inklusiv wie möglich".

Die Dekonstruktion ausschließender und unterdrückender, aber auch produktiver Mechanismen von Macht sowie eine daraus möglicherweise resultierende Konstruktion von Behinderung steht innerhalb der Forschungsgruppe derzeit (bedingt durch den erst kürzlich begonnenen Prozess der gemeinsamen Datenauswertung) am Anfang. Ebenso muss sich die Forschungsgruppe erst weiter zusammenfinden und befindet sich aktuell in der Phase der Ausverhandlung eines Zusammenarbeitens auf Augenhöhe. Ein kleiner, jedoch wichtiger Schritt in diese Richtung ist das Teilen von Wissen und damit einhergehend die Notwendigkeit, übergeordnete theoretische, inhaltlich relevante Konzepte für alle beteiligten Personen zugänglich zu machen, damit Menschen mit Lernschwierigkeiten sich auch an komplexer Theoriebildung und -reflexion aktiv beteiligen können. Zentral ist hier die Auseinandersetzung mit Texten und Konzepten ausgewählter AutorInnen, die sich bereits mit dem Thema „Macht" beschäftigt haben – und zwar in einer Form, die für Menschen mit Lernschwierigkeiten zugänglich gemacht werden kann. Gemeinsam mit Dr. Nicola Grove und Dr. Samuel Grove (beide GB) habe ich zu diesem Zweck Methoden entwickelt, die einzelne Elemente der theoretischen Ausführungen von Foucault, Spivak und Deleuze aufgreifen und mit Ko-ForscherInnen umgesetzt werden können. Dabei wird an der Erfahrungswelt von Menschen mit Lernschwierigkeiten angesetzt und diese Theorien auf einer Ebene des Erlebens bearbeitet, um so eine tiefgreifende Reflexion über die Wirkweise von Macht zu ermöglichen. Ganz im Sinne der Forderung nach „Forschung so inklusiv wie möglich" wird nun also mit Foucault getanzt und Spivak zur Cinderella-Talkshow eingeladen.

Der inklusive Effekt dessen ist durchaus nennenswert: Eine Ko-Forscherin zum Beispiel beteiligt sich in Folge dessen aktiv an der Lehre komplexer Theorien und tritt als Vortragende für Studierende und AusbildungsteilnehmerInnen auf. Die ursprüngliche Intention – nämlich mit Menschen mit Lernschwierigkeiten über Foucault, Spivak und Deleuze zu sprechen und damit zu arbeiten – hat sich dahingehend verändert, als es nunmehr Menschen mit Lernschwierigkeiten (bzw. zumindest einer Ko-Forscherin) möglich ist, diese Inhalte auch zu vermitteln und zu lehren. Besonders hervorzuheben ist jedoch, dass dies nicht nur im akademischen Kontext zu gelingen scheint, sondern auch im privaten Rahmen – nicht zuletzt in meinem eigenen. „Forschung so inklusiv wie möglich" kann in diesem Sinne nicht nur zur aktiven Beteiligung von Menschen mit Lernschwierigkeiten in jedem einzelnen Schritt des Forschungsprozesses beitragen, sondern die sich daraus entwickelnden Methoden und Techniken bergen das Potential, in vielen anderen Kontexten wirksam zu werden. Als eine zentrale Schlussfolgerung daraus kann konstatiert werden, dass Unterdrückung und dem Missbrauch von Macht dann entgegengetreten werden kann, wenn Hierarchien nicht nur reflektiert, sondern so weit als möglich aufgehoben werden. Insofern findet – in Bezug auf das Forschungsprojekt allerdings nur in ganz kleinem Rahmen – Bewegung statt, die nicht nur die Biographien von Menschen mit Lernschwierigkeiten betrifft, sondern auch diejenigen anderer damit in Zusammenhang stehender Personen (wie z.B. Studierende, Personen aus unserem privaten Umfeld und nicht zuletzt meine Person). Denn:

"Life story research can change people's lives. It can and does empower people." (Atkinson 2004, 700)

Literatur
Atkinson, D. (2004): Research and empowerment: involving people with learning difficulties in oral and life history research. In: Disability & Society, 14 (2), 203-216.
Atkinson, D. (2005): Research as Social Work: Participatory Research in Learning Disability. In: British Journal of Social Work 35 (4), 425-434.
Berger, E. & Müller, C. (2002): Geistig behindert und psychisch krank. Therapeutische Hilfe der Psychiatrie für behinderte Menschen. In: Geistige Behinderung, 41, 27-36.
Berger, E., Hochgatterer, P., Leithner, K., Maryschka, C. & Grassl, R. (2006): Die Reintegration behinderter Menschen durch Ausgliederung aus Psychiatrischen Einrichtungen – Das Wiener Deinstitutionalisierungsprojekt. In: Medizin für Menschen mit Behinderung, 3, 17-27. Online unter http://bidok.uibk.ac.at/library/berger-deinstitutionalisierung.html (13.05.2014)
Biewer, G. (2009): Von der Betreuung zur Begleitung – von der Heilpädagogik zur Inklusiven Pädagogik. Veränderte bildungswissenschaftliche Zugänge zum Lebensbereich Wohnen. Online unter: http://www.lebensarten.alphanova.at/downloads/biewer.pdf (01.09.2014)
Foucault, M. (1973): Wahnsinn und Gesellschaft. Frankfurt am Main: Suhrkamp.
Foucault, M. (1977): Überwachen und Strafen. Die Geburt des Gefängnisses. Frankfurt am Main: Suhrkamp.
Genner, M. (2012): Verleitung zum Aufstand. Ein Versuch über Widerstand und Antirassismus. Wien: Mandelbaum-Verlag.
Goffman, E. (1973): Asyle. Über die soziale Situation psychiatrischer Patienten und anderer Insassen. Frankfurt am Main: Suhrkamp.
Goodley, D. (2011): Disability Studies. An Interdisciplinary Introduction. London, Thousand Oaks, New Delhi, Singapore: Sage Publications.
Goodley, D., Lawthom, R., Clough, P. & Moore, M. (2004): Researching Life Stories. Method, theory and analyses in a biographical age. Abingdon und New York: Routledge.
Gramsci, A., Hoare, Q. & Smith, G. N. (1999): Selections from the Prison Notebooks of Antonio Gramsci. London: ElecBook.
Grove, N. (Hrsg.) (2013): Using Storytelling to Support Children and Adults with Special Needs. Transforming Lives Through Telling Tales. Abingdon und New York: Routledge.
Helige, B., John, M., Schmucker, H., Wörgötter, G. & Wisinger, M. (2013): Endbericht der Kommission Wilhelminenberg. Online unter: http://www.kommission-wilhelminenberg.at/presse/jun 2013/Bericht-Wilhelminenberg-web_code.pdf (28.08.2014)
Koenig, O. & Buchner, T. (2011): Die Bedeutung von Lebensgeschichten für die UN-Konvention. In: Flieger, P. & Schönwiese, V. (Hrsg.): Menschenrechte. Integration. Inklusion. Aktuelle Perspektiven aus der Forschung. Bad Heilbrunn: Klinkhardt, 139-152.
Kremsner, G. (2014): Macht und Gewalt in den Biographien von Menschen mit Lernschwierigkeiten – eine (forschungsethische) Herausforderung? In: Schuppener, S., Bernhardt, N., Hauser, M. &

Poppe, F. (Hrsg.): Inklusion und Chancengleichheit. Diversity im Spiegel von Bildung und Didaktik. Bad Heilbrunn: Klinkhardt, 61-66.
Nind, M. (2014): What is Inclusive Research? London, New Delhi, New York, Sydney: Bloomsbury.
Pfahl, L. (2011): Techniken der Behinderung. Der deutsche Lernbehinderungsdiskurs, die Sonderschule und ihre Auswirkungen auf Bildungsbiographien. Bielefeld: transcript-Verlag.
Plangger, S. & Schönwiese, V. (2010): Behindertenhilfe – Hilfe für behinderte Menschen? Geschichte und Entwicklungsphasen der Behindertenhilfe in Tirol. In: Schreiber, H. (Hrsg.): Im Namen der Ordnung. Heimerziehung in Tirol. Innsbruck: Studienverlag, 317-346.
Sieder, R. & Smioski, A. (2012): Gewalt gegen Kinder in Erziehungsheimen der Stadt Wien. Endbericht. Online unter: http://www.wien.gv.at/menschen-gesellschaft/pdf/endbericht.pdf (02.09.2014)
Spartakus (1970): Protokoll der Unterredung mit Herrn Dr. Keller und Herrn Dr. Hofbauer über die Frage der Erziehungsheime am 14. Juli 1970 im SPÖ-Klub des Parlaments. Spartakus-Archiv.
Spivak, G. C. (2008): Can the Subaltern Speak? Postkolonialität und subaltern Artikulation. Wien: Turia + Kant.
Theunissen, G. (2009): Empowerment und Inklusion behinderter Menschen. Eine Einführung in Heilpädagogik und soziale Arbeit. Freiburg im Breisgau: Lambertus-Verlag.
Unabhängiger Monitoringausschuss zur Umsetzung der UN-Konvention über die Rechte von Menschen mit Behinderungen (2011): Stellungnahme Modelle Persönlicher Assistenz. Online unter: http://monitoringausschuss.at/sym/monitoringausschuss/Stellungnahmen (01.09.2014)
Walmsley, J. & Johnson, K. (2003): Inclusive Research with People with Learning Disabilities. Past, Present and Futures. London und Philadelphia: Jessica Kingsley Publishers.
Yates, S. (2005): Truth, Power, and Ethics in Care Services for People with Learning Difficulties. In: Tremain, S. (Hrsg.): Foucault and the Government of Disability Ann Arbor: The University of Michigan Press, 65-77.

Karen Kohlmann und Anne Goldbach

Gemeinsam Forschen. Kultur für ALLE

Zusammenfassung

In Leipzig fanden von 2007 bis 2010 zwei Forschungsprojekte statt, die nach dem wissenschaftlichen Ansatz von Walmsley und Johnson (2003) gemeinsam mit Menschen mit so genannter geistiger Behinderung arbeiteten. Im ersten Projekt, welches das Ziel hatte, den Forscherinnen und Forschern mit so genannter geistiger Behinderung auf der einen Seite Fähigkeiten und Fertigkeiten im Bereich Forschung zu vermitteln und auf der anderen Seite die Barrierefreiheit von kulturellen Einrichtungen der Stadt zu untersuchen, erarbeitete sich die Forschungsgruppe anhand des Themas die zentralen theoretischen Begriffe und begann eine Untersuchung hinsichtlich der Barrieren in kulturellen Einrichtungen. Ein Forschungsbericht in Leichter Sprache fasste die Ergebnisse zusammen. Ein weiteres Projekt konnte im folgenden Jahr durchgeführt werden. Hier entschied sich die Forschungsgruppe zur Entwicklung eines Kulturführers in Leichter Sprache, welcher Menschen mit so genannter geistiger Behinderung in Leipzig die Möglichkeit geben sollte, selbstbestimmt und selbständig kulturelle Einrichtungen je nach Interessenlage auszuwählen und zu besuchen.

1 Theoretischer Hintergrund

Beide Projekte wurden nach dem Forschungsansatz des Inclusive Research in Anlehnung an Walmsley und Johnson (2003) durchgeführt.

> „…we define inclusive research as a research which includes or involves people with learning disabilities as more than just subjects of research. They are actors, people whose views are directly represented in the publishing findings in their own words – but, and this is important, they are also researchers playing an active role as investigators, interviewers, data analysts or authors." (Walmsley & Johnson 2003, 61f.)

Walmsley und Johnson machen deutlich, dass es unabdingbar ist, Menschen mit Behinderung als ExpertInnen ihrer Lebenssituation in die Erforschung ihrer Belange mit einzubeziehen. Hierdurch werden sie dabei unterstützt, ihre eigenen Interessen zu verfolgen und durchzusetzen. Inklusive Forschung zeichnet sich demnach durch eine hohe Praxisrelevanz aus, welche auch immer daran ersicht-

lich wird, dass die Forschungsergebnisse direkt in die Praxis hineinwirken (vgl. Hermes & Rohrmann 2006, 27.).
Mit Unterzeichnung der UN-Behindertenrechtskonvention hat sich Deutschland verpflichtet, die Teilhabe von Menschen mit Behinderung in allen Lebensbereichen zu verbessern und Barrieren zu beseitigen (Vgl. Art. 9 UN-BRK). Artikel 30 der Konvention fokussiert die Pflicht des Landes Voraussetzungen zu schaffen, damit Menschen mit Behinderung gleichberechtigten Zugang zu kulturellen Orten. Die Stadt Leipzig gilt als eine bedeutende Kulturstadt, welche mit ihren Theatern, Museen, dem Gewandhausorchester und dem Thomanerchor weltweit Anerkennung erfährt und tausende Besucher aus aller Welt jährlich in die Stadt lockt. Aber wie „behindertengerecht"[1] sind kulturelle Einrichtungen der Stadt Leipzig?

2 Forschungsziel und -frage

Das erste Forschungsprojekt („Menschen mit so genannter geistiger Behinderung lernen forschen") zielte darauf ab, die Projektmitarbeitenden mittels innovativer didaktischer Methoden an forschende Tätigkeiten heranzuführen und diese für die Projektgruppe anwendbar zu machen.
Für das erste Forschungsprojekt ergab sich damit folgende Forschungsfrage:
- Wie kann inklusive Forschung gelingen?[2]

Die inhaltlichen Kernfragen des Forschungsvorhabens waren:
- Welche Kriterien können der Beurteilung von Barrierefreiheit im weiteren Sinne zu Grunde gelegt werden?
- Welche Kriterien sind für Menschen mit einer so genannten geistigen Behinderung zentral?

In Auseinandersetzung mit den theoretischen Inhalten entwickelte sich das praxisnahe Forschungsziel, die Kultureinrichtungen Leipzigs hinsichtlich Ihrer Barrierefreiheit zu untersuchen. Nachdem in einer ersten Untersuchung von zehn Kultureinrichtungen festgestellt wurde, dass nicht die mangelnde Barrierefreiheit, sondern vielmehr der fehlende Zugang zu Informationen zu kulturellen Einrichtungen der Grund dafür ist, dass nur wenige Menschen mit so genannter geistiger Behinderung kulturelle Einrichtungen besuchen, entschieden sich die Forschenden dafür, im zweiten Projekt einen Kulturführer in Leichter Sprache zu entwickeln, welcher die selbstbestimmte, kulturelle Teilhabe von Menschen mit so genannter geistiger Behinderung in Leipzig erleichtern sollte (Kohlmann, 2011b).

---

1 Zu Beginn des Projektes wurde mit dem Begriff „behindertengerecht" operiert. Erst im Fortgang der theoretischen Auseinandersetzung hat sich dann die Nutzung des Begriffes „barrierefrei" durchgesetzt.
2 Dieser Frage wurde in einer separaten Examensarbeit Anne Pohl und Oliver Schulze nachgegangen und die Ergebnisse konnten in die gemeinsame Forschungstätigkeit einfließen, der hier vorliegende Artikel konzentriert sich vor allem auf die Darstellung des Forschungsverlaufes.

Die Fragestellungen für das Forschungsprojekt „Gemeinsam Forschen für Barrierefreie Kultur in Leipzig" lauteten:
1. Welche kulturellen Einrichtungen der Stadt Leipzig sollen im Kulturführer vertreten sein?
2. Wie barrierefrei sind diese Einrichtungen?
3. Wie kann ein Kulturführer in Leichter Sprache gestaltet sein, damit er Menschen mit so genannter geistiger Behinderung die Teilhabe am kulturellen Leben der Stadt Leipzigs ermöglicht?

3 Forschungsteam und Rahmenbedingungen

Das Projekt *„Menschen mit geistiger Behinderung lernen forschen"* war ein Kooperationsprojekt des Institutes der Förderpädagogik der Universität Leipzig mit der Lebenshilfe für Menschen mit so genannter geistiger Behinderung e.V.. Zudem wurde das Projekt in vielfältiger Weise vom Behindertenverband Leipzig e.V. unterstützt, indem unter anderem Räumlichkeiten zur Verfügung gestellt und Expertenvorträge gehalten wurden. Das Forschungsvorhaben wurde durch den Europäischen Sozialfonds und die Sächsische Aufbaubank gefördert. Der Projektzeitraum umfasste ein Jahr. Das Projekt setzte sich aus acht MitarbeiterInnen mit so genannter geistiger Behinderung und vier Studierenden der Universität Leipzig zusammen. Die Projektmitarbeitenden mit Behinderung arbeiteten zum Zeitpunkt des Projektes alle in der Werkstatt für behinderte Menschen in Leipzig. Im Projekt *„Gemeinsam Forschen für Barrierefreie Kultur in Leipzig"* arbeiteten ebenso acht Forschende aus einer Werkstatt für Menschen mit so genannter geistiger Behinderung gemeinsam mit vier (ehemaligen) Studierenden der Universität Leipzig zusammen. Sechs der acht Forschenden mit Behinderung waren bereits Teilnehmer am Projekt „Menschen mit Behinderung lernen forschen". Zwei neue am Projekt interessierte Forschende konnten für die Mitarbeit gewonnen werden. Finanziert wurde das Projekt aus Fördermitteln des Europäischen Sozialfonds, der Bürgerstiftung Leipzig, der Sächsischen Aufbaubank und dem Freistaat Sachsen.

4 Forschungsvorgehen und Forschungsmethoden

Im Projekt „Menschen mit geistiger Behinderung lernen forschen" wurde das Forschungsdesign vor Projektbeginn durch die Projektleiterin Karen Kohlmann ausgearbeitet, um den Einstieg in den Prozess des Forschenlernens zu erleichtern.

Bildung einer Forschungsgruppe

Nachdem sich am Thema interessierte Menschen mit so genannter geistiger Behinderung zur Mitarbeit im Projekt bereit erklärten, begann der Forschungsprozess mit einem Wochenendseminar. Das Einführungswochenende, das primär der Bildung einer Forschungsgruppe und der gemeinsamen ersten Annäherung an theoretische Grundlagen diente, wurde durch die Studierenden vorbereitet.

Gemeinsame Erarbeitung theoretischer Grundlagen

In den anschließenden wöchentlichen Treffen wurden alle an der Forschungsplanung und -durchführung beteiligt. In jedem Treffen wurden gemeinsam die Inhalte für die kommende Sitzung besprochen und zugleich eine Person aus dem Team bestimmt, welche die Vorbereitung übernehmen soll. Wenngleich die Projektmitarbeitenden mit Behinderung Unterstützung erhielten, wurde schnell deutlich, dass sie mit dieser Aufgabe überfordert waren. Zudem empfanden sie selbst diese Verantwortung nicht als wertschätzendes Element, sondern erlebten es eher als Belastung. In gemeinsamen Reflexionen wurde deutlich, dass Methoden- und Moderationskompetenzen erst erlernt werden müssen. Um eine inhaltliche Arbeit zu ermöglichen, wurde die Vorbereitung der Treffen fortan von Studierenden übernommen.

Im Projekt, welches primär auf das Erlernen forschender Fähigkeiten ausgelegt war, wurden zunächst gemeinsam die theoretischen Grundlagen erarbeitet. Die Forschungsgruppe setzte sich mittels innovativer didaktischer Methoden mit den Begriffen: geistige Behinderung, Barrierefreiheit, Inclusive Research, Kultur/kulturelle Teilhabe und Leichte Sprache auseinander und entwickelte eigene Standpunkte. Dabei erleichterten Gruppendiskussionen, Mindmapping und verschiedene Methoden des Brainstormings die Meinungs- und Konsensfindung. Die Methode des Brainstormings, wie sie in der Kooperativen Beratung von Mutzeck angewandt wird, wurde von vielen Forschern bevorzugt angewendet und immer wieder für Entscheidungsprozesse vorgeschlagen (vgl. Mutzeck 2008).

Zur Annäherung an die theoretischen Begriffe wurden praktische Erprobungen vorgenommen, Experten zu Gespräche eingeladen und auch Fachliteratur verwendet. Beispielhaft soll an dieser Stelle die Annäherung an das theoretische Konstrukt der geistigen Behinderung erläutert werden.

Der Zugang erfolgte über die erfahrungsbezogene Frage: In welchen Situationen fühlen wir uns behindert? Alle Projektmitarbeitenden sollten von Situationen berichten, in welchen sie sich im Alltag in irgendeiner Weise „behindert" fühlen. Interessant war es, dass sich viele Aussagen der Forschenden mit Behinderung nicht primär auf die geistige Behinderung, im Sinne der kognitiven Einschränkungen, bezogen, sondern auf eigentlich sekundäre Behinderungsfaktoren, wie Einschränkungen der Sprache und der Augen („Bei mir ist es auch die Sprache. Aber vor allem die Augen.") sowie auf Reaktionen der Umwelt („Wenn Lisa lacht, wenn ich spreche."). (vgl. Lebenshilfe für Menschen mit geistiger Behinderung Leipzig e.V. 2008)

Anschließend wurde zur wissenschaftlichen Sichtweise übergeleitet und Fachtexte vorgestellt. Dabei wurden Definitionen verwendet, welche insgesamt viele Facetten der Diskussion (von einer medizinischen Betrachtungsweise bis hin zur soziale Konstruktion von Behinderung) einbeziehen. Die Definition von Mühl: „Bei Menschen mit so genannter geistiger Behinderung handelt es sich um keine einheitliche Gruppe mit festen Eigenschaften. Menschen mit einer geistigen Behinderung sind sehr verschieden. Manche können ihren Alltag weitgehend selbst bewältigen und sich an Schriftzeichen und Symbolen orientieren. Andere hingegen können sich zum Beispiel nicht allein in einem Gebäude zurechtfinden und benötigen bei nahezu allen täglichen Verrichtungen die Hilfe anderer." (Mühl 2004) verweist auf die Heterogenität des Personenkreises und greift sowohl vorhandene Fähigkeiten sowie mögliche Unterstützungsbedarfe auf.

Bei der Textarbeit wurde bewusst darauf verzichtet die Definitionen zuvor in Leichte Sprache zu übersetzen. Der Originalwortlaut wurde gemeinsam gelesen und besprochen. Im gemeinsamen Erarbeiten konnte der Inhalt von allen gut erfasst werden, so dass sich eine intensive Diskussion ergab. Insbesondere die Frage nach der Bezeichnung „geistige Behinderung" wurde diskutiert. Der Ansatz von People First: „Wir sind Menschen mit Lernschwierigkeiten. Das wird in England und Amerika von Betroffenen immer gesagt. [...] Eigentlich kann man sagen, wir sind Menschen mit unterschiedlichen Fähigkeiten. Ganz einfach, egal was wir darstellen." (Netzwerk People First Deutschland 1999) wurde vorgestellt. Die Forschenden mit Behinderung lehnten für sich selbst die Bezeichnung Menschen mit Lernschwierigkeiten jedoch ab und wollten bei dem für sie gewohnten Begriff „Menschen mit geistiger Behinderung" bleiben.

Gemeinsam wurden in der Auseinandersetzung mit Definitionen 2 Kernkriterien entwickelt, welche den Menschen mit so genannter geistiger Behinderung selbst besonders wichtig waren, wenn es um die Beschreibung ihres Personenkreises geht. Den Forschern mit Behinderung ist ihr Hilfebedarf bewusst, die gebotene Unterstützung ist ihnen wichtig und sie schätzen diese. Ebenso wichtig ist ihnen jedoch, dass sie sowohl von den Begleitpersonen als auch von der Gesellschaft stets mit Respekt behandelt werden. Durch Stimmabgabe wurden die zentralen Kernkriterien „Respekt und Hilfe", „Begleitperson" und Gesellschaft" als am bedeutsamsten ermittelt. (Vgl. Lebenshilfe für Menschen mit geistiger Behinderung Leipzig e.V. 2008).

Erarbeitung des Kriterienkataloges und Erstellung des Erhebungsinstrumentes

Der Fragebogen als Form der Datenerfassung wurde durch die Projektleitung vorgegeben. Da sich die Forschenden mit so genannter geistiger Behinderung noch im Prozess des Forschenlernens befanden und für sie die erste Datenerhebung anstand, empfand es die Projektleiterin im Sinne der Unterstützung als angemessen eine Erhebungsmethode vorzugeben, welche inhaltlich gemeinsam entwickelt werden sollte.

Der Fragebogen wurde zum einen aufgrund seiner quantitativ häufige Anwendung im Forschungskontext gewählt, so dass sich schon daraus die Notwendigkeit ergibt, diese Erhebungsmethode zu erlernen. Zum anderen wurde die klare Strukturierung, welche mit einem Fragebogen vorgegeben wird, als hilfreich für das Erlernen von Forschungspraxis eingeschätzt. Für die inhaltliche Erarbeitung des Fragebogens musste vorab die Frage geklärt werden ob quantitativ oder qualitativ vorgegangen werden soll. In einem Expertenvortrag wurde an Beispielen aus der Lebenswelt der Forschenden mit so genannter geistiger Behinderung verständlich gemacht, ob Fragen auf quantitative oder qualitative Aspekte abzielen. Nachdem die Vor- und Nachteile beider Herangehensweisen erkannt wurden, entschied sich die Forschungsgruppe für ein gemischtes Methodendesign. Als Experten in eigener Sache waren die Forschenden mit Behinderung die Hauptentscheidungsträger hinsichtlich der Aufnahme von abzuprüfenden Kriterien in den Fragebogen. Grundlage waren die erarbeiteten Kernkriterien, so dass in allen Kriterien der Aspekt von „Respekt und Hilfe" vertreten ist. Der Kriterienkatalog enthielt schlussendlich folgende Kategorien, die mit offenen und geschlossenen Fragen erhoben wurden:

1. Eingangssituation und Kasse: Freundlichkeit der Mitarbeitenden, respektvolles Informieren über Preise etc.,
2. Zurechtfinden: Wegführung, Beschilderungen, gute andere Orientierungsmöglichkeiten, freundliche Mitarbeitende, die Hilfestellung bieten.
3. Hilfen zum Verstehen: Alternativen zu Texten, um sich Inhalte zu erschließen: Möglichkeiten etwas auszuprobieren, Texte in Leichte Sprache, Filme oder Audioguides, aber auch Mitarbeitende, die Fragen beantworten.
4. Führungen: Verständlichkeit der Führung, Freundlichkeit der Mitarbeitenden
5. Platz für Extratipps: nennenswerte Besonderheiten der Einrichtung

Der Fragebogen wurde in einer kulturellen Einrichtung in einem Probedurchlauf getestet und dann für die gesamte Untersuchung angewandt.

Vorstellung verschiedener kultureller Einrichtungen und Festlegung der Stichprobe

Alle Forschungsteilnehmer sammelten Flyer, Broschüren und anderes Informationsmaterial zu kulturellen Einrichtungen Leipzigs, dieses wurde gesichtet und zusätzlich eine Internetrecherche vorgenommen. Mittels Abstimmung durch Punktevergabe wurden insgesamt zehn Einrichtungen herausgesucht, welche in die Untersuchung aufgenommen werden.

Datenerhebung

Jede Woche wurden kulturelle Einrichtungen besucht und mit Hilfe des Fragebogens bewertet. Um effektiv vorzugehen, teilte sich das Forschungsteam interessenbezogen in zwei Teams, welche zeitgleich unterschiedliche Einrichtungen besuchte.

Einführung in die Auswertung der Daten und Auswertung des Datenmaterials

Nach einem Vortrag zum Thema Datenauswertung wurde die Auszählung gemeinsam durchgeführt und die Ergebnisse der einzelnen Einrichtungen in einer Excel-Tabelle erfasst.

Verfassen des Forschungsberichtes in Leichter Sprache und in Wissenschaftssprache

Am Ende des Projektes teilte sich das Forschungsteam in kleine Gruppen. Jede Gruppe sollte einen Teil des Forschungsberichtes in Leichter Sprache erarbeiten. Dazu wurden separate Treffen organisiert, in denen sich die Studierenden mit Forschenden mit Behinderung trafen und versuchten die Texte gemeinsam zu erarbeiten. Da dies erhebliche Schwierigkeiten bereitete und eine kritische Reflexion zeigte, dass es günstiger gewesen wäre, den Forschungsbericht bereits parallel zum Projekt zu schreiben, um eine bessere Erinnerung zu ermöglichen, wurde gemeinsam entschieden, dass die Forschenden mit akademischen Hintergrund bei dieser Arbeit den Hauptpart übernehmen und die erstellten Texte anschließend zur Diskussion gestellt werden.

Gemeinsam forschen für barrierefreie Kultur in Leipzig – Ein zweites Projekt

Nachdem die Ergebnisse aus dem vorangegangenen Forschungsprojekt zeigten, dass die untersuchten Kultureinrichtungen als barrierefrei empfunden wurden, konnte geschlussfolgert werden, dass Barrieren nicht der Grund für die wenigen Besuche von Menschen mit so genannter geistiger Behinderung in kulturellen Einrichtungen der Stadt sein können. Deshalb entschied sich die Gruppe in einem zweiten Forschungsprojekt daran zu arbeiten, die Teilhabemöglichkeiten von Menschen mit Behinderung auf einem anderen Wege zu verbessern. Trotz Anfragen für eine Zusammenarbeit mit dem Ägyptischen Museum, um die dortigen Gegebenheiten anzupassen, favorisierten die Forschenden einen breiteren Forschungszugang. Sie wollten nicht den Zugang zu einer Kultureinrichtung erleichtern, sondern einen Kulturführer in Leichter Sprache entwickeln, der die selbstbestimmte Teilhabe an einer Vielzahl von interessanten Kulturstätten ermöglicht.

So startete das Forschungsprojekt „Gemeinsam Forschen für Barrierefreie Kultur in Leipzig".

Vorbereitungen für die Untersuchung

Auch dieses Projekt begann mit einem Wochenendseminar um sich dem neuen Ziel und Thema ausgiebig widmen zu können. Daran schlossen sich wöchentlichen Treffen (jeweils 2-3h) in den Räumen des Instituts für Förderpädagogik an der Universität Leipzig an. Bemerkenswert für dieses Projekt ist, dass sowohl das Ziel als auch die ganz konkrete Struktur des Forschungsvorgehens gemeinsam mit allen Forschenden entwickelt wurde. Es bedurfte keiner Vorstrukturierung durch die Projektleitung mehr. Vielmehr konnten nun die erlangten Fähigkeiten und Erfahrungen aller genutzt werden.

Nach einer Rückschau auf die Ergebnisse des ersten Forschungsprojektes konnte mit einer gemeinsamen Literaturrecherche zu den kulturellen Angeboten der Stadt Leipzig begonnen werden. Dies erfolgte mittels Sichtung von Stadt-, Museums-, Freizeitführern und umfassender Internetrecherche. So wurde eine Auswahl von 30 zu untersuchenden Kultureinrichtungen getroffen. Um eine geeignete Auswahl zu treffen, wurden alle gefundenen Kultureinrichtungen kurz vorgestellt. Anschließend erfolgte die Auswahl individuell und interessengeleitet, indem jedes Forschungsteammitglied, seine zehn Interessenpunkte auf die einzelnen Vorschläge platzieren konnte.

In der Vorbereitungsphase auf die Feldforschung wurden des Weiteren verschiedene Gestaltungsmöglichkeiten zur Ergebnissicherung mittels eines Kulturführers besprochen und abgestimmt. Hierfür wurden verschiedene vorhandene Kulturführer Leipzigs sowie der Stadtführer in Leichter Sprache aus Köln genutzt. Schnell war klar, dass die einzelnen ausgewählten Kultureinrichtungen den verschiedenen Kategorien: Geschichte, Natur und Erholung, Technik und Freizeit, Religion, Veranstaltungen und Kunst zugeordnet werden sollten. Allen Beteiligten war eine Darstellung der bewerteten Barrierefreiheit, sowie eine übersichtliche Darstellung von inhaltlichen und organisatorischen Informationen wichtig. Außerdem wurde die Rubrik Extratipp gewünscht, um auf Besonderheiten eingehen zu können. Aus diesen gemeinsam erarbeiteten Vorstellungen entwickelte ein Forschungsteammitglied drei unterschiedliche Entwürfe, welche anschließend zur Auswahl gestellt wurden. Letztlich wurde sich für diese Variante entscheiden:

Durchführung der Feldforschung und Ergebnissicherung

Für diese Arbeitsphase wurden Kleingruppen (je vier Beschäftigte aus der WfbM und zwei Studierende) gebildet, um innerhalb von 30 Wochen alle Kultureinrichtungen untersuchen, auswerten und beschreiben zu können. Die ausgewählten Kulturstätten wurden besucht und mittels des im ersten Projekt erstellten Kriterienkataloges hinsichtlich der Barrierefreiheit eingeschätzt. In der darauf folgenden Woche traf sich die Gruppe in der Universität, um die Ergebnisse gemeinsam auszuwerten und einen Text über die Einrichtung für den Kulturführer zu verfassen. Auch diese Arbeit erfolgte in der jeweiligen Kleingruppe unter Zuhilfenahme der ausgefüllten Kriterienkataloge und einer erneuten Internetrecherche über das inhaltliche Angebot der Kultureinrichtung.

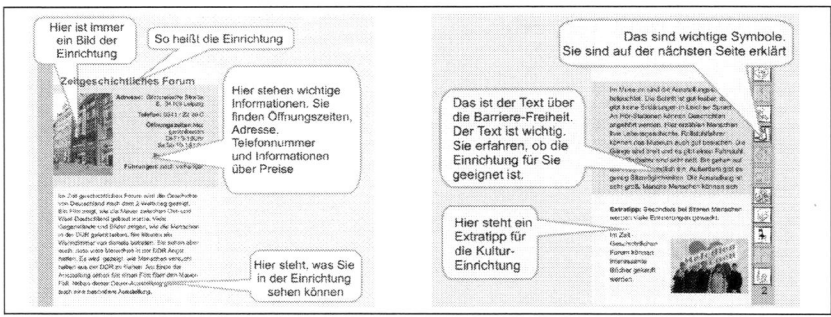

Abb. 1: Beispielhafte Darstellung einer Kultureinrichtung

Nach Fertigstellung aller Texte zu den untersuchten Kultureinrichtungen wurde deutlich, dass dem Kulturführer für eine selbständige Nutzung durch Menschen mit so genannter geistiger Behinderung noch eine bildunterstützte, leicht verständliche Wegbeschreibung fehlt. Daraufhin wurden die Wege zu den einzelnen Kultureinrichtungen nochmals unter dem Aspekt der Wegerfassung aufgesucht. Markante Stellen, die der Orientierung dienten, wurden fotografiert und anschließend in die Wegbeschreibung eingefügt.

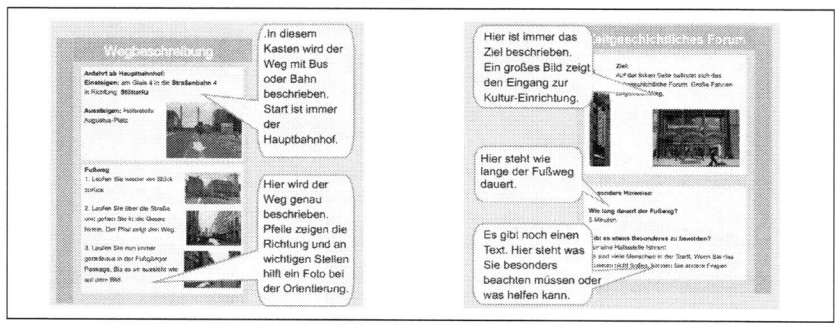

Abb. 2: Visualisierte Wegbeschreibung im Kulturführer

Überprüfung der Handhabbarkeit des Kulturführers

Nachdem die ersten Inhalte des Kulturführers fertiggestellt waren, wurden diese auf dreierlei Art und Weise geprüft.
1. Die Kultureinrichtungen selbst überprüften ihre eigenen Seiten auf inhaltliche Korrektheit.
2. Mithilfe von interessierten Menschen mit so genannter geistiger Behinderung aus dem Berufsbildungsbereich wurden die Texte in Leichter Sprache bezüglich ihrer Verständlichkeit überprüft und ggf. später angepasst.[3]
3. Andere Gruppen aus dem Berufsbildungsbereich erklärten sich bereit, die Handhabbarkeit der Wegbeschreibungen zu testen. Hierbei wurde darauf geachtet, dass die testenden Personen bisher üblicherweise noch nicht selbständig unterwegs waren.

Vorstellung Rathaussitzung und Verteilung

Abschließend wurde das Ergebnis des Forschungsprojektes in einer Rathaussitzung der Öffentlichkeit präsentiert. Hierfür bereitete sich das Forschungsteam an einem Wochenendseminar vor.

5 Forschungsergebnisse und Auswirkungen

Das Projekt „Menschen mit geistiger Behinderung lernen forschen" wurde mit einem Projektbericht in Leichter Sprache abgeschlossen. Das Fazit der Untersuchung war, dass die meisten kulturellen Einrichtungen in Leipzig gut auf Personen mit so genannter geistiger Behinderung eingerichtet sind. Wenngleich Informationen in Leichter Sprache nur sehr selten zur Verfügung gestellt wurden, so konnte eine große Bereitschaft des Personals leicht verständlich zu erklären und zu unterstützen festgestellt werden. Aus diesem Ergebnis heraus entstand die Idee, einen Kulturführer zu entwerfen. Hintergrund dieser Entscheidung war die Vermutung, dass viele Personen gar nicht wissen, dass kulturelle Einrichtungen von Interesse sein können und welche Vielfalt an Kultur es in Leipzig gibt.

Der Frage, wie inklusive Forschung funktionieren kann, widmete sich das Projekt über den gesamten Zeitraum. Immer wieder wurden die Prozesse reflektiert und Methoden angepasst. Bedeutsam war es zu erleben, dass die Selbständigkeit der Forschenden mit der Zeit zunahm. So werden bekannte Methoden wiederholt genutzt und die eigene Rolle als Forschende immer bewusster wahrgenommen. Inklusive Forschung kann daher als ein flexibler und reflexiver Prozess gelingen.

Als Forschungsergebnis des Projektes „Gemeinsam Forschen für barrierefreie Kultur in Leipzig" lassen sich zweierlei Dinge festhalten. Zum einen konnte ein

---

[3] Es wurde bewusst darauf verzichtet geschulte Testleser einzusetzen, da diese Aufgrund ihrer Vorerfahrung mit Sprache häufig schon dtl. kompetenter im Lesevestehen sind.

Kulturführer in Leichter Sprache entwickelt, getestet und vielen Menschen mit so genannter geistiger Behinderung zugänglich gemacht. Zum anderen kann es ebenso als Ergebnis angesehen werden, dass einzelne Forschende in der Öffentlichkeit auftraten und somit auf die Notwendigkeit von besseren Teilhabechancen aufmerksam machten. So führte ein Forscher mit so genannter geistiger Behinderung im Anschluss an das Projekt Stadtführungen durch Leipzig durch und erfüllte sich damit einen lang ersehnten Wunsch. Außerdem stellten einzelne Forschende mit so genannter geistiger Behinderung das Projekt auf verschiedenen deutschlandweiten Tagungen vor. Aber auch in anderen Lebensbereichen konnte ein deutlicher Zuwachs an Selbstbewusstsein und größerer Handlungskompetenz beobachtet werden. So konnte ein Mitarbeiter mit Behinderung im Laufe des ersten Projektes lernen, allein die öffentlichen Verkehrsmittel zu benutzen.

Neben den positiven Entwicklungen für das Forschungsteam selbst, kann eine sehr positive Resonanz von Seiten der kulturellen Einrichtungen und der Wunsch der Zusammenarbeit erwähnt werden. Zwei Einrichtungen fragten an, ob es möglich wäre, die Ausstellungen gemeinsam im Sinne der Barrierefreiheit neu zu gestalten. Die Forschenden wurden als Experten u.a. zur Unterstützung für die Erstellung eines Stadtführers in Leichter Sprache für Dresden angefragt.

6 Schwierigkeiten im Forschungsprozess

Organisatorisch – institutionelle Ebene

Um Menschen mit so genannter geistiger Behinderung mittels inklusiver Forschung dabei zu unterstützen, ihre eigenen Interessen zu verfolgen, bedarf es einer sensiblen Hinführung und Ausbildung von Forschungsfähigkeiten. Dies wiederum bedarf großer zeitlicher Ressourcen, besonders dann, wenn der partizipative Anspruch ernst genommen werden will. Der Zeitraum von einem Jahr scheint hierfür zwar geeignet, dennoch sollte auch für die weitere Forschungsarbeit noch großzügiger und flexibler Zeit einplanbar sein, was aufgrund von fest gebundenen Förderzusagen kaum möglich ist.

Wenngleich partizipative Forschungsprojekte zunehmend auch von öffentlichen Geldgebern unterstützt werden, so ist die gleichberechtigte Entlohnung aller Forschenden noch immer ein großes Problem. Das Vorhaben sah ursprünglich eine gleiche Vergütung für alle Forschungsmitglieder vor, konnte dies aufgrund der Förderrichtlinie jedoch nicht umsetzen. Die Lösung, dass die Studierenden von ihrem Honorar vielfältige Kosten, welche nicht in der Förderung enthalten waren, übernahmen, war ein Kompromiss, der von allen Beteiligten gemeinsam gefunden und getragen wurde. Dennoch wäre eine gleichberechtigte Vergütung unbedingt wünschenswert und sollte im Rahmen der Förderung einbezogen werden.

Forschungsgruppeninterne Ebene

Eine Herausforderung, welche in regelmäßigen Reflexionsrunden im gesamten Team besprochen wurde, lag darin, ein authentisches Meinungsbild der Forschenden mit Behinderungserfahrung abzubilden und als solche in den Forschungsprozess einzubinden. Um diese Herausforderung zu bewältigen, wurde darauf geachtet, Forschende mit Behinderung zu erst zu Wort kommen zu lassen und Wortbeiträge der Studierenden nicht an den Schluss zu stellen, da die zuletzt gesprochenen Inhalte häufig am nachhaltigsten sind. Gleichermaßen wurde das Abstimmungsverhalten dahingehend kontrolliert, dass Forschende mit akademischem Hintergrund ihre Stimmen abschließend abgaben. Trotz der permanenten reflexiven Methodenanpassungen, blieb es eine große Herausforderung, sich als Forschende ohne Behinderung zurück zu nehmen, um nicht schon in scheinbar neutralen Fragestellungen und Arbeitsaufträgen unterschwellig Meinungen zu beeinflussen.

Eine weitere Schwierigkeit bestand in der teilweisen Überforderung der Forschenden mit Behinderungserfahrung. Zum einen waren einzelne Arbeitsaufträge im Forschungsprozess (Leitung der Gruppentreffen, Abschließendes Verfassen eines Forschungsberichtes) eine sehr große und z.T. nicht erfüllbare Herausforderung. Zum anderen wurden einzelne Forschende mit Behinderung auch stark in die Öffentlichkeitsarbeit (Filmdokumentationen, Interviewanfragen, Präsentation auf Fachtagen) eingebunden, so dass es von Zeit zu Zeit zu Erschöpfung kam. Diese rechtzeitig zu erkennen und nicht die eigenen Ressourcen zugrunde zu legen, ist eine weitere Herausforderung für die Forschenden mit akademischem Hintergrund.

Übergeordnete Ebene

Als eine weitere zentrale Schwierigkeit erweist sich die Grenzziehung zwischen forschendem und pädagogischem Handeln im Prozess des inklusiven Forschens. Wie zuvor beschrieben, besteht die Notwendigkeit, Menschen mit so genannter geistiger Behinderung, zu reflexivem Denken im Sinne wissenschaftlichen Arbeitens anzuleiten, welches für einen Forschungsprozess unabdingbar ist. (Vgl. Unger 2014, 48; Bergold & Thomas 2010, 338f.). Inklusive Forschung beginnt demnach mit einer eher pädagogisch ausgerichteten Phase, in welcher Forschungsmethoden und -voraussetzungen anhand eines zu erforschenden Gegenstandes vermittelt und angeeignet werden und geht später in eine Phase über in welcher das Forschen deutlicher im Vordergrund steht und die erlernten Fähigkeiten Anwendung finden. In Fachdiskursen wird diese Pädagogisierung von Forschung häufig kritisch betrachtet (Diskurs zur DIFGB-Tagung im November 2010, Goeke & Kubanski 2012). Nimmt man das Kriterium der direkten Praxiswirksamkeit von partizipativer Forschung jedoch ernst, so lässt sich begründen, dass partizipative

Forschung schon darin praktisch wirksam wird, indem sie die Grenzen der Selbst- und Mitbestimmungsmöglichkeiten von Menschen mit Lernschwierigkeiten erweitert, indem es die Forschenden befähigt, ihre Lebenswirklichkeit vor dem Hintergrund einer fachlichen Auseinandersetzung zu reflektieren und zu verändern.

Literatur
Bergold, J. & Thomas, S. (2010): Partizipative Forschung. In: Mey & Mruck (Hrsg.): Handbuch qualitative Forschung in der Psychologie. VS Verlag: Wiesbaden.
Goeke, S. & Kubanski, D. (2012): Menschen mit Behinderungen als GrenzgängerInnen im akademischen Raum – Chancen partizipatorischer Forschung [84 Absätze]. In: Forum Qualitative Sozialforschung, 13(1), Art. 6. Online unter: http://nbn-resolving.de/urn:nbn:de:0114-fqs120162.
Hermes, G. & Rohrmann, E. (2006): Nichts über uns – ohne uns! Disability Studies als neuer Ansatz emanzipatorischer und interdisziplinärer Forschung über Behinderung, AG SPAK Bücher, Neu-Ulm.
Kohlmann, K. (2011a): Teilhabe am kulturellen Leben der Gesellschaft. Inklusive Forschung als Wegbereiter. In: Teilhabe, 1, 23-28.
Kohlmann, K. (2011b): Gemeinsam forschen in Leipzig/Kulturführer in Leichter Sprache. In: Erhardt & Grüber: Teilhabe von Menschen mit geistiger Behinderung am Leben in der Kommune, Lambertus Verlag.
Kohlmann, K. & Deckner, W. (2013): Wegbereiter der Inklusion: Das Projekt „Gemeinsam forschen". In: DRK und IMWE (Hrsg.): Inklusion konkret. Die UN-Behindertenrechtskonvention vor Ort umsetzen.
Lebenshilfe für Menschen mit geistiger Behinderung e.V. (2008): Forschungsbericht. Gemeinsam Forschen. Online unter: http://www.lebenshilfe-leipzig.de/projekte/menschen-mit-geistiger-behinderung-lernen-forschen.html
Mühl, H. (2004): Geistige Behinderung. In: Bundesagentur für Arbeit (Hrsg.): Teilhabe durch berufliche Rehabilitation, Nürnberg.
Mutzeck, W. (2008): Kooperative Beratung. Grundlagen, Methoden, Training, Effektivität. Beltz Taschenbuch, Weinheim.
Netzwerk People First Deutschland (Hrsg.) (1999): Das brauchen wir um gleichberechtigt zu sein.
Unger, H. von (2014): Partizipative Forschung. Einführung in die Forschungspraxis, Springer VS,
Walmsley, J. & Johnson, K. (2003): Inclusive research with people with learning disabilities. past, present and futures. 2. Auflage, Großbritanien, Atheneum Press.

Monika Seifert

"Leben im Quartier" – Menschen mit Lernschwierigkeiten als AkteurInnen im Kontext eines teilhabeorientierten Forschungsprojekts

Zusammenfassung

Im Rahmen des Stadtteilprojekts „Leben im Quartier" wurde mittels sozialramorientierter qualitativer Methoden der Stand der sozialen Einbindung von Menschen mit Lernschwierigkeiten in ihrem Wohnumfeld untersucht. Die Ergebnisse zeigen vielfältige Facetten der Alltagswirklichkeit des Personenkreises und den Handlungsbedarf zur Stärkung der Teilhabe in subjektiv bedeutsamen Lebensbereichen. Auf unterschiedlichen Ebenen des Forschungsprozesses waren die ProjektteilnehmerInnen aktiv beteiligt, insbesondere bei der Planung der Durchführung des Projekts, bei der Datenerhebung, der Ergebnissicherung und der Präsentation. Das Projekt „Leben im Quartier" ist Teil der Berliner „Kundenstudie" zur Weiterentwicklung der Dienstleistungen im Bereich des Wohnens von Menschen mit Behinderung unter veränderten fachlichen, gesellschaftlichen und ökonomischen Bedingungen (Seifert 2010). Bezugsrahmen der Studie waren die Forderungen der UN-Behindertenrechtskonvention zur Inklusion und Partizipation von Menschen mit Behinderungen in allen Lebensbereichen.
Im Mittelpunkt der Forschung standen die Erfahrungen und Vorstellungen von Menschen mit Lernschwierigkeiten (leistungsrechtlich als „geistig behindert" bezeichnet): Wie schätzen sie ihre Lebenslage und ihre Zugehörigkeit zur Gemeinschaft ein? Welche Ziele haben sie bezogen auf ihre derzeitige Wohn- und Teilhabesituation? Wie können ihre eigenen Kräfte zur Realisierung der Ziele gestärkt werden? Welche Ressourcen können genutzt werden? Welche Strategien sind geeignet, ihre Teilhabechancen zu verbessern?
Dem Forschungsgegenstand entsprechend orientierte sich das den Untersuchungen zugrunde liegende Verständnis von Teilhabe an Artikel 19 UN-BRK. Teilhabe wird hier als „Einbeziehung in die Gemeinschaft" („being included in the community") definiert. Zugleich wird der Anspruch an die Unterstützungsleistungen konkretisiert: „Verhinderung von Isolation und Absonderung von der Gemeinschaft" („to prevent isolation or segregation from the community").
Über 250 Personen mit Lernschwierigkeiten waren in unterschiedlichen Kontexten an der „Kundenstudie" beteiligt. Zur Ermittlung ihrer Sichtweisen kamen

folgende Erhebungsverfahren zur Anwendung: standardisierte Face-to-Face-Befragungen mittels Fragebogen in leicht verständlicher Sprache, offene Interviews im häuslichen Bereich, Gruppendiskussionen in Freizeitklubs sowie Workshops. Die Ergebnisse zeigen im Feld der sozialen Teilhabe erheblichen Handlungsbedarf: Fast 40% der Befragten in betreuten Wohnformen haben keinen Ort in ihrer Nähe, an dem sie andere Leute treffen und mit ihnen gemeinsam etwas unternehmen können (n=137). Nahezu die Hälfte hätte gern mehr Kontakte mit Leuten in der Wohngegend. Rund zwei Drittel kennen Einsamkeitsgefühle aus eigener Erfahrung. Für manche gehören Diskriminierungserfahrungen zum Alltag. Zur differenzierteren Erforschung des Stands der Teilhabe dieses Personenkreises wurde unter Mitwirkung von Studierenden der Katholischen Hochschule für Sozialwesen Berlin das Stadtteilprojekt „Leben im Quartier" durchgeführt, das im Verbund mit sozialraumorientierten Handlungsansätzen Elemente partizipativer Forschung integriert. Im Folgenden werden Fragestellung und Vorgehensweise des Projekts beschrieben und zentrale Ergebnisse diskutiert. Eine zusammenfassende Einschätzung des Stellenwerts der Prinzipien Inklusiver Forschung in diesem Projekt bildet den Abschluss.

1 Fragestellung und Methode

Zentrale Fragen des Stadtteilprojekts waren:
- Wie sind Menschen mit Lernschwierigkeiten aktuell in ihr Stadtviertel eingebunden?
- Welche Bedingungsfaktoren sind für eine gelingende Teilhabe bedeutsam?
- Wie kann die Teilhabe an subjektiv bedeutsamen Lebensbereichen gestärkt werden?

Zur Annäherung an die subjektiven Sichtweisen der ProjektteilnehmerInnen haben die Studierenden über einen Zeitraum von mehreren Wochen mit den behinderten Frauen und Männern jeweils individuell Gespräche und Spaziergänge im Kiez (Wohnviertel) durchgeführt. Grundlage der Gespräche waren Fragen zum Tagesablauf, zu Unternehmungen im Stadtviertel, zu subjektiv bedeutsamen Menschen und Orten, zu Freizeitaktivitäten und zu Zukunftswünschen. Bei den Kiezgängen führten die Menschen mit Behinderung ihre BegleiterInnen selbst zu ihren subjektiv bedeutsamen Orten.

Das Projekt wurde in drei Berliner Bezirken mit jeweils unterschiedlichen Strukturen, Entwicklungsprozessen und Problemlagen realisiert: Tempelhof-Schöneberg, Pankow, Marzahn-Hellersdorf. Dadurch sollte sichergestellt werden, dass Menschen mit verschiedenen sozialräumlichen Erfahrungen in das Projekt einbezogen sind.

Das Spezifische eines Bezirks lässt sich nicht allein durch Daten der öffentlichen Statistik beschreiben. Im Interesse der sozialen Inklusion von Menschen mit Behinderung sind darüber hinaus „teilhaberelevante Kriterien" zu betrachten, wie die Sozial- und Infrastruktur, die Aufenthaltsqualität des öffentlichen Raums, Aktivitäten bürgerschaftlichen Engagements, die Partizipationskultur in Angelegenheiten des Stadtteils und das Engagement für innovative Projekte.

In Quartieren mit einem aktiven lokalen Gemeinwesen besteht ein großer Fundus an „Sozialkapital", an gesellschaftlichen Ressourcen, die „von Vertrauen und wechselseitiger Unterstützung, von Kooperation und alltagspraktischer Effektivität geprägt sind" und zur Stärkung der Teilhabechancen von Menschen mit Behinderung genutzt werden können (Menzl 2007). Dem gegenüber stehen Quartiere mit besonderem Entwicklungsbedarf, die durch komplexe Problemlagen gekennzeichnet sind, z.B. durch Defizite in der Infrastruktur, durch den Rückgang der wirtschaftlichen Aktivitäten, steigenden Leerstand an Gewerbe- und Wohnräumen und hohe Arbeitslosigkeit sowie durch einen hohen Grad an Abhängigkeit von Transfereinkommen, große Anteile von MigrantInnen und den Wegzug von einkommensstärkeren Haushalten und Familien (vgl. http://www.quartiersmanagement-berlin.de).

Tab. 1: Projektteilnehmende „Leben im Quartier" (Die Verwendung des Logos im Praxisprojekt „Leben im Quartier" erfolgt mit Zustimmung der Urheberin Sindy Zimmermann.)

Stadtteilprojekt „Leben im Quartier"[1]	
Beteiligte	22 Personen mit Lernschwierigkeiten
Geschlecht	9 Frauen; 13 Männer
Alter	19 – 77 Jahre
Mobilität	1 Mann altersbedingt auf einen Rollstuhl angewiesen
Weitere Beeinträchtigungen	3 Personen mit stark eingeschränkter Kommunikationskompetenz; 1 blinde Person
Migrationshintergrund	5 Personen
Wohnbezirk	Tempelhof-Schöneberg (13 Personen); Marzahn-Hellersdorf (5 Personen); Pankow (4 Personen)
Wohnform	Familie (4 Personen); eigene Wohnung (5 Personen); Wohngemeinschaft (6 Personen); Wohnheim (7 Personen); *Ambulante Unterstützung in eigener Wohnung: teils durch Mitarbeitende der Behindertenhilfe, teils durch Familienangehörige*
Arbeitsplatz	WfbM (11 Personen); allg. Arbeitsmarkt (1 Person); Sonstiges (2 Personen)
Berufsschule mit sonderpädagogischer Aufgabe	3 Personen
Ruhestand	5 Personen

Die meisten ProjektteilnehmerInnen wohnten zum Zeitpunkt der Untersuchungen in Tempelhof-Schöneberg. Der Sozialstrukturatlas Berlin 2008 der Senatsverwaltung für Gesundheit, Soziales und Verbraucherschutz bescheinigt diesem Bezirk (wie auch Pankow) eine relativ günstige Sozialstruktur (vgl. Seifert 2010, 308). Dem gegenüber gehört der Bezirk Marzahn-Hellersdorf zu den sozialstrukturell stark belasteten Bezirken. Tabelle 1 zeigt die Zusammensetzung des Teilnehmerkreises nach Geschlecht, Alter, Beeinträchtigung, Herkunft, Wohnbezirk, Wohnform und Arbeits- bzw. Ausbildungssituation.

2 Ergebnisse

Im Folgenden werden die Ergebnisse zu den sozialen Netzwerken und zur Gemeinweseneinbindung der ProjektteilnehmerInnen zusammengefasst. Die kleine Teilnehmerzahl lässt keinerlei Verallgemeinerungen zu. Zudem konnte wegen der eng bemessenen zeitlichen und personellen Kapazitäten des Projekts die Beteiligung von Menschen mit höherem Hilfebedarf, die überwiegend nonverbal kommunizieren, nicht realisiert werden. Auch Personen mit komplexem Unterstützungsbedarf, die nicht für sich selbst sprechen können und bei der Artikulation ihrer Interessen anwaltschaftlicher Unterstützung bedürfen (i. S. von Parteinahme; vgl. Störmer 2004) konnten nicht einbezogen werden.

Soziale Netzwerke

Die für die soziale Integration am häufigsten verwendeten Indikatoren sind die Größe und Dichte des Netzwerks und die Frequenz sozialer Interaktionen (vgl. Bullinger & Nowak 1998). Quantitativ-strukturelle Aspekte sagen jedoch nichts über die Qualität der sozialen Beziehungen aus. Von daher sind bei der Einschätzung der subjektiven Bedeutung von Netzwerkbeziehungen ergänzend inhaltlich-funktionale Aspekte zu betrachten. Auch Fragen nach dem Entstehen der Beziehung (frei gewählt und oder nicht frei gewählt) und nach Abhängigkeitsverhältnissen spielen eine Rolle, z.B. in Interaktionen mit professionellen UnterstützerInnen im Wohnalltag. Ein soziales Netzwerk kann positive oder negative Auswirkungen auf das soziale Wohlbefinden haben; es kann Unterstützung bieten oder Stress erzeugen, z.B. durch Diskriminierungserfahrungen im Umfeld oder am Arbeitsplatz oder durch belastende Beziehungen zur Herkunftsfamilie.

Wesentliche *Funktionen der sozialen Unterstützung* sind die praktische Unterstützung im Alltag, die kognitive Unterstützung durch Vermittlung von Informationen, Wissen und Ratschlägen, soziale Kontakte im Bereich von Freizeit und Geselligkeit, die Identitätsentwicklung durch Unterstützung bei der Übernahme von Rollen (z.B. als NachbarIn, ArbeitskollegIn, KundIn) und die emotionale Unterstützung, die Gefühle der Geborgenheit, Zuneigung, Zugehörigkeit und Anerkennung weckt oder stärkt (vgl. Beck 2008).

Zur Analyse des sozialen Netzwerks von Menschen mit Lernschwierigkeiten wurden im Stadtteilprojekt – in Anlehnung an netzwerkbezogene Methoden in der Jugendhilfe – mit den Beteiligten Gespräche über subjektiv bedeutsame Personen geführt und Persönliche Netzwerk-Karten erstellt (vgl. „Eco-Mapping", „8-Felder-Karte"; Früchtel et al. 2007). Sie erheben nicht den Anspruch auf eine vollständige Darstellung, sondern spiegeln die persönlichen Präferenzen und individuellen Deutungsmuster. Zur Kennzeichnung von Sympathiewerten standen z.B. Klebepunkte in unterschiedlichen Farben oder mit Smileys zur Verfügung. Nähe und Distanz konnten durch die Platzierung der Punkte auf der Netz-Karte deutlich gemacht werden, in deren Mittelpunkt der Teilnehmer bzw. die Teilnehmerin stand (ICH). Zur Strukturierung des Netzwerks wurden die von den Beteiligten spontan genannten Personen in Gruppen zusammengefasst und unter Beibehaltung der Platzierung folgenden Feldern zugeordnet: Familie – Verwandtschaft – Wohnbereich – Freundeskreis – Nachbarschaft – Stadtviertel – Arbeitsstelle – professionelles Hilfesystem. In der vergleichenden Analyse der ermittelten Netzwerkstrukturen und ihrer funktionalen Bedeutung wurden die Ergebnisse nach Lebensphasen, Wohnform, ethnischem Hintergrund und Geschlecht betrachtet.

Relevanz der Lebensphasen
In allen Lebensphasen stehen die familiären Beziehungen an erster Stelle, vor allem im Hinblick auf die emotionale, identitätsstärkende und praktische Unterstützung in Angelegenheiten des Alltags. Wo die Angehörigen verstorben sind, ist die Wohngruppe zum Familienersatz geworden. Die Freundeskreise für gemeinsame Unternehmungen sind im jüngeren Alter vielfältiger, meist auf Menschen mit Lernschwierigkeiten beschränkt. Einige der älteren ProjektteilnehmerInnen haben keine Freunde außerhalb des Wohnbereichs. Im Stadtteil gibt es bei den Jüngeren viele positive Kontakte zu Dienstleistern, z.B. zum Kellner in der Pizzeria, zu Betreibern eines Dönerladens, zu VerkäuferInnen in der Eisdiele an der Ecke, zum Friseur oder zum Inhaber eines Fahrradladens. Die Übernahme der Kundenrolle stärkt ihr Selbstbewusstsein. Bei den Älteren sind die Begegnungen eher oberflächlich, z.B. beim Einkaufen, beim Spazierengehen oder in öffentlichen Verkehrsmitteln. Persönliche Kontakte zu anderen Leuten im Stadtviertel, die das Erleben der Zugehörigkeit zum Gemeinwesen stärken könnten, sind in allen Lebensphasen eher selten. Einzelne berichten von diskriminierenden Erfahrungen, z.B. dass sie von Jugendlichen auf offener Straße beschimpft und angespuckt wurden.

Es ist davon auszugehen, dass die beschriebenen Unterschiede in den sozialen Kontakten nicht allein lebensphasenbedingt sind. Auch Persönlichkeitsmerkmale des Einzelnen, biografische Erfahrungen und Veränderungen des Unterstützungssystems spielen eine Rolle. Im Gegensatz zu früheren institutionsbezogenen Betreuungskonzepten orientieren sich Mitarbeitende von Einrichtungen und Diensten der Behindertenhilfe heute an den im SGB IX verankerten Leitlinien Selbstbestimmung und Förderung der gesellschaftlichen Teilhabe. Ältere Menschen mit Lernschwierigkeiten haben generationsbedingt von dieser Entwicklung nur in geringem Maß profitiert, insbesondere in stationären Wohneinrichtungen.

Relevanz der Wohnform
Die Wohnform ist ein wesentlicher Bedingungsfaktor für die Entwicklung sozialer Netzwerke außerhalb des Wohnbereichs. Aussagen von ProjektteilnehmerIn-

nen, die in Wohngruppen leben, lassen eine Konzentrierung der Sozialkontakte auf einrichtungsinterne Personen erkennen. Das Zusammenleben mit den MitbewohnerInnen wird überwiegend positiv erlebt, sie werden als FreizeitpartnerInnen geschätzt. Die GruppenmitarbeiterInnen fungieren als wichtige Bezugspersonen, die praktische Unterstützung im Alltag bieten, Freizeitaktivitäten begleiten, Rat in allen Angelegenheiten geben und Sicherheit und Rückhalt in Krisen bieten. Kontakte zur Nachbarschaft sind bei HeimbewohnerInnen kaum erschlossen.

Beim ambulant unterstützten Wohnen in einer eigenen Wohnung hat die Nachbarschaft eine stärkere Bedeutung, z.B. durch gegenseitige Hilfeleistungen (Versorgung von Haustieren oder Blumen in Urlaubszeiten u.a.). Gemeinsame Interessen, die verbindend wirken können, gibt es eher selten. Bei einer Frau hat sich über die Kinder einer benachbarten Familie eine „Kontaktbrücke" zu deren Eltern ergeben; bei einem Mann führen gemeinsame Technikinteressen zu regelmäßigen Kontakten mit einem Nachbarn. Langjähriges Wohnen mitten im Stadtviertel erweist sich als Kontakt fördernder Bedingungsfaktor. So wird z.B. eine Frau, die in den umliegenden Läden gut bekannt ist, von einigen Dienstleistern ab und zu zum Kaffee eingeladen.

Relevanz der Geschlechtszugehörigkeit

Die im Projekt vorliegenden Aussagen zu subjektiv bedeutsamen sozialen Beziehungen und Kontakten lassen nur wenige Rückschlüsse auf geschlechtsspezifische Unterschiede zu. Die familiären Beziehungen (sofern vorhanden) sind für Männer und Frauen gleichermaßen von besonderer Bedeutung. Der Kreis enger Freunde ist bei allen relativ klein – mit Ausnahme einer jungen Frau, die noch im Elternhaus lebt. Unterschiede sind hinsichtlich der subjektiven Bedeutung sozialer Kontakte in der Freizeit zu erkennen. Für einige der beteiligten Frauen sind beständige freundschaftliche Beziehungen zu anderen Personen mit Lernschwierigkeiten im sozialen Nahraum wichtig und werden intensiv gepflegt, während bei den beteiligten Männern teilweise das Bedürfnis nach Geselligkeit im Vordergrund steht, unabhängig von der Konstanz der FreizeitpartnerInnen.

Relevanz des Migrationshintergrunds

Die soziale Teilhabe wird bei den am Projekt beteiligten Personen nicht-deutscher Herkunft (überwiegend türkische Wurzeln) in erster Linie über die Herkunftsfamilie verwirklicht. Der Familienverband bietet ihnen Sicherheit, Geborgenheit und Anerkennung. Das emotionale Eingebundensein kann – je nach Selbstverständnis der Familien – zur Absonderung des behinderten Menschen von außerfamilialen Kontakten führen oder Motor für Teilhabe fördernde Aktivitäten sein, indem sie notwendiges Alltagswissen und vielfältige soziale Kontakte zur Aufnahmegesellschaft vermitteln. Dieser Sachverhalt korrespondiert mit Erkenntnissen der Migrationsforschung zur Rolle von familialen und verwandtschaftlichen Beziehungen in Migrantenfamilien in Eingliederungsprozessen (vgl. Nauck & Kohlmann 1998).

Erkenntnisse
Die Ergebnisse zeigen, dass positiv erlebte soziale Beziehungen überwiegend im informellen (primären) Netzwerk lokalisiert sind, vorzugsweise Familie, Freundes- und Bekanntenkreis, seltener in Nachbarschaften (vgl. Bullinger & Nowak 1998). Mitglieder des formellen (sekundären) Netzwerks, wie ArbeitskollegInnen, MitarbeiterInnen von sozialen Diensten und weiteren professionellen Hilfen (z.B. medizinische, therapeutische oder psychosoziale Angebote) werden von den meisten ProjektteilnehmerInnen nur im Einzelfall dem Kreis der Menschen zugeordnet, die für sie im Alltag subjektiv bedeutsam sind – mit Ausnahme von GruppenmitarbeiterInnen oder Assistenzpersonen. Die Ebene des intermediären (tertiären) Netzwerks, zu dem z.B. Selbsthilfegruppen, Vereine und Bürgerinitiativen gehören, spielt im Leben der Projektbeteiligten keine Rolle. Daraus wird deutlich, dass sozialraumbezogene Ansätze zur Stärkung der sozialen Teilhabe von Menschen mit Lernschwierigkeiten in der professionellen Arbeit zu intensivieren sind.

Einbindung in den Stadtteil

Die Fokussierung auf das Mikrosystem Wohnquartier bedeutet, die dort lebenden Menschen nicht nur als Individuum in den Blick zu nehmen, sondern in ihren jeweils gegebenen Lebensverhältnissen, in ihrer „Bezogenheit auf andere" und ihrem „Eingebettet-Sein in die materiellen, sozialen und symbolischen Strukturen der Lebenswelt", in der sie sich befinden (Brückner & Thiersch 2005, 142). In seinem Kiez, da kennt man sich aus, Leute und Straßen sind vertraut. Das Vertraut-Sein ist Ergebnis eines meist jahrelangen Prozesses, in dem sich vielfältige Erfahrungen zu einem Konglomerat von Bedeutungen verdichtet haben, die Orten, Menschen, Geschichten und Situationen zugeschrieben werden. Die jeweilige Konstellation von personellen, materiellen und strukturellen Bedingungsfaktoren kann sich förderlich oder hemmend auf das Zusammenleben auswirken.

Wechselwirkungsprozesse zwischen objektiv gegebenen Bedingungen und subjektiven Bedürfnissen machen den sozialen Nahraum zu einem Aneignungsraum, zu einem Erfahrungs- und Lernfeld, in dem eine bestmögliche Balance bzw. Passung zwischen den eigenen Interessen und Dispositionen und den Potenzialen des Quartiers herzustellen ist. Vor diesem Hintergrund wird das Wohnquartier je nach Lebensalter, Lebenslage und Lebenserfahrung, nach Geschlecht und ethnischer Zugehörigkeit unterschiedlich genutzt.

Wohnquartiere sind *Möglichkeitsräume für Teilhabe*. Sie haben für die soziale Einbindung von Menschen mit Behinderung in die Gemeinschaft zentrale Bedeutung. Welche Gegebenheiten die persönliche Teilhabe stärken oder hemmen, wurde bei den Kiezgängen der ProjekteilnehmerInnen zu Lieblingsorten und Meideorten deutlich, die in Anlehnung an Methoden der Sozialen Arbeit mit Kindern, Jugendlichen und Senioren zur Erkundung des Sozialraums durchgeführt wurden (z.B. Nadelmethode, subjektive Landkarten; vgl. Franzen 2005; Früchtel et al. 2007; Deinet 2009). Ihre Aussagen wurden in Persönlichen Kiez-Karten dokumentiert, z.B. mit Zeichnungen, Fotos, Stadtteilkarten.

Zusammenfassend kann festgestellt werden, dass der Alltag im unmittelbaren Wohnumfeld hinsichtlich der Art der Aktivitäten in vielen Bereichen dem Alltag nicht behinderter Menschen vergleichbar ist, insbesondere bei der Nutzung von *Geschäften und Dienstleistungen* und *Räumen zur Erholung*. Unterschiede bestehen in den sozialen Kontexten von Kommunikation und Interaktion. Intensivere Kontakte bestehen überwiegend zu anderen Menschen mit Lernschwierigkeiten, mit denen Aktivitäten im Stadtteil unternommen werden, u.a. Besuche von Freizeitklubs der Behindertenhilfe. Alltägliche Begegnungen mit nicht behinderten Menschen sind meist freundlich, aber eher oberflächlich, gemeinsame Unternehmungen spielen so gut wie keine Rolle. *Bildungs- und Kulturangebote* werden überwiegend von jüngeren Frauen und Männern genutzt, insbesondere von jenen, die in der Familie leben oder deren Eltern sich in besonderer Weise für die Teilnahme ihrer Söhne und Töchter an Angeboten im Stadtteil engagieren (z.B. Tanzkurs, Zirkustraining, Malkurs). Einige Frauen und Männer haben eine starke Identifizierung mit ihrem Stadtteil entwickelt. Dies ist u.a. daran erkennbar, dass sie sehr aufmerksam durch ihren Kiez gehen und Veränderungen bemerken, über die sie sich freuen (z.B. neue Steinplatten auf dem Rathausplatz), oder Zustände entdecken, die sie ärgern (z.B. Abfälle im Teich, Hundekot auf Fußwegen, Müllecken). Solche Erfahrungen könnten Ansatzpunkte für gemeinsame Aktionen mit anderen KiezbewohnerInnen werden.

Die Häufigkeit und Vielfalt von Aktivitäten im Quartier stehen in Wechselwirkung mit persönlichen Interessen, der persönlichen Konstitution und den Freiräumen, die gewährt werden. Wohnformbezogene Unterschiede sind u.a. durch den Grad der Selbstständigkeit bedingt. Altersbedingte Veränderungen führen – wie bei nicht behinderten Menschen – zu einer Abnahme der in jüngeren Jahren gepflegten Aktivitäten und zu einer Begrenzung der Räume, die im Alltag genutzt werden. Mehrere ältere Frauen und Männer nehmen fast ausschließlich Angebote auf dem Heimgelände in Anspruch.

Die ProjektteilnehmerInnen nicht-deutscher Herkunft nutzen die Ressourcen des Stadtteils nur punktuell, vor allem zum Einkaufen von Produkten für den täglichen Bedarf und zur Inanspruchnahme von Dienstleistungen. Als Räume der Begegnung und der Kommunikation haben die Wohnungen der Familienangehörigen einen zentralen Stellenwert; hier trifft man sich regelmäßig mit Eltern und Verwandten zum Austausch, zu gemeinsamen Mahlzeiten und Unternehmungen. Aktionsräume, die eigenständig oder in Begleitung genutzt werden, sind vor allem

Freizeitangebote der Behindertenhilfe. Gemeinsame Aktivitäten oder Zusammenkünfte mit nicht zur Familie gehörenden Menschen ohne Behinderung gibt es kaum.

Verbesserung der Teilhabechancen

Auf der Basis der Aussagen in den Gesprächen und bei den Kiezbegehungen wurden die Beteiligten nach ihren Vorstellungen zur Verbesserung ihrer Teilhabe in subjektiv bedeutsamen Lebensbereichen gefragt. Nicht alle konnten diese Frage beantworten. Mit denjenigen, die konkrete Vorstellungen hatten, wurde – in Anlehnung an das PATH-Modell (Kan & Doose 2000) – überlegt, auf welche Weise er oder sie dem Ziel näher kommen kann. Wegen der knappen personellen und zeitlichen Ressourcen des Projekts erfolgte dieser Prozess ohne Einbeziehung eines Unterstützerkreises. Die Ergebnisse wurden in einem gemeinsam erstellten Persönlichen Teilhabe-Plan festgehalten, der in kleinen Schritten einen möglichen Weg zum Erreichen des Ziels vorzeichnet. Dabei lag besonderes Gewicht auf der Eigenaktivität des behinderten Menschen, auf der Frage, was er selbst tun kann und welche Ressourcen im Stadtteil genutzt werden könnten, z.B. durch Einbeziehen lokaler Akteure (die wiederum auf eigene Netzwerke zurückgreifen könnten) oder des bürgerschaftlichen Engagements.

Die Teilhabewünsche der ProjektteilnehmerInnen zeigen beispielhaft den *Handlungsbedarf* in den Bezirken auf: Es werden mehr Möglichkeiten für Arbeit- und Beschäftigung außerhalb der Werkstatt und mehr Bildungsangebote zur Stärkung eines selbstbestimmten Lebens gewünscht sowie Anlaufstellen für Partnersuche. Zudem haben die Öffnung von Vereinen (z.B. Sportvereine) und die Möglichkeit, mehr kulturelle Angebote nach eigener Wahl wahrnehmen zu können, besondere Bedeutung.

Für die Weiterentwicklung der Teilhabechancen von Menschen mit Lernschwierigkeiten im Stadtteil ist die *Beteiligung von SelbstvertreterInnen* an lokalen Planungs- und Gestaltungsprozessen unerlässlich (vgl. Seifert 2011). In diesem Feld kommt der Erwachsenenbildung eine zentrale Rolle zu. Sie kann Empowerment-Prozesse initiieren und begleiten, die den Boden bereiten für die Entstehung von Selbstvertretungsgruppen und die Mitwirkung an lokalen Projekten. Mögliche Wege zur Verbesserung der Teilhabe für diesen Personenkreis wurden in der Berliner „Kundstudie" unter Bezugnahme auf das Fachkonzept Sozialraumorientierung (vgl. Hinte 2009; Früchtel et al. 2007a) auf unterschiedlichen Ebenen in differenzierter Form dargestellt.

3 Zusammenfassende Einschätzung

Mit Blick auf die eingangs formulierten Fragestellungen des Stadtteilprojekts „Leben im Quartier" ist festzustellen, dass sich die im Projekt angewendeten sozialraumbezogenen Methoden als Instrument zur Erkundung, Darstellung und Reflexion des Stands der Teilhabe im Wohnumfeld bewährt haben. Sie sind ein geeignetes Medium, auf der Basis der subjektiven Wahrnehmung des behinderten Menschen die Kontextfaktoren für eine gelungene oder unzureichende soziale Einbindung gemeinsam mit den Betroffenen zu reflektieren, den Handlungsbedarf zu erkennen und Möglichkeiten zur Veränderung der Situation zu diskutieren und ggf. öffentlich zu machen.

Das Stadtteilprojekt wurde mangels zeitlicher und personeller Kapazitäten nicht als Inklusive Forschung konzipiert. Darum fanden die von Walmsley & Johnson (2003) formulierten Prinzipien Inklusiver Forschung nur ansatzweise Berücksichtigung (vgl. Buchner et al. 2011). Zweifellos hat das Forschungsthema „Leben im Quartier" für Menschen mit Lernschwierigkeiten zentrale Bedeutung, die Durchführung des Projekts geschieht in ihrem Interesse. Bezugsrahmen ist die UN-Behindertenrechtskonvention, für deren Umsetzung sich das Forschungsteam eindeutig positioniert hat. Die Ergebnisse der „Kundenstudie" wurden in Leichter Sprache publiziert. Das Postulat der Partizipation von Menschen mit Lernschwierigkeiten in allen Phasen des Forschungsprozesses konnte nicht realisiert werden. Dennoch geht die Beteiligung des Personenkreises über bloße Befragungen hinaus:

1. Auftaktveranstaltungen zur Zielsetzung und Durchführung des Projekts: In jedem Bezirk wurden die TeilnehmerInnen über das Anliegen und die Vorgehensweise des Projekts informiert. Sie erläuterten ihre derzeitige Wohnsituation und markierten ihren Wohnort auf aushängenden Bezirkskarten; die markierten Areale bildeten den Rahmen für die individuellen Erkundungen im Sozialraum. Sie lernten ihre persönlichen studentischen PartnerInnen kennen und trafen – unterstützt durch anwesende AssistentInnen oder Eltern – Vereinbarungen über Zeitpunkt und Ort der Durchführung der gemeinsamen Aktivitäten
2. Aktive Rolle der ProjektteilnehmerInnen bei der qualitativen Datenerhebung: Die TeilnehmerInnen gaben über einen Zeitraum von mehreren Wochen bei Gesprächen und Kiezgängen Einblick in ihre Alltagswirklichkeit. Sie bestimmten selbst, welche Informationen sie geben, z.B. über die Menschen und die Orte im Kiez, die für sie bedeutsam sind. Sie entschieden, welche Wege bei den Kiezgängen mit den studentischen ProjektpartnerInnen genommen wurden. Sie wählten selbst, auf welche Weise ihre Eindrücke im Kiez festgehalten werden sollen, z.B. über Fotos. Bei TeilnehmerInnen mit erheblichen Beeinträchtigungen in der Kommunikation wurden bei den Gesprächen unterstützende

Medien eingesetzt, die ihre aktive Teilnahme an der Erhebung von individuellen Sachverhalten erleichterten.
3. Gemeinsame Ergebnissicherung: Die persönlichen Sichtweisen der Beteiligten auf ihre Lebenswelt sind Basis der Interpretation der Ergebnisse hinsichtlich inkludierender und exkludierender Bedingungen im Stadtteil. Wesentliche Ergebnisse wurden von ihnen selbst mit Unterstützung der Studierenden auf Persönlichen Netzwerk-Karten und Persönlichen Kiez-Karten visualisiert.
4. Formulierung des Handlungsbedarfs: Die in den persönlichen Karten dokumentierten Erfahrungen und Einschätzungen der Beteiligten bieten Ansatzpunkte zur Stärkung ihrer Teilhabe. Die TeilnehmerInnen brachten ihre Vorstellungen zur Verbesserung der gegenwärtigen Situation ein. Sie wurden in einem Persönlichen Teilhabe-Plan festgehalten, der in kleinen Schritten mögliche Wege zum Erreichen des selbst gesetzten Ziels vorzeichnet. Bei der Umsetzung stand die Eigenaktivität des behinderten Menschen im Vordergrund, verbunden mit hilfreichen Ressourcen im sozialen Umfeld und im Stadtteil.
5. Präsentation der Ergebnisse: Die Projekte wurden in jedem Bezirk durch eine Abschlussveranstaltung beendet, auf denen die TeilnehmerInnen selbst ihre Kiez-Karten vorstellten. Zwei Projektteilnehmer erklärten sich zu Filmaufnahmen während ihren Kiezgängen und bei ihrer Erläuterung der Persönlichen Kiez-Karte auf der abschließenden Veranstaltung bereit. Der so entstandene Film „Leben im Quartier" wurde zuerst auf einer vom Forschungsteam der „Kundenstudie" initiierten Bezirkskonferenz gezeigt. Mittlerweile hat der Film in mehreren Bundesländern Verbreitung gefunden und zur Nachahmung der Methode angeregt, u.a. in Einrichtungen und Diensten der Behindertenhilfe und im Rahmen von örtlichen Teilhabeplanungen.
6. Beurteilung der Durchführung des Stadtteilprojekts: Auf den Abschlussveranstaltungen in den Bezirken wurden die TeilnehmerInnen gebeten, anhand von farbigen Punkten den Verlauf des Projekts zu bewerten.
7. Breitenwirkung: Inzwischen hat die Idee der Kiezbegehungen und das Erstellen von Kiez-Karten Menschen mit Lernschwierigkeiten in anderen Berliner Stadtteilen motiviert, dem Vorbild der ProjektteilnehmerInnen folgend auch in ihrem Wohnumfeld Teilhabe stärkende Angebote und Barrieren zu erkunden und in einer Broschüre für Menschen mit Behinderung zu veröffentlichen.

Bei künftigen Forschungsprojekten zum Wohnen und Leben im Gemeinwesen sollten die Interessen und Kompetenzen von Menschen mit Lernschwierigkeiten durch deren Beteiligung in allen Phasen des Forschungsprozesses Berücksichtigung finden.

Literatur

Beck, I. (2008): Personale Orientierung und Netzwerkförderung. In: DHG – Deutsche Heilpädagogische Gesellschaft e. V. (Hrsg.): Sozialraumorientierung in der Behindertenhilfe. Dokumentation der DHG-Tagung Dezember 2007 in Bonn. Bonn/Jülich: Eigenverlag DHG, 45-53.

Brückner, M. & Thiersch, H. (2005): Care und Lebensweltorientierung. In: Thole, W., Cloos, P., Ortmann, F. & Strutwolf, V. (Hrsg.): Soziale Arbeit im öffentlichen Raum. Soziale Gerechtigkeit in der Gestaltung des Sozialen. Wiesbaden: VS Verlag für Sozialwissenschaften, 137-149.

Buchner, T., Koenig, O. & Schuppener, S. (2011): Gemeinsames Forschen mit Menschen mit intellektueller Behinderung. Geschichte, Status quo und Möglichkeiten im Kontext der UN-Behindertenrechtskonvention. In: Teilhabe, 50 (1), 4-10.

Bullinger, H. & Nowak, J. (1998): Soziale Netzwerkarbeit. Eine Einführung für soziale Berufe. Freiburg im Breisgau: Lambertus.

Deinet, U. (2009): Analyse- und Beteiligungsmethoden. In: Deinet, U. (Hrsg.): Methodenbuch Sozialraum. Wiesbaden: VS Verlag für Sozialwissenschaften, 65-86.

Franzen, D. (2005): Erkundung von Sozialräumen in Köln-Kalk. In: Riege, Marlo; Schubert, Herbert (Hrsg.): Sozialraumanalyse. Grundlagen – Methoden – Praxis. 2. Aufl. Wiesbaden: VS Verlag für Sozialwissenschaften, 299-311.

Früchtel, F., Cyprian, G. & Budde, W. (2007a): Sozialer Raum und Soziale Arbeit. Textbook: Theoretische Grundlagen. Wiesbaden: VS Verlag für Sozialwissenschaften.

Früchtel, F., Budde, W. & Cyprian, G. (2007b): Sozialer Raum und Soziale Arbeit. Fieldbook: Methoden und Techniken. Wiesbaden: VS Verlag für Sozialwissenschaften.

Hinte, W. (2009): Eigensinn und Lebensraum – zum Stand der Diskussion um das Fachkonzept „Sozialraumorientierung". In: VHN – Vierteljahresschrift für Heilpädagogik und ihre Nachbargebiete, 78. (1), 20-33. Kan, P. von & Doose, S. (2000): Zukunftsweisend. Peer Counseling und Persönliche Zukunftsplanung. 2. Aufl. Kassel: bifos.

Menzl, M. (2007): Allgemeine Thesen zur Sozialen Stadtteilentwicklung. In: Arbeitsgemeinschaft der Freien Wohlfahrtspflege Hamburg e. V. (Hrsg.): Ambulantisierung in der Behindertenhilfe und Stadtteilentwicklung. Wie sieht das ideale Quartier aus? Dokumentation des Fachtags am 31. August 2006, 25-32.

Nauck, B. & Kohlmann, A. (1998): Verwandtschaft und soziales Kapital – Netzwerkbeziehungen in türkischen Migrantenfamilien. In: Wagner, M. & Schütze, Y. (Hrsg.): Verwandtschaft. Sozialwissenschaftliche Beiträge zu einem vernachlässigten Thema. Stuttgart: Enke, 203-236.

Rohrmann, A., Schädler, J., Wissel, T. & Gaida, M. (2010): Materialien zur örtlichen Teilhabeplanung für Menschen mit Behinderungen. Siegen: ZPE

Seifert, M. (2010): Kundenstudie. Bedarf an Dienstleistungen zur Unterstützung des Wohnens von Menschen mit Behinderung. Berlin: Rhombos-Verlag.

Seifert, M. (2011): Beteiligung von Menschen mit Lernschwierigkeiten an Prozessen der örtlichen Teilhabeplanung für Menschen mit Behinderungen. In: Lampke, D., Rohrmann, A. & Schädler, J. (Hrsg.): Örtliche Teilhabeplanung mit und für Menschen mit Behinderungen. Theorie und Praxis. Wiesbaden: VS Verlag für Sozialwissenschaften, 211-226.

Senatsverwaltung für Gesundheit, Soziales und Verbraucherschutz (Hrsg.) (2009): Sozialstrukturatlas Berlin 2008. Ein Instrument der quantitativen, interregionalen und intertemporalen Sozialraumanalyse und -planung.

Störmer, N. (2004): Teilhabe verwirklichen – Gleichstellung durchsetzen – Selbstbestimmung ermöglichen. Wo positioniert sich die Heilpädagogik? In: BHP – Berufsverband der Heilpädagogen e. V. (Hrsg.): Erfahrung – Wissen – Kompetenz: „Heilpädagogik als Assistenz und Anwaltschaft". Kiel: BHP-Verlag, 8-25.

Walmsley, J. & Johnson, K. (2003): Inclusive Research with people with learning disabilities. London: Jessica Kingsley.

Raphael Zahnd und Barbara Egloff

Das Forschungsprojekt „Lebensgeschichten"

Zusammenfassung

Im nachfolgenden Beitrag berichten wir über das Forschungsprojekt „Lebensgeschichten", das an der Universität Zürich 2012-2014 durchgeführt wurde. Dabei beginnen wir mit einer kurzen Darstellung der „inklusiven" Forschungslandschaft Schweiz, um die allgemeine Ausgangslage zu klären. Anschliessend gehen wir auf unser eigenes Projekt ein, welches dem Konzept der „Life History Research" folgt und diskutieren einige Schwierigkeiten, die uns im Forschungsprozess begegnet sind. Wir fokussieren dabei insbesondere auf das Forschungssetting, den Aspekt der Validierung und die Verwendung der Leichten Sprache.

1 Ausgangspunkt Forschungslandschaft Schweiz

Im Verlaufe des Jahres 2012 entschlossen wir uns als Lehrstuhlteam[1] gemeinsam ein neues Kapitel in Angriff zu nehmen. Wir wollten den Schritt wagen, ein erstes Mal ein Forschungsprojekt gemeinsam mit Menschen mit Lernschwierigkeiten durchzuführen. Dabei sollten die betroffenen Personen aktiv in den Forschungsprozess miteinbezogen werden. Innerhalb unserer Landesgrenzen waren wir damit nicht ganz alleine auf weiter Flur, aber doch mehr oder weniger. Im Anschluss an Buchner et al. (2011) lässt sich auch für die Schweizer Hochschullandschaft konstatieren, dass Forschungsprojekte innerhalb der Sonderpädagogik nahezu ausschliesslich als Forschung über Menschen mit Lernschwierigkeiten durchgeführt werden. Erst in den letzten Jahren entstanden einzelne Projekte mit verstärkter Betonung partizipativer Elemente, die diese Personengruppe nicht nur als reine Forschungsobjekte, sondern auch als ExpertInnen in eigener Sache erkannten. Dieser Sachverhalt bleibt zudem auch gültig, wenn man ihn nicht ausschliesslich auf Menschen mit Lernschwierigkeiten beschränkt. Ganz allgemein können Menschen mit Behinderung kaum an der akademischen Forschung in der Schweiz teilnehmen. Bevor unser eigenes Projekt dargestellt wird, möchten wir einen kurzen Rundblick über die „inklusive" schweizerische Forschungslandschaft wagen, ohne Vollständigkeit gewährleisten zu können.

---

1 Lehrstuhl Sonderpädagogik: Gesellschaft, Partizipation und Behinderung am Institut für Erziehungswissenschaft der Universität Zürich, geleitet von Prof. Dr. Ingeborg Hedderich.

Eine Ausnahme, die gemäss unserem Wissen am deutlichsten mit einer exkludierenden Forschungstradition bricht, stellt das Buch „PULS – Drucksache aus der Behindertenbewegung" dar (vgl. Graf, Renggli & Weisser 2011). Sämtliche Beiträge stammen von zentralen Protagonisten der Behindertenbewegung der Schweiz. Das Herausgeberteam hat lediglich den Rahmen für die Veröffentlichung dieser Zeitzeugendokumente zur Verfügung gestellt[2]. Konzeptuell sehr ähnlich, hinsichtlich des Umfangs jedoch deutlich reduziert, präsentiert sich ein Projekt in dessen Zentrum die Gruppe Mitsprache steht. Die Gruppe Mitsprache ist eine Selbstvertretungsgruppe von Menschen mit Lernschwierigkeiten, die ihren Sitz in Zürich hat (vgl. Gruppe Mitsprache o.J.). Christophe Roulin und Tobias Studer, zwei Mitarbeitende der Fachhochschule Nordwestschweiz, veröffentlichen in einer Zeitschrift gemeinsam mit der Gruppe einen Beitrag, in dem diese sich selber zu spezifischen Themen befragt (vgl. Egli et al. 2014). Auch in diesem Projekt übernahmen die akademischen Forscher lediglich das Bereitstellen der Plattform, die Inhalte wurden von Menschen mit Lernschwierigkeiten bestimmt. Während diese beiden Projekte im Bereich der Hochschulen diejenigen sind, die einen inklusiven Ansatz am konsequentesten verfolgen, gibt es schweizweit weitere Beiträge, die zumindest partizipative Elemente enthalten. Dazu gehört ein aktuelles Dissertationsprojekt (vgl. Diacquenod 2013), in dem gemeinsam mit Menschen mit Lernschwierigkeiten versucht wird, einen quantitativen Fragebogen zum Thema Soziale Unterstützung barrierefrei zu gestalten. Im Anschluss soll dieser Fragebogen es ermöglichen, das Thema direkt bei Menschen mit Lernschwierigkeiten zu erforschen, ohne die Meinung des Pflegepersonals einbeziehen zu müssen. Ein weiteres Projekt mit dem Namen
PALCAP widmet sich dem Thema Palliative Care in Wohnheimen der Behindertenhilfe (vgl. Wicki, Meier & Adler 2014; Wicki 2014). In diesem Projekt wurden die Ergebnisse gemeinsam mit Beforschten diskutiert und reflektiert bevor sie publiziert wurden. Um diese kleine Rundschau hier abzuschliessen, möchten wir festhalten, dass es mittlerweile durchaus möglich ist, einige Schweizer Projekte aufzuzählen, die ansatzweise dem Bereich inklusiver Forschung zugeordnet werden können. Sie sind jedoch meist noch relativ neu. Mit Bezug zur sonderpädagogischen Forschungslandschaft der Schweiz kann zudem gesagt werden, dass inklusive Ansätze noch wenig verbreitet und vor allem auch wenig diskutiert sind. In diesem Kontext erstaunt es nicht, dass die Auseinandersetzung mit dem Thema auch für unseren eigenen Lehrstuhl neu war.

---

2 Zusätzlich wurden auch sämtliche Zeitschriften, die im Zeitraum der 1970er Jahre bis hin zu den 1990er Jahren im Rahmen dieser Bewegung publiziert wurden, digital und barrierefrei archiviert. Diese sind von zentraler Bedeutung, weil sie das Zeitgeschehen aus der damaligen Sicht der Behindertenbewegung aufzeigen. Die Zeitschriften können abgerufen werden über die Plattform der ETH-Bibliothek für digitalisierte Schweizer Zeitschriften aus den Bereichen Wissenschaft und Kultur: http://retro.seals.ch/digbib/vollist?UID=pul-002.

Das unten vorgestellte Projekt bildet den eigentlichen Startpunkt einer Auseinandersetzung, die in Zukunft weitergeführt und in einem Forschungsschwerpunkt vertieft werden soll. So wurde das Projekt an ein Forschungsseminar für Masterstudierende gekoppelt und es fand ein eigens dafür entwickeltes Doktorandenseminar statt. Um in der Schweiz auch ausserhalb der Universität eine aktive Diskussion um partizipative Forschungsvorhaben anzuregen, luden wir zu einer Arbeitstagung ein. Der Austausch drehte sich um Schwierigkeiten und Vorteile partizipativer Projekte. Die inhaltliche Breite (unter den Teilnehmenden waren nicht nur Forschende, sondern auch Personen aus dem Bereich der Kunst und des Gemeinwesens) erwies sich in den Diskussionen als Bereicherung, konnten verschiedene Probleme doch aus unterschiedlichsten Perspektiven diskutiert werden. Im Verlaufe der Zeit wurde an unserem Lehrstuhl auch ein weiteres Projekt gestartet, auf welches wir gegen Ende des Artikels noch zu sprechen kommen werden. Für uns ging und geht es dabei um zwei grundsätzliche Dinge. Erstens ist es uns als Team ein Anliegen, Forschungskompetenz zu entwickeln, die Menschen mit Lernschwierigkeiten nicht ausschliesst, sondern diese in den Prozess miteinbezieht. Zweitens war es uns wichtig eine Plattform zu bieten, die diesen Menschen eine Möglichkeit gibt darzustellen, was ihnen in ihrem Leben wichtig ist, als Kontrastpunkt zu den vorherrschenden akademischen Darstellungen

2 Unser Forschungsprojekt

Inhaltlicher Ausgangspunkt für unser Projekt war das Thema Biografie. Dieses Interesse führte uns zum Ansatz der „Life History Research" von Dorothy Atkinson und zu unserem biografischen Forschungsprojekt mit partizipativer Ausrichtung[3]. Unter der wissenschaftlichen Gesamtleitung von Prof. Dr. Ingeborg Hedderich und mit der finanziellen Unterstützung des EGBG[4], wurde das Projekt im Zeitraum von Oktober 2012 bis September 2014 durchgeführt. Ergänzend zum eigentlichen Forschungsprojekt, in welchem wir vier Lebensgeschichten von Menschen mit Lernschwierigkeiten erarbeiteten, wurden am Lehrstuhl theoretische Artikel zu Biografieforschung sowie zu methodologischen Grundlagen partizipativer Forschung geschrieben. Ziel war es, diesen theoretischen Teil und die Lebensgeschichten gemeinsam in einem Buch zu veröffentlichen (vgl. Hedderich et al. 2015). Die Theorieartikel wurden für das Buch zusätzlich in Leichte Sprache übersetzt.

Dem zirkulären Ansatz von Atkinson (vgl. bspw. Atkinson & Walmsley 1999; Atkinson 1993, 1997; Westermann & Buchner 2008) folgend entstanden in mehreren Gesprächen vier Lebensgeschichten, erzählt von Menschen mit Lernschwie-

---

[3] An dieser Stelle möchten wir uns bei Tobias Buchner für seinen Input und seine Starthilfe bedanken.
[4] Eidgenössisches Büro für die Gleichstellung von Menschen mit Behinderungen.

rigkeiten. Sie wurden darin von Schreibassistentinnen unterstützt, die es durch ihre Arbeit möglich machten, dass die Erzählungen niedergeschrieben wurden. Wenn wir von Zirkularität sprechen, dann meinen wir damit, dass die jeweiligen Forschungsteams nach einer Startphase in einen zirkulären Rhythmus übergingen, der sich aus drei tragenden Elementen zusammensetzte: Erzählen – Aufschreiben – Validieren. Allerdings ist dabei anzumerken, dass man sich diese Zirkularität nicht als klar strukturierten Ablauf vorstellen sollte. Nicht immer konnte der ganze bestehende Text auf einmal validiert werden, nicht immer wurde alles Gesagte validiert, bevor weiter erzählt wurde. Die Forschungsteams gingen unterschiedliche Wege und das erwies sich, wie im Folgenden noch ersichtlich werden wird, auch als vernünftig. Zentral war aber für alle ein Punkt: Die ErzählerInnen sollten zu jedem Zeitpunkt die Kontrolle über die ganze Geschichte haben und alles was abgedruckt wird, soll in ihrem Sinne sein. Im Folgenden möchten wir die einzelnen Forschungsschritte detaillierter thematisieren. Dabei fokussieren wir bewusst auf Stolpersteine und für uns wichtige Erkenntnisse.

Start(-schwierigkeiten)
Bezüglich der Auswahl der Menschen mit Lernschwierigkeiten, die aus ihrem Leben erzählen sollten, definierten wir nur relativ lose Kriterien. Die Kontaktaufnahme geschah in drei Fällen direkt über die Schreibassistentinnen und in einem Fall wurde uns ein Kontakt weitergeleitet. Da es sich um ein biografisches Projekt handelt, war uns wichtig, dass die angefragten Personen schon einen etwas längeren Lebensweg hinter sich hatten, also keine Jugendlichen oder Kinder mehr waren. Weiter benötigt die Zusammenarbeit zwischen Schreibassistenz und erzählender Person eine gut funktionierende Kommunikation. Als Konsequenz wurden in diesem Projekt keine Personen berücksichtigt, die auf Hilfsmittel wie bspw. unterstützte Kommunikation angewiesen waren. Mit diesem Vorgehen schlossen wir eine relevante Gruppe von Menschen mit Lernschwierigkeiten aus. Dies jedoch nicht, weil sie nicht in der Lage wären an Forschungsprozessen wie diesem teilzunehmen, sondern weil unsere zeitlichen und persönlichen Ressourcen nicht hinreichend waren. Insgesamt stellen die vier ErzählerInnen trotz dieser Einschränkung aber eine ‚durchmischte Gruppe' dar, die unter anderem auch hinsichtlich ihrer Kompetenzen in der Anwendung der Kulturtechniken stark divergieren, von ‚kann lesen und schreiben' bis hin zu ‚kann weder lesen noch schreiben'. Um dieser Diversität entgegen zu treten, wurde die Ausgestaltung der Gesprächssituation individuell an die Wünsche der Erzählpersonen angepasst. Dies bedeutet beispielsweise, dass ein Forschungsteam jeweils direkt an eine Validierung die nächste Erzählphase anschloss. Ein anderes Team hat demgegenüber in einer einzelnen Sitzung nur validiert und Textpassagen gegebenenfalls ergänzt oder geändert und ist erst in einer nächsten Sitzung zum Erzählen zurückgekehrt. Diese Flexibilität

wurde von unseren Teams als sehr wertvoll empfunden, da es ihnen ermöglichte, individuell auf Bedürfnisse einzugehen.

Während dem Einrichten des Forschungssettings sind wir auf zwei Schwierigkeiten gestossen. Ein erster Stolperstein hinsichtlich des partizipativen Vorgehens lässt sich an dieser Stelle schon bei der Auswahl der ErzählerInnen festhalten. Menschen mit Lernschwierigkeiten leben in der Schweiz oftmals in Institutionen und stehen unter der Obhut einer gesetzlichen Vertretung. In unserem Projekt betraf dies zwei Personen, die sowohl in einer Institution lebten, als auch eine gesetzliche Vertretung hatten. Zwei Personen lebten demgegenüber selbständig und konnten auch alleine über die Teilnahme entscheiden. Obwohl wir die ErzählerInnen immer direkt kontaktierten, konnten diese demnach nur bedingt eigenständig über ihre Teilnahme am Projekt entscheiden. Auch bei eigenem Interesse waren sie darauf angewiesen, dass gegebenenfalls die gesetzliche Vertretung und die Institution (bspw. Wohnheim) ihr Einverständnis gaben. Dies zeigte sich als relevanter Faktor, der zumindest in einem Fall eine Teilnahme am Projekt verhinderte. Es lässt sich in der Schweiz aus rechtlichen Gründen nicht verhindern, dass in bestimmten Fällen eine zweite oder sogar dritte Instanz mitentscheidet. Damit ist aber auch klar, dass die rechtlichen Bedingungen teilweise in einem Widerspruch zur Forderung der Selbstbestimmung stehen und als Barriere hinsichtlich partizipativer Forschung in Betracht gezogen werden müssen.

Eine zweite Schwierigkeit zeigte sich in einem Fall, in dem sich Erzähler und Schreibassistentin bereits vor dem Forschungsprojekt gekannt haben, da sie früher als Betreuerin auf einer Wohngruppe gearbeitet hat, in der der Erzähler wohnt. Die bereits vorhandene Vertrautheit mag zwar für das Berichten aus dem Leben förderlich wirken, kann aber auch eine problematische Seite haben. In einer solchen Konstellation besteht die Gefahr, dass das Schreiben der Lebensgeschichte von der erzählenden Person als sozialpädagogische Intervention gedeutet wird. Es ist dann zwingend notwendig Sinn und Zweck des Projekts erneut in einem Gespräch zu klären und auch die Rollen im Forschungsprojekt zu thematisieren. Im angesprochenen Fall musste dies mehrfach getan werden. Die Notwendigkeit bezog sich einerseits auf den Inhalt, da der Erzähler gewisse Inhalte weggelassen hatte, im Wissen, dass sie der Schreibassistentin bereits bekannt waren. Diese Teile konnten nur deshalb in die Lebensgeschichte zurück gelangen, weil die Schreibassistentin danach fragte und nochmals erklärte, dass auch andere Personen die Geschichten lesen werden. Anderseits war die Thematisierung auch relevant, da es während des Forschungszeitraums in alltäglichen Begegnungen zu Rollenkonfusionen kam. Dies auf Grund der Gegebenheit, dass die Schreibassistentin zwar nicht mehr auf der gleichen Wohngruppe arbeitete, aber immer noch in derselben Institution. Dabei stand sie als Betreuerin in einem komplett anderen Verhältnis zum Erzähler, als in ihrer Funktion der Schreibassistenz. Dank der wiederkehrenden Thematisierung gelang es, die Konfusion aufzulösen.

Stolperstein „Übersetzung" in Leichte Sprache

Die in mehreren Sitzungen aufgenommenen Erzählungen wurden von den Schreibassistentinnen in ein Narrativ in Leichter Sprache umgewandelt. Die Leichte Sprache wurde in erster Linie als Werkzeug für die Zugänglichkeit von geschriebenen Informationen entwickelt, damit Menschen, die Schwierigkeiten beim Lesen von Texten haben, trotzdem informiert am sozialen und wirtschaftlichen Leben der Gemeinschaft teilhaben können (vgl. Europäische Vereinigung der ILSMH 1998). Sie ist in diesem Sinne ein künstliches Konstrukt für öffentliche Bereiche wie z.B. Websites von staatlichen Institutionen oder Zeitschriften. Bei dieser Art der Verschriftlichung war es unser Ziel, das Endergebnis einer möglichst grossen Gruppe von Personen zugänglich zu machen. Aus diesem Grund wurden als Richtlinien für den Schreibprozess die Vorgaben von Inclusion Europe (vgl. Inclusion Europe o.J.) verwendet. Es hat sich während dem Prozess gezeigt, dass die in Leichte Sprache übertragenen Texte von den Erzählpersonen aufgrund ihrer Sprach- und Schreibkompetenzen auch als irritierend wahrgenommen wurden. Auf ihren Wunsch hin sind wir deshalb teilweise von den Richtlinien abgewichen und haben die ursprüngliche Orientierung an den Leitfäden gelockert. Beispielsweise wurde in einer Geschichte auf die Vereinfachung komplexer Worte mittels Bindestrich verzichtet, da die erzählende Person die Schreibweise nach Leichter Sprache als nicht korrekt einstufte. Ebenso wurde nicht jeder Satz auf eine neue Zeile geschrieben. Die nachfolgenden Zitate zeigen erstens, wie der Text nach den Vorgaben aussehen müsste, das zweite Zitat zeigt den Text, wie er schlussendlich veröffentlicht wurde.

> *„In Holderbank bin ich ein halbes Jahr in den Kinder-Garten gegangen. Danach wechselte ich nach Lenzburg für den Rest des Kinder-Gartens. Dort besuchte ich die heil-pädagogische Sonder-Schule."* (Andreas Meyer & Lea Eichenberger)

> *„In Holderbank bin ich ein halbes Jahr in den Kindergarten gegangen. Danach wechselte ich nach Lenzburg für den Rest des Kindergartens. Dort besuchte ich die HPS (heilpädagogische Sonderschule)."* (Andreas Meyer & Lea Eichenberger)

Neben diesen eher marginalen Anpassungen sind wir noch auf ein komplexeres Problem gestossen. So hatten wir in einem Fall das Problem, dass eine Person Mühe bekundete, die in Leichter Sprache (auf Deutsch) vorgelesenen Texte zu validieren, da sie den Umgang mit der deutschen Sprache nicht gewohnt ist. Aus diesem Grund entschieden wir uns, die Geschichte in Schweizer Dialekt festzuhalten und für die Veröffentlichung eine Übersetzung in Leichte Sprache hinzu zu fügen. Die Validierung gestaltete sich so einerseits einfacher (bzw. sie wurde dadurch erst richtig ermöglicht), andererseits blieb damit der Originalcharakter der Erzählung besser erhalten.

„Am liebsten würde ich sie heiraten. Und sie will mich heiraten. Sie steht auch zu mir. Und ich stehe zu ihr." (Simon Diriwächter & Lea Eichenberger)

„Am liebschte wör i sie hürote. Ond sie wot mi hürote. Sie stoht au zo mer. Ond i stoh zu ehre." (Simon Diriwächter & Lea Eichenberger)

Die Frage, wie stark wir uns an die Vorgaben von Inclusion Europe halten sollten, war Gegenstand zahlreicher Debatten im Team. Wie oben aufgezeigt, beschlossen wir, die Entscheidung über die Darstellung der Textinhalte im Sinne eines partizipativen Ansatzes direkt mit unseren ErzählerInnen zu klären. Das mag die Zugänglichkeit der Texte minimal eingeschränkt haben, sie entsprechen im Endergebnis aber stärker dem Charakter, den die ErzählerInnen ihnen geben wollten. Wir mussten feststellen, dass das, was wir als Leichte Sprache betrachteten, eher unser Konzept war, als das unserer GeschichtenerzählerInnen.

Unser „Unbehagen" während der Validierung

Die Validierung hat im partizipativen Setting einen hohen Stellenwert. Die Erzählperson bleibt während des gesamten Prozesses EigentümerIn der Geschichte und hat so auch das letzte Wort bei inhaltlichen oder gestalterischen Fragen. Mit dem Instrument der Validierung wird dies sichergestellt. Während der Validierung wird grundsätzlich der bisher geschriebene Text gelesen und überprüft. Dies kann auf unterschiedliche Weise geschehen und hängt auch von den Lesekompetenzen der erzählenden Person ab. Die Geschichte kann selber gelesen, gemeinsam gelesen oder vorgelesen werden. Meist erfolgte die Validierung (lesen und anschliessende Textkorrektur) während einer Sitzung. In einem Fall machten wir aber auch gute Erfahrungen damit, dass eine Person, die selber gut lesen konnte, den Text zwischen zwei Terminen las, die Rückmeldungen zu Hause vorbereitete und zum nächsten Treffen mitbrachte.

Eine Validierung kann theoretisch zu jedem Zeitpunkt des Prozesses stattfinden, wann immer es für den Verlauf erforderlich ist. Eines der schwierigsten Themen ist dabei der Umgang mit sensiblen Inhalten, wie Missbrauch, Übergriffen, Demütigungen, usw., die uns immer wieder beschäftigten. Oft fragten wir uns, bei welchen Inhalten wir uns wie verhalten sollten, insbesondere im Hinblick darauf, dass die Geschichten publiziert werden. Tatsächlich hat sich dann, trotz unseres Unwohlseins, in den Forschungsteams gezeigt, dass auch in diesem Fall die „Behinderung" eher in unseren Köpfen war und nicht anderswo. Die GeschichtenerzählerInnen zeigten nämlich eine hohe Reflexionsfähigkeit hinsichtlich der Wirkung ihrer Geschichte auf die Öffentlichkeit. Während es einer Person wichtig war, alle Inhalte stehen zu lassen und unter einem Pseudonym zu veröffentlichen, erzählte eine andere Person zwar sehr lange über persönliche Erfahrungen. Die

Erzählung in der ersten Version erstreckte sich über etwa zwei Seiten, doch für die Veröffentlichung kürzte sie diese Passagen auf die folgenden Sätze zurück:

> „Im Frühjahr 2008 ging ich dann für 8 Wochen in die Klinik nach Königsfelden. Ich hatte Halluzinationen und Kontrollzwänge. Nach 8 Wochen verliess ich die Klinik. Nach dem Aufenthalt in der Klinik hatte ich noch 2 Wochen Ferien, die ich zu Hause verbrachte. Dann gingen wir noch ins Stift Höfli und feierten dort meinen Abschied. Danach kam ich in die Stiftung Schürmatt." (Andreas Meyer & Lea Eichenberger)

Zentral erscheint uns dabei darauf hinzuweisen, dass die Auseinandersetzung mit der eigenen Geschichte in diesem Fall viel tiefer erfolgte, als sie der am Ende stehenden Lebensgeschichte zu entnehmen ist.

Eine Veröffentlichung unter einem Pseudonym kann es unter Umständen ermöglichen, die sensiblen Inhalte stehen zu lassen, wie das folgende Beispiel zeigt:

> *„Und da war noch mehr. Und zwar hat mich ein Mann in die Schule gebracht. Er fuhr mich von der siebten bis zur neunten Klasse in die Schule. Er hat mir Küsschen gegeben und mich angefasst. Auch das habe ich durchgemacht."* (Lea Fadenlauf & Luise Arn)

In jedem Fall ist aber sehr präzise darauf zu achten, dass die Geschichten in einer Form publiziert werden, die den ErzählerInnen nicht schaden können. Um dies zu gewährleisten ist es hilfreich, diesen Aspekt auch innerhalb des Forschungsprojekts regelmässig zu thematisieren. Im oben zitierten Beispiel war die Veröffentlichung nur deshalb unproblematisch, weil wir den Text komplett anonymisierten und weil keine weitere Person, bzw. Institution involviert war, die eine Einverständniserklärung hätte geben müssen.

Die ErzählerInnen erlebten insgesamt einige schwierige Momente in ihren Biografien, aber nur ein Teil davon steht letztendlich in den Geschichten. Im Verlauf des Forschungsprozesses kam es zwischen Schreibassistentinnen und ErzählerInnen zu vielen weiterführenden Gesprächen, die nicht innerhalb der veröffentlichten Geschichten festgehalten wurden, bzw. deren Inhalte auch wieder herausgestrichen wurden. Dabei entschieden wir uns bewusst dazu, diese Gesprächsinhalte nicht weiter zu verarbeiten. Im Zentrum stand für uns alleine die Darstellung der Biografien, so wie sie sich die ErzählerInnen wünschten, auch wenn wir aus unserer Sicht viele Inhalte anders gewertet hätten. Für die ErzählerInnen war es gemäss eigenen Aussagen wichtig, dass sie mit jemandem über ihr Leben sprechen konnten, der sich dafür interessierte. Nicht alle Aspekte dieses Lebens wollten sie aber mit einer breiten Öffentlichkeit teilen.

3 Schluss und Ausblick

Das Projekt „Lebensgeschichten" war und ist für uns ein erster Schritt in eine neue Richtung, die in zukünftigen Forschungsprojekten einen angemessen Platz haben soll. Die ersten Erfahrungen erwiesen sich als wertvoll, gleichzeitig aber auch nicht immer einfach. Für Aussenstehende mögen die Erkenntnisse aus unserem Forschungsprozess vielleicht nicht überraschend sein, sie sind aus unserer Sicht aber dennoch wichtig. So erachteten wir es als wesentlich, dass die Settings flexibel eingerichtet werden, damit auf die individuellen Bedürfnisse eingegangen werden kann. Nicht nur der Inhalt, auch die Arbeitsweise sollte demnach gemeinsam gestaltet werden. Bei Konzepten wie der Leichten Sprache sollte man sich bewusst sein, dass sie nicht dogmatisch angewendet werden können, wenn Partizipation ernst genommen wird. Werden die Geschichten nach den Wünschen der ErzählerInnen gestaltet, so entspricht das nicht zwingend den Richtlinien der Leichten Sprache, wie sie für öffentlich zugängliche Texte konzipiert ist. Trotz der angesprochenen Schwierigkeiten möchten wir festhalten, dass das gemeinsame Erarbeiten der Lebensgeschichten von allen Beteiligten als wertvoller Prozess empfunden wurde. Die gemachten Erfahrungen, die erzählten Geschichten und die Auseinandersetzungen mit eigenen und fremden Leben, gehen weit über das in den Geschichten Veröffentlichte hinaus. In diesem Sinne sind die Geschichten zwar gehaltvolle Dokumente, sie können aber nicht alles fassen, was das Projekt in den Forschungspartnerschaften bewegt hat.

In Zukunft soll der eingeschlagene Weg weitergegangen werden. Deshalb entsteht unter der Leitung von Prof. Dr. Ingeborg Hedderich (Gesamtleitung) und Dr. Erich Otto Graf (operative Leitung) bereits ein Folgeprojekt. Folgeprojekt nicht in dem Sinne, dass es direkt an das hier vorgestellte anknüpft, sondern hinsichtlich der partizipativen Ausrichtung. Ziel dabei ist es, dass sowohl Fragestellung, als auch Forschungsmethode und Auswertung, also das ganze Projekt, gemeinsam entwickelt wird.

Diese Forschungsstudie wurde durch das Eidgenössische Büro für die Gleichstellung von Menschen mit Behinderungen unterstützt.

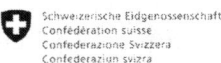

Abb 1: Logo Bund

Literatur

Atkinson, D. (Hrsg.) (1993): Past Times: Older People with Learning Difficulties Look Back on Their Lives. Buckingham.

Atkinson, D. (1997): An Auto/Biographical Approach to Learning Disability Research. Aldershot/ Brookfield.

Atkinson, D. & Walmsley, J. (1999): Using Autobiographical Approaches with People with Learning Difficulties. In: Disability & Society, 14, 203-216.

Buchner, T., Koenig, O. & Schuppener, S. (2011): Gemeinsames Forschen mit Menschen mit intellektueller Behinderung. Geschichte, Status quo und Möglichkeiten im Kontext der UN-Behindertenrechtskonvention. In: Teilhabe, 50 (1), 4-10.

Diacquenod, C. (2013): Social support for people with an intellectual disability: an universal-design adaptation of a self-report measure. PhD project outline. Online unter: http://lettres.unifr.ch/fileadmin/Documentation/Departements/Sciences_sociales/Soziologie__Sozialpolitik_und_Sozialarbeit/Prowel/Teilnehmer/Diacquenod_Cindy/Outline_Diacquenod_Cindy.pdf (14.07.2014)

Diriwächter, S. & Eichenberger, L. (2015): „Ich will heiraten" In: Hedderich, I., Egloff, B. & Zahnd, R. (Hrsg.): Biografie Partizipation Behinderung. Theoretische Grundlagen und eine partizipative Forschungsstudie. Bad Heilbrunn: Klinkhardt.

Egli, E., Häberling, B., Imhof, J., Krauss, B., Meier, A., Thurneysen, J., Rauch, S., Roulin, Ch., Schönenberger, K., Studer, T., Van der Kooy, N. & Weiler, P. (2014)."Ich möchte selber wählen, ob ich die Hörgeräte anziehe!" Eine Diskussion der Gruppe Mitsprache zum Thema Selbstbestimmung. In: SozialAktuell, 2, 14-15.

Europäische Vereinigung der ILSMH. (1998): Sag es einfach! Europäische Richtlinien für die Erstellung von leicht lesbaren Informationen für Menschen mit geistiger Behinderung für Autoren, Herausgeber, Informationsdienste, Übersetzer und anderen interessierte Personen. Brüssel: Europ. Vereinigung der ILSMH.

Fadenlauf, L. & Arn, L. (2015): Das ist mein Leben & meine Vergangenheit. In: Hedderich, I., Egloff, B. & Zahnd, R. (Hrsg.): Biografie Partizipation Behinderung. Theoretische Grundlagen und eine partizipative Forschungsstudie. Bad Heilbrunn: Klinkhardt.

Graf, E. O., Renggli, C. & Weisser, J. (Hrsg.) (2011): PULS – DruckSache aus der Behindertenbewegung. Materialien für die Wiederaneignung einer Geschichte. Zürich: Chronos.

Gruppe Mitsprache. (o.J.): Wer wir sind. Online unter: http://www.gruppe-mitsprache.ch/portrait/ (09.07.2014)

Hedderich, I., Egloff, B. & Zahnd, R. (Hrsg.). (2015): Biografie Partizipation Behinderung. Theoretische Grundlagen und eine partizipative Forschungsstudie. Bad Heilbrunn: Klinkhardt.

Meyer, A. & Eichenberger, L. (2015): Meine Lebensgeschichte. In: Hedderich, I., Egloff, B. & Zahnd, R. (Hrsg.): Biografie Partizipation Behinderung. Theoretische Grundlagen und eine partizipative Forschungsstudie. Bad Heilbrunn: Klinkhardt.

Westermann, G. & Buchner, T. (2008): „Erfahrungsbericht. Die Lebensgeschichte von Gerhard Westermann". In: Boehlke, E. (Hrsg.): Individuelle Biografieforschung als Entwicklungschance für Menschen mit Intelligenzminderung. Berlin, 120-144.

Wicki, M. T., Meier, S. & Adler, J. (2014): Palliative Care: Erste Schritte sind erfolgt. In: INFOS INSOS, 3, 6.

Wicki, M. T. (2014): Vorsorgeauftrag und Patientenverfügung auch bei geistiger Behinderung? In: Schweizerische Zeitschrift für Heilpädagogik, 20 (2), 32-38.

Petra Flieger und Volker Schönwiese

Das Bildnis eines behinderten Mannes – ein partizipatives Forschungsprojekt

„Lebensnahe Studien haben ihre Probleme: Nicht nur sind sie mühsamer als Experimente im Laboratorium, sie bringen auch weniger Prestige und werden von manchen Theoretikern als unwissenschaftlich beiseite geschoben. Aber das tritt in den Hintergrund, wenn man einmal die tiefe Befriedigung erlebt hat, die von einer erfolgreichen lebensnahen Studie stammt, weil sie die Möglichkeit bietet, zur Bewältigung der Probleme der Gegenwart beizutragen."
(Marie Jahoda, 1997)

Zusammenfassung

Das Forschungsprojekt Bildnis eines behinderten Mannes beschäftigte sich mit der Analyse von historischen und gegenwärtigen Darstellungen behinderter Menschen in Bildern. Für die Partizipation wurden zwei Strategien gewählt: Einerseits waren WissenschaftlerInnen mit Behinderung beteiligt, andererseits wurde eine Referenzgruppe von Männern und Frauen mit Behinderungen eingerichtet. Der Beitrag beschreibt Struktur, Ergebnisse und Erfolge des partizipativen Forschungsansatzes.

1 Verortung

Wir berichten in diesem Beitrag über ein abgeschlossenes Forschungsprojekt, das den Disability Studies zuzuordnen ist und dem ein partizipativer Forschungsansatz zugrunde lag. Für die Disability Studies ist die Frage zentral, wie Behinderungen im Sinne eines Behindert-Werdens durch soziale Barrieren und kulturelle Zuschreibungen entstehen bzw. sich verändern. Dazu zählt eine Analyse der sozialen Situation behinderter Menschen, die Zusammenhänge zwischen Kultur, Ökonomie und Politik berücksichtigt, ebenso wie Forschung zum Behindert-Werden aus kulturwissenschaftlicher Perspektive (vgl. Plangger & Schönwiese 2013). Letztere untersucht interdisziplinär den „… Bestand an Werten und Normen, Symbolen und Sprache, Traditionen und Institutionen, Wissen, Ritualen und Praktiken, Geschichte und Geschichten, die eine Gesellschaft entwickelt hat und in Erziehungs- und Bildungsprozessen an die Gesellschaftsmitglieder weiter gibt," (Waldschmidt 2003, 16). Unserem Verständnis nach verlangt Forschung im Sinne der Disability Studies über inhaltliche Orientierungen hinaus eine Veränderung der wissenschaftlichen Praxis selbst, und Menschen mit Behinderungen müssen darin eine entscheidende, aktive Rolle einnehmen. So soll gewährleistet werden, dass Forschung für behinderte Menschen bedeutsam ist und Forschungsergebnisse zu einer Reduzierung des Behindert-Werdens führen. Partizipative Forschungsstrategien ermöglichen behinderten Personen mit unterschiedlicher sozio-ökonomischer Herkunft, mit verschiedenen, v.a. auch nicht-akademischen Bildungskarrieren sowie mit Lebenserfahrung in Institutionen die aktive Teilhabe an wissenschaftlicher Forschung. Neben anderen Forschungsrichtungen (vgl. die Beiträge von Von Unger & Goeke in diesem Band) verorten wir partizipative Forschung sowohl in der Tradition der Lebensnahen Studien von frühen, kritischen SozialwissenschafterInnen (vgl. Jahoda 1997), als auch der Aktions- und Handlungsforschung, die in den 70er-Jahren in Österreich Ausgangspunkt der Selbstbestimmt-Leben-Bewegung war (vgl. Initiativgruppe, 1982; Flieger 2009). Bislang gibt es wenige kulturhistorische Forschungsarbeiten, die sich einem partizipativen Ansatz verpflichtet fühlen, obwohl es dazu bereits einschlägige Aufforderungen gibt: Das Research Center for Museums and Galleries der Universität von Leicester in Großbritannien ging in einer Untersuchung der Frage nach, welche historischen und zeitgenössischen Materialien es zum Leben mit Behinderung in britischen Museen und Sammlungen gibt bzw. wie behinderte Menschen dort repräsentiert sind. Die Studie schließt mit folgender Empfehlung für zukünftige Forschungsprojekte: "An important aspect of this research would be dedicated time spent working with groups of disabled people on their response to, and interpretation of objects to create display materials that integrate a multiplicity of voices." (RCMG 2004, 23). Das Forschungsprojekt Das Bildnis eines behinderten Mannes ist genau dieser Herangehensweise an partizipativeForschung zuzuordnen.

2 Ausgangslage

Ein Jahrhunderte lang wissenschaftlich nicht beachtetes Bild und die Neugier, mehr über dieses Bild zu erfahren, waren der konkrete Ausgangspunkt für das Forschungsprojekt Das Bildnis eines behinderten Mannes. Kooperationspartner im Forschungsprojekt waren neben dem Kunsthistorischen Museum Wien, zu dessen Sammlung in Schloss Ambras das Bildnis gehört, das Institut für Erziehungswissenschaften der Universität Innsbruck und Selbstbestimmt Leben Innsbruck, eine Selbsthilfeorganisation von Menschen mit Behinderungen. Die wissenschaftliche Grundthese war, dass alltagsförmige und institutionelle Umgangsweisen mit behinderten Menschen entscheidend an gesellschaftlichen Bildern und Zuschreibungs-Mustern ausgerichtet sind, die durch historisch-wissenschaftliches, sozial-kulturelles und persönlich biografisch vermitteltes Wissen geprägt sind. Alltägliche sowie institutionelle und wissenschaftliche Diskurse über Behinderung sind damit von inneren und äußeren Bildern bzw. von einer Kultur von Blicken geprägt, die sich in unterschiedlicher Weise materialisieren (vgl. Schönwiese 2007 und 2012). Im Forschungsprojekt wurde versucht, reale Bilder der frühen Neuzeit und Gegenwart als Dokumente zur Analyse historischer und aktueller Blickweisen zu verwenden und damit Aspekte der Wissensproduktion über Behinderung nachzuvollziehen. Das Projekt sollte ein Diskursfeld zum historisch geprägten gesellschaftlichen Blick auf behinderte Menschen im Sinne der Disability Studies eröffnen, um kritische Diskussionen darüber und die Entwicklung von emanzipierten Gegen-Blicken zu ermöglichen.

Abb 1: Das Bildnis eines behinderten Mannes, 3. Viertel 16. Jahrhundert, Öl auf Leinwand, H. 110 cm, B. 135 cm, Wien, Kunsthistorisches Museum, Gemäldegalerie, Inv.-Nr. 8344

Das partizipative Forschungsdesign

Zwei Strategien wurden gewählt, um das Forschungsprojekt Bildnis eines behinderten Mannes partizipativ anzulegen: Erstens arbeiteten im Team von fünf WissenschaftlerInnen zwei WissenschaftlerInnen mit Behinderung im Projekt mit. AkademikerInnen mit Behinderung haben von Beginn an eine zentrale Rolle bei der Entwicklung partizipativer Forschungsansätze gespielt, sie sind wichtige Vermittler bei der Zusammenarbeit zwischen WissenschaftlerInnen und Personen mit Behinderung (vgl. Doe / Whyte 1995). Zweitens wurde eine Referenzgruppe eingerichtet, die sich aus acht Frauen und Männern mit Behinderungserfahrungen zusammensetzte.

Referenzgruppe

Für uns lag die wesentliche Funktion von MitarbeiterInnen einer Referenzgruppe darin, den Forschungsprozess aus ihrer speziellen, für die Forschungsfragen relevanten Perspektive zu begleiten und mitzugestalten. Sie sollen von Anfang an mitentscheiden, welche Fragen mit welchen Methoden beforscht werden. Im weiteren Verlauf wirken Referenzgruppen nicht nur bei der Interpretation von Ergebnissen mit, sondern auch bei der Entscheidung darüber, wie diese weiter verwendet werden sollen (vgl. Flieger 2005).

Vier Frauen und vier Männer mit Behinderung, die der Selbsthilfe-Organisation „Selbstbestimmt Leben Innsbruck" nahe stehen und sich mit den Zielen der Selbstbestimmt Leben Bewegung identifizieren, bildeten im Forschungsprojekt Das Bildnis eines behinderten Mannes die Referenzgruppe. Die MitarbeiterInnen der Referenzgruppe sollten in regelmäßigen Besprechungen den Verlauf des Projekts inhaltlich begleiten und mitgestalten. Für die Teilnahme an Besprechungen erhielten sie ein auf Stundenbasis vereinbartes Honorar. Während des gesamten Projektverlaufs sollte sich die Referenzgruppe etwa alle sechs bis acht Wochen zu zwei- bis dreistündigen Besprechungen treffen, bei Bedarf konnte dies auch häufiger der Fall sein. Die Sitzungen konnten entweder gemeinsam mit den WissenschaftlerInnen oder ohne diese stattfinden. Die Aufgabe der WissenschafterInnen bestand im Projekt darin, theoretisches Wissen zu recherchieren bzw. zu erarbeiten. Zwei WissenschafterInnen waren für den partizipativen Forschungsansatz verantwortlich: Auch sie recherchierten, begleiteten aber auch die konkrete Umsetzung im Projekt, indem sie z.B. die Sitzungen moderierten und protokollierten. Die Besprechungsprotokolle wurden an alle Beteiligten verschickt und mussten von diesen abgenommen werden. Sie sollten am Ende des Projekts als Grundlage für die Reflexion und Beurteilung der Methode Referenzgruppe herangezogen werden.

Der Projektantrag hatte ursprünglich zehn Sitzungen der Referenzgruppe vorgesehen, war aber explizit flexibel und bedarfsorientiert angelegt. Schließlich fanden innerhalb der 20-monatigen Laufzeit des Projekts insgesamt 14 Sitzungen sowie am Ende eine Projektreflexion, die von einem externen Moderator geleitet wurde, statt. Bis auf zweimal trafen sich die MitarbeiterInnen der Referenzgruppe immer gemeinsam mit den WissenschaftlerInnen, weil dies für den Austausch und die direkte Kommunikation am effizientesten war. Etwa in der Mitte des Projekts wurde eine eigene, kleinere Arbeitsgruppe gegründet, die sich nur mit der inhaltlichen Gestaltung der Ausstellung auf Schloss Ambras befasste. WissenschaftlerInnen und MitarbeiterInnen der Referenzgruppe bildeten diese sogenannte Ausstellungsgruppe, die zu insgesamt sechs Besprechungen zusammenkam.

3 Ergebnisse zur Partizipation

Die folgenden Ergebnisse resultieren einerseits aus der Auswertung der Sitzungsprotokolle, andererseits aus Gesprächen und Reflexionen mit ProjektmitarbeiterInnen während des Projektverlaufs.

Gruppenbesprechungen als Grundstruktur
Die Grundstruktur gemeinsamer Besprechungen von WissenschaftlerInnen und MitarbeiterInnen der Referenzgruppe war aufwändig, aber sehr effizient und erfolgreich. Sie schaffte einerseits einen verbindlichen zeitlichen und organisatorischen Rahmen, andererseits eröffnete sie einen Spielraum, der persönliche Aktivitäten und individuelles Engagement vor allem auch für die MitarbeiterInnen der Referenzgruppe möglich machte. Dazu zählten z.B. regelmäßige oder unregelmäßige Teilnahme an den Besprechungen, unterschiedliche Behandlung des Themas wie künstlerische, wissenschaftliche oder an Alltagserfahrungen orientierte Auseinandersetzung, sowie die Teilnahme an informellen Aktivitäten, vor allem dem gemeinsamen Abendessen nach den offiziellen Besprechungen. Letztere waren für die Entwicklung einer Identität als Projektgruppe und eines kooperativen Klimas sehr wichtig (vgl. White at al. 2004).
Die ursprünglich nebeneinander bzw. einander quasi gegenüberstehenden Gruppen, auf der einen Seite die wissenschaftlichen MitarbeiterInnen, auf der anderen Seite die MitarbeiterInnen der Referenzgruppe, rückten im Projektverlauf immer näher zusammen und bildeten schließlich ein großes Projektteam, was sich durch ein starkes Wir-Gefühl und eine positive Identifizierung mit dem Forschungsprojekt äußerte.
In der gemeinsamen Reflexion wurde das Projekt insgesamt ebenso wie das Modell der Referenzgruppe als sehr erfolgreich beurteilt. Auffallend war eine über den gesamten Verlauf hohe Konsistenz der Referenzgruppe: Außer einer Frau, die das Projekt gleich zu Beginn verlassen hatte, stieg niemand aus. Dies dürfte ein Indikator dafür sein, dass echte Partizipation gelungen ist, denn, so schreiben White und KollegInnen: "If participants notice that they are only included in selected research activities, that they receive little recognition for their work, that their presence in the project is because of political or funding reasons, and all of it is in the guise of participation, they will likely view such practices as tokenism or window dressing and leave." (White et al. 2004, 6)
Wichtig für die Kontinuität der Referenzgruppe war die Bezahlung ihrer MitarbeiterInnen. In vielen partizipativen Forschungsprojekten ist dies nicht gewährleistet, WissenschaftlerInnen werden bezahlt, nicht-wissenschaftliche MitarbeiterInnen nicht. Dies führt häufig zum ‚Abspringen' der nicht-bezahlten MitarbeiterInnen (vgl. z.B. White et al. 2004).

In der Anfangsphase war unklar, welche Rolle und welche Aufgaben genau die MitarbeiterInnen der Referenzgruppe übernehmen sollten und wie die Kommunikation zwischen ihnen und den WissenschafterInnen erfolgen konnte. Dies führte sowohl bei den WissenschaftlerInnen als auch bei den MitarbeiterInnen der Referenzgruppe zu Verunsicherungen. Doch gerade dadurch, dass die Rollen und Erwartungen nicht eindeutig und vordefiniert, sondern offen und experimentell angelegt waren, entstand ein Raum, in dem sich viele Personen auf ihre jeweils individuelle Weise und in dem für sie angemessenen Ausmaß einbringen konnten. Das Zusammenwachsen der Gruppe bzw. die Entwicklung einer gemeinsamen Projektidentität wurde in der Projektreflexion als Ergebnis der intensiven Zusammenarbeit und des Austauschs dargestellt. Folgende beiden Zitat aus der schriftlichen Zusammenfassung der Projektreflexion vermitteln davon einen konkreten Eindruck: „Auf Ebene der Zusammenarbeit sieht sie es als positive Entwicklung, dass die zwei Gruppen (ForscherInnengruppe – Referenzgruppe) sich aufgelöst hätten, und es nicht mehr wichtig gewesen sei, wer welcher Gruppe angehört, sondern jede Einzelperson sich mit dem einbringen konnte, was sie macht." (Protokoll Projektreflexion 2006, 2) und „Positiv sehe sie auch die Auflösung der Referenzgruppe und das Zusammenwachsen der gesamten Projektgruppe, welches aus dem Gruppenprozess entstanden ist." (ebd., 5). Nicht zuletzt war auch die anhaltende Faszination des eigentlichen Ausgangspunktes – das Bildnis eines behinderten Mannes – wesentlich für die Kontinuität der Mitarbeit.

Inhalte

Im Projektverlauf verschob sich der inhaltliche Schwerpunkt vor allem in eine Richtung deutlich: Weg von Bildern behinderter Menschen bzw. Blicken auf behinderte Menschen hin zur Selbstdarstellung behinderter Frauen und Männer mit dem eindeutigen Fokus auf einen emanzipierten Blick. Diese Verschiebung macht den starken Einfluss der Referenzgruppe sehr gut deutlich, der das historische Bildnis eines behinderten Mannes in einen völlig neuen und erweiterten epochenübergreifenden und aktuell reflexiven Kontext rückte. Die Kommentare und Antworten der ProjektteilnehmerInnen mit Behinderungen auf die historischen Bilder überwanden eine herkömmliche und ausschließlich kunsthistorische Interpretation. Bei der Projektreflexion herrschte Übereinstimmung darüber, dass die Arbeit im Forschungsprojekt zu vielen inhaltlichen Bereicherungen bei allen Beteiligten geführt hatte. Betont wurde außerdem, dass es unter den MitarbeiterInnen der Referenzgruppe unterschiedliche Sichtweisen zum Thema Behinderung gab, die möglicherweise auch auf unterschiedliche Formen von Behinderungserfahrungen zurückzuführen waren. Die Auseinandersetzungen darüber wurden als bereichernd und Identität schaffend beurteilt. In der Projektreflexion wurde dies z.B. so beschrieben: „Er reflektiert, dass sich sein eigener Blick auf Behinderung im Laufe des Projektes verändert habe. Vieles sei ihm neu gewesen – das Kämpferische, fernab vom Caritativ-Mitleidigen, und das Agieren auf eine andere Art und Weise." (ebd., 4) Die Vielfalt der Perspektiven auch innerhalb der Referenzgruppe erhöhte in jedem Fall die Qualität sowohl der Inhalte des Projekts als auch seiner Produkte.

Gemeinsame Produkte

Die Bedeutung der gemeinsamen Arbeit an gemeinsamen Produkten kann für die Entwicklung einer gemeinsamen Projektidentität ebenso wie für die Partizipation der MitarbeiterInnen der Referenzgruppe kaum überbewertet werden. Sowohl die Ausstellung auf Schloss Ambras[1] als auch die Begleitpublikation zur Ausstellung (vgl. Mürner & Schönwiese 2006) spiegeln die vielfältigen und für ein wissenschaftliches Projekt ungewöhnlichen Perspektiven aller am Projekt Beteiligten wider. Dazu zählt u.a. die Erarbeitung des kleinen Wörterbuchs zum Bildnis eines behinderten Mannes, eines Glossars mit 89 Beiträgen, an dem sich alle ProjektmitarbeiterInnen mit eigenen Texten beteiligten. Die spezielle Qualität der Ausstellung auf Schloss Ambras kann hier nicht im Detail wiedergegeben, es muss auf den Katalog zur Ausstellung, die Projekthomepage[2] sowie den Dokumentarfilm[3] verwiesen werden. In der Projektreflexion wurde von MitarbeiterInnen der Referenzgruppe besonders hervorgehoben, wie wichtig es für sie war, nicht nur zu kommentieren, was andere tun, sondern selbst etwas tun zu können bzw. sich selbst konkret mit Aktivitäten einbringen zu können.

Anhand eines Beispiels kann angedeutet werden, wie das Thema Blicke und Identität über Materialen und Produkte abgehandelt wurde: Für die Ausstellung produzierte eine Filmemacherin nach einer Idee, die aus Diskussionen der gesamten Projektgruppe entstanden war, die "SCHAU SHOW", eine zehnminütige-Film-Installation, in der mit drei Monitoren Bildausschnitte der 13 am Projekt beteiligten Personen in Zeitlupe gezeigt wurden. Es war eine Selbst(re)präsentation der gesamten Projektgruppe in Analogie zum Bildnis des Behinderten Mannes aus dem 16. Jahrhundert: Gesichter ohne Körper, Leiber ohne Kopf, einzelne Körperteile, Bildausschnitte begrenzen den Blick auf die Person als Ganzes. Die Videoinstallation nimmt den Leitgedanken des Blickes und der Dualität Geist–Körper auf. Zu sehen sind die Gesichter, die Oberkörper sowie ein jeweils individuell ausgewählter Körperteil der ProjektmitarbeiterInnen, die einzelnen Teile werden asynchron und verschoben projiziert, eine Zuordnung von Kopf zu

---

[1] Die Ausstellung Das Bildnis eines behinderten Mannes. Blicke – Ansichten – Analysen. Bildkultur der Behinderung vom 16. Bis ins 21. Jahrhundert war vom 08. 12. 2006 bis zum 30. 06. 2007 im Schloss Ambras bei Innsbruck zu sehen.

[2] Ausführliche Informationen und Materialien zum Forschungsprojekt bietet die Projekthomepage: http://bidok.uibk.ac.at/projekte/bildnis/index.html

[3] Der Dokumentarfilm Das Bildnis eines behinderten Mannes steht auf Youtube zur Verfügung: https://www.youtube.com/watch?v=A_bFO7fxIkU

Körper oder Körperteil ist dadurch nur sehr schwer möglich. Was macht eine Person aus? Ein Körperteil? Ein Leib? Der Kopf? Der Blick? Wie vermag der Blick zu berühren, wann greift er an? Die Kamera blickt auf die Gesichter, Leiber und Körperteile der Porträtierten, die Porträtierten zeigen sich und blicken zurück.[4] Erika Zwickelhuber kommentiert im Dokumentarfilm zum Projekt ihre Erfahrung bei der Betrachtung der "SCHAU S HOW" folgendermaßen: „Mein Blick trifft mich. Das war einfach total … interessant. Dass ich mich anschaue oder irgendwie dass die Blicke wirklich wo hingehen und jeder dann sich betroffen fühlt." Es wurde für die Ausstellung auch ein Guckkasten mit dem Bildnis des behinderten Mannes hergestellt. Hier konnte das Thema der projektiven Blickkonstruktionen veranschaulicht werden. Im Dokumentarfilm konnte dies durch folgende Szene verdeutlicht werden: Ein Kind blickt spontan in das Guckloch und sagt: „Was soll da anderes drinnen sein? Ich weiß schon, was da drinnen ist. Ich weiß, da ist ein Spiegel drinnen und ich sehe mich selber." Auch zwei Leit-Zitate in den Ausstellungsräumen verwiesen auf diesen Zusammenhang. An den Wänden war in großen Lettern zu lesen: „Der Blick des Andern gestaltet meinen Körper in seiner Nacktheit." (Sartre 1991, 638) und „Man muss den Blick verändern, mit dem man es betrachtet, nicht das Werk."(Dubuffet 1994, 62)) Im kleinen Wörterbuch ist unter dem Stichwort „Blick (allgemein)" eine Abhandlung von Christine Riegler, einer Mitarbeiterin der Referenzgruppe, zu finden, die sich dazu auf Jean-Paul Sartre bezieht. Im wissenschaftlichen Sammelband sind eine Reihe von ausführlichen Texten zu finden, die das Thema Blicke-Ikonografie-Identität im Detail aufgreifen (vgl. Flieger/Schönwiese 2007)

Institutionelle Interessen und Machtverhältnisse

Drei von ihren Interessenslagen her sehr unterschiedliche Kooperationspartner waren am Projekt Das Bildnis eines behinderten Mannes beteiligt: Das Institut für Erziehungswissenschaften der Universität Innsbruck, Schloss Ambras als Abteilung des Kunsthistorischen Museums Wien und Selbstbestimmt Leben Innsbruck. Es arbeiteten also eine wissenschaftliche Institution, eine Kulturinstitution und eine Selbsthilfeorganisation zusammen. Rückblickend wäre es zu Beginn des Projekt sehr wichtig gewesen, die Bedürfnisse, Anliegen und Ziele der vertretenen Institutionen transparenter zu machen, denn die „Grundlage für ein erfolgreiches Kooperationsmanagement ist die Bedienung von Interessen." (Dienel 2004, 46). Dies geschah nicht in ausreichendem Maß, und so wurden die jeweiligen Hauptinteressen der einzelnen Kooperationspartner erst im Zuge des Projektverlaufs deutlich, was immer wieder zu Konflikten führte. Möglicherweise hätten diese durch eine externe Moderation der Sitzungen abgefangen werden können.

---

4 Informationen zur Videoinstallation SCHAUSHOW: https://www.youtube.com/watch?v=BXt77YbTTIQ

Im Nachhinein entstand der Eindruck, dass es dem Kunsthistorischen Museum vor allem um die Organisation einer Ausstellung ging. Parallel zur prominenten Rolle der Ausstellung gewann das Thema Barrierefreiheit an Bedeutung: Es war eines der zentralen Themen aus der Perspektive der Selbstbestimmt Leben Bewegung, im Projektantrag war Barrierefreiheit dagegen überhaupt nicht genannt gewesen. Dies ist ein gutes Beispiel dafür, wie die Themen und das Projekt durch die effektive Partizipation von Frauen und Männern mit Behinderung so beeinflusst wurden, dass sie bedeutsam für Betroffene werden, einen Bezug zu deren Lebensqualität haben und diese verbessern (vgl. Doe & Whyte 1995; Chappel 2000; Walmsley & Johnson 2003). Dass die Ausstellung auf Schloss Ambras für Menschen mit Behinderungen gut zugänglich war stellt ein konkretes Beispiel für die Verbesserung dieser Lebensqualität dar. Darüber hinaus kann die Diskussion über gesellschaftliche Blicke auf behinderte Menschen langfristig zu einer Veränderung der Wahrnehmung, der Einstellungen und der gesellschaftlichen Handlungsformen gegenüber Menschen mit Behinderungen führen. Was die Projektgruppe speziell auszeichnete, ist die Tatsache, dass die institutionellen Interessen in der Gruppe selbst sichtbar waren, der Konflikt war mitten in der Gruppe. Auch der Konflikt um die Barrierefreiheit wurde nicht theoretisch abgehandelt, sondern real gelebt: Einige ProjektmitarbeiterInnen konnten das Bild, über das fast zwei Jahre lang diskutiert und geforscht worden war, erst am Projektende in der Ausstellung original sehen, davor waren die Ausstellungsräume für sie nicht zugänglich gewesen.

Die VertreterInnen der Universität, Angestellte ebenso wie WerkvertragsnehmerInnen, standen Selbstbestimmt Leben entweder als selbst behinderte Personen oder als Verbündete sehr nahe. Für sie kam die Orientierung an Barrierefreiheit nicht überraschend. Gleichzeitig waren sie den Ansprüchen des universitären Wissenschaftsbetriebs ausgesetzt und z.B. auf Tagungen bei Präsentationen über die Methode und den Prozess des Forschungsprojekts mit dem Vorwurf der Unwissenschaftlichkeit konfrontiert, was für partizipative Forschungsprojekte durchaus typisch ist (vgl. z.B. White et al. 2004). Nicht zuletzt mussten die WissenschafterInnen gegenüber dem Auftraggeber die Wissenschaftlichkeit sicherstellen und vereinbarte Produkte termingerecht abgeben werden.

Zeit

Die Dimension Zeit erwies sich in mehrfacher Hinsicht als relevant: Alle MitarbeiterInnen der Referenzgruppe nahmen am Projekt neben ihrer regulären Berufstätigkeit teil. Besprechungen fanden daher vorzugsweise am Nachmittag ab 14 Uhr statt, weil sich dies am besten mit sonstigen Arbeitszeiten vereinbaren ließ. Für einzelne Besprechungen am Vormittag mussten Urlaubstage oder Zeitausgleich genommen werden. Dies erforderte von den nicht-wissenschaftlichen TeilnehmerInnen ein hohes Maß an Kooperationsbereitschaft. Durch die

Übernahme von Arbeitsaufträgen, z.B. Verfassen von Texten, Abwicklung des Kontakts zu KünstlerInnen oder informelle Besprechungen, entstand für Einzelne großer zeitlicher Aufwand, für den eine finanzielle Abgeltung nur mehr pauschal zu finden war. Im Projektantrag war bloß vorgesehen gewesen, die Teilnahme an Besprechungen zu honorieren. Eine gewisse Flexibilität beim Einsatz des Budgets erwies sich als sehr hilfreich für die Ermöglichung der Partizipation.

Von wissenschaftlichen MitarbeiterInnen wurde an mehreren Stellen deutlicher Druck ausgeübt, was das Weiterarbeiten an konkreten Produkten betraf. Darunter litten vor allem Diskussionen über Inhalte abseits der konkreten Produkte. Vor allem im letzten Drittel des Projekts ging es praktisch nur mehr um die Organisation und Abwicklung der Ausstellung bzw. der Begleitpublikation. Die Inhalte dafür wurden produziert, doch für eine kritische Reflexion darüber blieb keine Zeit mehr. Dieses Dilemma ist wahrscheinlich schwer zu lösen, externe Moderation hätte im Projekt Das Bildnis eines behinderten Mannes möglicherweise zu effizienteren Projektbesprechungen und weniger langatmigen Auseinandersetzungen verholfen. Ob der Produktionsdruck und damit verbundene Stressphasen gänzlich verhindert werden hätte können, bleibt zu bezweifeln. Die Einbeziehung von nicht-wissenschaftlichen Stakeholdern ist jedenfalls ein zeitintensiver Ansatz, wie mehrere AutorInnen bestätigen (vgl. Campbell et al. 1998; Walmsley & Johnson 2003, White et al. 2004).

4 Resümee

Die strukturelle Verankerung der Partizipation behinderter Frauen und Männer, sowohl durch die Mitarbeit von WissenschaftlerInnen mit Behinderung als vor allem auch durch die TeilnehmerInnen in einer Referenzgruppe, führte dazu, dass im Forschungsprojekt Das Bildnis eines behinderten Mannes behinderte Männer und Frauen selbst das Wort ergreifen konnten. Inhaltlich setzte sich so neben historischen und sozialwissenschaftlichen Perspektiven ein an Gleichstellung und Selbstbestimmung orientierter emanzipierter Blick für die Darstellung und Betrachtung behinderter Menschen durch.

Eine Referenzgruppe in einem wissenschaftlichen Forschungsprojekt ist mit viel Aufwand verbunden, aber da sie die Partizipation nicht-wissenschaftlicher Stakeholder strukturell verankert, konnte deren konsequente Beteiligung im gesamten Forschungsverlauf sichergestellt werden. Diese Konstruktion bewirkt vielfältige, möglicherweise konfliktreiche Kommunikations- und Austauschprozesse zwischen den beteiligten Gruppen, die allerdings langfristig zu innovativen inhaltlichen Ergebnissen führen können, wie das beschriebene Projekt zeigt.

Literatur

Altrichter, H. & Gstettner, P. (1993): Aktionsforschung – ein abgeschlossenes Kapitel in der Geschichte der deutschen Sozialwissenschaft? SLRH, 26, 67-83.
Campbell, M., Copeland, B. & Tate, B. (1998): Taking the standpoint of people with disabilities in research: experiences with participation. In: Canadian Journal of Rehabilitation, 12 (2), 95-104.
Chappel, A. L. (2004): Emergence of participatory methodology in learning difficulty research: understanding the context. British Journal of Learning Disabilities, 28, 38-43.
Dienel, H.-L. (2004): Institutionen und Räume. In: Schophaus, M., Schön, S., Dienel, H.-L. (Hrsg.): a.a.O, 43-67.
Dubuffet, J. (1986/1994): Die Autorität des Vorhandenen. Bern. Berlin: Gachnang&Springer.
Doe, T. & Whyte, J. (1995): Participatory Action Research. Paper presented at the National Institute on Disability Research Conference „Forging Collaborative Partnerships in the Study of Disability" in Washington, D.C.
Flieger, P. (2005): Der partizipatorische Forschungsansatz des Projekts „Bildnis eines behinderten Mannes". In: Behinderte in Familie, Schule und Gesellschaft, 5, 42-49.
Flieger, P. (2007): Der partizipatorische Forschungsansatz des Projekts: Das Bildnis eines behinderten Mannes. Hintergrund – Konzept – Ergebnisse – Empfehlungen. In: Flieger, P. & Schönwiese, V., a.a.O., 19-42. Online unter: http://bidok.uibk.ac.at/library/flieger-forschungsprojekt.html
Flieger, P. (2009): Partizipatorische Forschung: Wege zur Entgrenzung der Rollen von ForscherInnen und Beforschten. In: Jerg, J., Merz-Atalik, K., Thümmler, R. & Tiemann, H. (Hrsg.): Perspektiven auf Entgrenzung. Erfahrungen und Entwicklungsprozesse im Kontext von Inklusion und Integration. Bad Heilbrunn: Klinkhardt, 159-171.
Flieger, P. & Schönwiese, V. (2007): Das Bildnis eines behinderten Mannes. Bildkultur der Behinderung vom 16. bis ins 21. Jahrhundert. Wissenschaftlicher Sammelband. Neu-Ulm: AG Spak Bücher.
Initiativgruppe von Behinderten und Nichtbehinderten Innsbruck (Gstettner, P., Hasenauer, E., Hubweber, S., Lassacher, H., Lercher, P. & Schönwiese, V.) (1982): Isolation ist nicht Schicksal. In: Forster, R. & Schönwiese, V. (Hrsg.): BEHINDERTENALLTAG – Wie man behindert wird. Jugend und Volk, Wien. Online unter: http://bidok.uibk.ac.at/library/initiativgruppe-isolation.html#idp7366240 (3.9.2014)
Jahoda, M. (1997): „Ich habe die Welt nicht verändert." Lebenserinnerungen einer Pionierin der Sozialforschung. Frankfurt. New York: Campus Verlag.
Mürner, C. & Schönwiese, V. (Hrsg.) (2006): Das Bildnis eines behinderten Mannes. Bildkultur der Behinderung vom 16. bis ins 21. Jahrhundert. Ausstellungskatalog und Wörterbuch. Neu-Ulm: AG Spak Bücher.
Plangger, S. & Schönwiese, V. (2013): Bildungsgerechtigkeit zwischen Umverteilung, Anerkennung und Inklusion. In: Dederich, M., Greving, H., Mürner, C. & Rödler, P. (Hrsg.): Gerechtigkeit und Behinderung. Heilpädagogik als Kulturpolitik. Gießen: Psychoszial Verlag, 55-76.
Protokoll Projektreflexion (2006): Unveröffentlichtes Protokoll aus dem Forschungsprojekt Das Bildnis eines behinderten Mannes.
RCMG (Research Centre for Museums and Galleries) (Hrsg.) (2004): Buried in the Footnotes: The Representation of Disabled People in Museum and Gallery Collections. RCMG. Online unter: http://www2.le.ac.uk/departments/museumstudies/rcmg/projects/buried-in-the-footnotes/BIT F2.pdf (30.8.2014)
Sartre, J.P. (1943/1991): Das Sein und das Nichts. Reinbek bei Hamburg: Rowohlt.
Schönwiese, V. (2007): Vom transformatorischen Blick zur Selbstdarstellung. Über die Schwierigkeit der Entwicklung von Beurteilungskategorien zur Darstellungen von behinderten Menschen in Medien. In: Flieger, P., Schönwiese, V. (Hrsg.) (2007): Das Bildnis eines behinderten Mannes. Bildkultur der Behinderung vom 16. bis ins 21. Jahrhundert. Wissenschaftlicher Sammelband. AG SPAK Bücher, Neu Ulm, 3-64. Online unter: http://bidok.uibk.ac.at/library/schoenwiese-blick.html (12.10.2014)

Schönwiese, V. (2012): Behinderung als Schicksals-Konstruktion. Zur Analyse von öffentlichen Darstellungen behinderter Menschen. In: Virus, Beiträge zur Geschichte der Sozialmedizin, 11, 11-26. Online unter: http://bidok.uibk.ac.at/library/schoenwiese-schicksalskonstruktion.html (12.10.2014).

Schophaus, M., Schön, S. & Dienel, H.-L. (Hrsg.) (2004): Transdisziplinäres Kooperationsmanagement. Neue Wege in der Zusammenarbeit zwischen Wissenschaft und Gesellschaft. München: ökom Verlag.

Waldschmidt, A. (2003): Kulturwissenschaftliche Perspektiven der Disability Studies. Einführung in die Tagung. In: Waldschmidt, A. (Hrsg.): Kulturwissenschaftliche Perspektiven der Disability Studies. Tagungsdokumentation. Kassel, 11-22.

Walmsley, J. & Johnson, K. (2003): Inclusive Research with People with Learning Disabilities, Past, Present and Future. London/ New York: Jessica Kingsley.

White, G. W., Suchowierska, M. & Campbell, M. (2004): Developing and Systematically Implementing Participatory Action Research. In: Archives of Physical and Medical Rehabilitation, 85 (2), 3-12.

Tobias Buchner, Rainer Grubich, Ulrike Fleischanderl, Oliver Koenig und Sylvia Nösterer-Scheiner

Inclusive Spaces – SchülerInnen erforschen die sozialen Räume an ihren Schulen

1 Einleitung

Die Integration aller SchülerInnen, unabhängig von ihrer Herkunft, ihren Fähigkeiten sowie Bedürfnissen, stellt einen wesentlichen Schwerpunkt in der Konzeption der Neuen Mittelschule in Österreich dar (BMBF 2015). Rezente Forschungsergebnisse zeigen jedoch, dass die soziale Komponente der Integration/Inklusion in der Realität von vielen Schulen häufig ein Spannungsfeld darstellt. „Inclusive Spaces" setzt an dieser Problemstellung an und versucht, aufbauend auf dem Insider-Wissen von SchülerInnen, einen innovativen Beitrag für ein gelingendes soziales Miteinander an Schulen zu leisten. Dabei wird auf raumsoziologische Überlegungen von Schule zurückgegriffen. So wird danach gefragt, in welchen Räumen welche Differenzen relevant werden und wie entlang von ihnen Zugehörigkeit oder Exklusion verhandelt wird. Das Projekt wird vom österreichischen Ministerium für Wissenschaft, Forschung und Wirtschaft im Rahmen des Programms „Sparkling Science" gefördert, begann am 01.01.2015 und hat eine Laufzeit von zwei Jahren. „Inclusive Spaces" basiert auf einer breiten Partnerschaft, bestehend aus drei Neuen Mittelschulen in Wien, Forschungseinrichtungen, Institutionen der LehrerInnen- und Erwachsenenbildung sowie zivilgesellschaftlichen Organisationen.[1]

In diesem Artikel möchten wir einen Überblick zu den Hintergründen, der Anlage und dem bisherigen Verlauf der ersten Phase des Projekts geben. Dabei wird zunächst auf Problemstellungen im Kontext von Peers und schulischer Inklusion eingegangen, bevor wir die für „Inclusive Spaces" leitenden theoretischen Konzepte skizzieren. Anschließend wird die Anlage und Struktur des Projekts dar-

---

1 Konkret: Projektleitung: queraum.kultur- und sozialforschung; Beteiligte Schulen:
1. KO50 und Junior High Konstanziagasse, Wien, NMS Anton-Sattler-Gasse, Wien, ONMS Max Winter-Platz, Wien ; Wissenschaftliche Kooperationspartner: Pädagogische Hochschule Wien; Loughborough University, Großbritannien; Norwegian University of Science and Technology, Trondheim, Norwegen; The Open University, Großbritannien; Ludwig Boltzmann Institut für Menschenrechte; Universität Wien, Institut für Bildungswissenschaft; ÖZEPS – Österreichisches Zentrum für Persönlichkeitsentwicklung und Soziales Lernen; Zivilgesellschaftliche Partner: Verein Gemeinsam Leben – Gemeinsam Lernen – Integration Wien; Verein Inklusion Wiener Neudorf

gelegt. In den darauf folgenden Punkten werden die Zielsetzungen des Projekts und die Grundlinien des Curriculums, das für die Forschungsworkshops an den Schulen entwickelt wurde, umrissen. Daran schließt eine Darstellung der Zusammenarbeit mit den teilnehmenden Schulen an. In den nächsten Kapiteln gehen wir genauer auf den Ablauf der gemeinsamen Forschungsaktivitäten an der ersten teilnehmenden Schule ein. Am Ende reflektieren wir die im Zuge der ersten Phase des Projekts erlebten Herausforderungen und Stärken der von uns entwickelten partizipatorischen Zusammenarbeit mit SchülerInnen.

2 Die sozialen Problemlagen schulischer Inklusion

Dem Projekt „Inclusive Spaces" liegt ein breites Verständnis von Inklusion zugrunde, das über die im deutschsprachigen Raum häufig anzutreffende Engführung des Konzepts auf Behinderung hinausreicht. Demnach verstehen wir unter inklusiver Bildung einen gemeinsamen Unterricht aller SchülerInnen, in dem die Diversität aller lernenden Subjekte begrüßt und von Lehrkräften in ihren Praktiken entsprechend berücksichtigt wird (vgl. Ainscow, Booth & Dyson 2006). Eine inklusive Schule fokussiert aber nicht nur auf das akademische Lernen, sondern auch auf soziales Lernen (vgl. Black-Hawkins et al. 2007), sprich auf ein positives Miteinander, das von gegenseitiger Anerkennung und Wertschätzung geprägt ist. Es ist allerdings gerade die soziale Dimension des gemeinsamen Lernens, in der, wie wir anhand der im Folgenden angeführten Forschungsarbeiten problematisieren, Schwierigkeiten auftreten.

So haben rezente Studien, die am Institut für Bildungswissenschaft der Universität Wien durchgeführt wurden, gezeigt, dass behinderte SchülerInnen in Österreich häufig von Marginalisierungsprozessen auf der Peer-Ebene betroffen sind (vgl. Buchner et al. 2015; Biewer et al. 2015; Buchner 2015). Diese Problematik spiegelt sich auch in anderen Untersuchungen zu Österreich (vgl. Schwab et al. 2015; Schwab 2014) sowie in den Ergebnissen von Forschungsarbeiten aus anderen Ländern (vgl. Pijl et al. 2015; Boessart et al. 2012). Weitere Problemstellungen finden sich in den rassistischen Einstellungen und Praktiken ‚weißer' mehrheitsangehöriger Jungen und Mädchen gegenüber sogenannten ‚SchülerInnen mit Migrationshintergrund' (vgl. Kleiner & Rose 2015; Luciak 2014, Devine et al. 2008) sowie den sexistischen Diskriminierungen von Jungen gegenüber Mädchen in Schulen (vgl. Huyge et al. 2015; Paseka 2007). Die genannten Schwierigkeiten hängen zwar mit unterrichtlichen Praktiken bzw. institutionellen Strukturen zusammen, ethnographische und humangeographische Arbeiten zu Schule haben jedoch gezeigt, dass die benannten ‚Differenzlinien' auch in jenen (sozialen) Räumen von Schule zum Tragen kommen, in denen erwachsene Professionelle keinen oder nur eingeschränkt Zugang haben: dem Pausenhof, den Fluren oder den Toiletten (vgl. Holt 2007; Renold 2006). Auf diese verhältnismäßige ‚Autonomie' von Peerkulturen als „relativ eigenständige, an den Peers orientierte Lebenswelt innerhalb der Institution Schule" (Breidenstein 2008, 947) weisen bereits einige Klassiker der ethnographischen Schulforschung hin (siehe z.B. Willis 1979; Bietau, Breyvogel & Helsper 1983; Breidenstein & Kelle 1998). Die „Hinterbühne" (Zinnecker 1978, 29) der Peerkultur erscheint dabei als zentraler Ort der Verhandlungen von Inklusion und Exklusion in Schulen. Die Sozialität dieser Orte, die außerhalb des Klassenzimmers liegen, werden im Projekt unter einem raumsoziologischen Blickwinkel untersucht.

3 Eine raumsoziologische Perspektive auf Schule

Im Rahmen des Projekts wird auf raumsoziologische Überlegungen zurückgegriffen. Dabei liegt ein dualistisches Verständnis von Raum zu Grunde, wonach Raum auf der einen Seite durch Subjekte und ihre Handlungen relational hervorgebracht wird, auf der anderen Seite Raum aber auch das Handeln reglementiert und eingrenzt (Löw 2001). Diese ‚Raumperspektive' bedeutet auf Schule bezogen, dass Schule nicht nur als physikalischer Behälter zu denken ist, in dem Handlungen stattfinden, sondern in ihr durch Handlungen verschiedene Räume konstruiert werden (Gallacher 2009; Hummrich 2011). Raumkonstruktionen sind hierbei als interaktiver Prozess zu denken, der durch die Relationen der handelnden Subjekte ausgeformt wird. Wie erwähnt sind für die thematischen Schwerpunkte von „Inclusive Spaces" vor allem jene sozialen Räume von Relevanz, die außerhalb der Klassenzimmer entstehen. In Interaktionen und Praktiken, wie sie auf Schulhöfen oder Fluren tagtäglich zwischen SchülerInnen stattfinden, zeigt sich diesbezüglich eine Dynamik, die zwar mit den im Unterricht vermittelten Normen korrespondiert aber eine relative Eigenständigkeit besitzt. In den benannten sozialen Räumen, in denen keine professionellen Erwachsenen anwesend sind, werden diese rezitiert, mitunter bestätigt, aber auch neu verhandelt (vgl. Youdell 2006a&b). Die im Unterricht vermittelten Normen müssen also nicht zwangsläufig denen der Peers entsprechen. In der verhältnismäßigen Unabhängigkeit von den Normen des Unterrichts und jenen, die in Interaktionen auf ‚der Hinterbühne' aktualisiert werden, gründet nun auch eine potenzielle Problematik der inklusiven Bildung: denn eine inklusive Normierung des Unterrichts bedeutet nicht zwangsläufig ein entsprechendes Agieren der Peers in den übrigen sozialen Räumen. Inklusion und Exklusion werden in diesen in einer spezifischen Weise verhandelt. Diese ‚Hot Spots' und die darin entstehenden und aufgerufenen Regeln stehen im Mittelpunkt des Erkenntnisinteresses dieses Projekts. Mit diesem Interesse sind die im nächsten Kapitel umrissenen Ziele verbunden.

4 Ziele des Projekts

Die zuvor skizzierten Spannungsfelder und anzunehmenden ‚Hotspots' der Verhandlung von Inklusion und Exklusion werden im Projekt „Inclusive Spaces" mit einem partizipatorischen Ansatz untersucht. Ein solcher Zugang stellt eine Innovation dar: in der deutschsprachigen Schulforschung wurden SchülerInnen die längste Zeit von der aktiven Teilhabe in Forschungsprozessen ausgeschlossen (vgl. Feichter 2015). Direkte Befragungen von behinderten SchülerInnen fanden wenn überhaupt dann eher selten statt (vgl. Buchner 2012; Buchner & Koenig 2008). Eine Einbeziehung in partizipatorische Forschungsprojekte wurde unseres Wissens bisher nicht angestrebt. Auch mit SchülerInnen mit sogenanntem Migrationshintergrund wurde bisher kaum in der genannten Art und Weise geforscht, wie ein Blick in die wissenschaftliche Literatur zeigt. Ein derartiges Vorgehen ermöglicht jedoch, wie die Artikel dieser HerausgeberInnenschaft deutlich werden lassen, eine gewinnbringende Annäherung an die Thematik. Durch partizipatorische Methoden können Einblicke in Räume gewonnen werden, zu denen Erwachsene an sich keinen Zugang haben oder mit ihrer Anwesenheit den Charakter des sozialen Miteinanders verzerren. Das Wissen darüber, wie diese Räume angeeignet und welche Differenzlinien hierin relevant gemacht werden, kann aber dazu beitragen, die Bearbeitung von genau jenen Problemstellungen in Angriff zu nehmen, die weiter oben umrissen wurden. Neben diesem Aspekt sollen die im Rahmen von Inclusive Spaces entstehenden Projekte zur Thematik, die von SchülerInnen mit Unterstützung der erwachsenen WissenschafterInnen durchgeführt werden, nicht nur einen Blick auf Räume ermöglichen, der von Insiderperspektiven erhellt wird, sondern gleichzeitig auch an deren Kompetenzen ansetzen um Problemlösungen zu erarbeiten – bzw. jene Faktoren identifizieren, die für ein weiteres positives Miteinander benötigt werden. Die Liste an Argumenten für eine partizipatorische Anlage könnte mit Referenz auf die in dieser HerausgeberInnenschaft versammelten Beiträge erweitert werden, was aber aus Platzgründen an dieser Stelle nicht geschieht (siehe hierzu insbesondere den Beitrag von Mary Kellett in dieser Herausgeberschaft).

Das Projekt ‚Inclusive Spaces' setzt es sich aufgrund der angeführten Herausforderungen für inklusive Bildung und Gründen für einen partizipatorischen Ansatz zum Ziel, mit SchülerInnen gemeinsam die genannten sozialen Räume an ihren Schulen zu erforschen. Durch diese Art der Forschung sollen die an den Schulen bestehenden guten Beispiele für Inklusion aber auch soziale Problemlagen untersucht und, aufbauend auf dem Insider-Wissen sowie den Kompetenzen der SchülerInnen, Möglichkeiten für eine Stärkung der gelingenden Aspekte bzw. Veränderung von ausgemachten Spannungsfeldern erarbeitet werden. Jugendliche sollen in diesem partizipatorischen Prozess zudem dazu befähigt werden, ihre eigenen Projekte zum Themenbereich durchzuführen.

Die Ergebnisse werden mit den SchülerInnen gemeinsam zunächst einer schulinternen Öffentlichkeit vorgestellt und in weiterer Folge auch schulexternen Zielgruppen vermittelt, wie etwa den Organisationen der SchülerInnenvertretung oder LehrerInnenschaft. Darüber hinaus werden die Erkenntnisse auf akademischen Konferenzen und Tagungen verbreitet. Wesentliches Ziel ist es außerdem, die gewonnenen Einsichten für die LehrerInnenbildung aufzuarbeiten und sie an geeigneter Stelle in die Curricula der Pädagogischen Hochschule einfließen zu lassen.

Aber wie wurden die ersten der genannten Ziele, das gemeinsame Forschen mit SchülerInnen an Neuen Mittelschulen, bisher in Angriff genommen? Ein wesentlicher Baustein zur Umsetzung der Vorhaben stellt das Curriculum für die Forschungsworkshops an Schulen dar, das im nächsten Kapitel kurz erläutert wird.

5 Curriculum

Im Rahmen des Projekts finden an jeder der drei beteiligten Schulen nacheinander eine Reihe an Forschungsworkshops mit SchülerInnen aus integrativen schulischen Settings, wie etwa Integrationsklassen, statt. Für die Planung und Durchführung der Workshops steht jeweils ein Schulsemester zur Verfügung. Die erste Workshop-Reihe wurde von April bis Juni 2015 an der NMS & JHS Konstanziagasse realisiert, wobei eine Frequenz von wöchentlichen Treffen mit den SchülerInnen veranschlagt wurde. Um diesen für partizipatorische Forschung relativ kurzen Zeitraum optimal nutzen zu können, wurde von den AutorInnen dieses Artikels ein Curriculum erarbeitet. Die Konzeptualisierung hebt dabei auf eine Doppelrolle der SchülerInnen ab: einerseits sollen ihre Perspektiven auf die sozialen Räume der Schule und damit ihr Insider-Wissen erhoben werden, andererseits sollen sie, nicht zuletzt aufgrund ihrer Expertise, dazu befähigt werden, Ideen für eigene Projekte zur Thematik zu entwickeln und diese auch durchzuführen. Diese Doppelrolle als Forschende und Be-Forschte wurde in Rückblicken auf verschiedene partizipatorische Projekten als äußerst ertragreich beschrieben (vgl. Carrington et al. 2010). Das mit den Workshops angestrebte Partizipationsniveau ist auf der von Wright und Kolleginnen (2010) entwickelten ‚Partizipationsskala' zwischen den Stufen 6 (Mitbestimmung) und 7 (teilweise Entscheidungskompetenz) zu verorten. Der erste inhaltliche Schwerpunkt des Curriculums liegt auf dem Kennenlernen, Entwickeln von Gruppen- und Forschungsregeln sowie einer Annäherung an den sozialen Raumbegriff. Zudem sollen die WissenschaftlerInnen über von SchülerInnen geführte Touren mit den Räumen der Schule vertraut gemacht werden. Dadurch wird ihr Status als ExpertInnen etabliert. Im nächsten Themenblock wird an diese Vorarbeiten angeknüpft und raumtheoretische Überlegungen mit gemeinsamen Reflexionen zur Wirkmächtigkeit von Differenzen in Schulen verknüpft. Zudem kommen hier partizipatorische Methoden zum Einsatz, wie Photo-Voice (vgl. Darbyshire et al. 2005) oder Mapping (vgl. Herlihy & Knapp 2003). Darüber wird nicht nur die erste, größere Menge an Daten erhoben, sondern die Ergebnisse, die sich darin widerspiegelnden Relevanzen von Räumen und Differenzen, werden in anonymisierter Form an die SchülerInnen zurückgespielt. Dieser Befund wird schließlich diskutiert und bildet die Ausgangsbasis für den dritten Schwerpunkt des Curriculums: hier entwickeln SchülerInnen ihre eigenen Projekte zur Thematik und werden dabei von den WissenschaftlerInnen unterstützt, z.B. durch die Vermittlung von Knowhow zu Methoden oder Ratschlägen zum Sampling. Im letzten Abschnitt werden die Ergebnisse der einzelnen Forschungsteams präsentiert und ein Abschlussfest gefeiert.

Alle Inhalte werden in einfacher, altersentsprechender Sprache vermittelt. Komplexere Inhalte, wie die Vermittlung von Forschungsmethoden oder raumsoziologischen Theoremen werden selbstverständlich an die Fähigkeiten der SchülerInnen angepasst (vgl. O'Kane 2008). Zudem kommen in der ersten Phase überwiegend visuelle Methoden zum Einsatz, um die Teilhabe aller SchülerInnen zu gewährleisten. Bei der Erstellung des Curriculums wurden wir von den Mitgliedern des ‚Scientific Advisory Boards' unterstützt.[2]

6 Überblick zum Verlauf der Aktivitäten an der ersten teilnehmenden Schule

Die im Folgenden geteilten Erfahrungen beziehen sich auf das Forschungsprojekt an der ersten Schule, der NMS und JHS Konstanziagasse, das wie bereits erwähnt von April bis Ende Juni 2015 dort durchgeführt wurde. Die Schule war ausgewählt worden, da sie für ihr besonderes Engagement für Inklusion bekannt ist. Die Darstellung erfolgt hier aus Platzgründen in einer eher gerafften Form und versucht dabei den LeserInnen einen Überblick zum Ablauf dieser ersten Phase an Forschung zu verschaffen.

---

2 Die erwachsenen ForscherInnen werden über die gesamte Projektdauer von zwei beratenden Gremien unterstützt. Das ‚Scientific Advisory Board' besteht aus international renommierten ExpertInnen zu den Themen sozialer Raum, Schule und Differenz (Louise Holt, Loughborough University), zu ethnographischer Schulforschung im Kontext von Behinderung (Borgunn Ytterhus, NTNU Trondheim) und zu partizipatorischer Forschung mit Kindern und Jugendlichen (Mary Kellet, Open University, Milton Keynes). Es berät das Team bei regelmäßig stattfindenden Treffen bezüglich der Anlage und Durchführung der Projekte. Zusätzlich steht auf lokaler Ebene ein Ethical Advisory Board zur Verfügung, dass sich aus erfahrenen PraktikerInnen aus dem inklusiven Bildungsbereich (Irene Gebhardt, Initiative Inklusion Wiener Neudorf und Petra Pinetz, Integration Wien) bzw. aus einem Experten zu Kinderrechten und Forschungsethik (Helmut Sax, Ludwig Boltzmann Institut für Menschenrechte) zusammensetzt.

6.1 Gewinnung der TeilnehmerInnen und informiertes Einverständnis

In einem ersten Schritt wurden mit den LehrerInnen sowie der Direktorin der Schule Einzelheiten der Vorgehensweise abgeklärt, wie etwa eine passende Strategie für die Informierung von Eltern und Jugendlichen zum Projekt oder der zeitliche Rahmen der Workshop-Reihe. An der Schule sollte das Projekt mit den SchülerInnen der sogenannten inklusiven Jahrgangsstufe[3] stattfinden (2. Klasse der Sekundarstufe I). Diese weist eine relativ unübliche Unterrichtsstruktur auf: zwar finden etwa 2/3 der Stunden in einem klassenähnlichen Verband statt (insgesamt 3 Klassen), in den übrigen Stunden lernen SchülerInnen jedoch losgelöst aus der Klassenstruktur in ‚Freiarbeitsstunden', in denen sie an verschiedenen Orten in der Schule individuell auf sie abgestimmte Aufgaben bearbeiten. Die SchülerInnenschaft der ‚Inklusiven Jahrgangsstufe' besteht zu ca. 70% aus SchülerInnen, von denen mindestens ein Elternteil einen Migrationshintergrund hat. Sieben SchülerInnen mit einem sonderpädagogischen Förderbedarf werden in dem zuvor skizzierten Setting beschult. Im Zuge der Vorbesprechung wurde beschlossen, dass verschiedene SchülerInnen aus der inklusiven Jahrgangsstufe teilnehmen und daher alle Jugendlichen dafür eingeladen werden sollen.

Das Projekt wurde den Erziehungsberechtigten schließlich während eines Elternabends und allen SchülerInnen während Infoveranstaltungen vorgestellt. Die dabei erfolgenden Präsentationen sowie die anschließenden Fragerunden wurden in leichter Sprache geführt, zudem erhielten Eltern als auch SchülerInnen ein entsprechendes Infoblatt. Den SchülerInnen wurde empfohlen, sich nicht spontan zu entscheiden, sondern nochmals in Ruhe die Teilnahme zu überdenken, weshalb zwischen den Informationsveranstaltungen und der Deadline für die Anmeldung 3 Wochen anberaumt wurden. Dieser Zeitraum sollte Gelegenheit geben, offen Fragen bzw. Unklarheiten mit der Projektleitung telefonisch, per SMS oder Email zu besprechen. Diejenigen SchülerInnen, die Interesse hatten, am Projekt teilzunehmen, unterschrieben schließlich eine (informierte) Einverständniserklärung. Allerdings ergab sich aufgrund der Zielgruppe (SchülerInnen aus der gesamten Jahrgangsstufe) und das veranschlagte Prozedere eine zu hohe Zahl an InteressentInnen: insgesamt wollten 45 der 68 Mädchen und Jungen aus der inklusiven Jahrgangsstufe teilnehmen, was allerdings die von uns als maximal mögliche festgesetzte Gruppengröße von 20 Personen bei weitem überstieg. So sahen wir uns gezwungen, die TeilnehmerInnen auszulosen, wobei darauf geachtet wurde, dass eine Gender-Balance (jeweils 10 Mädchen und Jungen) hergestellt wurde. Die Forschungsgruppe wies letztlich eine hohe Diversität auf. Die Mehrheit der Schü-

---

3 Die SchülerInnen mit sonderpädagogischem Förderbedarf (SPF) werden nicht in einer Integrationsklasse zusammengefasst, sondern auf alle drei Klassen der Jahrgangsstufe verteilt. Die Sonderpädagogin ist selbst Klassenvorstand einer der Klassen, die Förderplanung für die SchülerInnen mit SPF erfolgt gemeinsam im Jahrgangsteam.

lerInnen verwies in der Vorstellungsrunde auf den Migrationshintergrund ihrer Eltern, zudem nahm eine Schülerin mit sonderpädagogischem Förderbedarf teil.

6.2 Die Forschungsworkshops

Wie wurde nun aber das Curriculum an der Schule umgesetzt? In den Vorgesprächen wurde beschlossen, dass LehrerInnen und andere schulische Professionelle nicht an den Workshops teilnehmen sollten, um die Unbefangenheit der SchülerInnen zu ermöglichen. Die Treffen wurden von einem Team, bestehend aus MitarbeiterInnen der außeruniversitären Forschungseinrichtung queraum.kultur- und sozialforschung (Tobias Buchner & Ulrike Fleischanderl) sowie der Pädagogischen Hochschule Wien (Rainer Grubich & Sylvia Nösterer-Scheiner) geleitet. Zwei Studierende derselben Hochschule (Manuela Kacerek & Delia Krammer) unterstützten das Team. Mit den 20 Jugendlichen trafen wir uns in wöchentlichen Abständen zur Unterrichtszeit in der Bibliothek der Schule, was nicht nur aus Gründen der räumlichen Verfügbarkeit angemessen erschien, sondern auch bezüglich der Vorstellung von Bibliotheken als Orten des Wissens.

In der ersten Einheit erhielten alle SchülerInnen einen ForscherInnen-Badge sowie ein Forschungstagebuch, auf denen ihr Name stand sowie das Logo von Inclusive Spaces abgebildet war. In der Anfangsphase lag der Fokus, wie im Curriculum festgelegt, auf dem gemeinsamen Kennenlernen und dem Teambuilding . So erzählten alle Beteiligten etwas über sich, ihre Hobbies, Interessen und ihre Familie, zudem wurden verschiedene Spiele zur Teamentwicklung angeboten, wie etwa der ‚tower of power'. Nach einer Reflexion der Übungen einigten wir uns auf gemeinsame Teamregeln, die fortan auf einem Plakat verschriftlicht an der Wand hingen. In einer Tour führten die SchülerInnen in ihrer Rolle als Insider durch die Schule, damit wir mit den Räumen und deren sozialen Spezifika vertraut wurden. In den nächsten Einheiten näherten wir uns spielerisch der Thematik ‚Differenz' an, wobei von den erwachsenen ForscherInnen keine konkreten Differenzenlinien vorgegeben wurden sondern diese über einen Zirkel an Aktivitäten (z.B. die Übung ‚Zitrone der Differenz', Aufstellung nach von den SchülerInnen vorgeschlagenen Unterschieden) und Reflexionsrunden (Brainstorming zur Relevanz von Differenzen im Schulalltag) von den SchülerInnen erarbeitet wurden. Hier kristallisierten sich Alter (die SchülerInnen der 2. Schulstufe der Sek 1 sind den Drangsalierungen und der physischen Gewalt durch die Viertklässler ausgesetzt), Geschlecht (verschiedene Räume werden geschlechtsspezifisch unterschiedlich genutzt) und Ethnie (Konflikte auf dem Pausenhof entlang unterschiedlicher ethnischer Zugehörigkeiten; rassistische Zuschreibungen an SchülerInnen, deren Eltern nicht aus Österreich stammen) als relevante Differenzlinien heraus. Anschließend setzte sich die Gruppe anhand von einzelnen Beispielen vertiefend mit dem relationalen Raumkonzept auseinander.

In einem weiteren Schritt wurden die SchülerInnen dazu eingeladen, mit ihren Mobiltelefonen[4] jene Räume zu fotografieren, die ihnen für das soziale Miteinander (sowohl positiv als auch negativ) von Bedeutung erschienen. Die Fotos wurden mit den Jugendlichen einzeln bezüglich der Erfahrungen und in diesen Räumen relevant werdenden Differenzen besprochen. Die erwachsenen ForscherInnen werteten die aufgenommenen Gespräche unter zwei Blickwinkeln aus: einerseits wurden unter Einbeziehung aller Fotos die sieben am häufigsten aufgenommenen Räume ermittelt. Andererseits wurden anhand der Interviews die mit diesen Räumen verbundenen Erfahrungen herausgearbeitet und miteinander verglichen. Die ermittelten sieben ‚Hot Spots' und die darin eingelagerten Differenzen wurden den SchülerInnen in anonymisierter Form im darauffolgenden Treffen zurückgespielt und diskutiert. Bald entstand die Idee, zu den verschiedenen Räumen und den darin relevant werdenden Unterschieden Forschungsteams zu bilden, etwa zum Mädchen-WC (Wie eignen sich Schülerinnen diesen Ort an und warum sind sie gezwungen, dies zu tun?), einem bestimmten Teil des Flurs im 2. Stock (der überwiegend von rivalisierenden Burschengruppen und deren Praktiken geprägt war) oder der Garderobe als sozialem ‚Hot Spot' zwischen den Stunden. Die SchülerInnen erarbeiteten zunächst die thematischen Schwerpunkte und ordneten sich ihnen schließlich nach Interesse zu, wobei allerdings mitunter nicht nur dieses für die Wahl ausschlaggebend schien, sondern auch die Cliquenzugehörigkeit.

In Plenumssitzungen wurden schließlich Grundzüge und Stationen eines Forschungsprozesses sowie verschiedene Methoden überblicksartig vorgestellt und in Gesprächen mit den Jugendlichen erörtert. Im nächsten Schritt entwickelten SchülerInnen in Kleingruppen Forschungsfragen und -designs zur Untersuchung der sozialen Räume. Die von ihnen dafür gewählten Methoden (hier wurde überwiegend für das qualitative Interview optiert) wurden in den Gruppensettings vertiefend erläutert und schließlich auch in Übungen erprobt – auf einem Level, das den Fähigkeiten der SchülerInnen entsprach. Im nächsten Punkt standen den Überlegungen zur ethisch vertretbaren Anwendung der Methode im Vordergrund. Die Fragen bezogen sich schließlich überwiegend auf das Erleben von den anvisierten Räumen, was den SchülerInnen am Miteinander in den Räumen gefällt, was nicht und wie dieses verbessert werden kann. In der Regel interviewte jede Gruppe zwischen 4 und 8 andere SchülerInnen, manche auch LehrerInnen. Die Interviews dauerten zwischen einer Minute und 9 Minuten. Die erhobenen Daten wurden gemeinsam kategorisiert und in Relation zu den Fragestellungen zu Ergebnissen verdichtet. Die SchülerInnen visualisierten ihre Projekte und Ergebnisse in teilweise relativ ausgefallenen, ganz eigenen Techniken auf Plakaten, die

---

4 Fast alle SchülerInnen besaßen Smartphones, diejenigen, die über kein Handy mit Fotofunktion verfügten, bekamen digitale Fotokameras zur Verfügung gestellt.

anschließend im Plenum präsentiert wurden. In der letzten Einheit erhielten die TeilnehmerInnen Forschungszertifikate, was mit einem gemeinsamen Rückblick bei Getränken und Kuchen abgerundet wurde. Im September werden die Ergebnisse mit den SchülerInnen gemeinsamen einer ausgesuchten Schulöffentlichkeit und verschiedenen Stakeholdern präsentiert.

7 Reflexionen und Konklusionen

Zunächst einmal ist im Rückblick auf den zuvor skizzierten Verlauf der ersten Phase von „Inclusive Spaces" anzumerken, dass den SchülerInnen die Teilnahme am Projekt viel Spaß machte – wie sie uns als auch den LehrerInnen der Schule mehrmals fast überschwänglich mitteilten. Einzelne begründeten dies in Gesprächen mit uns mit ihrer prestigeträchtigen Rolle als ForscherIn und verwiesen dabei auch auf die dies signifizierenden Badges. Zwei Jungen meinten im Rahmen der Abschlussfeier, dass bei ihnen durch das eigene Forschen ein generelles Interesse an Forschung entstanden sei. Allerdings muss auch eingeräumt werden, dass eine Gruppe von Jungen wiederholt ihre Motivation zur Teilnahme zwar auch mit der Thematik und ihrem anerkennungsvollen Status als ForscherIn erklärten, allerdings ebenfalls mit der durch die Teilnahme gegebenen Möglichkeit, nicht am Unterricht teilnehmen zu müssen.

Die gewählten partizipatorischen Methoden erwiesen sich als praktikables Tool der Datengewinnung, das den SchülerInnen viel Freude bereitete. Hier ist besonders auf die Photo-Voice-Technik zu verweisen. Dabei erwies sich gerade der Smart-Phone-Boom der letzten Jahre als hilfreich, da so die meisten SchülerInnen ihr Forschungswerkzeug ohnehin gleich parat hatten und damit vertraut waren. Durch die Besprechung der Fotos in Einzelinterviews diente das Visuelle als ‚Türöffner' zur Explikation der mit den Räumen verbundenen Erfahrungen. In den Gesprächen konnten schließlich die in die abgebildeten Räume eingelagerten Differenzen aus ihrer Ortsbezogenheit abstrahierend herausgelöst werden. Die qualitativ-vergleichende Auswertung der Interviews und die quantitative Erfassung der ‚Hot Spots' stellte sich als brauchbares, überleitendes Scharnier zwischen Beforschung der SchülerInnen und deren Wechsel in die Rolle als Erforschende heraus. Dem ist hinzuzufügen, dass die Jugendlichen zunächst einige Schwierigkeiten damit hatten, ihre Rolle als ExpertInnen für die Räume der Schule anzunehmen. Die Methode der Tour trug jedoch erheblich zur An- und Einnahme dieser Position bei: das Präsentieren der Schule als FremdenführerIn förderte eine schrittweise Annäherung an die Thematik und der Bewusstwerdung über das eigene Insider-Wissen, das Erwachsenen nicht zur Verfügung steht. Dadurch konnte auch das Verhältnis zwischen Erwachsenen und Jugendlichen neu bestimmt werden. Wir nahmen demnach die Rolle als Fremde, die nichts von den (Peer-)Kulturen der Schule wussten, ein und waren auf ihre Hilfe angewiesen. Im Gegenzug teilten wir unser Wissen. Trotzdem ist ehrlicher Weise zu bilanzieren, dass, auch wenn wir uns um ein Verhältnis ‚auf Augenhöhe' bemühten, die Relation zwischen uns und den SchülerInnen eine hierarchisierte war, da wir das Curriculum (auch wenn wir es auf die Dynamik des Verlaufs anpassten) als auch die Thematik klar vorgaben. Ein anderes Vorgehen erschien auch angesichts der relativ geringen zeitlichen und personalen Ressourcen kaum vorstellbar, denn partizipatorische Forschung mit Kindern und Jugendlichen ist und bleibt ein zeit- und arbeitsintensives Unterfangen.

Wichtig erscheint uns noch der Hinweis auf die Bereitschaft von uns, die eigene Sozialisation als WissenschaftlerIn, die auf das Einhalten akademischer Standards trimmt und die Aneignung entsprechender Denkmuster und Untersuchungspraktiken vorsieht, zu reflektieren und die anerzogenen Schemata in der Zusammenarbeit mit den SchülerInnen bisweilen außen vor zu lassen. Schließlich ist damit die Gefahr verbunden, das kreative Potenzial der SchülerInnen und ihre Kapazitäten dafür, neue, bisher noch nicht erprobte, Methoden und Präsentationsstile zu entwickeln, zu beschneiden. Interessant erscheinen uns bezüglich des letztgenannten Punkts gerade die schaubildartigen, zunächst bizarr wirkenden Zeichnungen mit Filzstiften, die von einigen Forschungsgruppen zur Verdeutlichung der Forschungsergebnisse angefertigt wurden. Trotz der genannten Wirkung auf uns brachten diese einige Sachverhalte verblüffend eindeutig und klar auf den Punkt – ohne die Verwendung komplexer Vokabeln und Darstellungen. Mindestens genauso, wenn nicht noch wichtiger ist es, die eigenen und wissenschaftlich fundierten Vorstellungen dazu, wie und durch was Exklusion und Inklusion zwischen SchülerInnen erzeugt wird, nicht vor den Jugendlichen zu explizieren. Schließlich können dadurch Differenzen eine Relevanz erlangen, die sie vor einem solchen Forschungsprojekt gar nicht besaßen. So zeigten wir uns gut beraten, einzelne Differenzlinien nicht vor den Jugendlichen zu thematisieren sondern sie diese selbst herausarbeiten zu lassen. Wir wären zum Beispiel davon ausgegangen, dass Behinderung und kognitive Fähigkeiten eine gewisse Bedeutung hätten, die wir aber im Zuge unserer Zusammenarbeit mit den SchülerInnen nicht feststellen konnten.

Zusammenfassend kann die erste Phase von „Inclusive Spaces" als durchaus erfolgreich bilanziert werden. Leider bestand aufgrund des Entstehungszeitpunkts (kurz nach Abschluss der Workshops) dieses Artikels nicht die Möglichkeit, Ergebnisse konkreter herauszuarbeiten – dies wird an einer anderen Stelle erfolgen müssen. Partizipatorische Forschung mit SchülerInnen scheint uns ein hohes Potenzial aufzuweisen, die lange vergessenen Stimmen von Kindern und Jugendlichen zu schulischen Inklusionserfahrungen hörbar als auch ihre mit ihrem Status als Insider verbundenen Kompetenzen für Schulforschung nützlich zu machen.

Literatur

Ainscow, M., Booth, T. & Dyson, A. (2006): Improving Schools, Developing Inclusion. London: Routledge.

Bietau, A., Breyvogel, W. & Helsper, W. (1983): Subjektive Verarbeitung schulischer Anforderungen und Selbstkrisen Jugendlicher – Schülerfallstudien und deren vergleichende Interpretation. Essen.

Biewer, G., Buchner, T. & Shevlin, M. et al. (2015): Pathways to inclusion in European higher education systems. ALTER – European Journal of Disability Research; online first, doi: http://dx.doi.org/10.1016/j.alter.2015.02.001

Black-Hawkins, K., Florian, L. & Rouse, M., et al. (2007): Achievement and inclusion in schools. London: Routledge.

Bossaert, G., Colpin, H. & Pijl, S. J. et al. (2012): Loneliness among students with special educational needs in mainstream seventh grade. Research in Developmental Disabilities, 33 (6), 1888-1897.

Breidenstein, G. (2008): Peer-Interaktion und Peer-Kultur. In: Helsper, W. & Böhme, J. (Hrsg.): Handbuch der Schulforschung. Wiesbaden: VS-Verlag.

Breidenstein, G. & Kelle, H. (1998): Geschlechteralltag in der Schulklasse: ethnographische Studien zur Gleichaltrigenkultur. Weinheim: Juventa-Verlag.

Buchner, T. (2015): Mediating Ableism: Border work and resistance in the biographical narratives of young disabled people. In: Zeitschrift für Inklusion online, 2. Online unter: http://www.inklusion-online.net/index.php/inklusion-online/article/view/272/255

Buchner, T. (2012): Auf dem Weg zu einer inklusiven Inklusionsforschung? Gedanken zum 25-jährigen Jubiläum eines wissenschaftlichen Netzwerks. In: Seitz, S., Finnern, N.-K., Korff, N. & Scheidt, K. (Hrsg.): Inklusiv gleich gerecht? Bad Heilbrunn: Klinkhardt, 300-305.

Buchner, T., Smyth, F. & Biewer, G., et al. (2015): Paving the way through mainstream education: The interplay of families, schools and disabled students. Research Papers in Education, 30 (4), 411-426.

Buchner, T. & Koenig, O. (2008): Methoden und Blickwinkel in der sonder- und heilpädagogischen Forschung der letzten 10 Jahre – eine Zeitschriftenanalyse. In: Heilpädagogische Forschung, 34 (1), 15-34.

Bundesministerium für Bildung und Frauen (BMBF) (2015): Soziales Lernen & Integration – Schule als Wegbereiter in die Gesellschaft. Online unter: http://www.neuemittelschule.at/grundlegende-informationen/paedagogische-konzepte/#soziales-lernen (10.07.2015)

Carrington, S., Bland, D. & Brady, K. (2010): Training young people as researchers to investigate engagement and disengagement in the middle years. In: International Journal of Inclusive Education, 14 (5), 449-462.

Darbyshire, P., MacDougall, C. & Schiller, W. (2005): Multiple methods in qualitative research with children: more insight or just more? In: Qualitative Research, 5 (4), 417-436.

Devine, D., Kenny, M. & Macneela, E. (2008): Naming the 'other': children's construction and experience of racisms in Irish primary schools. In: Race Ethnicity and Education, 11(4), 369-385.

Feichter, H. (2015): Schülerinnen und Schüler erforschen Schule. Möglichkeiten und Grenzen. Wiesbaden: VS-Verlag.

Gallacher, M. (2009): Rethinking participatory methods in children's geographies. In: Van Blerk, L. & Kesby, M. (Hrsg.): Doing Children's Geographies. Methodological Issues in Research with Young People. Oxon: Routledge Publishers.

Herlihy, P.H. & Knapp, G. (2003): Maps of, by, and for the people of Latin America. In: Human Organization 62, 303-314.

Holt, L. (2007): Children's sociospatial (re)production of disability within primary school playgrounds. In: Environment and Planning D: Society and Space, 25(6), 783-802.

Hummrich, M. (2011): Jugend und Raum. Exklusive Zugehörigkeiten in Familie und Schule. Wiesbaden: VS-Verlag.

Huyge, E., Van Maele, D. & Van Houte, M. (2015): Does students' machismo fit in school? Clarifying the implications of traditional gender role ideology for school belonging. In: Gender & Education, 27 (1), 1-18.

Löw, M. (2001): Raumsoziologie. Frankfurt/M.: Suhrkamp Verlag.
Luciak, M. (2014): Rombas – zur Bildungssituation von Roma und Sinti in Österreich. Wien: BMUKK
O'Kane, C. (2008): The development of Participatory Techniques. Facilitating Children's Views about Decisions Which Affect Them. In: Christensen, P. & James, A. (Hrsg.): Research with Children. Perspectives and Practices. 2nd Edition. New York und London: Routledge, 125-155.
Paseka, A. (2007): Geschlecht lernen am Schauplatz Schule. In: SWS-Rundschau, 47 (1), 51-72.
Renold, E. (2006): 'They won't let us play ... unless you're going out with one of them': girls, boys and Butler's 'heterosexual matrix' in the primary years. In: British Journal of Sociology of Education 27(4), 489-509.
Schwab, S. (2014). Schulische Integration, soziale Partizipation und emotionales Wohlbefinden in der Schule: Ergebnisse einer empirischen Längsschnittstudie. Wien: Lit-Verlag.
Schwab, S., Gebhardt, M. & Krammer, M., et al. (2015): Linking Self-Rated Social Inclusion to Social Behaviour. An Empirical Study of Students with and without Special Education Needs in Secondary Schools. European Journal of Special Needs Education, 30(1), 1-14.
Wright, M.T., Block, M. & Unger, H. von (2008): Partizipation in der Zusammenarbeit zwischen Zielgruppe, Projekt und Geldgeber. In: Das Gesundheitswesen 70, 748-54.
Youdell, D. (2006b): Subjectivation and Performative Politics: Butler Thinking Althusser and Foucault: Intelligibility, Agency and the Raced-Nationed-Religioned Subjects of Education. In: British Journal of Sociology of Education, 27(4), 511-528.
Youdell, D. (2006a): Impossible Bodies, Impossible Selves. New York: Springer.
Zinnecker, J. (1978): Die Schule als Hinterbühne oder Nachrichten aus dem Unterleben der Schüler. In: Reinert, G.-B. & Zinnecker, J. (Hrsg.): Schüler im Schulbetrieb. Berichte und Bilder vom Lernalltag, von Lernpausen und vom Lernen in den Pausen. Reinbek bei Hamburg: Rowohlt 1978, 28-42.

Jana Zehle

Eye and I of the Camera – Der Blick auf mich
Ein Photovoice Projekt im Norden Äthiopiens

Zusammenfassung

„Eye and I of the Camera" ist der Titel der Photovoiceausstellungen, auf denen die Ergebnisse eines partizipativen Forschungsprojektes mit 18 jungen Äthiopierinnen und Äthiopiern gezeigt wurden. Von Januar 2012 bis Juli 2013, habe ich ihre Lebensgeschichten begleitet und hierfür die Forschungsmethode *Photovoice* eingesetzt. In dem folgenden Beitrag werde ich einige wenige landeskundliche Informationen über die Region Amhara im Norden Äthiopiens geben und dann zu der Wahrnehmung von Menschen mit zugeschriebenen Behinderungen in der Region überleiten. Daran anschließend werde ich das Forschungsprojekt vorstellen und die Methode Photovoice erläutern.

1 Die Region Amhara im Norden Äthiopiens

Amhara, im Norden Äthiopiens gelegen, zählt ca. 18,2 Millionen Einwohnende (Gesundheitsministerium, Ministry of Health, MoH). Die Hauptstadt ist Bahir Dar. Amhara gilt als „Kernland" Äthiopiens, dessen Bevölkerung in einer sehr traditionellen und geschlossenen Gesellschaftsstruktur leben. Dazu gehört, dass der überwiegende Teil der Bevölkerung traditionell in der Landwirtschaft tätig ist oder ein kirchliches Amt bekleidet. Innerhalb dieser Gesellschaftsstruktur dominiert eine ethnische Gruppe: die Amhara, und eine religiöse bzw. kirchliche Zugehörigkeit: die äthiopisch-orthodoxe Kirche. Es ist eine Gesellschaftsstruktur, so beschreibt es in einem Interview ein befreundeter Äthiopier aus Amhara, in der Diversität fast nicht auftaucht, bzw. nicht erwünscht oder tabu ist. Ich habe bei häufigen Besuchen in Amhara diese Beschreibung einer sich von anderen abgrenzenden Bevölkerung bestätigt gefunden. Gleichzeitig habe ich Menschen mit zugeschriebener Behinderung angetroffen und kennengelernt, die Aufgrund ihrer Beeinträchtigung diesen traditionellen Vorstellungen nicht entsprechen (können) und daher Ausgrenzung und Ablehnung erfahren. Dennoch leben sie in dieser Region, verdienen ihren Unterhalt und haben sich nicht nur ein Arbeits- sondern auch ein soziales Umfeld geschaffen. Das hat mich beeindruckt und neugierig

gemacht, Antworten zu finden, auf die folgenden, für dieses Forschungsprojekt zentralen, Fragestellungen:
- Welche Bedingungen in Bezug auf ein selbstbestimmtes und wertgeschätztes Leben finden junge Menschen mit zugeschriebenen Behinderungen und Bahr Dar/ Region Amhara vor?, und
- Welche Wege finden die Betroffenen, trotz ausgrenzender und behindernder Umweltbedingungen ein weitestgehend eigenständiges Leben zu führen?

2 Menschen mit zugeschriebenen Behinderungen in Äthiopien

In großen Teilen Äthiopiens, einschließlich Amhara, werden Behinderungen und Menschen mit zugeschriebenen Behinderungen negativ bewertet (vgl. Tirussew 2005). Nach wie vor ist die Überzeugung verbreitet, dass eine Behinderung, bzw. die Geburt eines Kindes mit einer Behinderung, eine Strafe Gottes ist, ein Fluch. Eine solche Überzeugung hat zur Konsequenz dass sich Eltern untereinander die Schuld zuweisen. Sie hat weiterhin zur Konsequenz dass Kinder mit einer zugeschriebenen Behinderung oder Beeinträchtigung im Haus versteckt werden, damit die Nachbarn die „Schande" nicht bemerken. Eltern akzeptieren ihr Kind mit einer Beeinträchtigung als von Gott gegeben und versorgen es. Gleichzeitig unternehmen sie wenig, an dem „Zustand dieses Gottesgeschenks" etwas zu ändern. Diese untergebene Haltung sowie Gefühle der Schuld und des Schams erschweren den Zugang zu den Kindern und Familien, um ihnen frühzeitig Hilfe und Beratung anzubieten. Dazu zählt auch medizinische Hilfe, die durch „traditionelle" Behandlungen, d.h. Salbungen mit kaltem heiligen Wasser, ersetzt wird. Menschen mit zugeschriebener Behinderung werden nicht nur häufig als „Schande" angesehen, ihnen wird jegliche Lernfähigkeit abgesprochen: „In Ethiopia, there is a general tendency to think of people with disabilities as weak, hopeless, dependent, and unable to learn and the subject of charity. The misconception of causal attribution added to the misunderstandings of the capabilities of people with disabilities have resulted in a generally negative attitude and stereotyped discrimination towards them" (Tirussew 2005, 7).

Die negative und ablehnende Wahrnehmung von Menschen mit zugeschriebener Behinderung spiegelt sich auch im Sprachgebrauch amharisch-sprechender Personen wider, explizit im Gebrauch diskriminierender und stereotypisierender Begriffe. So werden Menschen mit Hörbeeinträchtigungen als *Donkoro* und *Duda* bezeichnet, also Menschen mit verknoteter Zunge und wenig Verstand, Menschen mit Sehbeeinträchtigungen als *Ewir*, *Denbara* und *Lebu Ende Ayenu Yetawere*, also Menschen, die „im Dunkeln tappen" und sich nicht organisieren können, Menschen mit motorischen Beeinträchtigungen als *Shibba* und *Ankassa Kulem*, also lahme und gebeugte Menschen und Menschen mit so genannter geistiger Behinderung z.B. als Fuzo, Verrückte oder Verrückter (vgl. Tirussew 2005).

Einstellungen und Überzeugungen, die sich in der Alltagssprache und im Alltagshandeln widerspiegeln, lassen Zweifel aufkommen, ob die verschiedenen Maßnahmen und Gesetzesregelungen, die von der äthiopischen Regierung beschlossen wurden, in vielen Teilen der Bevölkerung noch nicht angenommen wurden. Für die betroffenen Menschen im Norden Äthiopiens hat das zur Folge, dass sie nach wie vor von verschiedenen gesellschaftlichen, schulischen und beruflichen Angeboten und Bereichen ausgeschlossen sind. Wie die betroffenen Menschen unter diesen Bedingungen ihren Alltag gestalten und gesellschaftliche Barrieren überwinden oder umgehen, davon berichten 18 junge Äthiopierinnen und Äthiopier aus Bahir Dar anhand von Fotografien, selbstverfassten Begleittexten und in Interviews innerhalb dieses Forschungsprojektes.

3 Forschungsstil und Forschungsmethode

Das Forschungsprojekt ist der partizipativen Handlungsforschung zuzuordnen. Handlungsforschung oder Handlungsorientierte Forschung ist aus dem englischsprachigen Begriff „Action Research" hervorgegangen, ein Forschungsstil, der nach seinem Begründer Kurt Lewin (1946) dazu auffordert, Ergebnisse nicht nur auf dem Papier und in Büchern zu produzieren, sondern zu sozialen Handlungen und Veränderungen führen soll.

Partizipative Forschung wird von Bergold ebenfalls als Forschungsstil oder Forschungsstrategie bezeichnet, welche sich durch Alltagsnähe, Komplexität, Mehrperspektivität, Parteilichkeit, Partizipation, Empowerment und Prozesshaftigkeit auszeichnet (vgl. Bergold 2010). Forschungsstile oder -strategien sind keine eigenständigen Methoden und damit flexibler und nicht an bestimmte Verfahren der Datenerhebung und -auswertung gebunden. Diese Flexibilität im Vorgehen wird auch insbesondere von mir als Forschungsinitiatorin und -verantwortliche gefordert, indem ich an verschiedenen Entscheidungspunkten, sowohl in der Vorbereitung des Forschungsprojektes, als auch im Verlauf desselbigen, hinterfrage, inwieweit die Teilnehmenden auch wirklich partizipieren, ihr Erleben, ihre biografischen Erfahrungen und ihre individuellen Sichtweisen ausdrücken (vgl. Denzin und Lincoln 2011). Partizipative Forschung verfolgt nach von Unger (2014) für die Betroffenen und gleichzeitig Teilnehmenden eine doppelte Zielsetzung, nämlich durch Teilhabe an der Forschung die Wirklichkeit zu verändern und gleichzeitig mehr gesellschaftliche Teilhabe zu erlangen. Diese doppelte Zielsetzung, die Beteiligung der Betroffenen und die zu ihrer individuellen und kollektiven Selbstbefähigung und Ermächtigung (Empowerment) zeichnen partizipative Forschungsansätze aus. Für Attkinson (2004) ist ebenfalls Empowerment der Teilnehmenden, durch die Wahrnehmung und Wertschätzung ihrer Persönlichkeit, ein wichtiges Ziel partizipativer Forschung: „...enables the storyteller to emerge as a person and not as a case" (Attkinson 2004, 698).

Aufgrund dieser Zielsetzungen kann Partizipative Forschung als wertegebunden und ineteressengeleitet charakterisiert werden.

Zur Beschreibung des Forschungsstils in meinem Forschungsprojekt habe ich mich für den angloamerikanischen Begriff der Participatory Action Research (PAR), zu Deutsch: Partizipative Handlungsforschung, entschieden, der die beiden Zielsetzungen: Teilhabe und Handlungsaufforderung verbindet. Partizipative Handlungsforschung (PAR) wird definiert als:

> „…participatory democratic process concerned with developing practical knowledge in the pursuit of worthwhile human purposes … It seeks to bring together action and reflection, theory and practice, in participation with others, in the pursuit of practical solutions to issues of pressing concern to people, and more generally the flourishing of individual persons and their communities" (Reason & Bradbury 2006, 1).

In diesem Forschungsprojekt stehen 18 junge Menschen mit ihren aussagestarken und wertvollen Alltagserfahrungen in Wort und Bild im Mittelpunkt. Sie gestalten maßgeblich die Forschungsplanung und den Forschungsprozess, einschließlich der Analyse und Interpretation der Ergebnisse mit:

> „Research is usually thought of something done by people in universities and research institutions…The trouble with this kind of way of doing research is that there is often very little connection between the researcher's thinking and the concerns and experiences of the people who are actually involved… We believe that ordinary people are quite capable of developing their own ideas and can work together in a co-operative inquiry" (Heron & Reason 2006, 144).

Durch die Verwendung der Methode Photovoice wird in diesem Forschungsprojekt den Zielsetzungen der Teilhabe und Handlungsaufforderung Rechnung getragen. Photovoice wird als ein Prozess definiert, bei dem:

> „…*people can identify, represent and enhance their community through a specific photographic technique. It entrusts cameras to the hands of people to enable them to act as recorders and potential catalysts for change in their own communities"* (Wang & Burries 1997, 369).

Fotografien bieten die Chance, Aufmerksamkeit auf soziale Zu- und Missstände zu lenken. In der Regel werden diese Fotografien von einer Fotografin oder einem Fotografen aufgenommen, die eine „Outsiderperspektive" hat und somit wird nicht den „Insiderblick" der Betroffenen eingefangen. In einem Photovoice Projekt sind es die Betroffenen selbst, die die Fotografien aufnehmen.

Für die praktische Umsetzung eines Forschungsprojektes schlagen Palibroda et al. (2009) neun Handlungsschritte vor, an denen ich mich in der Planung und Durchführung des Forschungsprojekts orientiert, jedoch auch einzelne Schritte zusammengefasst habe, so dass ich auf sieben Schritte komme.

4 Darstellung der einzelnen Schritte im Forschungsprojekt

Aufbau einer tragfähigen und auf gegenseitigem Respekt gegründeten Beziehung

Durch meine langjährige Tätigkeit an der Addis Ababa Universität hatte ich mehrfach die Gelegenheit, die Amhararegion zu bereisen und vielfältige Kontakte aufzubauen, die mir den Zugang zu den potentiellen Forschungsteilnehmenden ermöglichten. Mitarbeitende in staatlichen und nicht-staatlichen Organisationen, die sich für die Belange von Menschen mit zugeschrieben Behinderungen einsetzen, nahmen hier die Rolle von Schlüsselpersonen ein, die mich nicht nur als Wissenschaftlerin in das Forschungsumfeld einführten, sondern auch als ihre Bekannte. Dadurch konnten Skepsis und Misstrauen gegenüber den Absichten einer nicht-äthiopischen Forscherin gar nicht erst entstehen bzw. schnell abgebaut werden (vgl. Lamnek 2005). Zugangserleichternd wirkte sich auch aus, dass ich die Sprache für Alltagskommunikation ausreichend spreche und verstehe.

Planung des Photovoice Projektes

Neben der Literaturrecherche, der Erstellung einer Zeit- und Kostenübersicht, gehören auch administrative (z.B. das Einholen einer Forschungsgenehmigung) und organisatorische Aufgaben (z.B. Import von Einwegkameras) zu den Planungsschritten, die vor Beginn des Forschungsprojektes getätigt wurden. Weiterhin habe ich ein Informationsschreiben über die Forschungsabsicht für die Teilnehmenden und eine informierte Zustimmungserklärung[1] formuliert , wobei es mir wichtig ist, darauf hinzuweisen, dass die unterzeichnete Zustimmungserklärung keine einmalige unveränderbare Zustimmung verlangt, sondern dass es den Teilnehmenden offensteht, jederzeit ihre Teilnahme am Forschungsprojekt und die Zustimmung zur Veröffentlichung ihrer Ergebnisse zurückzuziehen.

Auswahl der Forschungsteilnehmenden

Die Teilnehmenden habe ich, wie unter Schritt 1 beschrieben, über staatliche- und nichtstaatliche Organisationen kennengelernt: die Federal Ethiopian National Association of People with Disabilities (FENAPD) und zwei Selbstvertretenden Gruppen: Tesfa Hiwot Clu und Kebele 09 Youth Club Tesfa. Das erste Treffen verlief in einer gelösten und formlosen Atmosphäre jeweils in den Räumlichkeiten der Organisationen. Wir haben uns gegenseitig vorgestellt und ich habe das geplante Forschungsvorhaben erläutert, insbesondere die Hintergründe und Absichten des Forschungsvorhabens, den Umgang mit den Daten und die Veröffentlichung der Ergebnisse (vgl. Buchner, Koenig & Schuppener 2011). Auch

---

[1] Diese informierte Zustimmungserklärung enthält einen Abschnitt darüber, dass es mir gestattet ist, die Fotografien und Texte für wissenschaftliche Zwecke zu nutzen.

auf individuelle Nachfragen der Anwesenden wurde ausführlich eingegangen. Ein weiteres zentrales Besprechungsthema betraf den verantwortungsvollen Umgang mit der Fotokamera.
Neben der Freiwilligkeit habe ich weitere Auswahlkriterien für eine Teilnahme gesetzt:
- Die Personen nehmen freiwillig am Forschungsvorhaben teil, aus Interesse und nicht in Erwartung einer finanziellen oder materiellen Vergütung, wobei ich entstehende Kosten natürlich ausgleiche.
- Sie haben eine angeborene oder erworbene Behinderung aufgrund derer sie in verschiedenen Lebensbereichen ausgeschlossen werden. Sieben Teilnehmende sind blind bzw. sehr stark sehbeeinträchtigt und haben ihre Sehbeeinträchtigung erworben durch Krankheiten und mangelnder Hygiene. Drei Teilnehmenden sind taubstumm und können nur mit anderen taubstummen Personen oder Personen, die ihre Gebärden verstehen und nutzen können, kommunizieren. Acht Teilnehmenden sind in ihrer Mobilität sehr stark beeinträchtigt. Auch ihre Mobilitätseinschänkungen sind erworben, wobei die Ursache nicht bekannt ist, häufig wird Poliomyelitis vermutet. Alle Teilnehmenden haben Behinderungs- und Exklusionserfahrungen sammeln müssen, dass ihnen der Zugang zu Bildungseinrichtungen und zur Teilhabe in der Arbeitswelt verwehrt wird. Gründe hierfür liegen in der Zuschreibung der Ursachen für ihre Beeinträchtigungen (vgl. Tirussew, Abs. 2) und darin, dass die soziale und bauliche Umwelt für sie nicht immer zugänglich sind. Der frontale Unterricht an Schulen ist nicht differenziert und berücksichtigt nicht andere Bedarfe der Lernenden mit zugeschriebenen Behinderungen.[2]
- Sie führen ein selbstverantwortliches Leben, d.h. sie leben nicht bei ihren Eltern oder bei Verwandten und verdienen ihren Unterhalt durch eigenständige Erwerbstätigkeit, bedürfen also nicht der finanziellen Unterstützung durch Familienmitglieder, Freundeskreis oder durch karitative Organisationen. Dafür haben sie die ländlichen Gegenden, in denen sie geboren und aufgewachsen sind, verlassen, um in der Stadt eine bezahlte Tätigkeit zu finden und auszuüben.
- Sie sind volljährig und beide Geschlechter sind vertreten.
- Sie leben in Bahr Dar und sind über den Forschungszeitraum (Januar 2012 bis Juni 2013) auch anwesend.

---

2 Mir war es nicht möglich, junge Menschen mit einer zugeschriebenen geistigen Behinderung oder einer Mehrfachbehinderung in das Forschungsvorhaben einzubinden. Obwohl ich, wiederum über Schlüsselpersonen, Kontakt zu ihnen und ihren Familien knüpfen konnte und sie in ihren Behausungen Unterkünften besuchen durfte, war keine Bereitschaft ihrerseits zur Teilnahme, was sicherlich möglicherweise auf Schamgefühle und Erfahrungen der Ausgrenzungen und Ablehnung zurückzuführen ist (vgl. Tirussew Abschnitt 2).

Beginn des Photovoice Forschungsprojektes

18 Personen, zwei Frauen und 16 Männer haben ihr schriftliches Einverständnis zur Teilnahme erklärt. Damit ist das Auswahlkriterium „beide Geschlechter sind vertreten" erfüllt. Die Erfahrungen aus anderen Forschungsprojekten bestätigt, dass es schwierig ist, Frauen und Mädchen für die Teilnahme an einem Forschungsvorhaben zu gewinnen, da sie sich für Haushalt und Familie verantwortlich fühlen und seltener in die Öffentlichkeit treten und außerhäusliche Kontakte knüpfen.

Zunächst erfolgte eine Gruppenteilung. Obwohl es Gruppentreffen gab, bei denen alle Teilnehmenden anwesend waren, habe ich mich für die Einteilung in zwei Gruppen, mit jeweils neun Teilnehmenden entschieden: „A gathering of seven to 10 individuals is large enough to offer a variety of experiences and ideas, yet also allows enough time for each person to contribute in a meaningful way. Groups of this size are small enough so that members are able to feel safe to share and take part in discussions. A group of this size can nurture a sense of belonging and group commitment" (Palibroda et al. 2009, 43).

Bei der Gruppeneinteilung habe ich die Wohn-, Aufenthalts- und Arbeitsplätze der Teilnehmenden berücksichtigt, um so die Erreichbarkeit der Treffpunkte zu erleichtern. Die Gruppentreffen dienten dem Erfahrungsaustausch und insbesondere auch der Vorstellung und Erläuterung der Fotografien und Texte der Gruppenmitglieder. Bei den Gruppentreffen war jeweils ein Muttersprachler und in einer Gruppe eine Gebärdensprachendolmetscherin anwesend. Neben diesen Gruppentreffen habe ich Einzeltreffen mit jeder und jedem Teilnehmenden verabredet, die dem persönlichen Austausch und der Durchführung von Interviews dienten und mir die Möglichkeit gaben, sie an ihren Arbeitsplätzen und in ihren Unterkünften zu besuchen, wenn von ihnen gewünscht bzw. akzeptiert. Gruppengespräche und Einzelinterviews wurden mit einem Audiogerät aufgezeichnet und in Addis Ababa mit einem Linguisten gemeinsam transkribiert und übersetzt.

Datensammlung – Fotografieren und Schreiben

Wie unter Schritt 3 erwähnt, habe ich bereits in der Vorbereitung den Teilnehmenden erläutert, warum es wichtig ist, verantwortungsvoll mit der Fotokamera umzugehen, insbesondere Personen, die fotografiert werden sollen, mit Respekt zu begegnen und Rücksicht auf ihre Gefühle, einschließlich einer Ablehnung, zu nehmen. Inhaltlich ging es bei der Datensammlung darum, Objekte und Situationen zu fotografieren, die Relevanz im Alltag der Teilnehmenden besitzen. Personenaufnahmen und Selbstportraits spielten keine Rolle. Falls die Teilnehmenden dennoch Personen fotografierten, sollten sie die zu betreffenden Personen um Erlaubnis bitten. Hierfür, aber auch für eventuelle Situationen, in denen sie ihr Fotografieren erklären mussten, habe ich ihnen einen erklärenden Brief mitgegeben, der ihre Rolle als Forschungsteilnehmende erläutert, sowie die Seriosität der Forschung.

Der Prozess des Fotografierens und Schreibens der Begleittexte wurde durch drei Leitfragen, die ich mit den teilnehmenden abgestimmt habe, strukturiert:
1. Was ist gut in meinem Leben?
2. Welches sind die Herausforderungen?
3. Was würde ich gern ändern?

Diese Leitfragen richten den Fokus im Sinne des Empowerments der Teilnehmenden (vgl. Theunissen & Plaute 2002) auf positive Aspekte in ihrem Leben auf ihre Stärken aber auch auf Herausforderungen/Barrieren und schließlich auf eine Reflektion über Bereiche, in denen sie gern etwas verändern würden.

Zu den ethischen und inhaltlichen Aspekten treten technische Aspekte, die eine technische Einführung in die Handhabung der Fotokameras betreffen, da alle Teilnehmenden keinerlei Fotografiererfahrungen hatten. Einwegkameras sind relativ unkompliziert zu bedienen. Sie sind darüber hinaus kostengünstig und bringen somit die Teilnehmenden nicht in Gefahr, dass sie aufgrund des Besitzes eines wertvollen Objektes beraubt würden. Die Anzahl der Fotokameras pro Teilnehmender oder Teilnehmenden habe ich nicht begrenzt: Bei einigen war ein höherer Verbrauch, weil die Handhabung doch noch geübt werden musste, sie mit den Fotografien nicht zufrieden waren oder einfach nur Spaß am Fotografieren entwickelten.

Die Teilnehmenden haben über einen Zeitraum von mehreren Monaten fotografiert und Begleittexte geschrieben. Sie haben also als selbständig Forschende gehandelt, da ich nicht über den gesamten Zeitraum der Datensammlung kontinuierlich vor Ort sein konnte. Ich bin aber regelmäßig nach Bahir Dar gereist, um die Fotoapparate zur Entwicklung entgegenzunehmen, neue Fotoapparate zu verteilen und insbesondere um den Teilnehmenden entwickelte Fotografien auszuhändigen und ihre Ergebnisse einzeln oder in der Gruppe zu besprechen. Da ich in Äthiopien lebte, war ein Kontakt über Telefon, bzw. mit den hörbeeinträchtigten Teilnehmenden über SMS und Email möglich. Da die Teilnehmenden sich durch die Gruppentreffen bzw. zuvor bereits durch Treffen in den Selbstvertretenden Gruppen kannten, und bei der Einteilung der beiden Gruppen die Wohnortnähe berücksichtigt wurden, haben sich die Teilnehmenden zeitweise bei der Datensammlung untereinander gestützt und begleitet. In meiner Abwesenheit standen den Teilnehmenden auch die leitenden Mitarbeiter der Selbstvertretenden Gruppen als Ansprechpartner zur Verfügung, womit sie wiederum, wie bereits bei der ersten Kontaktaufnahme, eine Schlüsselrolle, einnahmen. Den blinden Teilnehmenden wurde bei der Datensammlung eine selbstgewählte helfende Person zur Seite gestellt.

Datenanalyse – Auswählen und Erläutern

Datensammlung und -analyse sind in einem Photovoice-Forschungsprojekt keine getrennten Tätigkeiten, sondern überschneiden und ergänzen sich in einem fortlaufenden Prozess. Wie vielfach für Qualitative Forschungsvorhaben beansprucht, steht am Ende dieses Prozesses ein – vorläufiges – Ergebnis, das nicht nur entstanden ist, weil methodische Regeln befolgt wurden, sondern das auch der Kreativität und Kompetenz der Forschenden geschuldet ist (vgl. Mey & Mruck 2010). Das vorläufige Ergebnis bilden die Fotografien und begleitenden Texte, die kollaborativ – in Interviews und Gruppendiskussionen – ausgewertet wurden. Bei kollaborativen Auswertungsarbeiten kommen nach Bergold (2010) eher „abgespeckte" Versionen der Verfahren zur Datenauswertung zum Einsatz.

Sinngemäß ist es auch nicht das Anliegen in einem Photovoice-Forschungsprojekt alle Daten erschöpfend zu analysieren und zu interpretieren:

> „Photovoice is not intended to be a methodology in which an entire body of visual data is exhaustively analyzed in the social scientific sense… As a participatory methodology a photovoice project requires a new framework and paradigm in which participants drive the analysis from the selection of their own photographs that they feel are most important or simply like best to the decoding or descriptive interpretation of images" (Wang & Pies 2004, 100f.).

Bezugnehmend auf die Aussage von Wang und Pies haben die Teilnehmenden aus allen ihren Fotografien drei bis fünf ausgewählt, die für sie persönlich besonders bedeutsam waren und die ihrer Meinung nach ihre Antworten auf die forschungsleitenden Fragen am besten zum Ausdruck brachten. Die Analyse bzw. Erläuterung der Fotografien und Begleittexte erfolgt im Dialog mit der oder dem Teilnehmenden und auch innerhalb der Gruppe. Bei der Vorbereitung dieser Dialoge habe ich mich an einem in der Literatur beschriebenen Verfahren – SHOWeD – orientiert, bin aber der Struktur nicht strikt gefolgt.

S - What do we See here?
H - What is really Happening here?
O - How does this relate to Our lives?
We - Why does this situation, concern or strength Exist?
D - What can we Do about it? (vgl. Wang & Piess 2004).

Caroline Wang hat bereits in den 1990er Jahren Photovoice Forschungsprojekte in Bereichen der Familienplanung und Gesundheitsvorsorge in ländliche Regionen Chinas und in Gegenden der USA durchgeführt, in denen ein hoher Teil der Bevölkerung einen Migrationshintergrund aufweist von Armut betroffen ist. Bei der Auswertungen der Fotografien hat sie sich an den genannten Fragen orientiert, um den Teilnehmenden einen Rahmen für ihre Geschichten und Erläuterungen zu geben. Mit Bezug auf Paolo Freire sieht Wang Vorteile einer strukturierten Auswertung: „ promoting dialogue according to the photovoice concept, which builds on the Freirian process of root-cause questioning and discussion" (Wang & Redwood-Jones 2001, 562), lässt aber auch "freewrites", also offene, anders strukturierte Beiträge zu. Ich bin bei den Erläuterungen und Auswertungen der Fotografien durch die Teilnehmenden flexibel vorgegangen. Einige Teilnehmenden haben ihre Begleittexte vorgelesen oder auch frei erzählt, andere Teilnehmende konnte ich mit diesen Fragen einen Leitfaden für ihre Beiträge geben. Frage 1 und 2 habe ich nicht separiert gestellt und die Teilnehmenden auch nach der persönlichen Bedeutung der gezeigten Situation befragt.

Abb. 1: The Tricycle

Das Tricycle hat mein Leben verändert. Mit dem Tricycle bin ich mobil, beweglich und kann zur Schule fahren. Ich habe die „Cheshire Stiftung" in diesem Jahr um ein Tricycle gebeten, weil ich nun die weiterführende Schule besuche, die ‚Fasilo Secondary School'. Seit ich ein Tricycle habe, bin ich weniger müde und erschöpft, es ist weniger anstrengend, sich mit dem Tricycle fortzubewegen als mit einem Stock. "

Kommentar: „Das Tricycle hat mein Leben verändert". Diese Aussage spricht für sich. Das Tricycle bietet Gebre Egzebehir Beweglichkeit und die Möglichkeit, den weiten Schulweg zurück zu legen, um seine schulische Ausbildung fortzusetzen.
Die Auswahl, Erläuterung und Auswertung der Fotografien fand in Einzelinterviews statt. In dieser intimeren Gesprächssituation konnten die Teilnehmenden auch Situationen benennen, die für sie mit Scham oder Enttäuschung belegt waren. Mir bot das Einzelinterview die Möglichkeit, konkrete Nach- und Verständnisfragen zu stellen und evtl. die Auswahl bzw. die subjektiven Bewertungen der dargestellten Situation versuchen zu verstehen aber auch kritisch zu hinterfragen. An diese Einzelinterviews schlossen sich Gruppendiskussionen an, in denen sich die Teilnehmenden ihre Fotografien gegenseitig vorstellten, untereinander Fragen stellten und sich durch das Erkennen von ähnlichen Alltagserfahrungen stärkten (Empowerment). Die Entwicklung von und der Austausch über Handlungsstrategien wurde durch die letzte Frage: D - What can we Do about it?, angeregt. Diese Handlungsstrategien dienen als „In-vivo-Codes" (vgl. Mey & Mruck 2010) für die weitere Analyse der Daten. In-vivo-Codes gehen nach Mey und Mrunck auf persönliche Erfahrungen zurück, die so oder ähnlich bei mehreren Teilnehmenden gemacht wurden. Diese induktiv entwickelten Code-Bezeichnungen sind für die Ergebnisreflexion und den Erkenntnisgewinn leitend, die allerdings, ebenso wie die Methodenreflexion, noch ausstehen.
Exemplarisch für alle Ergebnisse der Forschung stelle ich eine Fotografie mit Begleittext vor und begrenze mich auf eine kurze Kommentierung, da die Fotografie und der Text für sich sprechen. Bilder und Texte können auf dem Blog (https://photovoiceethiopia.wordpress.com/) eingesehen werden, bzw. in einer Veröffentlichung zu einem späteren Zeitpunkt im Rahmen meiner Qualifizierungsarbeit.

Ausstellung der Ergebnisse und soziale Handlungsschritte

Warum eine Ausstellung der Ergebnisse? Diesbezüglich äußern Palibroda et al.: „The photovoice exhibition also creates a unique opportunity to bridge the gaps between research, community and public policy development" (Palibroda et al. 2009, 66). Insbesondere auch für die Teilnehmenden war es wichtig, ihre Fotografie und Texte, also die Ergebnisse der gemeinsamen Forschungsprojekt, Bekannten und der Öffentlichkeit vorzustellen. Ihr Wunsch war es, diese Ausstellung in einem feierlichen Rahmen zu eröffnen, was in Äthiopien eine Kaffeezeremonie beinhaltet. Durch einen solchen feierlichen Rahmen erhielt ihre Arbeit eine zusätzliche Anerkennung und Würdigung. Die Vorbereitung der Ausstellung erfolgte wiederum gemeinschaftlich und die erste Ausstellung fand auch vor Ort statt, so dass die Teilnehmenden Freunde und Bekannte einladen konnten, aber auch Vertreterinnen und Vertreter lokaler Behörden und anderer Organisationen. Mit der Ausstellung konnte bei einer breiteren Öffentlichkeit Aufmerksamkeit für die Alltagsbedingungen und Lebenssituation von Menschen mit zugeschriebenen Behinderungen vor Ort geweckt werden und Besuchende konnten mit den anwesenden Forschungsteilnehmenden über die Fotografien und Texte in einen (kritischen) Austausch treten. Zugleich bildete die Ausstellung einen stimmigen vorläufigen Abschluss des Photovoice Forschungsprojektes. Erste konkrete soziale Handlungsschritte und Veränderungen haben sich auch ergeben. So wurde z.B. ein Programm zur Vermittlung der Gebärdensprache durch eine Nichtregierungsorganisation in Kooperation mit staatlichen Trägern vor Ort angeboten, innerhalb dessen die hörbeeinträchtigten Forschungsteilnehmenden lehrten. Es wurden auch verschiedene bauliche Maßnahmen im Ort durchgeführt. Ob und wieweit diese Maßnahmen und Schritte durch das Forschungsprojekt und insbesondere die Ausstellung der Ergebnisse eingeleitet wurden oder auf andere Initiativen zurückzuführen sind oder auf beides, ist schwierig zu belegen und für mich auch nachrangig.

5 Fazit

Die Teilnehmenden an diesem Photovoice Forschungsprojekt haben aufgrund ihrer zugeschriebenen Behinderungen in verschiedenen Lebensbereichen Exklusionserfahrungen gemacht, die durch die sozio-ökonomischen Hintergründe ihre Familien verstärkt wurden. Armut und motorische und sensorische Beeinträchtigungen, stellen für sie besondere Herausforderungen bei der Bewältigung ihres Alltages, und der Möglichkeiten des Einkommenserwerbs dar. Sie erhalten keine finanzielle Unterstützung durch ihre Familien oder staatliche Einrichtungen. Darüber hinaus stoßen sie häufig, aufgrund der in Teilen der Bevölkerung noch verbreiteten fehlerhaften Vorstellung über die Ursache von Behinderungen, auf Ablehnung und Ausgrenzung.
Die Fotografien und Texte der 18 jungen Menschen aus Bahir Dar werden ihnen die alltäglichen Herausforderungen und Exklusionserfahrungen im Alltag nicht ersparen. Stellvertretend für viele andere Menschen in ähnlichen Lebenslagen teilen sie uns ihre ganz persönlichen Erfahrungen und Perspektiven mit, durch Fotografien und Texte, die bei den Betrachtenden Einstellungen verändern und Überlegungen bezüglich der Verbesserung ihrer Lebenssituationen anstoßen können. Das eher mitleidserweckende Bild von Menschen mit zugeschriebener Behinderung auf der Südhalbkugel lebend wird durch ein Bild von aktiv ihr eigenes Leben gestaltenden Persönlichkeiten korrigiert. Dies ist nur möglich, da die Bilder und Texte von den Betroffenen selber stammen, ihre ganz persönliche Signatur tragen, und nicht von Außenstehenden über sie entstanden sind, sondern in einem gemeinsamen Projekt.

Literatur

Atkinson, D. (2004): Research and empowerment: involving people with learning difficulties in oral and life history research. In: Disability and Society, 19 (7), 691-702.
Bergold, T. (2010): Partizipative Forschung. In: Mey, G. & Mruck, K. (Hrsg.): Handbuch Qualitative Forschung in der Psychologie. Wiesbaden: VS, 320-332.
Buchner, T., Koenig, O. & Schuppener, S. (2011): Gemeinsames Forschen mit Menschen mit intellektueller Behinderung. Geschichte, Status quo und Möglichkeiten. im Kontext der UN-Behindertenrechtskonvention. Teilhabe, 50 (1), 4-10.
Denzin, N.K. & Lincoln, Y.S. (2011): Qualitative Research – The Sage Handbook of Qualitative Research. Thousand Oaks.
Heron, J. & Reason, P. (2006): The Practice of Co-operative Inquiry: Research 'with' rather than 'on' People. In: Reason, P. & Bradbury, H. (Eds.): Handbook of Action Research London: Sage, 144-154.
Lamnek, S. (2005) (4): Qualitative Sozialforschung. Lehrbuch. Weinheim: Beltz.
Lewin, K. (1946): Action research and minority problems. In: Journal of Social Issues, 2 (4), 34-46.
Mey, G. & Mruck, K. (Hrsg.) (2010): Handbuch Qualitative Forschung in der Psychologie. Wiesbaden, VS.
Palibroda, B., Krieg, B., Murdock, L. & Havelock, J. (2009): A practical guide to photovoice: sharping pictures, telling stories and changing communities. Prairie Women's Health Centre of Excellence (PWHCE), Manitoba.
Reason, P. & Bradbury (2011): (Hrsg.) Handbook of Action Research London: Sage.
Tefera, T. (2005): Disability in Ethiopia: Issues, Insights and Implications. Addis Ababa.
Theunissen, G. & Plaute, W. (2002): Handbuch Empowerment und Heilpädagogik. Freiburg: Lambertus.
Unger, H. von (2014): Partizipative Forschung. Einführung in die Forschungspraxis. Wiesbaden: Springer VS.
Wang, C. & Burries, M. A. (1997): Photovoice: Concept, methodology, and use for participatory needs assessment. Health Education and Behaviour 24, (3), 369-387.
Wang, C. & Redwood-Jones, Y.A.(2001): Photovoice Ethics: Perspectives from Flint Photovoice. Health Education and Behaviour, (28), 560-572.
Wang, C.C. & Pies, C.A. (2004): Family, Maternal, and Child Health Through Photovoice. Maternal and Child Health Journal, 8 (2), 95-103. Online unter: http://www.moh.gov.et/de/amharahb (30.03.2015)

3 Kritische Reflexionen und Erweiterungen

Herausforderungen und Barrieren Inklusiver Forschung

Melanie Nind

Towards a second generation of inclusive research

Summary

In many ways this is a chapter about the point we have reached with inclusive research and where we are going next. The reference in the chapter title to a second generation of inclusive research implies that we are moving into a new phase, or even that there is a step-change on the horizon. I have written elsewhere about the broad spectrum of inclusive research, its evolution, contested nature, and position within important debates and policy shifts (Nind 2014). In this chapter I primarily focus on the inclusive research conducted with, by and for people with learning disabilities. I draw largely on research I conducted in England with inclusive researchers from inside and outside the academy and their allies, supporters and funders and I gratefully acknowledge them. This study, 'Quality and Capacity in Inclusive Research with People with Learning Disabilities', was funded by the Economic and Social Research Council and became known by its more accessible title, 'Doing Research Inclusively, Doing Research Well?'.
I begin with a description of what we might think of as first generation inclusive research with a brief history and look at its achievements. I move on to the calls for standing back and taking stock before moving forward. This includes discussion of the challenges involved in inclusive research and the degree to which these challenges have so far been met. Finally, I build an argument about the characteristics of the next generation of inclusive research, which will reflect a better understanding of its particular contribution and diversity and include greater concern with quality and knowledge – the product as well as the process of research.

1 First generation inclusive research

It could be argued that inclusive research dates back to the naming of it by Walmsley in 2001. The term itself took on greater significance in the important book Inclusive Research with People with Learning Disabilities: Past, Present and Futu-

res (Walmsley & Johnson 2003) where the criteria for inclusive research are suggested and its development discussed. The book not only established a name – an umbrella term – for the various developments going on with people with learning disabilities getting into research, but also the need to think critically about it.
Beyond the academic debate about inclusive research there was a blossoming of research projects involving people with learning disabilities. In the UK developments included:
- local self-advocacy groups being co-opted as researchers with teams of academics;
- some groups arguing the case for doing or leading their own research (Townson et al. 2004; The Learning Disabilities Research Team 2006);
- long-term partnerships and collaborations becoming established (e.g. Carlisle People First Research Team, which included academics and supporters);
- inclusive research becoming embedded in the departments of academics institutions (e.g. Norah Fry Research Centre; St Georges Medical School);
- funding bodies committing to funding research that actively includes those intended to benefit from it (e.g. Joseph Rowntree Foundation);
- government policy interest in inclusive research, including the Department of Health commissioning the Learning Disability Research Initiative (LDRI) in which research had to embrace inclusive principles (Grant & Ramcharan 2007);
- the first national survey being conducted by an inclusive research team (Emerson et al. 2005);
- learning disabled researchers beginning to be involved in reviewing research outputs (British Journal of Learning Disabilities 2012 special issue).

Thus, people with learning disabilities and their contributions to knowledge have come to matter. The Valuing People White Paper (DoH 2001) promoted their active citizenship as people who must enjoy rights, independence, choice and inclusion. In 2001-2003 £2million of Department of Health money went on the LDRI. Similarly in Australia, the government accepted the "view that people with intellectual disability have the right to be involved in issues that affect their lives" (Bigby et al. 2014, 3).

The first generation of inclusive research with people with learning disabilities established the need for people with learning disabilities to do research and how it could be done (e.g. Williams 1999; Abel et al. 2007; Tuffrey-Wijne & Butler 2010). It established what the challenges are (e.g. Stalker 1998; McClimens 2007; Nind & Vinha 2013) and how the research might be communicated inclusively (e.g. Garbutt et al. 2009). Some important findings were generated about the lives of adults with learning disabilities including their histories.

This research developed alongside developments all over the world in participatory action research, participatory rural appraisal, feminist research, participatory health research, decolonizing research and community-based participatory research

(Nind 2014). Concurrent with the developments I have described for the involvement of people with learning disabilities in research, there were developments for people using (or refusing) mental health services (e.g. Beresford & Wallcraft 1997; Schneider 2010), older people (Ross et al. 2005), children and young people (Kellett et al. 2004; Holland et al. 2008), lesbian, gay, bisexual and transgender groups (Browne et al. 2012) and so on. Within and across groups there were people (re-)inventing inclusive research for themselves, over and over again establishing their rationale, arguing their case, working out the practicalities. A multiplicity of overlapping conceptualisations emerged and with this a multiplicity of terms in relation to the research itself and to the people and roles within it.

In the smaller arena of inclusive research with people with learning disabilities there have been attempts to get beyond the conceptual confusion. Bigby et al. (2014: 4) offer the most recent, building on Walmsley & Johnson (2003) to identify three over-arching approaches: (i) where people with intellectual/learning disabilities "act as advisors to researchers, governments and organizations about research agendas, conduct or dissemination of research" (Walmsley & Johnson's 'advisory or reference groups' as the most common model); (ii) where people with intellectual (learning) disabilities act as "leaders or controllers of research" (Walmsley & Johnson's 'beyond co-researching – taking charge'; and (iii) where they act as "collaborators in specific studies with researchers without intellectual disability" (similar to Walmsley & Johnson's 'coresearching'). This illustrates how, to date in inclusive research, concerns have been on roles and team processes as much as the research itself.

2 Calls for a new focus in inclusive research

Questions have begun to be asked about inclusive research. This is primarily in an attempt to enhance rather than undermine its status. Walmsley & Johnson (2003: 12), for instance, reflect on being "troubled by a certain stifling of debate about the real difficulties of including people with learning disabilities in research" and over a decade ago argued it was "time to challenge certain orthodoxies and assumptions in order to clarify what inclusive research is and how and where it can be applied". Aspis (2000, 3) questioned whether "people with learning difficulties are being used as puppets" and Danieli & Woodhams (2004) asked whether participation and emancipation can be de-coupled. I have asked how theorising is done and what happens in inclusive research to people with profound impairment (Nind 2008, 2011). Holland et al. (2008, 1), looking more widely, examined whether participatory research is necessarily "ethically or morally superior" or "more enabling". Similarly broadly focused on children and young people's involvement in research, Greene (2009) and Freeman & Mathison (2009) have raised the issue of the relative importance of the quality of the participation and the quality of the research itself. Such critical insights lead us away from the now largely answered first base of how/can we research inclusively and toward questions of how can we understand the importance of this, do this better or even know when it is done well.

The most direct reference to a second generation or phase of inclusive research has come from Grant & Ramcharan (2007) when weighing the outcomes of the Department of Health LDRI in the UK and its contribution to both policy and emergent inclusive research practice. They conclude that inclusive research has come to the end of an initial phase in which practical knowledge has been gained. We have also, they say, learned the benefits of inclusive research, in that users of services involved in researching them can:

- offer different perspectives;
- help to ensure that research priorities are important and relevant to them;
- measure outcomes important to them;
- help to recruit their peers for research projects;
- help access hard-to-reach groups;
- assist or control dissemination and use of findings;
- become empowered through taking part;
- become engaged in the politics of service change. (Grant & Ramcharan 2007, 102-3)

Moving forward they point to the ongoing need to better understand the benefits of the experience of inclusive research for those involved and the forms partnership that make inclusive research effective. The "second phase" of inclusive research, they argue, "is more likely to be concerned with outcomes – what kinds of knowledge are attributable to inclusive research and how the knowledge claims of inclusive research can be assessed and authenticated" (p.12). They suggest that we will need to focus on "whether good science and good inclusive research practice can be brought together" (p.12). The challenge for the LDRI project commissioning was that user involvement was an additional criteria and not one that could substitute for "already well-established and robust research that met the canons of science, good ethics and policy relevance" (p. 103). There were no existing standards or guidelines for judging inclusive research for them to refer to and Grant & Ramcharan saw the need for future work to establish quality criteria. In the future they envisioned, it is not enough to simply say that people with learning disabilities are involved in commissioning or conducting research, we need a better cost-benefit analysis, better scrutiny of the ethical implications, and frameworks for assessing the different types of knowledge produced.

3 Taking stock: Doing research inclusively, doing research well

While commissioners of research and the learning disability research community have committed to inclusive research there is still much to learn if inclusive research is to be properly evaluated and regarded as producing sufficient or even best evidence, rather than sitting alongside 'real', quality research as a necessary adjunct. As a methodologist, it seemed to me that addressing the challenge of understanding quality in inclusive research was necessary for inclusive research to succeed as an innovation with longevity sustainable within the mainstream of research (see Wiles et al. 2013). Thus, I sought to mobilise constructive friction in the field and facilitate transformative dialogue (Gergen 2009) by engaging inclusive researchers in scrutinising inclusive research as a 'research problem'. The participants in the new study were to be researchers (participant-researchers) in the task of taking stock of the knowledge they held about their craft, leading to the production of guidance on the issues and challenges, case studies, useful materials, and criteria for quality in inclusive research. The intention was to reach a critical overview. Through this process the realities of a second generation of inclusive research became more knowable.

The research itself was designed to be dialogical rather than inclusive as such. Wegerif (2007, 4), building on the ideas of Bakhtin, argues that "a dialogic space opens up when two or more perspectives are held in tension", thus creative difference opens up the dialogue. However, to avoid the difference being too great, I followed the strategy of Madriz (2000) and Haw (2010) in addressing sensitive challenges about who can speak safely with whom. Thus I conducted a rolling series of focus groups with stable membership of participant-researchers relatively homogenous in their relationship to research (see Nind & Vinha 2012 for details of the methodology). I deliberately moved away from locating authority within individual researchers/researched individuals and instead located it in the interactive space between them. In this chapter I reflect on the findings in relation to the progress and challenges of quality inclusive research, using the emergent themes of:
- identities
- interactions and relationships with each other
- relationships with research and process issues
- relationships with knowledge and product issues.

Identities

Participant-researchers in the study spoke of their identities in ways that indicated their interactions within research teams. Identities related to research included team member, co-researcher, inclusive researcher or advocate for inclusive research, proper researcher, lead researcher, expert by experience, research supporter, coordinator and advisor. Identities also spoke of current work roles, such as researcher, research assistant, senior research fellow, research student, lecturer, consultant, advocacy support worker or personal assistant, and previous roles thereby indicating transitions and ambivalent status. When identifying themselves by status, participants referred to their role in their organization – self-advocate, trustee, chair, director; whether they were a volunteer, or paid (or even in charge); their (dis)ability and occasionally minority status, for example, as a black person or parent with a learning disability. Sometimes labels were avoided with people preferring to use just their name, or identifying as a team member or human being, and sometimes labels themselves were consciously referred to – a person with a label of learning disabilities. Some participants referred to their multiple identities or to wearing different hats.

Differences between academic researchers and researchers with learning disabilities emerged from the dialogue and these were not restricted to the different roles they might adopt when working together. Other differences included routes into research, experience, pay, career path, roles or titles, skills and knowledge. There were differences (and some commonalities) in terms of what there was to be gained for each party and in what participant-researchers saw as valuable in research, what its impact is on them, and how we see success. Research was seen as more personal for people with learning disabilities where it inevitably overlapped with other advocacy, training and campaigning work.

Interactions and relationships with each other

People's identities influenced how they worked together, sometimes seeking collaboration and sometimes independence, but very often feeling the need to negotiate around the perceived relative power they held. Thus, inclusive researchers don't just get on and research, they negotiate their relationships, taking care to be sensitive to each other's historical and cultural positioning. For example Rohhss commented that in the Carlisle People First Research Team "ideas have to come from members of the group and there's this research cycle we go through". This leads to a discourse of sharing, co-working, and co-analysis that is particular to inclusive research. Lisa talked about how at Norah Fry "we are one big team". Moreover, because the circumstances of the research change, such as whether it is funded and by whom, and because this makes a difference to the identities and discourses, these have to be re-visited time and again. The result is that inclusive researchers often make considerable investments in their collaborative teams or partnerships, often building deep, trustful relationships and sometimes even referring to fellow researchers in the team as friends or a kind of family. Focus group participants who funded and judged research applications looked for wholesome partnerships, shared understanding of inclusive research, and shared purpose,

with one remarking that "this is where you see them [inclusive research partnerships] working best".
Participant researchers, whatever their identity, were conscious of the importance of voice as power. Rules and customs evolved to deal with the sensitivities around power imbalances; for some it was important that ideas came from people with learning disabilities or that supporters needed to practice staying quiet and being in the background. Julie described how she did the method bit of a bid 'but the ideas came from self-advocates'. Narratives of doing inclusive research included narratives of betrayal, transparency, and invisibility. Participant-researchers shared their experiences of who does what in inclusive research, establishing primarily that for them who – is involved, initiates, is in control, makes decisions, makes the rules, asks questions, manages the project, gives information, has input into the report, writes the report, and gets the credit – are all important. These are simultaneously practical and political matters related to who includes who.
We identified a range of ways that inclusive researchers adopted for working together (see Nind & Vinha 2012, 2104). These could be more formalised (pre-planned/rule-bound) or more improvised (responsive). They could involve seeing one group as supporting another, different parties negotiating support and power, or different parties working interdependently such as in one group described as working "as a cooperative" (Chloe). The ways of working usually involved a balance between operating in a very principled way and being pragmatic. The important point for this chapter is that the first generation of inclusive researchers have devoted a lot of their attention to the problems of identity and interaction. While the next generation of inclusive researchers will not be able to skip addressing these altogether, they should require less of their energy as there are models to follow or reject, discussions in the literature to refer to, and groundwork done. The next generation will still be involved in taking risks, learning from mistakes, compromising, adapting, and talking through the challenges, but they will be able to do so in a more informed way. Decisions about the extent to which tasks are divided out according to strengths and resources and the extent to which everyone should do and learn everything will still need to be made, but knowing that these are common challenges may make them less painful and resolving them less effortful.

Relationships with research and process issues
A fundamental finding from bringing inclusive researchers from a range of projects together in dialogue is that there is a variety of ways of doing research inclusively. This may seem obvious but the diversity is important. Different people initiate and get involved, using different partnership models and combinations of paid and unpaid researchers and different research methods.
There were some common features also. Experiences of support were pervasive: practical, emotional, training, peer or mutual support. There was a common focus

on accessibility issues such as making written documents and research methods accessible for all. "Accessible, plain English" suggested by Becca of York People First was valued by many self-advocates, as was "getting the information across" (Durbali) and feedback (Michael). For many participant-researchers a prime indicator of the inclusiveness of the research was the involvement of everyone at every stage. This was the converse of tokenistic involvement. Nonetheless, the bidding and idea formation stage and the analysis and reporting stage both presented real challenges. More experienced participant-researchers with learning disabilities had good understanding of the whole process, some also having personal experience in the role of commissioner/funder.

While accessibility was central to opening up research processes and products to people with learning disabilities, many barriers to involvement in research were identified. Occasional references were made to literacy difficulties as a barrier, but mostly people were reluctant to discuss barriers (other than a lack of curiosity) as existing within the person. Attitudinal barriers though were much discussed and identified as located within funders – their lack of knowledge or understanding, their inflexibility, low expectations and failure to learn or change. Universities were also identified as putting up barriers. Other barriers were about: perceived incapacity "shock horror, these people should be in an institution but they're doing research!" (Kerrie); desire to protect people seen as vulnerable; and limited interest in hearing from people with learning disabilities. Some social process barriers (such as the need to demonstrate research track record) were put up by individual gatekeepers and some were rule-based such as rules about tenders, formal ethics and governance requirements, online submission to journals, need for police checks. Material barriers included people being held back by lack of transport and information, inadequate funding, and rules about receipt of state benefits making short-term paid research risky. It is clear from this research, therefore, that any talk of a second generation of inclusive research should not imply that all the hurdles faced by a first generation of inclusive researchers are sorted.

Relationships with knowledge and product issues

My final overarching theme is about the knowledge and outcomes which inclusive research generates. For those involved in this study this was shaped in part by who would fund them, with the number of funders across around sixty participants limited to twelve. Most of the inclusive research that was done and discussed was about the lives of people with learning disabilities and sometimes about the lives of others as they related to them (support workers, personal assistants, non-disabled people) and about services. The handful of 'other' topics came in studies led by academics. On the whole, researchers with learning disabilities did not do research unconnected to their lives though some indicated some interest in doing so.

The tangible products of inclusive research were diverse, going beyond data, reports, articles, books, conference papers and summaries, to include jointly written articles or co-designed products, exhibitions, plays and poems, films, educational packages, booklets, websites, and national gatherings. In terms of knowledge produced, there were discussions about ways of knowing and what counts as knowledge, with differences across disciplines and pluralities and hierarchies of knowledge coming to light. One group acknowledged that sometimes the knowledge culminating from inclusive research does not add to the body of published knowledge despite being worthwhile to those involved. Discussions illustrated how knowledge for the academy might be different from knowledge 'for us' and 'about us'. Mostly though, the distinctive nature of the knowledge was described as experiential, fundamental, grounded, embodied, authentic or meaningful – using and extending knowledge of the culture of learning disability. Moreover, while occasionally knowledge not related to solving problems and just intrinsically interesting was attractive, mostly the knowledge generated by inclusive research was regarded by participant-researchers as useful knowledge that improves. Examples were found in projects about people with learning disabilities getting into relationships, becoming good parents, and making good use of personal assistants. The outcomes in terms of impacts included not just knowledge and career success, but personal and emotional impact. The impact on the lives of people with learning disabilities was centrally important and this included the personal gains of having raised self-esteem (feeling "valued", Kerrie) and changed horizons and interpersonal gains of making connections with people ("making lots of friends and all that" (John), building bonds and networks and becoming advocates. Long term impacts coded included the research leading on to other projects or roles and continuous/ongoing relationships.

Often talk of the value of inclusive research referred to the value added by the researchers with learning disabilities, such as the voice, experiences, thoughts and feelings of people with learning disabilities, and their cultural knowledge of things like day centres, institutions and personal assistants. Methodologically, some participant-researchers felt that researchers with learning disabilities brought empathy and an ability to create a comfortable feeling for research participants with learning disabilities. They asked more directly relevant questions that were accessible, thus getting better answers and richer data. The inherent authenticity and credibility of inclusive research was stressed, alongside hope that people would listen and take note. There was a desire (based on the best experiences) that inclusive research would itself facilitate inclusion and social change; that organizations would benefit from vital funding coming from research; and (almost incidentally sometimes) that new knowledge would be generated.

Quality in inclusive research was much discussed and different aspects are valued by different groups and individuals, for example some self-advocates valued 'acti-

on not words' and some funders stressed the quality of the partnership. Nonetheless, we were able to envisage from the data that good social science meets good inclusive practice when:
1. The research answers questions we could not otherwise answer, but that are important.
2. The research reaches participants, communities and knowledge, in ways that we could not otherwise access.
3. The research involves using and reflecting on the insider, cultural knowledge of people with learning disabilities
4. The research is authentic (recognised by the people involved)
5. The research makes impact on the lives of people with learning disabilities. (Nind & Vinha 2012, 44)

This list does not replace other quality criteria but rather sums up the contribution of an inclusive approach to the quality of the research and the contribution of quality research to an inclusive agenda.

4 Towards a second generation of inclusive research: ten points of maturation

Inclusive research with people with learning disabilities may have reached a tipping point. By this I refer to the accumulation of knowledge that means that the challenges are now understood, and new inclusive researchers can find guidance on how to research inclusively. But the future of inclusive research with people with learning disabilities is also vulnerable in that it is uncertain where the next generation of learning disabled researchers will come from. This is because the sustainability of self-advocacy groups, where people have largely become equipped to develop as researchers, is threatened by termination of national and local funding. As with self-advocacy itself, the sustainability of inclusive research depends in part on its ability to adapt and evolve. There is a firm foundation in the research evidence to suggest that as we move forward with inclusive research with people with learning disabilities that some territory will be changed as a result of what has gone before. Specifically, there is reason to hope that as this research approach is taken forward in the next decade:
1. Inclusive researchers will not continue to have to justify an inclusive approach.
2. Inclusive researchers will be less preoccupied with our different expertise and, freed from the tyrannies associated with this, we will be more focused on our need to learn from and with each other.
3. We will move on from judging whether we (ourselves and others) are doing it right – following some assumed consensus about the rules – and recognise

instead the diversity of ways in which we might follow the principles valued within this paradigm.
4. Different ways of knowing will be valued and the tensions between them seen as valuable in the search for better understandings.
5. We will recognise that dialogic engagement will not necessarily lead to consensus but to sense-making that is sometimes collaborative and sometimes separate.
6. Different spaces will be made for different kinds of inclusive research and research-related activity (thanks to Anne Collis and Barod (http://www.barod.org/) for this idea). These will be spaces with room to grow; some will be almost typical of advocacy and some will largely replicate (qualitative) research, but some will be distinctive spaces.
7. Bridges between these different spaces will become increasingly established as roles diversify and the value and skills of those people who mediate between research and advocacy are recognised and enhanced.
8. We will recognise the connections we have with inclusive researchers working in other domains and benefit from dialogue with them.
9. We will shift some of our energies regarding process away from negotiating power dynamics and onto matters of the quality of the research, applying quality concepts such as those generated in the research discussed here (Nind & Vinha 2012, 2014) developed for this paradigm.
10. More attention will be paid to the knowledge generated by inclusive research, and we will have stronger, better articulated grounds for arguing its credentials. Inclusive research needs to have something to say about a range of topics that move beyond the research process and perhaps even beyond the intricacies of people's lives.

My vision of a second generation of inclusive research relates to an expansive concept of what inclusive research is and can be. This will be beneficial in that we will be able to celebrate the fluidity and diversity involved in doing research inclusively (Nind & Vinha 2012, 2014). This will hopefully lead to less fear about getting it wrong or failing to achieve everything (Sin & Fong 2010), meaning that we will be better equipped to embrace research with people whose impairments and needs are most profound and complex. Thus, not all inclusive research will be expected to do the vast number of things often expected of it currently (Nind & Vinha 2012, 2014). As we broaden our horizons it is likely that our understandings of inclusive research will be complexified rather than simplified; dialogue should further enrich our reflexivity and criticality in ways that make us better researchers.

Literatur

Abel. S. et al. (2007): Including everyone in research: the Burton Street Research Group. In: British Journal of Learning Disabilities, 35 (2), 121-124.
Aspis, S. (2000): Researching our own history: who is in charge? In: Brigham, L., Atkinson, D., Jackson, M., Rolph, S. & Walmsely, J. (Hrsg.): Crossing Boundaries: Change and continuity in the history of learning disabilities. Kidderminster: BILD, 1-6.
Beresford, P. & Wallcraft, J. (1997): Psychiatric system survivors and emancipatory research: issues, overlaps and differences, In: Barnes, C. & Mercer, G. (Hrsg.): Doing Disability Research, Leeds: Disability Press, 66-87.
Bigby, C., Frawley, P. & Ramcharan, P. (2014): Conceptualizing inclusive research with people with intellectual disability. In: Journal of Applied Research in Intellectual Disabilities, 27, 3-12.
Browne, K., Bakshi, L. & Lim, J. (2012): "There's no point in doing Research if no one wants to listen" Identifying LGBT needs and effecting "positive social change" for LGBT People in Brighton and Hove. In: Beresford, P. & Carr, S. (Hrsg.): Social Care, Service Users and User Involvement . London: Jessica Kingsley, 205-225.
Danieli, A. & Woodhams, C. (2005): Emancipatory research methodology and disability: A critique. In: International Journal of Social Research Methodology, 8 (4), 281-296.
DoH (2001): Valuing People: A new strategy for learning disability for the 21st century. London: The Stationery Office.
Emerson, E., Malam, S., Davies, I. & Spencer, K. (2005): Adults with Learning Difficulties in England 2003/04. Leeds: Health and Social Care Information Centre.
Freeman, M. & Mathison, S. (2009): Researching Children's Experience. New York: Guilford.
Gallacher, L. & Gallagher, M. (2008): Methodological immaturity in childhood research? Thinking through 'participatory methods'. In: Childhood, 15 (4), 499-516.
Garbutt, R. et al. (2010): Accessible article: involving people with learning disabilities in research. In: British Journal of Learning Disabilities, 38 (1), 21-34.
Gergen, K.L. (2009): An Invitation to Social Construction. London, Sage.
Grant, G. & Ramcharan, P. (2007): Valuing People and Research: The Learning Disability Research Initiative: Overview Report. DoH.
Greene, S. (2009): Accessing Children's Perspectives and Experience: Some Impediments, Advancing Participatory Research Methods with Children and Young People. NCRM/Child Well-Being Research Centre. London, February.
Haw, K. (2010): Using video as a trigger: Facilitating participation in research with hard to reach groups, presented at: Potential & possibilities: Using video stimulated recall and related methods in research. University of Southampton, 28 Jan 2010.
Holland, S., Renold, E., Ross, N. & Hillman, A. (2008): Rights, 'Right On' Or The Right Thing to Do? A Critical Exploration of Young People's Engagement in Participative Social Work Research, NCRM Working Paper 07/08. Online unter: http://eprints.ncrm.ac.uk/460/1/0708%2520critical%2520exploration.pdf
INVOLVE (2004): Involving the Public in NHS, Public Health and Social Care Research: Briefing notes for researchers. Eastleigh.
Kellett, M., Forrest, R., Dent, N. & Ward, S. (2004): "Just teach us the skills please, we'll do the rest": empowering ten-year-olds as active researchers. In: Children and Society, 18 (5), 329-343.
Madriz, E. (2000): Focus groups in feminist research, In: Denzin, N.K. & Lincoln, Y.S. (Hrsg.) Handbook of Qualitative Research (2nd edn). Thousand Oaks, CA: Sage, 835-850.
McClimens, A. (2007): This is my truth, tell me yours: exploring the internal tensions of collaborative learning disability research. In: British Journal of Learning Disabilities, 36, 271-276.
Nind, M. (2008): Conducting qualitative research with people with learning, communication and other disabilities: Methodological Challenges, ESRC National Centre for Research Methods, Methods Review Paper. Online unter: http://eprints.ncrm.ac.uk/491/
Nind, M. (2011): Participatory data analysis: A step too far? In: Qualitative Research, 11 (4), 349-63.

Nind, M. (2014): What is Inclusive Research? London: Bloomsbury Academic.

Nind, M. & Vinha, H. (2012): Doing research inclusively, doing research well? report of the study: quality and capacity in inclusive research with people with learning disabilities. University of Southampton. Online unter: http://www.southampton.ac.uk/education/research/projects/quality_and_capacity_in_inclusive_research_with_learning_disabilities.page

Nind, M. & Vinha, H. (2013): Practical considerations in doing research inclusively and doing it well: Lessons for inclusive researchers, ESRC National Centre for Research Methods, Methods Review Paper, available Online unter: http://eprints.ncrm.ac.uk/3187/1/Nind_practical_considerations_in_doing_research_inclusively.pdf

Nind, M. & Vinha, H. (2014): Doing research inclusively: bridges to multiple possibilities in inclusive research. In: British Journal of Learning Disabilities, 42 (2), 102-09. doi:10.1111/bld.12013.

Ross, F. et al. (2005): Involving older people in research: methodological issues. In: Health and Social Care in the Community, 13 (3), 68-75.

Schneider, B. (2010): Hearing (Our) Voices: Participatory Research in Mental Health. Toronto: University of Toronto Press.

Sin, C. H. & Fong, J. (2010): Commissioning research, promoting equality: Reflections on the disability rights commission's experiences of involving disabled children and young people. In: Children's Geographies 8 (1), 9-24.

Stalker, K. (1998): Some ethical and methodological issues in research with people with learning difficulties. In: Disability & Society, 13, 5-19.

Townson, L. et al. (2004): We are all in the same boat: doing 'People-led Research'. In: British Journal of Learning Disabilities, 32, 72-76.

Tuffrey-Wijne, I. & Butler, G. (2010): Co-researching with people with learning disabilities: an experience of involvement in qualitative data analysis. In: Health Expectations, 13, 174-84.

The Learning Disabilities Research Team (2006): Let Me In – I'm a researcher! DoH.

Walmsley, J. (2001): Normalisation, emancipatory research and inclusive research in learning disability. In: Disability & Society, 16 (2), 187-205.

Walmsley, J. (2004): Inclusive Learning Disability Research: The (Nondisabled) Researcher's Role '. In: British Journal of Learning Disabilities, 32, 65-71.

Walmsley, J. & Johnson, K. (2003): Inclusive Research with People with Learning Disabilities: Past, Present and Futures, London: Jessica Kingsley.

Wegerif, R. (2007): Dialogic Education and Technology: Expanding the space of learning. New York: Springer.

Wiles, R.A., Bengry-Howell, A., Nind, M. & Crow, G. (2013): But is it innovation? The development of novel methodological approaches in qualitative research. In: Methodological Innovation Online 8 (1), 18-33.

Williams, V. (1999): Researching together. In: British Journal of Learning Disabilities, 27, 48-51.

Methodologische Reflexionsansätze

Tina Goethals, Geert Van Hove, Lien Van Breda und Elisabeth De Schauwer

Researching together: voice as a guide in research

Summary

This chapter seeks to explore the many meanings attached to 'voice' in research, with a particular emphasis on the different modalities voice can have in the field of inclusive disability studies. The interpretation of the six different perspectives of voice is based on the framework of Lawrence-Lightfoot and Davis (1997) and is contextualized within the work and engagement of the self-advocacy network in Flanders. The combination of these six aspects of voice led to the construction of a particular research design where voice is manifested through the chosen methodology, the various roles and various selves of the researchers and the subjects, the research tools and analysis. Drawing on the ideas and insights from a research project about political participation of persons with an intellectual disability in the self-advocacy network, tensions in the research process are explicated and research choices are discussed.

1 Context

This chapter was born out of a critical qualitative study on the political participation of persons with intellectual disabilities in Flanders, the Dutch-speaking part of Belgium. In this study, we attempt to explore and support the political and civil participation of such persons with regard to their involvement in political discussions. Concretely, by political participation we mean the participation in municipal, provincial and national policy bodies and politics, and not in councils of service providers or non-governmental organizations for persons with a disability. In a recent collaborative research project (Goethals & Van Hove 2011) it was found that persons with intellectual disabilities want to participate in political discussions and decision-making. Despite this statement, we were unable to find Flemish citizens with an intellectual disability who were 'politically active'. Political involvement, when existing, was limited to gettinging out a vote during the elections (ironically, the Dutch translation of 'to vote' is 'stemmen' or 'voices'). These findings led to the Flemish self-advocacy movement 'Our New Future' (ONT vzw, Onze Nieuwe Toekomst) setting up a concrete project which started at the beginning of 2012 to ensure that barriers to participation could be tackled. Within this study we organized a follow-up of this project, following a dozen persons with intellectual disabilities and the advisors who support them in different local participation projects. Experiences and perspectives were gathered through multiple data sources, making use of a variety of qualitatively adapted methods, such as photo voice, portraiture, observations, case studies and interviewing. Following the principles of collaborative research (Gibbs 2001), much attention was given to critical success factors, strategies and barriers that support or hinder participation.

2 The meaning of voice in research

One of the leading questions within Disability Studies is how to capture and fully include the voices of persons with disabilities and how to create opportunities for traditionally marginalized perspectives to be heard (Ashby 2011, Barton 2005, Garland-Thomson 2005, Goodley & Van Hove 2005). To respond to this need, Disability Studies introduces, inter alia, the use of different approaches such as narrative methods and dialogue in research (Booth & Booth 1996, Goodley 1996, 2000, Atkinson & Walmsley 1999, Nind 2012)

> *"in order to understand the social production of life, we need people who story their lives to structure and give meaning which lends some insight into the experiences and realities of people as active human subjects"* (Roets, Van de Perre, Van Hove, Schoeters & De Schauwer 2005, 104f.).

However, due to the almost universal and enduring silencing of the voices of persons with intellectual disabilities, it is difficult to see how Disability Studies researchers can give meaning to the different modalities that voice can have in research. As Walmsley and Johnson (2003) state, clearly articulated voices and roles are often camouflaged in inclusive research, making "the research itself becoming blurred and subject to misinterpretation." (201f.)
At the same time, according to Lawrence-Lightfoot and Davis (1997), voice is everywhere in research: "overarching and undergirding the text, framing the piece, naming the metaphors, and echoing through the central themes." (85f.) The researcher's imprint is always visible in the choice of theoretical framework, the selection of the research questions, the methodology, the choice and collection of the data, interpretation and assumptions. "The researcher's hand – revealed in the conceptual orientation, the disciplinary lens, the methods and design [and probably in personal disposition] – is certainly present and shaping the work"

(86f.). Pure objectivity with a rigid detachment of the researcher from the 'subject' does not exist, and more and more is replaced in much contemporary feminist research, by an ethic of involvement (Wilkinson & Kitzinger 1996): "clarifying and being 'up front' about one's stake replaces the notion that one should have no stake." (50f.)

In considering this ubiquity of voice, an initial and pertinent question concerns the involvement of the researcher. The research project described in this chapter, where the political participation of persons with intellectual disabilities is studied in the context of the Flemish self-advocacy network, for a number of reasons involves the active association of the researchers instead of the more classical stance of objectivity which researchers in the traditional modernistic approach hold dear (English 2003). Firstly, the research is imbedded in the self-advocacy movement where vivid dialogue and close collaborative relationships between researchers and self-advocates are an essential and omnipresent feature. Shared participatory knowledge production and collaborative research methods serve here as natural allies of self-advocacy (Atkinson 2002). Secondly, through working with different narrative methods in this study, Booth (1996) argues that this implies intimate (research) relationships between the researcher and the subjects, and an intertwining of the cultural, political and theoretical background of the researcher in the study. Thirdly, multiple data (voices) challenges the position of the researchers in relation to voice since such data accentuates the movement of language and voice as a performative act that destabilizes the real. Hence, the researchers and participants engaged in on-going, long-term research relationships and conversations within which actions and discourse are shared, openness is negotiated and opportunities created whereby processes of de- and re-construction of alternative truths and identities are strengthened (Braidotti 1994). Consequently, conducting this inclusive research on the political participation of persons with an intellectual disability, presented a number of ethical and methodological challenges.

In this chapter, we would like to take the audience from ideology to research reality. The work of colleagues who we see as 'role models' when talking about inclusive/collaborative/cooperative research projects (Goodley 2000, Walmsley & Johnson 2003) has provided a solid basis of support in this process. Starting with a concrete research project on the political participation of persons with intellectual disabilities, we took it as a challenge to take a stance as researchers and to examine how we can deal with 'voice' in research and handle the relationship between researcher and participant (see Tregaskis & Goodley 2005, Atkinson 2005, for facing similar areas of tension). We will illustrate and discuss some central topics about voice, starting with the conceptual framework of Lawrence-Lightfoot and Davis (1997) who identified six aspects of voice that might be useful for the clarification of the research steps, the search for adapted methods and ethical positioning. Lawrence-Lightfoot and Davis take portraiture – a qualitative research methodology that bridges science and art – as a starting point for exploring subjects' human experiences and complexities within a particular context, so as to identify several ways in which the researcher's and subject's voices are important for the research project. In portraiture, the making of the portrait is shaped through rich dialogue and collaboration between the portraitist and the subject in an effort to grasp the complexity and dynamics of human experiences. In particular, Lawrence-Lightfoot recommends that the researcher attend to six different aspects of voice: voice as witness, voice as interpretation, voice as preoccupation, voice as autobiography, listening for voice, and finally, voice in dialogue. Similarly, they caution the researcher on the manner of handling all these dimensions of voice in this complex and nuanced balancing act:

> "Each of these modalities of voice reflects a different level of presence and visibility for the portraitist in the text, from a minimalist stance of restraint and witness to a place of explicit, audible participation. In each modality, however, the chosen stance of the portraitist should be purposeful and conscious. Whether her voice – always dynamic and changing – is responding to or initiating shifts in dialogue, action, or context, she should be attentive to the ways in which she is employing voice. And although it is always present, the portraitist's voice should never overwhelm the voices or actions of the actors. The self of the portraitist is always there; her soul echoes through the piece. But she works very hard not to simply produce a self-portrait." (Lawrence-Lightfoot & Davis 1997, 105f.)

All of these dimensions of voice introduced by Lawrence-Lightfoot and Davis speak to the research used in this chapter. The research steps will be clarified and discussed through all these six categories of voice. Each layer of voice will be introduced by a quotation from Lawrence-Lightfoot and Davis to define the main aspects of the specific level of voice.

Voice as Autobiography

> "*The researcher brings her own history – familial, cultural, ideological, and educational – to the inquiry. Her perspective, her questions, and her insights are inevitably shaped by these profound developmental and autobiographical experiences. She must use the knowledge and wisdom drawn from these life experiences as resources for understanding, and as sources of connection and identification with the actors in the setting, but she must not let her autobiography obscure or overwhelm the inquiry.*" (Lawrence-Lightfoot & Davis 1997, 95f.)

Lawrence-Lightfoot calls this layer of voice "voice as autobiography". In this step it is recommended to share those aspects of the researcher's story that have direct relevance to the research project. We begin with voice as autobiography because it includes our history far beyond our work as researchers in the field of Disability Studies. As part of our unmasking of our choices and perceptions, we portray a brief overview of the personal and academic backdrop of the first author, as an introduction and invitation to this autobiographical aspect of voice.

> "I was raised in a small rural village in the countryside, with my two sisters, my father as a doctor and my mother as a medical assistant. Our house was situated on the hillside, and my father's surgery was part of our house. Down the road, there was a big residential institute where a hundred people with disabilities lived. My father was the doctor for all the people living in that institute. As a child, I had no contact with those people with a disability. The only thing I saw was that there was often a specially adapted bike parked in front of our house; it belonged to the people with a disability who cycled up the steep road from the institute to see my father for a medical consultation. My only perception was that those people needed a lot of medical care, and I felt pity for them. Around the same time in nursery class, I had a friends called Iris, and she had a disability. I remember the game of climbing up the wheelchair with as many children as we could, and then Iris would turn in circles really fast. Iris was also my classmate in secondary school. She studied really hard, took the prettiest and most colourful notes, had a lot of fine humour and enjoyed it when we went shopping together after school. In contrast to the people from the institute who visited my father for a medical consultation and who – from my perception as a child – only needed medical care, Iris showed me that she was able to do something, to have preferences and dreams. Years later, I took this experience with me and started my academic studies at the University of Ghent studying Special Education. I also worked as a personal assistant to Sofie, a young woman with a disability. I look back on a warm summer day in the city, where Sofie and I were celebrating the end of the exams with a drink on a sunny terrace. A French family was having a chat with us, and was baffled by the way Sofie answered with 'oui' & 'non', by shaking her head and talking with her eyes focused on her communication book. The family was astonished that Sofie could understand them, that she could understand the French language, and moreover, that she went to a regular school where she learned that language. A lot of people are even more surprised that Sofie is now studying at the University and has a lot of friends. While I was studying and working with Sofie, I also got to know some leading and respected self-advocates within Our New Future, a self-advocacy group in Belgium, through volunteering as an advisor over the past six years. I discovered everyday life in collaboration and working on several projects on human rights. In sharing their stories, struggles, joys and dreams, we aim to "give voice" as a way to providing an alternative to the dominant discourse of disability and hope to bring positive shifts in beliefs and attitudes of society." (Tina's research diary, 2012)

A number of "selves" come together in one person and in this study: the self who is a researcher, the self who was in the same class as a girl with a disability, the self who is an activist, the self who is a mother, the self who is a friend, the self who is a community member… All these multiple "selves" influenced the research and the voice as autobiography threads through the work, as revealed by the intensity of our dialogues, the nuances of our interactions, the questions we had in store, and our raucous laughter. Based on all these intensive shared experiences and dialogues, the stories of persons with disabilities in this study call up powerful responses within us, shaping our thoughts, interpretations and constructions. By engaging in the on-going process of situating ourselves and acknowledging our own filters, we realized that we conducted this study with the recognition that we live in an inherently "ableist" society, and so made the choice that one of the primary goals of the research agenda is to bring the perspectives of persons with a disability, who are all too often silenced within the community and within the political decision-making process, to the forefront. Our intention here is to unfold several aspects that are very important for our position today in working as researchers. Being introduced to 'real' persons and the confrontations with different relationships in working with and looking at people with a disability made small ruptures in our everyday habits of thought. These confrontations with the Other imposes becoming and demands the boundaries to become blurred and breached (De Schauwer & Van Hove, 2010). By never-ending learning through working together with people, listening to their stories and actively engaging with Iris, Sofie and many self-advocates, we were afforded endless opportunities for ongoing engagement and becoming. We were privileged to encounter a multiplicity of positions and relations that oriented, attracted and affected us. By going into and out of, and back and forth between these positions and encounters, we continually construct and deconstruct our own understandings. The knowledge and wisdom drawn from these experiences serve as resources for understanding and as sources of connection with the people with whom we work, and must be elucidated for every individual researcher.

Voice as Witness

> *"This use of voice underscores the researcher's stance as discerning observer, as sufficiently distanced from the action to be able to see the whole, as far enough away to depict patterns that actors in the setting might not notice because of their involvement in the scene. We see the portraitist standing on the edge of the scene – a boundary sitter – scanning the action, systematically gathering the details of behaviour, expressions, and talk, remaining open and receptive to all stimuli"* (Lawrence-Lightfoot & Davis 1997, 87f.)

This component of voice is identified by Lawrence-Lightfoot and Davis as that of the witness. It is used to express the outsider's stance "which looks across patterns of action and sees the whole" (Lawrence-Lightfoot & Davis 1997, 87f.). In doing so, we took advantage of our privileged position as eye-witness, volunteer advisor and researcher in and around the self-advocacy network. Locating ourselves in Disability Studies in Flanders, over the last years we became more sceptical observers of political participation, critical success factors and barriers that support or hinder the participation processes of persons with disabilities. During our participatory observations of self-advocates participating in political discussions and decision making, we were sometimes "able to perceive and speak about things that often go unnoticed by the actors in the setting because they have become so familiar, so ordinary" (Lawrence-Lightfoot & Davis 1997, 88f.). From a position on the boundary, we were able to witness the flow of conversation and grasp the continual interplay and interactions in which different mechanisms of professional and oppressive powers were at work. We will illustrate this with an extract from our field notes based on an event where Steven and Daniel, two self-advocates from around fifteen other persons with disabilities, were invited by a municipal servant, to give their opinions on how the city hall could be made more accessible for people with disabilities.

> „…We move in and out the corridors of an immense building. We pass elevators, staircases, rooms, offices, and a hundred help desks. Everybody is scanning and looking for opportunities to enhance the accessibility of the city hall and its service provision. Steven and Daniel identify particular difficulties regarding the intellectual demands on participating as a citizen with intellectual disabilities, looking for accessible text and signs, scanning the accessibility of the floor plan, checking whether the icons of the elevators and emergency exits are understandable and clear. The municipal servant records scrupulously what she sees and hears from the participants, and gives them each time positive feedback. Yet, every time Steven and Daniel give some advice to the city servant, she does not record anything. Nor does she give them any answer of value. Meanwhile she mumbles to others that accessibility for people with intellectual disabilities is not yet an issue. Then, looking back on the event with Steven and Daniel and trying to strike up conversation, I ask them how they felt about it. They answer that they are honoured and pleased about it, 'glad that the servant will make a change'. I am surprised because I had the opposite feeling." (Tina's field notes, March 2012)

From our privileged but challenged position of witness and advisor, we witnessed how Steven's and Daniel's voices and opinion were silenced, and their actions disqualified. Different mechanisms of oppressive powers were operating, often in a tricky and hidden way, bringing challenges into focus for self-advocates participating in a respectful way and for our delicate positioning as combined witness, advisor and researcher. In our research these critical events sensitized our queries and influenced our recognition of the fact that people with the so-called label of 'intellectual disabilities' are often denied recognition as citizens, infantilized, and tied into conventional, often subordinate roles. Furthermore, due to these incidents, the complexity of the claims for equality and full participation of self-advocates fascinated us, and will be a source of inspiration for the rest of our research queries. Nevertheless, sharing and verifying our observations, feelings and learning from the activity continues to be an important process in this research step; the views, feelings and experiences sometimes do not reflect the self-advocates opinions and experiences.

Voice as Preoccupation

> "*With increasing presence in the text, the portraitist's voice as preoccupation refers to the ways in which her observations and her text are shaped by the assumptions she brings to the inquiry, reflecting her disciplinary background, her theoretical perspectives, her intellectual interests, and her understandings of the relevant literature.*" (Lawrence-Lightfoot & Davis 1997, 93f.)

This layer of voice is identified by Lawrence-Lightfoot and Davis as "voice as preoccupation". In this layer, voice not only seeks to witness the participant's stance, and through new eyes, but also is used as preoccupation, or the "lens through which she [the portraitist] sees and records reality." (ibid., 93f.) This component of voice is "more than interpretive description". (ibid., 93f.) It is the theoretical framework underlying the work that defines "what she [the portraitist] sees and how she interprets it". (ibid.)

The life trajectories and ideas of self-advocates moved us towards a search for a theoretical framework capable of seeing human subjects as no longer divided from others and grasping the complexities of their identity and actions, drawing on disability activism, disability studies and intersectional perspectives. A crucial component in all our research and practice is the dialogical exchange by means of 'modest relations' (Goodley & Van Hove 2005). The commitment to engage in relationships between people with/out the label of disabilities is central in our perspective on Disability Studies. These intense encounters form the basis of the methodology for this research. They also provide the basis for thinking and practising in terms of possibilities for the multifaceted nature of self-advocacy support (Goodley 1998) and participation in 'real' contexts. These theoretical resources, in combination with our involvement in the self-advocacy movement, shifted us towards a deeper understanding of the beautifully illustrated work of Martha Nussbaum (2006, 2009, 2010) who in her "capability theory" (expanding on the work of Amartya Sen) tries to correct the social contract theory of Rawls. Nussbaum takes as a starting point the notion that people with an intellectual disability, if we truly regard them to be citizens of equal value, are a challenge to philosophical theories of justice. Even the extremely broadminded social contract theory of John Rawls does not manage to hide the fact that the citizens who enter into such a contract with the State are expected to have quite a few skills (Stark 2007). With her theory Nussbaum tries to develop an alternative that uses ten central capabilities which can be seen as substantial freedoms, and which all governments should guarantee to their citizens. The ten capabilities that, according to Nussbaum, should be supported by all democracies are (for our subject we pay special attention to the last capability):

- being able to live to the end of a human life of normal length (life)
- being able to have good health (bodily health)
- protection of bodily integrity (bodily integrity)
- being able to imagine, to think, and to reason (senses, imagination and thought)
- being able to have attachments to things and persons outside ourselves (emotions)
- being able to form a conception of good and to engage in critical reflection about the planning of one's own life (practical reason)
- being able to live for and in relation to others (affiliation)
- being able to live with concern for and in relation to animals, plants, and the world of nature (other species)
- being able to laugh, to play, to enjoy recreational activities (play)
- being able to control one's environment. (A) Political: being able to participate effectively in political choices that govern one's life; having the rights of political participation, free speech and freedom of association. (B) Material: being able to hold property (both land and movable goods); having the right to seek employment on an equal basis with others.

The capability approach uses the idea of a "threshold" (Nussbaum 2010, 78ff.): for each important entitlement there is an appropriate level beneath which it seems right to say that the relevant entitlement has not been secured, and as a result human dignity is bound to be compromised. When Nussbaum evaluates the situation of people with disabilities she finds "mixed results": although in many Western countries progress has been made in a number of areas (people with an intellectual disability are often accepted in schools and participate via inclusive education in mainstream education and many specific support services for people with disabilities are operational), we still see hesitation on many fronts (partly for budgetary reasons, partly because persons with intellectual disabilities are often still regarded as charity cases instead of citizens with rights). This spurred Nussbaum on to call for going one step further: "Now we have to take the most controversial step of all: giving people with cognitive disabilities political and civil rights on a basis of genuine equality..." (Nussbaum 2009, 350f.; 2010, 94f.). She tries to illustrate this herself by considering the right of people with intellectual disabilities to vote, or the right to serve on a jury. In this context, we take up the challenge as formulated by Nussbaum and explore in the research the political and civil participation of persons with intellectual disabilities with regard to their involvement in political discussions.

In this light of voice as preoccupation, working in the natural environment of the self-advocacy movement felt like a balancing act where we continuously sought to accommodate the theoretical predispositions and the subjects' realities, and tried to reveal the connections (and disconnections) between scientific abstractions and the subjects' empirical categories. Moreover, our preoccupation with different qualitative research ventures, in terms of being motivated to experiment with more creative ways of capturing the complexity and the richness of the lived experiences of the self-advocates, also contributed to our interactions with the participants in this research. The enterprise was uncertain: it took us in many directions with sometimes dead ends and it kept us searching and moving. These interactions in the form of interviews, observations, and shared interactive space are aspects of "voice in dialogue".

Voice in Dialogue

> "*With voice in dialogue, the portraitist purposely places herself in the middle of the action (in the field and in the text). She feels the symmetry of voice—hers and the actor's—as they both express their views and together define meaning-making.*" (Lawrence-Lightfoot & Davis 1997, 103f.)

In this active positioning of voice in research, we see the developing relationship between the researchers and participants, with their voices in dialogue as an "ongoing construction of the story that happens in the two-way interviews and multivocal conversations" (Chapman 2005, 38ff.). This "voice in dialogue" has a prominent place in the work within the self-advocacy movement and grows out of our volunteer engagement as advisors of members of Our New Future, informing our work as researchers and providing us a basis for acting and dealing with uncertainties. In this framework of the self-advocacy network, professionals do not take over, but are constantly reminded to engage in a genuine dialogue and to strive for a searching process that respects the complexity of practical and professional knowledge (Van Hove, Roets, Mortier, De Schauwer, Leroy & Broekaert 2008). Our encounters are experimental. In Rinaldi's words, by engaging in dialogue we enter "a process of transformation where you lose absolutely the possibility of controlling the final result" (Rinaldi 2006, 184f.) This dialogue and listening turns the known into the unknown and opens up new modes of knowing and being (Davies 2014). Parallel to Freire's (1972) contribution of dialogical relationships, self-advocates, advisors and researchers consistently try to establish horizontal and not vertical relationships between the persons involved; based on empathy, respect, tolerance towards diversity and listening to each other's life experiences. Through this joint research and shared experience, we try to embrace and value the insider perspectives and ideas of the self-advocates in a workable dialogue. However, in this balancing act, the researcher's "soul echoes through the piece" (Lawrence-Lightfoot & Davis 1997, 105f.) from his activist and constructivist position, but he needs to works "very hard not to simply produce a self-portrait" (ibid.). Hence, we spontaneously strove to foreground self-advocates' long-silenced voices and experiences and tried to create a discursive space where we could think and act with one another, doing research with rather than on or for people with disabilities. They made us look at the world through their eyes and invited us to see their struggles and experiences and, at the same time, our own evolving "selves" (as described earlier) resonated with theirs, all involved in a process of mutual recognition and co-understanding. Through dialogue, we grew through an exchange of viewpoints between self-advocates, advisors and researcher(s), which dissolves the distance between those labelled and categorized as 'them' or 'us'. We worked as a team and shared laughter and struggles, which automatically led to communal activism and resistance in order to cultivate a desired social change (Freire 2004). In this way, our research is not neutral and becomes a political act, as illustrated in this sparkling dialogue between two self-advocates, an advisor/ the researcher. Reflecting together on the participation of Louisa in a local city council, Steven, Paul, Thomas and the researcher give meaning to and become increasingly conscious of the precarious situation of Louisa:

> Thomas explains the claims of the city council for the participation of Louisa: 'The council wants that Louisa justifies her value, before she can enter the council. They wonder if Louisa can deliver a useful contribution to the board. They don't give her the right to participate, they first want proof.'
> Steven: 'This is barbaric!'
> Tina: 'She first has to prove herself before she gets the chance to be heard, to give voice.
> Paul: 'We feel put aside, as if we are a group of people who doesn't know anything.'
> Steven, pounding on the table: 'We are self-advocates. Do we want to have to prove ourselves in this way? Like they want us to? Or are we doing it our way? They disregard our rights!'

This example of collaborative reflection was one of the many ways in which the researchers were active by the side of and part of the team of self-advocates and advisors. We held conversations that were often spirited and lively, shared observation notices, gave mutual feedback, conducted group and individual interviews, participated together in the staff meetings, evaluated and refocused the project goals, made together sense of our experiences. Our relationship evolved through the vivid display of our dialogue, ever struggling to find a place of balance and symmetry, and provided meaningful insights into our communal engagements and experiences.

Voice as Interpretation

> "*Here we not only experience the stance of the observer and her place of witness, we also hear her interpretations, the researcher's attempts to make sense of the data. She is asking, 'What is the meaning of this action, gesture or communication to the actors in this setting?' and 'What is the meaning of this to me?'*" (Lawrence-Lightfoot & Davis 1997, 91f.)

In this phase, acting as researchers who act and interpret actions, we will lay bare a critical incident about the participation of self-advocate Robert, based on encounters with him and some of his professional support workers. Nevertheless stories like these are able to stir up a multiplicity of interpretations, and we discovered that our research activity provided opportunities to better understand individual and collective politics of resilience and resistance of self-advocates.

Robert [a respected member of Our New Future] wants to join the new project of the self-advocacy movement [where local political participation of people with 'intellectual disabilities' is supported]. He notifies that he learnt from the stories and experiences of other self-advocates participating in local boards and that he is interested in more local policy participation. He asks Our New Future to give him an overview of all the local community and policy organizations in his town, so he can have a look. On Tuesday, we get a call from his support worker of the institute where he lives. She asks upset: "What did you do with Robert? He suddenly knocks on the table and says that he wants to participate in the local community board!" Additionally, she states on the telephone that the participation on the local board is way out of Robert's league. "He is not able to do that", she declares. We propose to meet Robert and the support worker two days later. At the meeting, the support workers are in the majority and argue with a series of arguments ("yes, but… no, because") that it is better for Robert not to participate ("you have to be elected in a board like that, not everyone is welcome there, it is far beyond your capacities, you will not understand what they say"). After the meeting, Robert says to the advisor that it is still his dream to participate. He shows his interest in the local sports council and together we contact them with some questions. Surprisingly, a little later we receive a positive answer from the sports functionary and we make a call to Robert with this good news. Suddenly, the telephone disconnects. When calling back, we only can reach the support worker, not Robert, who says that we cannot talk to Robert anymore about this. According to her, Robert has to focus on other important things in life, such as his possible relocation.

We are painfully aware of the risk of leaving these research notes open for power takeovers and interpretations of any kind, since we experience here that Robert's human rights, and especially the opportunities to actualize them, are not safeguarded when comparing this incident with the international human rights discourse, in particular with the UN Convention on the Rights of Persons with Disabilities. Mirroring these guidelines, we could say that Robert is denied the opportunity to participate in political and public life on an equal basis with others. What equally strikes us is that any symmetrical and reciprocal dialogue is relinquished and the knowledge and dreams of self-advocates are buried under expert truth and power. Their lived knowledge, resistance, ambition and moments of desire are silenced and disqualified and can be the reason why they feel alienated and excluded. In our eyes, Robert is caught in a politics of segregation and exclusion, and in a taken-for-granted system of professional discourse that tends to control his everyday life. These professional experts deny Robert being grown-up with dreams and desires, and continually create barriers and requirements so it is impossible for him to participate. Although self-advocates like Robert show us that they need interdependent, supportive relationships to be able to exercise their citizenship, support is often considered less important than quality of care (De Waele, Van Loon & Van Hove 2005). Traditional notions of independence, self-determination and autonomy are leading principles in many forms of institutionalized care in Flanders in which moments of reciprocal and genuine dialogue are nigh on impossible to ever happen.

Voice discerning other voices, listening for voice

> *"When a portraitist listens for voice, she seeks it out, trying to capture its texture and cadence, exploring its meaning and transporting its sound and message into the text through carefully selected quotations."* (Lawrence-Lightfoot & Davis 1997, 99f.)

In this final exploration of voice in research activities, the researcher must address and pay attention not only to what actors say with words, but also to what Lawrence-Lightfoot and Davis call "mixed feelings" (ibid., 100ff.), in particular what they say with body language, hesitations in speech, timbre, tone and silences. When discerning other voices, the researcher makes a critical distinction between "listening to a story" and "listening for a story" (Lawrence-Lightfoot 2009, 17ff.), where the former implies a "more passive, receptive stance in which the interviewer waits to absorb the information and does little to give it shape or form" (ibid., 17f.); the latter suggests a much more engaged and active role for the researcher in which she or he searches for the story, while creating and moulding it as a constructivist activity, involving action instead of passive observation.

In this research project on political participation, the researchers played an active listener role in the self-advocates' storytelling. In collaboration with these self-advocates and their advisors, the experiences on participating in local policy-making processes were composed, which offered an in-depth understanding of their lived knowledge, the multiplicity of their selves and the complexities of their lives and contexts. In attempting to jointly capture and interpret these glimpses and slices of their lived experiences of oppression and resistance, we understood more completely both others and ourselves. Through cooperatively articulating our experiences and following each other's footsteps, self-advocates, advisors and researchers got to know each other's interests and pluralist meanings while at the same time creating new ones. Self-advocates used, for example, photographs, portraiture, object constellations, poetry, symbols, video and visual metaphors to foreground their voices in a variety of ways. These methods were used as a medium for dialogue and to chronicle the self-advocates' experiences and selves so as to facilitate the story-telling process. They were key for developing a fully nuanced story and co-constructing a narrative that becomes their own. They require, most importantly, time and an absolute commitment to listening, to interpreting the communications and the silences, and to supporting the process of reflection. By holding to the language of the actors and entering their story,'we co-constructed narrative and together discovered new ideas and worlds, rather than assuming to already know what we were going to find. For example, the experiences of self-advocates about political participation were collaboratively revealed by developing vivid portraits which presented joint research activity and cooperative processes of composing lay-out, pictures, text and metaphors. A translation of self-advocates stories and worldviews resulted in a shared development of these artistic portraits, and we experienced that some self-advocates were first-class developers of imagery language. Moreover, these portraits were vital illustrations of accessibility and dialogue, for which the self-advocates' aim was to affect the wider society through presenting their artistic and performative work to a wider audience in an exhibition at the end of October 2012. Self-advocates wanted to create a medium for dialogue and invited visitors to explore their portraits, to make time for confabulation, reflection and on-going interpretation and meaning making. In the collaborative process of composing the portraits, many metaphors were used to illuminate their struggles and wishes. These metaphors had rich connotational meanings and unveil a profound recognition of power dynamics in the field of self-advocacy, participation and support. Simultaneously, they indicate the complexities of people's lives and the contexts influencing them. As it is the researcher's responsibility to watch for the ways in which the actors' movements and gestures speak much louder than words (Lawrence-Lightfoot & Davis 1997), the imaginative thinking of self-advocates offered us ways to elicit these complicated set of dynamics and the various subtle and overt, or sometimes contradictory- meanings. It asked for an engaged position and a listening for meaning, for the "through" line and for what is genuinely human.

3 Concluding thoughts

In this study, it is clear that a variety of voices of the researchers and self-advocates are omnipresent. Multiple and overlapping facets of voice co-exist and are heard through different mediums and texts, framed within the cultural, political and historical context of this research. Along with Lawrence-Lightfoot and Davis (1997), we would like to acknowledge the researchers' political role in making meaning of texts and shaping research being presented to the world. Nevertheless, we do not want to underrate the voice and actions of subjects with disabilities as critical agents and meaning-makers in research. Their lived experience must be honoured and must be seen as revealing counter-narratives towards resisting dominant and oppressive disability discourses (Ware 2002), challenging hegemonic discourses and enabling us to discover their activist potential and resistance towards modernist misconceptions (de Lauretis 1987; Goodley 2007). Both portraiture and Disability Studies recognize that these voices and counter-voices need to be embraced to dispel powerful myths and defy current stereotypes and dominant ableist assumptions (Linton 1998; Charlton 1998; Fisher & Goodley 2007). Similarly, we suggest, together with Reason & Torbert (2001) and Nind (2011), that we need to accept that human persons are agents who act in research on the basis of their own and mutual sense-making and (collective) action, and thus it is no longer possible to conduct research on persons, but with persons, involving them in each of the research phases.

The plurality of voices implied a balancing between multiple positions, a messy struggle with tensions and challenges. The processes and different layers of voice we engaged with are complex and interwoven. Working together and actively doing and being involved with people, was interwoven with the work at the university: by reading, discussing with colleagues and working with students. Our need to search for meaning only increased, while our meaning making and knowledge construction also occurred in relational activity, in a continuous process of formulation and reformulation, testing and negotiation" (Dahlberg & Moss 2005, 102). Our process as researchers was constructed through simultaneous approaches and withdrawals, choices and standstills, that took us in many different directions. In an ongoing search process we tried to find theoretical concepts and frameworks that could help us to make sense of and re-think what we experienced in working with people, as a witness, and in our own history far beyond our work. These processes are ongoing, never-ending, and ungraspable as a 'whole'. When bringing al the different layers of experiences and voice together, the notion of 'becoming-minoritarian' of Deleuze and Guattari is appropriate, as suggested by De Schauwer and Van Hove (2011), it "can help me to understand how I as a multiple identity am relating to other humans, non- humans and to the world. I can take the freedom to become an 'activist' and 'partner' and 'researcher' and 'mother' all at once and negotiate these different identities in encounters with the Other" (18ff.). Becoming indicates a process that destabilizes solid identities and facilitates a potential creation of entirely new and multiple identities embedded in variable and discontinuous fluxes of living. It leads you away from a stable and universal identification as a researcher, activist, friend, witness, mother and advisor. It gives you endless opportunities to cross borders and categories.

Besides, along with Ashby (2011) and Mazzei and Jackson (2012), we believe that the challenges inherent in an uncritical construction of giving voice are indispensable. While it is important to conduct research that aims to give voice, it is essential to simultaneously problematize the premise of giving voice: "Was I really giving voice? Was it mine to give? Whose voice is it really? Who benefits from the telling? Is spoken voice preferable?" (Ashby 2011, 1732f.) Longing to give voice can cause different strains. It can lead to oversimplified knowledge claims that attempt to offer an authentic essence or voice that is present and stable (Mazzei & Jackson 2012). It can assume that the experiences and perspectives are inherently distinct from those of others. It can be supposed that the people being researched have no voice and need an external impulse to reveal their experiences. In this way, "it denies that these individuals have their own voice and can (and do) choose to exercise it, although admittedly people with disabilities are often denied the opportunity to do so" (Ashby 2011, 1732f.).

Because the research discussed in this chapter implies, among others, a far more interactive process than the classical stance and is no neutral activity, but culturally and politically embedded, we insist on the importance and even ethical-deontological imperative of engaging with questions of voice, power and injustice issues. As a result, as it is unnecessary and even dangerous to assume that there is only one voice; one must be conscious and clear about the myriad ways voices are operating and coexisting in research and of the parts all the actors, including the researchers, play in shaping the research process and outcomes.

Literatur
Ashby, C.E. (2011): Whose "voice" is it anyway? Giving voice and qualitative research involving individuals that type to communicate. In: Disability Studies Quarterly, 31 (4), 1723-1771.
Atkinson, D. (2002): Self-advocacy and research. In: Gray, B. & Jackson, R. (Hrsg.): Advocacy and Learning Disability. London, UK: Jessica Kingsley Publishers, 120-136.
Atkinson, D. (2005): Research as Social Work: Participatory Research in Learning Disability. In: British Journal of Social Work, 35, 425-434.
Atkinson, D. & Walmsley, J. (1999): Using Autobiographical Approaches with People with Learning Difficulties. In: Disability & Society, 14 (2), 203-216.
Barton, L. (2005): Emancipatory Research and Disabled People: Some Observations and Questions. In: Educational Review, 57 (3), 317-327.
Booth, T. & Booth, W. (1996): Sounds of Silence: narrative research with inarticulate subjects. In: Disability & Society, 11 (1), 55-69.
Braidotti, R. (1994): Nomadic Subjects. New York: Colombia University Press.
Chapman, T.K. (2005): Expressions of ‚Voice" in Portraiture. In: Qualitative Inquiry, 11 (27), 26-51.
Dahlberg, G. & Moss, P. (2005): Ethics and Politics in Early Childhood Education. London: RoutledgeFalmer.
Davies, B. (2014): Listening to Children. Being and Becoming. Abingdon, Oxon: Routledge.
de Lauretis, T. (1987): The Technology of Gender. In: de Lauretis, T. (Hrsg.): Technologies of Gender. Bloomington/Indianapolis: University Press.
De Schauwer, E. & Van Hove, G. (2011): Swimming is never without risk. Opening up on learning through activism and research. In: Qualitative Inquiry, 17 (2), 224-232.
De Waele, I., Van Loon, J. & Van Hove, G. (2005): Quality of Life Versus Quality of Care: Implications for People and Programs. In: Journal of Policy and Practice in Intellectual Disabilities, 2 (3-4), 229-239.
English, F. W. (2003): The postmodern challenge to the theory and practice of educational administration. Springfield, IL: Charles C. Thomas.
Freire, P. (1972): Pedagogy of the Oppressed. Anthos: Baarn.
Freire, P. (2004): Pedagogy of Hope. London/New York: Continuum.

Garland-Thomson, R. (2005): Feminist disability studies. In: Signs: Journal of Women in Culture and Society, 30 (2), 1557-1587.

Gibbs, M. (2001): Toward a strategy for undertaking cross-cultural collaborative research. In: Society and Natural resources 14, 673-687.

Goethals, T. & Van Hove, G. (2011): Politieke participatie van personen met een verstandelijke beperking. Onderzoeksrapport voor de Cel Gelijke Kansen, Vlaamse Regering.

Goodley, D. (1996): Tales of Hidden Lives: a critical examination of life history research with people who have learning difficulties. In: Disability & Society ,11 (3), 333-348.

Goodley, D. (1998): Supporting people with learning difficulties in self-advocacy groups and models of disability. In: Health & Social Care in the Community, 6 (6), 438-446.

Goodley, D. (2000): Self-advocacy in the Lives of People with 'Learning Difficulties'. Buckingham: Open University Press.

Goodley, D. (2007): Becoming rshizomatic parents: Deleuze, Guattari and disabled babies. In: Disability & Society, 22 (2), 145-160.

Goodley, D. & Van Hove, G. (2005): Another Disability Studies Reader? People with Learning Difficulties and a Disabling World. Leuven/Apeldoorn: Garant.

Lawrence-Lightfoot, S. (2009): The third chapter: Passion, risk, and adventure in the 25 Years after 50. New York: Sarah Crichton Books.

Lawrence-Lightfoot, S. & Davis, J. H. (1997): The art and science of portraiture. San Francisco: Jossey-Bass.

Nind, M. (2013): Understanding quality in inclusive research: a process of dialogue. In: Nordic Network on Disability Research Conference, Turku, FI, 30-31.05.2013.

Nussbaum, M. (2006): Frontiers of Justice: Disability, Nationality, Species Membership. Cambridge, MA: Harvard University Press, Belknap Press.

Nussbaum, M. (2009): The capabilities of people with cognitive disabilities. In: Metaphilosophy, 40 (3-4), 331-351.

Nussbaum, M. (2010): The Capabilities of People with Cognitive Disabilities. In: Kittay, E.F. & Carlson, L. (Hrsg.): Cognitive Disability and its Challenge to Moral Philosophy. West-Sussex: Wiley-Blackwell, 75-95.

Rinaldi, C. (2006): In Dialogue with Reggio Emilia. Listening, researching and learning. London: RoutledgeFalmer.

Stark, C. A. (2007): How to Include the Severely Disabled in a Contractarian Theory of Justice. In: Journal of Political Philosophy, 15, 127-145.

Tregaskis, C. & Goodley, D. (2005): Disability Research by Disabled and Non-Disabled People: Towards a Relational Methodology of Research Production. International Journal of Social Research Methodology 8 (5), 363-374.

Van Hove, G., Roets, G., Mortier, K., De Schauwer, E., Leroy, M. & Broekaert, E. (2008): Research in Inclusive Education as a Possible Opening to Disability Studies in Education. In: Gabel, S. & Danforth, S.: Disability & the Politics of Education. An International Reader. New York: Peter Lang, 121-140.

Walmsley, J. & Johnson, K. (2003): Inclusive research with people with learning disabilities: past, present and futures. London/New York: Jessica Kingsley Publishers.

Ware, L.P. (2002): A moral conversation on disability: risking the personal in educational contexts. Hypatia, 17, 143-172.

Wilkinson, S. & Kitzinger, C. (1996): Representing The Other: A Feminism and Psychology Reader. London: Sage Publications.

Monika Wagner-Willi

Kritischer Diskurs Inklusiver Forschung aus Sicht der praxeologischen Wissenssoziologie[1]

Zusammenfassung

Der Beitrag thematisiert methodologisch den von der Inklusiven Forschung geforderten emanzipatorischen Einbezug von Menschen mit Lernschwierigkeiten in die Forschungspraxis aus der Perspektive der praxeologischen Wissenssoziologie. Aus dieser Sicht wird Fremdverstehen als Grundgedanke qualitativer Forschung in Relation zur erfahrungsbasierten Standortgebundenheit der Forschenden gesetzt. Hierbei werden unterschiedliche Arten von Fremdheit und Dimensionen von Standortgebundenheit differenziert. Vertrautheit und Fremdheit von Forschenden gegenüber Forschungssubjekten erscheinen so in stets neu zu reflektierenden Verhältnissen zueinander, die es in jedem Fall methodisch zu kontrollieren gilt. Entsprechend werden Schlussfolgerungen für eine Inklusive Forschung und ihre Methodik im Forschungsprozess gezogen.

Einleitung

Die Forschung in der Sonder- und Integrationspädagogik, insbesondere zu Menschen mit Lernschwierigkeiten, wird immer noch von Ansätzen dominiert, die ihre Erkenntnisse aus standardisierten Verfahren, z.B. Befragungen – häufig von Dritten – mit vorformulierten Antwortkategorien bezieht (vgl. genauer: Wagner-Willi 2002, 2008, Buchner & Koenig 2008, 2011). Im Mainstream der Forschung werden gegenstandsbezogene Theorien vorab der Erhebung formuliert, um die formulierten Hypothesen dann vermeintlich objektiv zu überprüfen (vgl. z.B. Sermier Dessemontet et al. 2011). Der Ansatz der Inklusiven Forschung ist in seiner Entstehungsgeschichte mit einer Wissenschaftskritik verbunden, die sich auf solche Art der Erkenntnisgewinnung von Forschung und Theoriebildung (im Kontext von Behinderung) bezieht. So werden zu Recht Formen der Verdinglichung von Menschen mit Lernschwierigkeiten in der empirischen Forschung und eine akademische Wissensproduktion jenseits ihrer Erfahrungen und Relevanzsetzungen problematisiert (vgl. Buchner, König & Schuppener 2011). Auch aus diesen Gründen plädiert der Ansatz der Inklusiven Forschung für den Einbe-

---
1 Teile des Beitrags sind bereits an anderer Stelle (Wagner-Willi 2008; 2011) erschienen.

zug von Menschen mit Lernschwierigkeiten in den Prozess der Forschung selbst. Hier bestehen Gemeinsamkeiten mit Überlegungen der Disability Studies, die an Stelle des defizitorientierten, individualtheoretischen Modells ein soziales Modell von Behinderung geltend machen und statt heteronomer Forschungsverhältnisse in emanzipatorischem Anliegen das „peer research" einfordern (Waldschmidt 2004). Die Inklusive Forschung nimmt daher auch explizit Bezug auf die Disability Studies (Buchner & Koenig 2011). Dass beide Ansätze qualitative Zugänge der Sozialforschung präferieren (vgl. Waldschmidt 2004; Walmsley & Johnson 2003), kommt nicht von ungefähr, betonen qualitative Methoden doch gerade den Herstellungscharakter sozialer ‚Wirklichkeit' und problematisieren das Verhältnis der etablierten standardisierten Forschung zu den Forschungssubjekten, die sie demgegenüber als ExpertInnen ihrer eigenen Lebenswelten verstehen. Eine solche Perspektive nimmt auch die praxeologische Wissenssoziologie bzw. die qualitativ-rekonstruktive „Methode der dokumentarischen Interpretation" ein, die in den 1920er Jahren von Karl Mannheim entworfen und von Ralf Bohnsack (mit anderen WissenschaftlerInnen) seit den 1980er Jahren weiterentwickelt wurde (vgl. Mannheim 1952, 1980; Bohnsack 2014). Aus dem Blickwinkel der Wissenssoziologie ist grundsätzlich eine Einbindung von Menschen, die der gleichen sozialen Gruppe wie die Forschungssubjekte angehören, in der Rolle der Forschenden denkbar – allerdings mit *denselben* methodischen Prämissen, die im Hinblick auf die je spezifische *Standortgebundenheit* des Denkens auf Seiten der Forschenden (Mannheim 1952, 70ff.) gelten. Anliegen des vorliegenden Beitrags ist es, diese Überlegungen genauer darzulegen: Zunächst wird eine Prämisse der qualitativ-rekonstruktiven Forschung diskutiert, die sie grundlegend von der hypothesenprüfenden, standardisierten Forschung unterscheidet: das *methodisch kontrollierte Fremdverstehen* (1). Im Weiteren wird dargelegt, in welcher Relation dieser Grundgedanke zur Frage der (erfahrungsbasierten) *Standortgebundenheit* des Wissens steht und, vor dem Hintergrund der praxeologischen Wissenssoziologie, wie diese Frage sowohl auf die Forschenden wie auf die Forschungssubjekte bezogen werden kann (2). Die Mehrdimensionalität der Standortgebundenheit wird dabei ebenso erörtert wie die Unterscheidung von Sinnebenen der Erfahrung und des Wissens, aber auch der Fremdheit. Daraus werden Schlussfolgerungen für den Prozess Inklusiver Forschung gezogen (3).

1 Methodisch kontrolliertes Fremdverstehen

Bereits Mitte der 1980er Jahre stellte Hans Eberwein kritisch fest, dass die Sonderpädagogik sich „in den letzten Jahrzehnten sehr stark psychologisch-statistischer Methoden" bediente und daher kaum Erkenntnisse zu den Lebenswelten und zum Alltagshandeln von Menschen mit der Zuschreibung „Behinderung" hervorbringen konnte:

„Theorien zum Phänomen ‚Behinderung' sind von ‚Nichtbehinderten' entwickelt worden. Als normativer Hintergrund diente die jeweils eigene Kultur und Lebenswelt sowie eine wissenschaftliche Betrachtungsweise auf der Grundlage von Forschungsstrategien, die Labortheorien entstammen. Die soziale Welt, die alltagsweltliche Wirklichkeitskonstruktion des zu Untersuchenden kamen dabei nur selten in den Blick; so, als sei das Ziel der Sozialforschung nicht die ‚unverfälschte Erkenntnis der sozialen Wirklichkeit', sondern die möglichst exakte Prüfung von Hypothesen (Gerdes 1979, 4f.)" (Eberwein 1985, 102).

Eberwein verwies hier implizit auf das Problem der Standortgebundenheit der Forschenden und forderte, das „Paradigma des Fremdverstehens" zur leitenden Maxime in der sonderpädagogischen Forschung zu erheben. Die entscheidende Bedeutung dieses Paradigmas sah er „in der qualitativen Rekonstruktion von Alltagswelten und der in diesen je verschiedenen Welten enthaltenen subjektiven Erfahrungen" derjenigen, auf die sich die Sonderpädagogik bezieht (ebd., 100f.). Mit diesem Paradigma verbindet Eberwein also auch eine spezifische methodische Ausrichtung der Forschung. Denn die auf die *qualitative Rekonstruktion* setzenden Methoden gehen zunächst von einer *Fremdheit* der Forschenden gegenüber den sozialen Kontexten aus, in denen die Subjekte der Forschung stehen, und gegenüber den von ihnen geleisteten Sinnkonstruktionen. Sie sind auf das *Fremdverstehen* gerichtet, das es, anders als in der Alltagskommunikation, methodisch zu kontrollieren gilt (Bohnsack 2005, 69f.).

Wie Christa Hoffmann-Riem (1980) darlegt, gibt es hier zwei Prinzipien, die von Bedeutung sind: das Prinzip der *Kommunikation* und das Prinzip der *Offenheit*. Ersteres geht davon aus, dass Forschende nur dann Zugang zu bedeutungsstrukturierten Daten erhalten, wenn sie eine Kommunikationsbeziehung mit den Forschungssubjekten eingehen, die deren kommunikatives Regelsystem in Geltung lässt (ebd., 343). Methodische Kontrolle meint also auch die Berücksichtigung von Unterschieden der „Sprachen" von Wissenschaftlern und Forschungsteilnehmenden, indem letzteren Gelegenheit gegeben wird, ihre alltägliche Sprach- und Kommunikationsformen zu entfalten. Gerade dies unterscheidet qualitative Forschungsmethoden von standardisierten Verfahren.

Das zweite Prinzip, dasjenige der *Offenheit*, meint, „dass die theoretische Strukturierung des Forschungsgegenstandes zurückgestellt wird, bis sich die Strukturierung des Forschungsgegenstandes durch die Forschungssubjekte herausgebildet hat" (ebd., 346). Die Einzeläusserungen sollen entsprechend nicht isoliert betrachtet, sondern in den von den Forschungssubjekten selbst entfalteten Kontexten erfasst werden (vgl. Bohnsack 2014, 21). Es geht hierbei darum, die Relevanzstrukturen der Forschungssubjekte in ihrer zentralen Bedeutung für ein angemessenes Verständnis des Forschungsgegenstandes anzuerkennen. Eine solche „Offenheit gegenüber den Kontextuierungen der Erforschten" setzt „eine Kontrolle der Vorab-Kontextuierungen seitens der Forschenden u. a. in Form des

Verzichts auf Hypothesen ex ante voraus" (Bohnsack 2005, 70). Dies bedeutet, die Kontextuierungen der Forschungssubjekte, *ihre* Relevanzstrukturen zum Ausgangspunkt für die Entwicklung einer gegenstandsbezogenen Theorie zu nehmen.

2 Standortgebundenheit

Fremdverstehen durch methodische Kontrolle der Vorab-Kontextuierungen seitens der Forschenden – dies meint auch eine Kontrolle dessen, was Mannheim mit dem Begriff der *Standortgebundenheit* bezeichnet hat – denn nicht nur die Forschungssubjekte, auch die Forschenden selbst haben im Laufe ihrer (lebenslangen) Sozialisation auf der Grundlage sozialer Handlungspraxis und Erfahrungen ein milieuspezifisches Relevanz- und Deutungssystem entwickelt, das nicht so ohne weiteres zu suspendieren ist. Die eigene Standortgebundenheit ist gerade deshalb nicht so ohne weiteres zu suspendieren, weil sie überwiegend durch *vorreflexive, habituelle* Wissensbestände strukturiert ist. Diese beruhen auf sozialen bzw. „konjunktiven Erfahrungen" (Mannheim 1980, 211ff.), die Menschen einer Gemeinschaft in der gemeinsamen Praxis miteinander verbinden. Ein Beispiel hierfür bietet der Erfahrungsraum der Familie: Wenn ein Kind in einer Familie aufwächst, so lernt es über das Mittun die Welt kennen, es er*lebt* z.B. das alltägliche gemeinsame Frühstück mit den Essgewohnheiten und Gesprächsformen, die der Familie eigen sind, oder es erfährt, was es heisst, gemeinsam ein Familienfest zu feiern: Das Kind „gerät in eine spezifische existentielle Beziehung" zu den Familienangehörigen, lernt „unser Sehen der Dinge kennen und mitzumachen", es „nimmt teil an unserem Erfahrungsraume" (Mannheim 1980, 215). Dieses Erfahrungswissen ist nicht so ohne weiteres reflexiv zugänglich und den Angehörigen einer Erfahrungsgemeinschaft so selbstverständlich, dass sie sich darüber nicht explizit verständigen müssen. Dieses *implizite Erfahrungswissen* wiederum strukturiert in Form von handlungsleitenden Orientierungen die (weitere) Praxis. Dieses zirkuläre Verständnis von Praxis, Erfahrung und Wissen zeigt Gemeinsamkeiten mit Bourdieus (1976) Begriff des *Habitus* (vgl. Bohnsack 2014, 66f.). Dabei ist zu beachten, dass wir alle durch unsere Sozialisation *verschiedenen*, einander überlagernden Erfahrungsräumen bzw. sozialen Milieus angehören, wie z.B. einem städtischen Milieu, dem weiblichen Geschlecht und der 1968er-Generation (vgl. ebd., 141ff.).

Ganz unabhängig von der Frage, ob die Forschenden mit den zu rekonstruierenden Erfahrungs- und Handlungsräumen durch ihre Sozialisation erlebnismäßig verbunden sind oder nicht, ihre Standortgebundenheit oder – wie Mannheim dies auch noch bezeichnet – die *Seinsverbundenheit* des Wissens ist aus wissenssoziologischer Sicht *in jedem Fall* eine grundlegende soziale Gegebenheit, die es methodisch zu kontrollieren gilt. Diese ist zum einen als (mögliche) Fremdheit gegenüber den Forschungssubjekten und zum andern als (mögliche) *Seinsverbundenheit* mit diesen denkbar.

Dort, wo auf das Prinzip der „Betroffenheit" (Friske 1995, 16) bzw. der Parteilichkeit gesetzt wird, also auf die Seinsverbundenheit oder die Identifikation der Forschenden mit den Forschungssubjekten, wird das Relevanzsystem der Forschenden als eine Erkenntnisquelle per se konstruiert. Damit kann das nun entweder *gemeinsam* bestehende oder *als gemeinsam* konstruierte Deutungssystem jedoch kaum überschritten werden. Der/die InterpretIn wird vielmehr die eigene existentiell begründete Perspektivität an das Material herantragen. Ohne methodische Kontrolle der Standortgebundenheit im Sinne einer reflexiven Haltung dienen die eigenen sozialen Erfahrungen, Normen und kulturellen Regeln dann als zentraler Vergleichshorizont. Dieses Problem stellt sich m. E. der Inklusiven Forschung in ähnlicher Weise wie z.B. Ansätzen innerhalb der Frauenforschung, die dort in den 1990er Jahren diskutiert wurden: Wohlgemerkt, es gehört zum qualitativen Forschungsprozess, in die Sinnkonstruktionen der Erforschten einzutauchen, um sie nachzuvollziehen und rekonstruieren zu können. Dies meint jedoch, wie Monika Wohlrab-Sahr (1993) kritisch anmerkte, keine *Identifikation* bzw. keine „Forschung als ‚Quasifreundschaft'", welche die Grenze zwischen Wissenschaft und Lebenspraxis, zwischen teilnehmender Beobachtung und vollgültiger Teilnahme aufzuheben sucht (vgl. ebd., 129ff.). Dieses Problem ist methodologisch u. a. auch in der Ethnographie bereits unter dem Begriff des „going native" behandelt worden.[2] Für die Frauenforschung beobachtete Wohlrab-Sahr dort, wo auf Prinzipien der Parteilichkeit und Betroffenheit gesetzt wurde, eine Tendenz,

> „die uneingelösten Objektivitätsansprüche der traditionellen Wissenschaften zu einer Programmatik der Subjektivität und Perspektivität schlechthin zu wenden und auf Versuche der Objektivierung generell zu verzichten. Hilge Landweer (Landweer 1992) hat diese in den feministischen Habitus eingegangenen Verweise auf die Perspektivität und Subjektivität wissenschaftlicher Erkenntnis als spezifische Form der Rhetorik charakterisiert, die entgegen aller Absicht dazu führe, die Konnotation von Weiblichkeit und Besonderem zu reproduzieren und weiter die Vorstellung eines Kollektivsubjekts ‚Frau' zu transportieren" (Wohlrab-Sahr 1993, 133).

Aspekte von Fremdheit

Wenn jedoch Betroffenheit und Perspektivität bzw. eine (angenommene) Standortverbundenheit sich nicht als methodisches Prinzip eignen, wie lassen sich aus wissenssoziologischer Perspektive Fremdheit und Standortverbundenheit in die-

---

2 „Going native" meint den in der Ethnografie problematisierten Prozess der Vereinnahmung des Forschenden durch die Forschungssubjekte, der dazu führt, dass die Wahrnehmung des Forschenden auf die Perspektive der letzteren verengt wird (vgl. Hildenbrand 1984).

sem Zusammenhang fassen und im Rahmen Inklusiver Forschung methodisch kontrollieren? Im wissenssoziologischen Sinne lässt sich die oben bereits thematisierte *Fremdheit als methodisches Prinzip* (a) unterscheiden von b) einer *Fremdheit als Zuschreibungskategorie* und diese wiederum von c) einer *Fremdheit als Differenzerfahrung* auf Ebene des *habituellen Handelns* (vgl. Bohnsack & Nohl 2001). Ersteres (a) meint die bereits angesprochene, *methodische* Fremdheitshaltung, eine „genetische Einstellung", die Distanz gegenüber dem Geltungscharakter, der normativen Gültigkeit der Äußerungen der Forschungssubjekte wahrt und diese einklammert (Mannheim 1980, 88). Diese genetische Einstellung bezieht sich nicht nur auf soziale und kulturelle Phänomene, die den Forschenden fremd sind, sondern auch auf solche, die ihnen zunächst vertraut erscheinen. Hier gilt es, diese zu erforschen, als seien sie einem fremd. Dies wird möglich in einer prozessanalytischen Forschungshaltung, mit der ein Wechsel vollzogen wird von der Frage danach, was z.B. Behinderung bzw. Normalität jeweils ,ist' (und wie die diesbezüglichen Vorstellungen, Erfahrungen, Handlungspraxen jeweils normativ zu bewerten sind) hin zu der Frage, wie Behinderung bzw. Normalität jeweils sozial *hergestellt* werden. Dieser für die *rekonstruktive* qualitative Forschung charakteristische Wechsel der Analyseeinstellung vom „Was" zum „Wie" (vgl. Mannheim 1964, 134), entspricht dem konstruktivistischen Wechsel von der *Beobachtung erster Ordnung* hin zu derjenigen *zweiter Ordnung* (vgl. Luhmann 1990, 86f.). Dies setzt jedoch voraus „dass man den beobachteten Beobachter unterscheidet, also eine andere Unterscheidung verwendet als er selbst" (ebd., 86). So unterziehen beispielsweise Lehrpersonen ihre SchülerInnen immer wieder fachspezifischen Tests, ermitteln damit deren ,Schulleistungen', bewerten sie und setzen sie zueinander in Relation, d.h. sie ,beobachten' die Reaktionen ihrer SchülerInnen auf die entwickelten Beobachtungsinstrumente (Tests) und leiten daraus das Konstrukt Schulleistung ab. Forschung, die z.B. durch eigene (eventuell konkurrierende) Untersuchungsinstrumente ebenfalls darauf ausgerichtet ist, Schulleistungen zu ermitteln, verbleibt auf dieser Ebene des ,Was', der Beobachtung erster Ordnung, – auch dann, wenn dies in Kombination mit der Beobachtung von spezifischen Merkmalen von SchülerInnen verschiedener Leistungsniveaus erfolgt (vgl. z.B. Moser et al.). Eine Beobachtung zweiter Ordnung hiesse, das normative Konstrukt ,Schulleistung' einzuklammern und danach zu fragen, in welchen Praktiken die Beobachtungsinstrumente und Leistungsermittlungen der Lehrpersonen gründen, wie die SchülerInnen mit diesen Instrumenten und den Beobachtungsergebnissen umgehen bzw. wie Lehrpersonen und SchülerInnen rund um das Schulleistungs-Beobachtungsarrangement interagieren. Kurz: eine Beobachtung zweiter Ordnung hiesse, danach zu fragen, wie und mit welchen interaktiven Praktiken ,Schulleistung' sozial hergestellt wird (vgl. z.B. Breidenstein & Zaborowski 2013).

Die genannte *Fremdheit als Zuschreibungskategorie* (b) hingegen ist zu verstehen als Konstruktion von Fremdheit auf der Ebene der sozialen Identität im Sinne Goffmans (1967, 9ff.). Damit gemeint sind die an Menschen herangetragenen Erwartungen, Fremdidentifizierungen und Fremdbilder, die er übernehmen oder von denen er sich distanzieren kann (vgl. Bohnsack & Nohl 2001). In inklusionspädagogischer Perspektive sind dies jene exterioren, häufig ontologisierenden Zuschreibungen, die mit der Kategorie *Behinderung* verbunden werden. In einer von mir auf der Basis von Gruppendiskussionen durchgeführten Studie zu kollektiven Orientierungen und Erfahrungen von Beschäftigten einer „Werkstatt für Behinderte" in Berlin wurde deutlich, dass eine solche Fremdheit als Zuschreibungskategorie zur gemeinsamen sozialen Erfahrung der Gruppe gehört. So berichtet z.B. Herr Rehberg, einer von drei miteinander befreundeten Teilnehmern einer Gruppendiskussion, über seine frühere Erfahrung als Sonderschüler auf dem Weg zur Schule (Gruppe *Money*[3], Passage Ausgrenzungserfahrung, Zeilen 50-57): „Also n mit em mitem Schulbus (als ick) immer vorne jefahrn bin, hams mi immer verarscht. Mit den mit den sone Bekloppten jehst Du?" (vgl. Wagner-Willi 2002, 111). Die SchülerInnen, die die Sonderschule besuchen, werden in diesem Beispiel als „Bekloppte" bezeichnet: eine Fremdidentifizierung, vorgenommen in Form der Konstruktion einer „totalen Identität", wonach der Einzelne vollständig mit der Zuschreibungskategorie Behinderung identifiziert, zum „Bekloppten" bzw. „Behinderten" konstruiert wird. Durch diese „Konstruktion einer totalen Identität" wird der Betroffene „nach ‚außen' gestellt" und „‚fremd' gemacht" (Garfinkel 1967, 210, zit. n. Bohnsack & Nohl 2001, 20f.).
Solche Formen der Fremdzuschreibung sind, wenn auch in anderen Gegenstandsbereichen, durch die Ethnomethodologie (vgl. Garfinkel 1967) rekonstruiert worden. Interessanterweise knüpfte diese Forschungsrichtung auch an die Dokumentarische Methode Mannheims an und wurde bereits von Eberwein/Köhler als ein Ansatz diskutiert, der sich u. a. eignet für die Erforschung von „Entscheidungsverfahren, die in bezug (sic!) auf bestimmte Kategorien von ‚membership' (De)Gradierungsfunktionen erfüllen" (Eberwein & Köhler 1984, 371), also z.B. diagnostische Untersuchungen mit der Konsequenz der Ausgliederung aus dem Regelsystem der Schule. Im Sinne der Ethnomethodologie und auch der Dokumentarischen Methode gelingt es gerade erst unter Einklammerung des Geltungscharakters, in „ethnomethodologischer Indifferenz", zu untersuchen, „wie die diversen ‚Ethnomethoden'" – zu verstehen als handlungspraktische Alltagsmethoden von Menschen in sozialen Situationen – „in konkreten, und das heißt meistens machtbestimmten Kommunikations- bzw. Entscheidungssituationen, als Ressourcen und Determinanten von Herstellungsprozessen fungieren" (ebd.). Von solchen sozialen Situationen sind jene zu unterscheiden, in denen es zu einer

---

3 Der Name ist fiktiv zur leichteren Identifikation der Gruppe im Forschungsprozess gewählt.

Fremdheit als Differenzerfahrung mit Bezug auf die, bereits oben genannte, *habitualisierte Alltagspraxis* (c) kommt (vgl. Bohnsack & Nohl 2001, 21ff.). Differenzerfahrungen können beispielsweise Jugendliche der deutschsprachigen Schweiz machen, die als AustauschschülerInnen die Alltagspraxis einer Familie in der Romandie erleben, die sich nicht nur in Bezug auf kulinarische Praktiken, sondern auch auf subtile Formen des Umgangs und der Verständigung von den eigenen Erfahrungen unterscheiden. Gemeint ist hier eine Erfahrung von Fremdheit gegenüber einem sozialen und kulturellen Milieu und dem mit diesem verbundenen habituellen Handeln, das heißt die Erfahrung von Fremdheit gegenüber einem *konjunktiver Erfahrungsraum* (Mannheim 1980, 211ff.). Dort, wo Menschen mit je *unterschiedlicher* Perspektivität und Einbindung in je unterschiedliche konjunktive Erfahrungsräume interagieren (ebd., 285ff.) und einander zunächst habituell fremd sind, haben wir es mit *kommunikativen Beziehungen* zu tun. Diese Art der Beziehung finden wir v. a. in institutionellen Rahmen, in rollenförmigen Beziehungen wie z.B. in der Primarschule, in der Schüler/-innen und Lehrpersonen aus unterschiedlichen Herkunftsmilieus zusammenkommen und interagieren. Wenn beispielsweise die (familiären) Erlebnisse am Wochenende oder im Urlaub zum Thema im wöchentlichen Morgenkreis werden, müssen die SchülerInnen ihre Erfahrungen kommunikativ übersetzen: Sie wählen aus, was in diesem Rahmen der Klassenöffentlichkeit mitteilbar ist und werden eine andere (reflexive) Sprache und Form für ihre Darstellung von Erlebnissen wählen als im vertrauten Kreis der Peergroup in der Pause. Kommunikative Beziehungen sind also dort beobachtbar, wo die milieuspezifischen Selbstverständlichkeiten fehlen. Sie sind durch explizites, reflexives bzw. *kommunikatives Wissen* strukturiert. Allerdings kann eine solche Fremdheit dort aufgebrochen werden, wo den Beteiligten die Möglichkeit gegeben wird, an ihren bisherigen Erfahrungen anzuknüpfen und sich in der gemeinsamen Praxis habituell aufeinander abzustimmen, d.h. neue, verbindende Erfahrungen und Praktiken hervorzubringen, so dass aus Fremdheit Vertrautheit und Selbstverständlichkeit werden kann.

3 Rückschlüsse auf den Prozess der Forschung

Was heißt das nun für den Einbezug von Menschen mit Lernschwierigkeiten in den Forschungsprozess?

Erhebung

Ich werde hierbei zunächst auf die *Erhebungssituation* eingehen. Aus Perspektive der praxeologischen Wissenssoziologie geht es zunächst darum, mit Methoden zu arbeiten, die es Menschen mit Lernschwierigkeiten erlauben, ihre je spezifischen Erlebnisse und Deutungen, wie z.B. zu ihrem Übergang von der Schule in das

Arbeitsleben und den damit verbundenen berufsbiographischen Erfahrungen, gemäß ihren Relevanzsetzungen zur Sprache zu bringen. Forschung zu Menschen mit Lernschwierigkeiten ist in diesem Sinne also auf die Rekonstruktion ihrer konjunktiven *Erfahrungen*, ihrer alltäglichen Praxis und ihrer Sinnkonstruktionen gerichtet. Hierfür eignen sich Interviews oder Gruppendiskussionen, in denen die Forschenden offen gehaltene Fragen stellen, die Erzählungen ermöglichen. Diese sollen zwar Themen ansprechen, jedoch nicht auf sie oder auf spezifisch vorformulierte Stellungnahmen einengen.

Indem die Forschungssubjekte ihre Erfahrungen und Erlebnisse mit der ihnen eigenen Deutungsweise darlegen können, schaffen Forschende *in* der Erhebungssituation methodische Kontrolle über ihre eigene Standortgebundenheit bzw. über ihre Vorab-Theorien zu dem zu erforschenden Gegenstand. Voraussetzung ist dabei das, was für alle rekonstruktiven Studien gilt, nämlich der Respekt gegenüber und das Interesse an den InterviewpartnerInnen und Diskussionsteilnehmenden. Eine Einbindung von Menschen mit Lernschwierigkeiten in die Forschung ist zunächst sinnvoll im Vorfeld einer Studie, und zwar im Hinblick auf die Findung eines Forschungsgegenstandes, der für den Personenkreis überhaupt von Relevanz ist.

Aus Perspektive der praxeologischen Wissenssoziologie ist zudem grundsätzlich *immer* denkbar, Personen der gleichen sozialen Gruppe, auf die sich das Erkenntnisinteresse richtet, als Forschende einzubinden – allerdings mit *derselben* Prämisse, die generell im Hinblick auf die Standortgebundenheit des Forschenden gilt. Diese ist auch dann 1. nicht nur als mögliche *Standortverbundenheit* mit den Forschungssubjekten zu denken, sondern 2. auch als *mögliche Fremdheit* ihnen gegenüber, und zwar in jenen Aspekten der sozialen Erfahrung, die Forschende und Forschungssubjekte eben *nicht* teilen. Denn die Standortgebundenheit von Forschenden ist immer auch als *mehrdimensionale* zu denken. Das heißt, wir sind durch *verschiedene* Dimensionen konjunktiver Erfahrung geprägt. Eine Erfahrungsdimension kann diejenige des sozialen Ausschlusses auf Grund einer Behinderungszuschreibung sein. Hier plädiere ich dafür, von einem *Möglichkeitshorizont* bzw. einer spezifischen *sozialen Lagerung* auszugehen. Dabei ist jedoch zu fragen, inwiefern eine solche, potenziell gemeinsame Erfahrungsbasis mit anderen, z.B. geschlechts- oder kulturspezifischen Erfahrungsräumen überlagert ist. Eine *Mehrdimensionalität* konjunktiver Erfahrungsräume bedeutet dabei immer auch, dass die Erfahrungsdimensionen eine je spezifische Relation zueinander einnehmen.

Ich möchte das, was ich mit dem Begriff der Mehrdimensionalität meine, am Beispiel meiner o.g. Studie (Wagner-Willi 2002, 124f.) kurz darlegen:

So erzählt Herr Rehberg, Am, aus einer der beiden einbezogenen männlichen Gruppen, mit denen ich Gruppendiskussionen durchführen konnte, über eine gemeinsame Freizeitaktivität mit Herrn Gross, Bm[4].

```
Am:            Vorgestern ham wir gekocht. (2) (Des) ham wir gekocht
Cm:                                                               L Na
               siehste, (.) vor Wut ((lacht))
Am:                            L Neiin nee nich vor Wut
Bm:                                                      L ((lacht))
Cm:                                                          L ((lacht)) @vor
               Wut kannste ooch kochen@
Bm:                            L @Weil wer unsern Frauen mal en
               Gefallen tun wollten@
Am:                            L Na! (5) Nee ick hab det vorbereitet und
               der hat den @Backofen vorbereitet@ ((lacht))
Bm:                                                      L ((lacht))
```

Abb. 1

In impliziter Bezugnahme auf eine traditionelle, geschlechtsspezifische Arbeitsteilung erzählen Herr Rehberg (Am) und Herr Gross (Bm) vom gemeinsamen Kochen. Die Ironisierung, den „Backofen vorbereitet" zu haben, unterstreicht die Besonderheit der offensichtlich nicht routinierten Übernahme solcher Arbeiten durch die beiden Männer ebenso wie die Darstellung, ihren Frauen einen „Gefallen" getan haben zu wollen. Die von Herrn Brinkmann geäußerte Annahme, das Kochen sei „vor Wut", also in einer besonderen emotionalen Erregung geschehen, trägt zur Steigerung des Spaßes der Gruppe an der Erzählung bei.

An dieser indirekten gemeinsamen Darstellung der Alltagsorganisation mit traditionellen, geschlechtsspezifischen Zuständigkeitsbereichen dokumentiert sich zum einen der konjunktive Erfahrungsraum *Paarbeziehung als Lebensgemeinschaft*. Zum andern wird dort eine geschlechtsspezifische Orientierung der Gruppe hinsichtlich der Gestaltung der Paarbeziehung erkennbar. Die Erfahrungsgemeinschaft dieser Gruppe, wie sie im Alltag durch die gemeinsame Praxis immer wieder neu bestätigt und hervorgebracht wird, ist also von verschiedenen Erfahrungsräumen überlagert. So ergab die Analyse, wie erwähnt, dass die Gruppe zunächst durch die gemeinsame Erfahrung der sozialen Konstruktion von *Behinderung* geprägt ist, die sich sowohl als strukturidentische Sozialisationserfahrung wie als alltägliche Erfahrung der Benachteiligung durch geringe Entlohnung und Ausschluss aus dem allgemeinen Arbeitsmarkt darstellt. Von dieser Dimension zu differenzieren ist der *geschlechtsspezifische Erfahrungsraum*, der in dem Beispiel im Hinblick auf die Paarbeziehung aktualisiert wird. Darüber hinaus ist der Erfahrungsraum der Gruppe durch Gemeinsamkeiten des Erlebens lebenszyklischer Phasen, also durch die Dimension der biographischen Entwicklung geprägt: Alle

---

4 Worte/Sätze, die mit @-Zeichen eingerahmt werden, markieren lachendes Sprechen.

drei Diskursteilnehmer haben die Phase des Übergangs in den Beruf lange hinter sich, arbeiten seit mehreren Jahren in der „Werkstatt für Behinderte" und leben, mit Ausnahme von Herrn Brinkmann, mit ihrer Partnerin zusammen.

Wie bereits ausgeführt, heißt methodische Kontrolle der Standortgebundenheit im Prozess der Erhebung insbesondere, dass die Forschungssubjekte Gelegenheit erhalten, gerade die ihnen *selbstverständlich* und *alltäglich* erscheinenden Kontexte darzulegen und zu beschreiben. Eine *mögliche* Standortverbundenheit zwischen Forschenden und Interviewten mit Lernschwierigkeiten kann eine gewisse Vertrauensbasis in der Situation des Interviews schaffen, welche es den InterviewpartnerInnen erleichtert, sich zu äußern. Methodisch bleibt dabei jedoch zu reflektieren, wie gerade das geteilte Wissen, das als *selbstverständlich* erscheint, erfragt werden kann und zur Sprache gebracht wird. Und in wissenssoziologischer Perspektive sind es genau diese vorreflexiven Erfahrungen und Wissensbestände, die es zu erheben und rekonstruieren gilt.

Wenn eine auf Sprache ausgerichtete Erhebungsmethode eher als *unangemessen* einzuschätzen ist, etwa weil die Forschungsteilnehmenden kaum oder gar nicht sprechen oder weil die Fragestellung eher die *Performativität*, d.h. das szenische Arrangement, die Körperlichkeit und Bildhaftigkeit von alltäglichen interaktiven Praktiken in den Blickpunkt rückt (Wulf et al. 2001), dann sind teilnehmende oder videogestützte Beobachtungen eher sinnvoll. In der Erhebungssituation ist dabei die respektvolle Kommunikation mit den Forschungsteilnehmenden von entscheidender Bedeutung dafür, dass sich die Alltagspraxis in ihrer Selbstverständlichkeit überhaupt entfalten kann. Dies bedeutet auch, dass die Beteiligten über die Forschung, die Rolle der Forschenden und ihre Absichten informiert werden und dem Setting zustimmen, eine Zustimmung, die sie dann in der Erhebungssituation *jederzeit* sprachlich oder durch *körper*sprachliche Hinweise der Ablehnung *zurücknehmen* können.

Auswertung

Auch auf der Ebene der Auswertung des empirischen Materials stellt sich die Frage der methodischen Kontrolle der Standortgebundenheit des Forschenden. Dies ist wieder in beide Richtungen zu denken, nämlich sowohl in Bezug auf *Fremdheit* wie in Bezug auf *Vertrautheit* des Forschenden gegenüber den zu erforschenden Erfahrungsräumen.

Aus Sicht der praxeologischen Wissenssoziologie bzw. der Dokumentarischen Methode sind hierbei zwei Prinzipien von Bedeutung:
1. die genetische Analyseeinstellung und
2. die komparative Analyse.

zu 1. Das von Mannheim entwickelte Prinzip der *genetischen Einstellung* (Mannheim 1980, 85ff.) wurde w. o. bereits dargelegt. Für die Auswertung unterscheidet die Dokumentarische Methode daher zwei Ebenen der Sequenzanalyse: die Inhalte und Themen, das *Was* der erzählten Erlebnisse und ihrer Wertungen im prozessualen Verlauf einerseits, den dokumentarischen Sinngehalt, das *Wie* der Äußerungen bzw. die Art und Weise der Bearbeitung der Themen und inhaltlichen Darlegungen andererseits. Letztere Interpretationsebene ist also darauf gerichtet, das vorreflexive habituelle Wissen, den w.o. bereits angesprochenen konjunktiven Erfahrungsraum einer Gruppe herauszuarbeiten.

Für die dokumentarische Interpretation heißt das dann auch, dass der/die InterpretIn die Äußerungen der Forschungssubjekte nicht *normativ* im Sinne ihrer Richtigkeit oder Gültigkeit wertet, sondern sie in ihrer normativen Gültigkeit quasi einklammert, d.h. auf den spezifischen Erfahrungsraum bezieht, für den diese Normen und Relevanzsetzungen gelten (ebd., 88). Die dokumentarische Interpretation ist also auf das konjunktive *Erfahrungswissen* der Forschungssubjekte gerichtet, das sich im Interview- oder Diskursverlauf prozesshaft entfaltet, so vor allem in den Erzählungen ihrer Erlebnisse mit den von ihnen selbst herangezogenen positiven und negativen Vergleichshorizonten. „Die Regel- oder Sinnhaftigkeit ist den Erforschten zwar – implizit oder atheoretisch – wissensmäßig verfügbar. Sie selbst vermögen diese dokumentarische Sinnebene aber – je tiefer diese in ihrer habitualisierten, routinemäßigen Handlungspraxis verankert sind – umso weniger zu explizieren. Davon zu unterscheiden sind die ‚latenten Sinnstrukturen' der Objektiven Hermeneutik, die jenseits des Wissens der Erforschten angesiedelt und nur den Interpreten verfügbar sind. Demgegenüber gehen die wissenssoziologischen ForscherInnen nicht davon aus, dass sie mehr wissen als die Erforschten, sondern davon, dass die Erforschten selbst nicht wissen, was sie da eigentlich alles wissen" (Bohnsack 2001, 336f.).

Aus Sicht der praxeologischen Wissenssoziologie bedeutet dies aber auch, dass das *explizite* Wissen und die *subjektiven* Theorien von Forschenden mit Lernschwierigkeiten dann nicht, wie in der Partizipativen Forschung (insbesondere in der Arbeit mit einer Referenzgruppe, vgl. z.B. Carraro & Hintriner 2010, 60) gefordert und methodisch innerhalb der qualitativen Sozialforschung auch als „kommunikative Validierung" bekannt, Gradmesser sein können für die Analyseergebnisse – da sich diese auf einer anderen Ebene bewegen.

Das heißt, im Unterschied zu einem Ansatz, der auf die *Betroffenheit* und *Subjektivität* der InterpretInnen setzt, also auf die Seinsverbundenheit z.B. einer *Referenzgruppe* mit den Forschungssubjekten, plädiere ich für Strategien, welche die *Standortgebundenheit* der Forschenden methodisch *kontrollieren*. Denn wo solche fehlen, werden die InterpretInnen ihre konjunktiven Erfahrungen, ihre Werte und kulturellen Regeln an das empirische Material herantragen.

zu 2. Für den Umgang mit der eigenen *Standortgebundenheit* und *Perspektivität* der Interpretin und des Interpreten ist im Rahmen der Dokumentarischen Methode die *komparative Analyse* bedeutend, also der systematische Vergleich von z.B. Gruppendiskussionen mit Mitgliedern *verschiedener* People-First-Gruppen.

Dabei wäre je nach Erkenntnisinteresse eine entsprechende Suchstrategie zu entwickeln, z.B. entlang des Geschlechts, der regionalen/nationalen Verortung oder der Generation/Dauer der Zugehörigkeit. Durch den Vergleich mit anderen Fällen können *empirisch* gegebene Vergleichshorizonte bei der Analyse herangezogen werden, und damit andere, als die standortgebundenen Vergleichs- und Gegenhorizonte des Forschenden. Zur weiteren Kontrastierung könnten Gruppendiskussionen mit Selbsthilfegruppen von Menschen ohne Zuschreibung von Lernschwierigkeiten in den Fallvergleich einbezogen werden. Indem wir uns fragen, *wie* vergleichbare Themen, Fragestellungen und Problemfelder in einem anderen, vergleichbaren Fall bearbeitet werden, erfahren wir das jeweils *Charakteristische* eines Falles umso deutlicher. Zudem ermöglicht es dieser Weg der komparativen Analyse, die anfänglich bei der Interpretation an das Material herangetragenen Vergleichshorizonte des Forschenden durch die empirisch gegebenen Vergleichshorizonte der anderen Fälle zu ersetzen. Aus diesen beiden Gründen setzt die Dokumentarische Methode die komparative Analyse bereits frühzeitig bei der Interpretation des empirischen Materials ein.

4 Schluss

In der Perspektive der praxeologischen Wissenssoziologie ist der Einbezug von Menschen mit Lernschwierigkeiten in die Forschungspraxis grundsätzlich möglich, jedoch nicht die Voraussetzung für eine dem Gegenstand angemessene Forschung. Der in der partizipativen Forschung präferierte Einsatz einer Referenzgruppe macht die *Betroffenheit* und *Subjektivität* der Interpretin, also die in einer Dimension vorausgesetzte Seinsverbundenheit von Menschen mit Lernschwierigkeiten mit den Forschungssubjekten zum konstitutiven Ausgangspunkt der ForscherInnengruppe. Demgegenüber wird hier die Position vertreten, dass eine Standort*ver*bundenheit der Forschenden mit Lernschwierigkeiten gegenüber den Forschungssubjekten weder vorauszusetzen noch als Gütekriterium zu erheben ist. Vielmehr plädiert dieser Beitrag dafür, die Standortgebundenheit der Forschenden mit Lernschwierigkeiten wie auch derjenigen, die nicht zu dieser Gruppe gezählt werden, in jedem Fall methodisch zu kontrollieren. Denn Vertrautheit und Fremdheit von Forschenden gegenüber Forschungssubjekten stehen je nach Erkenntnisinteressen und personeller Ausrichtung eines Projekts in stets neu zu reflektierenden Verhältnissen zueinander. Für eine methodische Kontrolle sind im Prozess einer qualitativ-rekonstruktiven Forschung die Prinzipien der *Kommunikation* und der *Offenheit* ebenso bedeutsam wie die *genetische Analyseeinstellung* und die *komparative Analyse*. Eine in diesem Sinne gelingende Forschungsbeteiligung von Menschen mit Lernschwierigkeiten wird sowohl von den Rahmenbedingungen des Forschungsprojekts und den Haltungen der beteiligten Forschenden abhängen als auch von dem Erkenntnisinteresse und der Frage, worauf dieses gerichtet ist: auf die Rekonstruktion von *explizitem* Wissen und *subjektiven Theorien* oder auf *vorreflexive* habituelle Wissensbestände und *Prozessstrukturen* der Alltagspraxis.

Monika Wagner-Willi, Dr. phil.
Pädagogische Hochschule der Fachhochschule Nordwestschweiz
Institut Spezielle Pädagogik und Psychologie (Basel)
monika.wagner@fhnw.ch

Literatur

Bohnsack, R. (2001): Dokumentarische Methode. Theorie und Praxis wissenssoziologischer Interpretation. In: Hug, T. (Hrsg.): Wie kommt Wissenschaft zu Wissen? Bd. 3: Einführung in die Methodologie der Sozial- und Kulturwissenschaften. Baltmannsweiler: Schneider Verlag Hohengehren, 326-345.

Bohnsack, R. (2005): Standards nicht-standardisierter Forschung in den Erziehungs- und Sozialwissenschaften. In: Zeitschrift für Erziehungswissenschaft, 8 (4), 63-81.

Bohnsack, R. (2014): Rekonstruktive Sozialforschung. Einführung in qualitative Methoden. Opladen: Budrich, B. (9. Auflage).

Bohnsack, R. & Nohl, A. M. (2001): Ethnisierung und Differenzerfahrung. In: Zeitschrift für Qualitative Bildungs-, Beratungs- und Sozialforschung, 1, 15-36.

Bourdieu, P. (1976): Entwurf einer Theorie der Praxis. Frankfurt a. M.: Suhrkamp.

Breidenstein, G. & Zaborowski, K. U. (2013): Unterrichtsalltag, Verhaltensregulierung und Zensurengebung. Zur Schulformspezifik schulischer Leistungsbewertung, in: Dietrich, F., Heinrich, M. & Thieme, N. (Hrsg.): Bildungsgerechtigkeit jenseits von Chancengleichheit. Wiesbaden: Springer VS, 293-312.

Buchner, T. & Koenig, O. (2008): Methoden und eingenommene Blickwinkel in der sonder- und heilpädagogischen Forschung von 1996-2006 – eine Zeitschriftenanalyse. In: Heilpädagogische Forschung, 33 (1), 15-34.

Buchner, T. & Koenig, O. (2011): Von der Ausgrenzung zur Inklusion: Entwicklung, Stand und Perspektiven gemeinsamen Forschens. In: DIFGB: Forschungsfalle Methode? Partizipative Forschung im Diskurs. Materialien der DIFGB, 1. Leipzig: DIFGB, 2-16.

Buchner, T., Koenig, O. & Schuppener, S. (2011): Gemeinsames Forschen mit Menschen mit intellektueller Behinderung. In: Teilhabe, 50 (1), 4-10.

Carraro, A. E. & Hintriner, E. (2010): Prozesse sozialer Interaktion und Prozesse der Erkenntnisgewinnung in der Arbeit einer Referenzgruppe. Diplomarbeit an der Universität Wien. Online unter: http://bidok.uibk.ac.at/library/carraro-interaktion-dipl.html#id3235416 (08.07.2014)

Eberwein, H. (1985): Fremdverstehen sozialer Randgruppen/Behinderter und die Rekonstruktion ihrer Alltagswelt mit Methoden qualitativer und ethnographischer Feldforschung. In: Sonderpädagogik, 15 (3), 97-106.

Eberwein, H. & Köhler, K. (1984): Ethnomethodologische Forschungsmethoden in der Sonder- und Sozialpädagogik. Die Notwendigkeit einer interdisziplinären Kulturanalyse für die Integration von Randgruppen. In: Zeitschrift für Pädagogik, 30 (3), 363-380.

Flieger, P. (2003): Partizipative Forschungsmethoden und ihre konkrete Umsetzung. In: Hermes, G. & Köbsell, S. (Hrsg.): Disability Studies in Deutschland – Behinderung neu Denken. Dokumentation der Sommeruni. Kassel: bifos, 200-204.

Friske, A. (1995): Als Frau geistig behindert sein. Ansätze zu frauenorientiertem heilpädagogischen Handeln. München: Ernst Reinhardt Verlag.

Garfinkel, H. (1967): Studies in Ethnomethodology. Englewood Cliffs, New Jersey: Prentice-Hall.

Goffman, E. (1967): Stigma. Über Techniken der Bewältigung beschädigter Identität. Frankfurt a. M.: Suhrkamp.
Hildenbrand, B. (1984): Methodik der Einzelfallstudie. Theoretische Grundlagen, Erhebungs- und Auswertungsverfahren, vorgeführt an Fallbeispielen. Studienbrief der Fernuniversität Hagen, Hagen. Kurseinheit 1.
Hoffmann-Riem, Ch. (1980): Die Sozialforschung einer interpretativen Soziologie. Der Datengewinn. In: Kölner Zeitschrift für Soziologie und Sozialpsychologie, 32, 339-372.
Luhmann, N. (1990): Die Wissenschaft der Gesellschaft. Frankfurt a. M.: Suhrkamp.
Mannheim, K. (1952): Ideologie und Utopie. Frankfurt a. M.: Schulte-Bulmke.
Mannheim, K. (1964): Wissenssoziologie. Neuwied: Luchterhand.
Mannheim, K. (1980): Strukturen des Denkens. Frankfurt a. M.: Suhrkamp.
Moser, U., Buff, A., Angelone, D. & Hollenweger, J. (2011): Nach sechs Jahren Primarschule. Deutsch, Mathematik und motivational-emotionales Empfinden am Ende der 6. Klasse. Zürich: Bildungsdirektion Kanton Zürich.
Sermier Dessemontet, R., Benoit, V. & Bless, G. (2011): Schulische Integration von Kindern mit einer geistigen Behinderung – Untersuchung der Entwicklung der Schulleistungen und der adaptiven Fähigkeiten, der Wirkung auf die Lernentwicklung der Mitschüler sowie der Lehrereinstellungen zur Integration. In: Empirische Sonderpädagogik, 4, 291-307.
Wagner-Willi, M. (2002): Verlaufskurve `Behinderung`. Gruppendiskussionen mit Beschäftigten einer `Werkstatt für Behinderte`. Berlin: Logos.
Wagner-Willi, M. (2008): Die Erforschung von Handlungspraxis in der Sonder- und Integrationspädagogik – Zum Potential der Dokumentarischen Methode. In: Schley, W. (Hrsg.): Empirische Beiträge zur Systemischen Sonderpädagogik. Bern, Stuttgart: Haupt, 157-188.
Wagner-Willi, M. (2011): Standortgebundenheit und Fremdverstehen – wissenssoziologische Perspektive auf die Forschung zu Erfahrungen von Menschen mit Lernschwierigkeiten. In: DIFGB: Forschungsfalle Methode? Partizipative Forschung im Diskurs. Materialien der DIFGB, Band 1. Leipzig: DIFGB, 37-45.
Waldschmidt, A. (2004): "Behinderung" revisited – Das Forschungsprogramm der Disability Studies aus soziologischer Sicht. In: Vierteljahreszeitschrift für Heilpädagogik und ihre Nachbargebiete, 73 (4), 365-376.
Walmsley, J. & Johnson, K. (2003): Inclusive Research with People with Learning Disabilities. Past, Present and Future. London: Jessica Kingsley Publishers.
Wohlrab-Sahr, M. (1993): Empathie als methodisches Prinzip? Entdifferenzierung und Reflexivitätsverlust als problematisches Erbe der „methodischen Postulate zur Frauenforschung". In: Feministische Studien, 11 (2), 128-139.
Wulf, C., Göhlich, M. & Zirfas, J. (Hrsg.) (2001): Grundlagen des Performativen. Eine Einführung in die Zusammenhänge von Sprache, Macht und Handeln. Weinheim, München: Juventa.

Annäherungs- und Ausgrenzungsprozesse durch inklusive und partizipative Forschung

Val Williams

Being a researcher with intellectual disabilities: the hallmarks of inclusive research in action

Introduction

Inclusive research is a broad church, as will have been seen from the various examples and papers in this book. The current chapter stems principally from work done at Norah Fry Research Centre at the University of Bristol in the UK, where inclusive research has been one of the hallmarks, and where from the outset, it has been acknowledged that there are many different models and approaches (Minkes et al. 1995; Ward & Simons 1998; Rodgers 1998; Williams 1999; Marriott & Williams 2010) distinguished largely by the positioning of people with intellectual disabilities in the design of the project. The very term 'inclusive' research (Walmsley 2001) subsequently gave us a way of conceptualising this spectrum of approaches, ranging from the more purely 'emancipatory' research advocated by Oliver (1992) where disabled people are in control, to 'participatory' research (Zarb 1992) where disabled people may be recruited into studies led by academics. However, all of these approaches aim fundamentally to trouble and overturn the more traditional social relations of research production, in Oliver's 1992 terminology. They all aim to introduce the voices of people with intellectual disabilities, as active agents in shaping their own lives and their own knowledge. This chapter therefore aims to showcase some of those voices, and to show how we can learn more about what constitutes inclusive research by analysing the fine detail of the interactions that take place during the conduct of research studies. A fuller explanation and exposition of this approach is given in Williams (2011); here I hope to give just a taster, which I trust will enable readers to be spectators to the words, and research interactions, which include people with intellectual disabilities.

The notion of inclusive research has attracted many helpful critiques. For instance, Chappell, (2000) and Walmsley (2001) are classic sources that have stimulated debate. Without wishing to re-iterate here the many tensions that lie at the heart of inclusive research, I will focus here on a couple of points only. First there have long been concerns about the sheer cognitive ability required to consider abstractions, to form theory or to analyse the meaning of research data (Chappell 2000). Redley & Weinberg (2007) showed how people with ID were frequently more comfortable talking about their own, personal affairs, rather than forming political or conceptual conclusions. Having considered that point in relation to my own data, I have come to the conclusion that this link between the personal and political is one of the hallmarks of inclusive research, and I will try to illustrate what I mean by that at the start of this chapter.

Linked to the worries about the ability of researchers with ID to form abstractions, there have also been many debates about the 'reality' of autonomy and ownership in inclusive research. Since emancipatory research has been associated with the autonomous voice of a disabled people's collective, many authors dispute whether this type of autonomy is ever possible with people with ID (Bigby et al. 2014; Nind & Vinha 2013), and whether the unseen influence of non-disabled or academic supporters is taking over from the voices of people with ID. In order to develop this point more deeply, we need to consider the distinction between the notion of individual autonomy and relational models of autonomy, where people are recognised as being interdependent (Smith 2013; Kittay 2011). This distinction resonates with the idea of independent living, one of the conceptual planks put forward by the disabled people's movement across Europe (Morris 2003). Independence does not mean doing everything for oneself, but rather being in control of the supports one has in life. Much depends therefore on the relationship between the disabled person and those around them, and how that plays itself out in everyday interactions. That point is also directly relevant for inclusive research contexts, and is one that I hope to illustrate through data taken from two projects. The first study was carried out by and with a small group of people with ID in 1998; I was a voluntary supporter, and I recorded virtually everything that was going on during our meetings and data collection. The group published their own version of their findings (Palmer et al. 1998), but subsequently allowed me to use my recordings for my doctoral dissertation in 2002 (Williams 1999; 2002), which sought to characterise inclusive research as a social activity. The second project I draw on in this chapter is described in Williams et al. (2009a; b; c) and was a fully funded, national research study carried out in partnership with a self-advocacy organisation, looking at the interactions between support workers (personal assistants) and people with ID. Two people with ID were employed as researchers, and I was the lead researcher and advisor to the study. Together, we collected some twenty hours of video data by direct observations of activities carried out by our participants. The researchers with ID in this project thus became directly involved in analysis of the interactional data, most of which was about one-one support practices, and produced a training pack and DVD as a practical output (Ponting et al. 2010). For the purposes of the current chapter, I will focus on the study as an example of inclusive research, showing how it contrasted and added to the interactional knowledge from the earlier study in 1998.

1 Personal experience made visible in research contexts

The following conversation took place during a focus group discussion in the 1998 study. Mark, Angela and Ian are all members of the research group, and Darren is one of the participants in a self-advocacy group which they visited as part of their data collection. The question that had given rise to this extract was 'What services or transport do you go on?' and there had just been some discussion about the needs for access to minibus transport, when Darren, the only wheelchair user in the room, spoke up.

Extract 1

1. Darren		I like to say that we should be able – not we – I or people like me that
2.		are in wheelchairs? (pause) should be able to go out anywhere.
3. Mark		Yes
4. Darren		If we got a life (pause) no?
5. Mark		I see your point there
6. Darren		But can you tell me why not?
7. Mark		Uuhh
8. Darren		No you can't.
9. Angela		Hard question that to answer isn't it, that one
10. Ian		Yeah
11. Darren		Aahhh (scowls)

(Adapted transcript of Extract 9.1, Williams 2011, 129)

There is no space here for a full description of conversation analysis (CA) which is the basis of the methodology I used in analysing data in Williams (2011). There are many other textbooks, including Woffitt (2005) and ten Have (2007). For now, the important points are simply that CA examines what actually happens, and takes an interest in how people's talk is organised in live interaction – how one turn links with another, and is shaped by what has *just happened* in the talk. By taking this perspective, we can see how people do things with their utterances, how for instance in Extract 1 Darren takes up a position as spokesperson for wheelchair users, how he is supported by Mark, Angela and Ian, and how they in turn use their turns to make his contribution relevant to the group discussion which they were leading.

Darren starts his first turn with a quick collection of pronouns, shifting from 'I' to 'we' to 'people like me', both claiming his own personal stake in what he is about to say, but simultaneously shifting to the collective voice of 'we'. He is not only speaking on his own behalf, but quite explicitly here on behalf of other people who use wheelchairs.

In focus group discussions in traditional research contexts, one might expect the questions and the agenda of the discussion to be broadly the domain of the researcher or researchers, while those taking part in the focus group are considered as 'participants'. While the four members of the research group had in fact fixed the visit, and had arrived with their own questions, the data above immediately raises the question of who was the researcher in this context. It ought to be noted in this data that I, as a novice academic researcher and a supporter, was also present during the discussion, as was also a support worker from the self-advocacy setting. We were both silent during this first extract, and the people with ID from both groups sorted out for themselves how they were going to shape the discussion. Darren's challenge in Line 4 („If we got a life, no?") could be heard as a way of splitting the group into people like himself who used wheelchairs, and all the others who did not. At the same time, he is doing what one might expect a researcher to do (Silverman 1973) by asking a question, demanding an answer. Wisely, Mark as one of the research group members, simply agrees and validates Darren's position with „I see your point there", although Darren then persists in his demand for an explanation, as if the research group members could be held responsible for the wrongs done to people with physical impairments. In CA, this type of identity work can be analysed, and it becomes apparent how the identities people take up in talk shift on a moment-by-moment basis. At one point, Mark is positioned as a non-wheelchair user, at the next he is making relevant his right to validate what people have said in the research. This is subtle work. Not only are all the speakers here orienting to the personal as a 'political' act, but they are also creating a focus group discussion by performing the interactional work required by researchers.

2 Joint work in building up a political argument

Following on from Extract 1, Darren continues with some more rhetorical work, relating the wider arguments to his own position, demonstrating some emotion about his frustration, and challenging the research group to offer him solutions. A few turns later, the following occurs:

Extract 2

1. Angela		Why don't you write to the – why don't you write to the prime minister and
2.		ask him for some help and advice and see if you can get some money for
3.		doing it right?
4. Darren		But if I write to the prime minister –
5. Angela		You might get something out of it
6. Darren		I'm just going to get my letter I send to him – it's going to be ripped up
7.		and thrown away
8. Angela		Don't think so
9. Darren		Yeah
10. Mark		Not if you explain what you want

(Adapted transcript of Extract 9.2, Williams 2011, 131)

One of the basic analytical tools of CA is the 'two-part sequence' which routinely characterises conversation. It can best be understood as the question-answer routine which underlies Extract 1. When someone has answered a question, or produced a responsive utterance, that provides a possible point at which matters could be concluded. Maybe someone else could come in at that point, the topic could be altered, or in fact the discussion could be shut down. For instance, Angela's question at lines 1-3 could have simply been answered by Darren as 'Yes that's a good idea, thank you'. The discussion may then have been moved on, perhaps with another question from the research group. However, each time he has a turn in the conversation, Darren keeps the floor by adding something that challenges what Angela has asked him or has suggested. Despite her open disagreement at line 8 („don't think so") Darren maintains his own counter argument that all action is useless, that politicians will not listen, and that he does not have an answer. By contrast, the suggestions made by Mark and Angela position Darren as an active agent, someone who could make a difference in his own life by taking action, writing a letter and explaining what he wants.

This is part of a much longer sequence in which suggestions, challenges and counter-suggestions are made by members of both groups, and in which Darren is seen quite expertly to morph between a self-portrayal as passive and hopeless, into a slightly comedic personality able to laugh at himself. In doing this, he becomes the lead voice in this part of the data, maybe in some respects putting research group members on the back foot. However, they rise to this challenge, and what happens could be described as a lengthy sequence of advocacy-in-action, with group members all joining forces to explore possible solutions to the problems faced by wheelchair users.

As I reflected on and analysed this data, I could see how one of the distinctive features of inclusive research was emerging. When the researcher is an academic or non-disabled researcher, the participant(s) can certainly have a voice. However, the power to ask questions and define what is relevant to the purpose of the research, remains with the interviewer or researcher. That asymmetry of interactional rights therefore characterises most research data, and in transcribing traditional qualitative research, we quite often ignore what the researcher is saying or asking, implying that all that matters is the voice of the participant. By contrast, what is happening in Extracts 1 and 2 is very much joint work, where both researchers and researched join forces to develop their own solutions, almost as a collective. The position of researcher thus becomes quite a blurred one, with the researchers struggling at times to answer the questions posed by Darren, who was in traditional terms a 'research participant'. At other points in these focus group discussions, research group members pitched in to the discussion, in effect answering their own questions or contributing their own experience to the data. All of that might be considered by some critics as biased or non-robust research. However, through an interactional lens, I could see how the social activity of inclusive research was emerging as quite distinctive. If people with ID are doing research because they are experts by experience, then they need to bring that experience to bear in jointly producing data. Maybe in fact that joint work is one of the key, defining features of inclusive research.

3 Behind the scenes in inclusive research

The data in Extracts 1 and 2 are what Goffman (1959) termed 'front stage' events. However, in both projects I explore here, I also had recordings of what was happening 'backstage'. These are important to look at, since some of the concerns about inclusive research focus precisely on what is happening behind the scenes, where the reader generally does not have access to the interactional dynamics and the roles taken up by supporters or non-disabled researchers. In order to give a taster of this data, I turn to the second study (Williams et al. 2009a) in which the researchers with ID were helping to analyse video data. The results of their analysis can be seen on our training DVD (Ponting et al. 2010). Naturally these were the 'end result', performed for camera; nevertheless, they did have a basis in the insights and discussions we pursued during the course of the project, and Extract 3 is taken from one of those discussions which was about a video we had filmed with a support worker and a person with autism and ID.

Extract 3

1. Val		Do you think when people are chatting about social things like Ellie does
2.		at the beginning, it's part of being friendly and being relaxed with your
3.		support worker?
4. Lisa		Yes
5. Kerrie		Ye-ah
6. Val		mm hm?
7. Kerrie		But –
8. Lisa		There again it depends, it depends who you – your support worker is
9. Val		Mm-hm
10. Kerrie		The house have always – have always said to me, there's a time and a place
11.		for something.

(Adapted transcript of Extract 12.3, Williams 2011, 176)

In this extract, we had been watching together one of the videos we had made, where a person with learning disabilities, called by the pseudonym here of 'Ellie' was being supported to plan her shopping list. This short extract shows how I take quite a lead role in defining and suggesting what we should talk about – namely, the social chat that Ellie had initiated at the start of our video. Although I frame my turn in lines 1-3 as a question, this is very much a closed question, to which I already have an answer. In fact, I offer Lisa and Kerrie the option of saying 'yes' or 'no', and my question is heavily weighted towards a 'yes' answer with a suggestion of why social chat might be something that helps you to be 'friendly and relaxed' with your support worker. Lisa does what is called in CA a 'preferred response' by answering yes, but Kerrie is more equivocal with a long drawn-out 'yeeah', and I take this up by asking her to expand with my 'mm-hm?' at line 6. This seems to have the effect of offering both Lisa and Kerrie the chance to come in with something new, something they want to add to the discussion. In fact, Lisa's point seems to be oriented towards the differences between various support workers, while Kerrie moves to her first step in a more extended argument about the role of support workers, to focus and advise people like herself. Her use of the word 'house' signifies the staff members who work in her house, and perhaps comes over as quite an institutional word, something that positions her support workers as being a very part of the place she lives.

Much could be said even about this short extract. For the moment, I simply want to point out how the sequencing of turns in a conversation like this really does matter, since it gives a way in to analyse how each person takes the previous utterance. Although I could be heard to direct and initiate the discussion, both Lisa and Kerrie quickly assumed their rights to challenge and expand on what I have said. Line 6 (mm-hm?) is thus key to what happens next. By listening carefully and encouraging Kerrie to come back in with what she wants to say, I am able to explore more of the insights both Kerrie and Lisa are offering. The same extract then continues in an even more interesting way.

Extract 4

1. Val	mm-hm?
2. Kerrie	[and if you –
3. Lisa	[have I got to sign here Val? (picks up a form she had been filling in)
4. Val	Yeah let's just leave it for a minute, is that alright?
5.	[Put it up there –
6. Kerrie	[If you er are trying to concentrate on something, then it's best to focus your
7.	mind on just that one thing, otherwise you might forget something or your
8.	brain might wander off on something.
9. Lisa	I agree with Kerrie
10. Val	Yes and that's exactly what I did just now wasn't it?
11. Lisa	Yes
12. Kerrie	Yeah
13. Val	(laughter)

Just as Kerrie is about to launch into her explanation of how support workers can help you to 'focus your mind', Lisa interrupts by picking up a form she had been filling in, and asking me about where she needed to sign it. The square brackets at the start of lines 2 and 3 mark where one person's speech overlaps or interrupts another's. Lisa has thus broken in to the flow of the discussion, with something which I deem to be irrelevant, and I ask her at line 4 to leave the form until later. This gives Kerrie the floor to continue with her exposition of how she (and others) need to focus on one thing at a time, with the implication that the social chat at the start of our DVD may have been irrelevant and distracting for the participant, Ellie.

This is interesting at so many levels. First, it should be noted that both researchers with ID are concurring with a point that opposed my own preferred interpretation of the video – i.e. that it is good to be 'friendly and relaxed' with your support worker. Secondly, the argument drawn on by Kerrie is essentially an impairment specific one, related to the notion of what it is like to be a person with ID, who actually does have cognitive difficulties. She is very much bringing her own experience to bear on the analysis we carried out. Thirdly, however, the interruption by Lisa occasions a wholly directive utterance from me, when I tell her to leave that till later. I am assuming here the right to determine what is actually relevant, and what is not, at this point in our discussion, and no-one disputes that right – it is simply accepted that this is my role. In effect, I am mirroring unintentionally the role of a support worker who may direct, guide and focus a discussion – and I do in fact remark on that at line 8, pointing out the coincidence to Kerrie and Lisa: „Yes and that's exactly what I did just now wasn't it?" This occasions a good deal of laughter, as we all orient to the way in which we ourselves are re-enacting the social practice under discussion.

Not only do extracts like this give direct evidence of the analysis that goes on behind the scenes, but they allow us to see more exactly the strategies and patterns of talk that can occur between researchers with ID and an academic supporter. Producing knowledge about research can be done in situ as seen in Extracts 1 and 2, but it can also be done at the stage of analysis. On both occasions, it could be said to be a joint production, involving more than one person. However, the backstage talk gives us more of a handle on the influence, role and strategies at the disposal of a research supporter. I should emphasise that the discussion in Extracts 3 and 4 was not the end point of the analysis, and my own role in this second project was quite different from that in the first. Kerrie and Lisa both became very directly involved in discussion, and some very detailed 'noticing' about what went on in our video data. However, I still had the right to take away the data, using their insights to carry out a more detailed conversation analysis of what was going on, returning to them with my analysis and discussing with them what they wished to include in their own training pack.

Joint, collaborative work was thus the hallmark of both the projects discussed in this chapter, and I will explore further the shape this took in the following series of extracts, which start from the preparation stage of the first study.

4 Backstage work to prepare research questions

In Extracts 1 and 2, I gave a short glimpse of some of the data produced in focus groups by the researchers in the first study (Palmer et al. 1998; Williams 2002). Their research came about largely because they were keen to find out, in their own words:

> *"whether other people with learning difficulties are hitting their head against a brick wall like we are".*

In other words, they wished expressly to learn how their own experiences matched up to those of others with ID, and they chose to do this by visiting self-advocacy groups to pose their questions and record the answers. Even in their initial conception of the aim of their project, then, they encapsulated the shared identity they assumed with their participants, who were seen as 'other people with learning difficulties', and who might have a shared experience that they could understand. This shared identity became a very interesting point, since their first research question was one about the problem of labelling, and gave rise to some interactional trouble on the very first time that they tried it out. I will briefly trace here the pre-history of that question, in our preparation work behind the scenes.

Extract 5

1. Val	Right so the first one – what was that question then Angela? What do
2.	people- (standing at flipchart, writing up people's words, as I turn to
3.	look at them)
4. Angela	What – what does your friend think about horrible things?
5. Val	What do you think about – (pause) well if you asked somebody what
6.	do you think about horrible things, do you think they'd understand?
7. Angela	What do your friends think about YOU being called names – you know
8.	being labelled and being called nasty things you know
	(several turns here, relating to who are the people being labelled)
9. Val	So I'll just put "people" for the minute, shall I? People being labelled?
10. Angela	Your best friend. What do they think about you –
11. Val	OK, are there other things –
12. Harry	Well maybe I mean, that could be something like people with learning
13.	difficulties
14. Angela	Don't like that word
15. Mark	Yeah
16. Ian	Don't Harry, don't keep on about it, I don't like it.

(Adapted transcript of Extract 13.2, Williams 2011, 188)

My own role in helping the group members to formulate their question is certainly of interest here. I am standing up, writing up their words on a flipchart, very much something one might expect of a teacher, assuming final control over how their own words were heard and recorded. Nevertheless, Angela persists in trying to express what she wants to get out of the question, returning time and again to 'friends'. My own attention is on attempting to formulate a question which the group could ask at their focus groups, while her attention is clearly more on the notion of how she herself sees the people they might meet during the focus groups – people who are peers, friends, or 'people like me'. There is certainly some confusion of purpose here. However, what does emerge clearly is that the actual mention of the term 'learning difficulties' occasions reactions of hurt and sensitivity. Angela, Ian and Mark all align with the position that they do not like the word, and do not want therefore to mention it in their focus group question. The question thus eventually becomes maximally ambiguous in its reference, and is worded as:

> "*What do you think about people being labelled?*"

Given that these group members were first-time researchers, at this point without any direct experience, their sensitivity in prefiguring and thinking through the ethics of their research questions took my breath away. At another point in the same meeting, for instance, Mark vetoed a question about people being bullied, saying 'it might offend the person you ask the question to, and it might give people bad reactions – it might cause an upset between the person you're asking the question to and also who's asking the question' (Williams 2011, 189). No wonder then that we were all pent up with excitement when we set out to conduct our first focus group.

5 Talking about labelling and identity in the focus groups

The very first focus group session started with some preliminaries, and indeed with the type of 'social chat' Kerrie and Lisa were later to suggest may distract people (see Extracts 3 and 4 above). Nevertheless, we did settle down comfortably, with some eleven people around a table, Mark at the head of the table, and one supporter from the self-advocacy group also sitting at the table. I myself was also there, with the video camera to hand, as Mark started on the first question, looking down and reading it authoritatively from his written sheet.

Extract 6

1. Mark		We're going to ask um yourself, what you think of the questions we thought.
2.		The first one (pause) "What do you think about people being labelled?" That's
3.		to all of you.
4.		(Mark looks round at everyone, smiles, and makes a sweeping gesture with
5.		one hand)
6. Jon		Well –
7. Darren		What – sorry, you go –
8. Jon		In what sort of way? Labelled in what sort of way?

9. Mark	Er, what do you think about people being labelled, being um like being – um,
10.	like, like with a learning difficulty?
11. Will	Like-like us you mean?
12. Mark	No, like like learning dis-disability
13. Will	Oooh.

(Adapted transcript of Extract 13.4, Williams, 2011, 190)

Mark offers the first question to anyone in the group who wishes to answer it, and there is some slight trouble at the beginning about who should answer, with Jon and Darren both coming in. Darren then cedes the floor to Jon, and instead of giving his own answer to Mark's question, he does what we call in CA very much a 'dispreferred action' at line 8, by questioning the basis of the question: "In what sort of way? Labelled in what sort of way?" Despite the careful preparation to avoid being specific about the word 'learning difficulty', as soon as the question is posed *in situ*, it causes an interactional problem! Mark bravely carries on, albeit with a degree of hesitation and hedging at lines 9-10, where he still trying to avoid the word he thought might be offensive, eventually giving in and mentioning it. However, notice that he has still not actually inferred that the group members themselves have a learning difficulty. He is asking them for their opinion (what they think) about "people being labelled.... with a learning difficulty".

As soon as this question had been more explicitly delineated by Mark, the very next person to speak gets straight to the heart of the identity issue: 'Like – like us you mean?'. This was exactly what Mark and the others had been trying to avoid! In these four words, William cuts straight to the issue of membership categories, effectively asking Mark not just what the question meant, but 'in what category (or identity) should I be responding?' The video record shows here how much trouble this created, particularly for Mark, who was taking on the responsibility for starting off the discussion. Shortly after Extract 6, he turns directly around to look at me, with an expression of panic on his face. I turn off the video camera for a moment, to reassure and guide him, before the discussion picked up again. It was interesting then to see how all the people present in the room started to take responsibility for pulling the discussion back into line, with Jon picking up on the term 'learning disability' that Mark had introduced in line 12. At that time, in the UK, the term 'learning disability' had only just started to be the current, official terminology for people with intellectual disabilities, although self-advocates then (as now) generally used the alternative word 'learning difficulty'. They are both so similar in the English language that it is quite easy to slip unintentionally from one to the other, but Jon starts to relate the terminology to the notion that it has recently been dictated by the UK government. In some respects, Jon's talk serves to depersonalize the issue, to move it onto the choice of word, rather than the actual identity of the self-advocacy group members. However, Darren then comes back in a few lines later:

Extract 7

1. Darren   You don't need to know that (to Jon)
2. Sheila   We do
3. Mark   I think - we (pause)
4. Will   We've gone off the wrong track now haven't we?
5. Mark   Yeah, we have actually

There is a large CA literature about the topic of 'repair'. When there is a misunderstanding, or when someone fails to hear another person's utterance, then they generally initiate a repair turn, in which they seek clarification. In the present case, there has been some overall misunderstanding, both of the original question asked by Mark, and also of the purpose and relevance of the subsequent discussion. William's phrase: 'We've gone off the wrong track' rather neatly sums up the way in which a conversation can stray from the 'right track', which was one presumably dictated by the overall plan created by Mark and the research group. In this way, then, all the group members (both the research group and the self-advocates they visited) were taking some joint responsibility for re-directing the discussion, and indeed, a few turns later, they did manage that task successfully, through some overt body language which seemed to melt the ice, and make it clear that both Mark and Jon were in fact people who were oppressed by the terminology used about them. If inclusive research is premised on the fact that the researchers share an identity with their participants, then this particular data was able to reveal how that peer identity played itself out in action. As it turned out, matters were not always easy; however, the smooth flow of the subsequent discussion appeared very much to depend on that recognition that researcher and researched had both shared experiences and identity. Inclusive research, in other words, can go into sensitive topics with a delicacy that might be very difficult for a non-disabled researcher, and I will discuss this further in my concluding comments.

6 Discussion: what does this all mean for inclusive research?

In the fifteen or more years since I started working with Mark and the other group members to support them in carrying out their research, much has changed and moved on in inclusive research. The importance of grounding this type of research in a self-advocacy context, within organisations run by people with intellectual disabilities, cannot be emphasised enough (see also Priestley et al. 2010). In fact, in the UK, much of the most exciting inclusive research is carried out by self-advocacy group members, for instance in Carlisle People First and Dorset People First. Sometimes, those organizations have formed partnerships with the academy, as in other work in which I have been involved (Gramlich et al. 2002; Tarleton et al. 2004). In fact, the study in which Kerrie Ford and Lisa Ponting worked as researchers was owned and managed by a 'centre for independent living', part of the disabled people's movement. That positioning was important as a backdrop to the detailed interactions I have discussed in this chapter, since it enabled inclusive research to be part of the wider movement towards independent living and disability rights. However, in all these contexts, it remains important that we are vigilant about examining the *style* of interaction, the talk that goes on backstage, as well as in the public activities of the research. Non-disabled supporters, as well as researchers and academics, are becoming more and more associated with each other, with several self-advocacy group supporters becoming qualified in research through an MSc course set up at the University of Bristol. At the same time, other supporters have become academics themselves, blurring and questioning the role definitions of 'supporter' and 'researcher'. That frankly has to be a good thing; the blurring and undermining of our assumptions of who is who in research is a way of making us question what is happening, allowing us to see inclusive research as emerging in its own right as a myriad of different, but fresh, ways of producing knowledge.

In this chapter, some of the characteristics of inclusive research have been explored in the context of the interactional dynamics of two particular projects, set up in different ways and at different points in time. However, they did have much in common. We have seen for instance, how being a researcher with intellectual disabilities enabled people to take control of the interaction. Instead of being the respondent, as is most often the case amongst people with ID, Mark and the other researchers were stepping into the role of 'researcher' precisely by taking on the interactional rights to ask questions, determine the agenda, and decide what counted as relevant data. These are powerful things to do for people whose lives and identities may have been defined by being treated as interactionally incompetent (Antaki et al. 2007; Williams et al. 2009b). Therefore the first and defining hallmark of inclusive research has to be that achievement of interactional power, where people with ID are taking on roles traditionally denied to them.

However, the data explored in this chapter takes us further than that. If being a researcher with ID simply means becoming skilled in the art of questioning and controlling a focus group, then certainly Mark and his colleagues were already demonstrating their skills in 1997. Yet one could then ask whether they really were typical of people with intellectual disabilities – would those skills not simply be too much to ask of most of their peers? In fact, the group of four who undertook that project were all very different in their skills and communication abilities, sharing simply the enthusiasm and curiosity necessary to fuel them through that project. That is perhaps not the point, though. Inclusive research has to be offering something distinctive, something more than simply 'aping' the skills of academic researchers. I would argue for instance that Kerrie and Lisa showed us in Extracts 3 and 4 how their own personal experience really mattered. It was by reflecting on her own experience that Kerrie was able to challenge my interpretation of the video we were analysing. In both the projects under the spotlight here, there was an element of sharing, joint construction of meaning, and in fact, open discussion about meanings by all parties during the actual collection of data.

Identity therefore threads through as a key topic in this chapter, and in all the inclusive work I have been involved in. The questions and rich discussion that followed Mark's question about labelling would simply not have happened in a traditional academic research context. In fact, academic researchers such as Todd and Shearn (1995) who tackled the same topics about labelling and self-identity, were often met with silence or avoidance, which they interpreted as a lack of knowledge amongst people with ID about their own label. Rapley et al. (1998) subsequently suggested that, from an interactional point of view, the bald direct questions used in Todd and Shearn's research could be heard as downright rude (Williams 2011, 189). By contrast, the delicacy and forethought put into constructing a non-offensive question were quite remarkable in Extract 5, where Mark and his colleagues were able to explore identity and labelling in their focus group discussions, in ways that brought into play their own shared identity. Being a person with an ID really matters in this context, and that point is perhaps nowhere more eloquently stated than by Stacey Gramlich in the inclusive project about direct payments in which he was involved:

> "Having a learning difficulty is not something to be ashamed about. I am proud of who I am. If I resented it, then I would be a wreck. Some people may think that people with learning difficulties cannot be researchers, but we know that we can do it. In a lot of research, we are the exhibits. But now we are not just part of the picture – we are the artists of our lives."
> (Gramlich et al. 2002, 120)

Positive models of new inclusive research will still challenge all of us to think afresh about what social research actually is, about identity and about the outcomes and impact of such research. There are many questions that we are all still pursuing in this field. However, maybe some of the hallmarks of doing inclusive research identified in this chapter will help us to look at our practices with a critical reflective gaze, drawing not just on the critiques of traditional social research, but directly on the insights and analysis of inclusive research. It is hoped that this chapter has contributed to opening up those reflections.

Literatur
Antaki, C., Finlay, W. & Walton, C. (2007): 'The staff are your friends': conflicts between institutional discourse and practice. In: British Journal of Social Psychology, 46, 1-18.
Bigby, C., Frawley, P. & Ramcharan, P. (2014): Conceptualizing Inclusive Research with People with Intellectual Disability. In: Journal of Applied Research in Intellectual Disabilities, 27, 3-12.
Chappell, A. (2000): Emergence of participatory methodology in learning difficulty research: understanding the context. In: British Journal of Learning Disabilities, 28, 38-43.
Goffman, E. (1959): The Presentation of Self in Everyday Life. New York: Doubleday Anchor.

Gramlich, S., McBride, G., Snelham, N., Myers, B., Williams, V. & Simons, K. (2002): Journey to Independence: what self advocates tell us about direct payments. Kidderminster: BILD.

Kittay E. F. (2011): The ethics of care, dependence, and disability. In: Ratio Juris, 24, 49-58.

Marriott, A. & Williams, V. (2011): 'The artists of our lives': including people with learning disabilities in research. In: Atherton, H. & Crickmore, D. E. (Hrsg.): Learning Disabilities, Sixth Edition.

Minkes, J., Townsley, R., Weston, C. & Williams, C. (1995): Having a voice: involving people with learning difficulties in research. In: British Journal of Learning Disabilities, 23, 94-7.

Morris, J. (2003): Barriers to Independent Living: a scoping paper prepared for the Disability Rights Commission. Online unter: http://disability-studies.leeds.ac.uk/files/library/morris-independent-living-scoping-paper-final-edit.pdf.pdf

Nind, M. & Vinha, H. (2013): Doing research inclusively: bridges to multiple possibilities in inclusive research. In: British Journal of Learning Disabilities doi:10.1111/bid.12013.

Oliver, M. (1992): Changing the social relations of research production? In: Disability, Handicap & Society, 7 (2), 101-114.

Palmer, N, Peacock, C, Turner, F, Vasey, B & Williams, V (1999): Telling People What We Think. Chapter 4, 33-46. In Swain, J & French, S (Hrsg.): Therapy and Learning Difficulties. Butterworth Heinemann.

Ponting, L., Ford, K. & the Skills for Support Team (2010): Training Personal Assistants. Brighton: Pavilion Publishing.

Priestley, M., Waddington, L. & Bessozi, C. (2010): Towards an agenda for disability research in Europe: learning from disabled people's organisations. In: Disability & Society, 25(6), 731-746,

Rapley, M., Kiernan, P. & Antaki, C. (1998): Invisible to themselves or negotiating identity? The interactional management of being 'intellectually disabled'. In: Disability & Society, 13 (5), 807-827.

Redley, M. & Weinberg, D. (2007): Learning disability and the limits of liberal citizenship: interactional impediments to political empowerment. In: Sociology of Health and Illness 29 (5), 1-20.

Rodgers, J. (1999): Trying to get it right: undertaking research involving people with learning difficulties. In: Disability & Society, 14, 421-434.

Silverman, D. (1973): Interview talk: bringing off a research instrument. In: Sociology 7 (1), 31-48.

Smith, S. (2013): Liberal Ethics and Well-being Promotion in the Disability Rights Movement, Disability Policy and Welfare Practice. In: Ethics and Social Welfare, 7 (1), 20-35.

Tarleton, B., Williams, V., Palmer, N. & Gramlich, S. (2004): 'An equal relationship?' people with learning difficulties getting involved in research. In: Smyth, M. & Williamson, E. (Hrsg.): Researchers and their 'subjects': ethics, power, knowledge and consent, 73-90.

Ten Have, P. (2007): Doing Conversation Analysis: a practical guide. 2nd edition. London: Sage.

Todd, S. & Shearn, J. (1995): Family Secrets and Dilemmas of Status: parental management of the disclosure of 'learning disability'. Cardiff: Welsh Centre for Learning Disabilities.

Walmsley, J. (2001): Normalisation, emancipatory research and inclusive research in Learning Disability. In: Disability & Society, 16 (2), 187-205.

Ward, L. & Simons, K. (1998): Practising partnership: involving people with learning difficulties in research. In: British Journal of Learning Disabilities, 26, 128-131.

Williams, V. (1999): Researching together. In: British Journal of Learning Disabilities 27, 48-51.

Williams, V. (2002): Being Researchers with the label of Learning Difficulty: an analysis of talk in a project carried out by a Self-Advocacy Research Group. Unpublished PhD thesis: Open University, School of Health and Social Welfare.

Williams, V. (2011): Disability and Discourse: analysing inclusive conversation with people with intellectual disabilities. Chichester: Wiley-Blackwell.

Williams, V., Ponting, L., Ford, K. & Rudge, P. (2009a): Skills for support: personal assistants and people with learning disabilities. In: British Journal of Learning Disabilities, 38, 59-67.

Williams, V., Ponting, L., Ford, K. & Rudge, P. (2009b): 'I do like the subtle touch': interactions between people with learning disabilities and their personal assistants. In: Disability and Society, 24 (7), 815-828.

Williams, V., Ponting, L., Ford, K. & Rudge, P. (2009a): 'A bit of common ground': personalisation and the use of shared knowledge in interactions between people with learning disabilities and their personal assistants. In: Discourse Studies, 11 (5), 607-624.

Wooffitt, R. (2005): Conversation Analysis and Discourse Analysis: a comparative and critical introduction. London: Sage.

Zarb, G. (1992): On the road to Damascus: first steps towards changing the social relations of research production. In: Disability, Handicap & Society, 7, 125-138.

Wiebke Curdt

Machtstrukturen im Kontext partizipativer Forschung

Zusammenfassung

Partizipative Forschung mit Menschen mit Lernschwierigkeiten wird im deutschsprachigen Raum derzeit wenig im Kontext von Macht bearbeitet. Die Relevanz hingegen wird expliziert (vgl. Buchner & Koenig 2013; Goeke & Terfloth 2006, 53) und in Bezugsfeldern reflektiert (vgl. Flieger 2009; Buchner & König 2013). Walmsley und Johnson (2003, 64) sowie Chappell (2000) verweisen auf die Notwendigkeit einer unbedingt kritischen Analyse als Forschende im Rahmen von partizipativer bzw. einer Forschung mit Menschen mit Lernschwierigkeiten[1]. Aufgrund einer angenommenen Asymmetrie zwischen den ForscherInnen und Ko-ForscherInnen[2], der Forderung nach Transparenz (vgl. Walmsley 2004) und der Ausführungen Forschender mit Lernschwierigkeiten zur Macht von WissenschaftlerInnen (vgl. Garbutt et al. 2009) scheint die Thematik der Macht vorrangig diskussionswürdig. Es stellt sich die Frage, wie die Teilhabe im Kontext von Macht konkret aussieht.

1 Partizipative Forschung

Partizipative Forschung wird in diesem Fall als eine Forschung verstanden, welche gemeinsam mit Menschen mit Lernschwierigkeiten realisiert wird (Chappell 2000), deren Initiative jedoch auf WissenschaftlerInnen zurück geht. Diese Forschung wendet sich gegen eine Forschung über Menschen mit Lernschwierigkeiten (vgl. Buchner & Koenig 2008, 32) und steht für eine Veränderung von Forschung im Sinne einer „wissenschaftliche[n] Praxis" (Buchner & Koenig 2013). Die partizipative Forschung versucht nach Dick (1997) – welcher zwischen den Inhalten und der Durchführung des Forschungsprozesses unterscheidet – den

---

1 Die Bezeichnung „Menschen mit Lernschwierigkeiten" wird gewählt, um zum einen darauf hinzuweisen, dass es hier vorrangig um Personen geht und zum anderen um Personen, welche die Bezeichnung „geistig behindert" als diskriminierend empfinden (vgl. Mensch zuerst – Netzwerk People First Deutschland e.V. 2015) und sich als Menschen mit Lernschwierigkeiten bezeichnet wissen wollen. Diesem Wunsch soll entsprochen werden.
2 Die Unterscheidung in ForscherInnen und Ko-ForscherInnen verdeutlicht lediglich, dass innerhalb der Forschungsgruppe unterschiedliche Erfahrungen im Feld der Wissenschaft und Forschung vorliegen.

Personen, für welche das Thema praxisrelevant ist, einen Zugang zu schaffen, sie zu informieren, Wissen und Forschungsergebnisse zu vermitteln sowie eine vom Thema und der Gruppe abhängige Beteiligung an der Durchführung (vgl. Flieger 2003) zu ermöglichen. Sie strebt folglich an, den Einfluss u.a. von Menschen mit Lernschwierigkeiten innerhalb der Forschungsbeziehungen zu erhöhen und gleichzeitig die Macht von WissenschaftlerInnen zu verringern (vgl. Flieger, 2009, 161). Es handelt sich scheinbar um eine erste Möglichkeit, Forschung und Wissenschaft für Menschen mit Lernschwierigkeiten zugänglich zu machen und Teilhabe an Forschung zu gewährleisten. Nachfolgend wird weniger einem alltagsweltlichen Machtverständnis, als vielmehr der foucault´schen Ausrichtung von Macht gefolgt, um zum einen die Rolle der etablierten ForscherInnen zu analysieren und zum anderen die Relation zwischen Forschenden und Ko-Forschenden zu beleuchtet. In Verbindung mit der Reflexion dieser Art von wissenschaftlicher Praxis werden Überlegungen zu partizipativer Forschung als Motor eines „Gegendiskurses" im Feld der Forschung zu Behinderung angestellt.

2 Die Rolle der Forschenden in partizipativer Forschung im Kontext der Wissensproduktion

Im angloamerikanischen Sprachraum sind bereits seit über zwei Jahrzehnten Forschungsprojekte, welche die Sichtweise der Menschen mit Lernschwierigkeiten in den Mittelpunkt stellen und gemeinsame Forschungsgruppen entwickeln, anzutreffen (vgl. Koenig & Buchner 2009, 178). Im deutschsprachigen Raum hingegen sieht die Situation gänzlich anders aus. Im Jahr 2011 konstatieren Koenig und Buchner eine Entwicklung erster und vereinzelter Forschungsprojekte insbesondere unter den NachwuchsforscherInnen (vgl. Buchner & Koenig 2011, 11ff.). Die Forschungsgruppen, welche sich gründen, gehen selten auf die Initiative der Menschen mit Lernschwierigkeiten zurück. Auch wenn die SelbstvertreterInnen von „Mensch zuerst – Netzwerk People First Deutschland e.V." seit 2011 erste selbstbestimmte Forschungsprojekte konzipieren (vgl. Mensch zuerst – Netzwerk People First Deutschland e.V. 2011), so verbleiben diese doch in ihrem eigenen institutionellen Rahmen: weder erfolgt eine wissenschaftliche Wahrnehmung noch eine Forschungskooperation bzw. partizipative Forschungstätigkeit. Der Zugang zur Universität ist im Allgemeinen versperrt, das Wissen und die Wissensproduktion verbleiben generell auf Seiten der WissenschaftlerInnen. Menschen mit Lernschwierigkeiten stehen weiterhin Barrieren im Kontext von Wissen gegenüber. Derzeit scheint die Wissenschaft Teil einer Machtstruktur zu sein, die vorgibt, wie Menschen mit Lernschwierigkeiten zu lernen haben. Wer bestimmt diesen Diskurs über das Wissen, wer trifft die Wahl darüber, welches Wissen wesentlich ist, welches wahr ist, welches Wissen zählt und was demzufolge

gesagt werden kann und was nicht, wer wissen darf und wer nicht und wie (vgl. u.a. Foucault 2002c, 294)?
Partizipative Forschungsgruppen versuchen die Gegensätzlichkeit von WissenschaftlerInnen und Menschen mit Lernschwierigkeiten aufzuweichen und das Wissen letzterer in den Rang einer Wahrheit zu heben. Anschlussfähig erscheint das Gespräch zwischen Deleuze und Foucault aus dem Jahr 1972 (vgl. Foucault 2002a). Foucault gibt hierin wesentliche Denkanstöße zur Rolle der Intellektuellen, die auch auf den partizipativen Kontext übertragen werden können. Konzentriert er seinen Blick auf die Gefängnisinsassen als Randständige, welche ein eigenes Wissen und eine eigene „Theorie des Gefängnisses, der Strafordnung und der Justiz" entwickelt hätten. So verdeutlicht er hieran die Relevanz dieses Wissens bzw. des Wissens der „Delinquenten" gegenüber einer „Theorie über die Delinquenz". Die Theorie über die Delinquenz ziehe Handlungen nach sich, welche Macht innerhalb des Strafsystems zeigten (Foucault 2002a, 386f.). Übertragen auf die Wissenschaft der Menschen mit Lernschwierigkeiten bzw. „der Menschen mit dem Förderschwerpunkt Geistige Entwicklung"[3] ist im Kontext einer Macht reflektierenden Forschung die Theorie der Menschen mit Lernschwierigkeiten gegenüber einer Theorie und Forschung über die Menschen mit Lernschwierigkeiten in den Vordergrund zu stellen. Eine Theorie und Forschung über Behinderung beinhalte und präsentiere nach Foucault Macht. Foucault folgend sind die Theorie und das Wissen der Menschen mit Lernschwierigkeiten in das Zentrum von Wissenschaft und Forschung zu rücken, um die emanzipatorische Arbeit zu unterstützen.
Darüber hinaus diskutiert und hinterfragt er u.a. 1972 das Verhältnis zwischen dem Intellektuellen und „den Massen" (Foucault 2002a, 384). Foucault formuliert, dass der universale dem spezifischen Intellektuellen gewichen sei, womit ein verändertes Verständnis der Theorie, welche weniger eine zur Praxis distanzierte und universale Perspektive darstelle, einhergehe. Die Theorie stelle vielmehr eine „lokale und regionale" Praxis dar. In jener handele der Intellektuelle und nehme weniger die Rolle als Wissender, als Experte, als Ratgeber oder Beurteiler, sondern vielmehr als Vermittler diverser Wissensbestände bzw. des „Austauscher(s)" (ebd., Foucault 2005a, 101) ein. Hierbei sei das lokale und regionale Wissen der „Massen" (Foucault 2002a, 384) als wesentlich anzuerkennen (vgl. ebd.). Der Region bzw. den Menschen könne der Intellektuelle Instrumente bereitstellen, um ihre Vorhaben und Ziele zu finden bzw. Analysen vorzunehmen (vgl. 1975, 81). Hiermit einhergehend verdeutlicht Foucault, dass „die Massen" die Intellektuellen nicht bräuchten, „um zu wissen; sie wissen vollkommen, klar und viel besser als sie, und sie sagen es auch sehr gut" (Foucault 2002a, 384). Foucault lenkt den

---

3 Die hochschulspezifische Bezeichnung der Wissenschaft und Forschung im Kontext der Menschen mit Lernschwierigkeiten lautet bzw. variiert zwischen „Förderschwerpunkt/Pädagogik bei Beeinträchtigung der geistige/n Entwicklung" und „Geistigbehindertenpädagogik"

Blick auf die Relation, welche von Macht determiniert ist und zeigt Optionen der Unterstützung von emanzipatorischen bzw. partizipativen Prozessen auf.
Innerhalb partizipativer Forschung werden subjektive Perspektiven fokussiert und erhoben, die Personen mit Lernschwierigkeiten werden mit ihrem Wissen und ihrer Theorie aktiv in die Forschung einbezogen und ebenfalls davon ausgegangen, dass sie sich in ihrer Lebenswelt, ihren -bedingungen und ihrem Handeln als ExpertInnen am besten auskennen (vgl. Koenig & Buchner 2009). Die Grundlage hierfür bilden nach Foucault ihre „ganzen dichten Erfahrungen" (Foucault 2002b, 525). Er fügt hinzu, sie würden ein den Intellektuellen gegenüber besseres Wissen darüber haben, was für sie sinnvoll, nötig und gut sei. Der Intellektuelle habe zu erkennen, dass dies „das primäre, wesentliche Wissen" (ebd.) abbilde. Wird nun das Wissen der Menschen mit Lernschwierigkeiten im Kontext partizipativer Forschung als das „wesentliche Wissen" betrachtet, verändert sich der wissenschaftliche Diskurs wesentlich: partizipative Forschung erscheint als ein Gegendiskurs.
Konzentrieren wir uns nun auf die Rolle der Intellektuellen bzw. etablierten WissenschaftlerInnen verdeutlicht Foucault, dass jene ihre erworbenen Fähigkeiten und ihr Wissen zur Verfügung zu stellen haben. Das bedeutet für Forschende im Kontext partizipativer Forschung das eigene Wissen zu teilen, folglich z.B. auch bestimmte Literatur zugänglich zu machen (vgl. ebd., 524f.), Untersuchungsmethoden bereit zu stellen, damit Ko-Forschende mit Lernschwierigkeiten ihre Forschungsthemen und -vorhaben, ihre Ziele und Forschungsfragen finden bzw. realisieren lernen und können. Im Kontext einer sich entwickelnden Forschung mit und durch Menschen mit Lernschwierigkeiten im deutschsprachigen Raum scheint ein erster Zugang zur Forschung gewährleistet zu werden. Die Kriterien und Ziele einer Forschung mit Menschen mit Lernschwierigkeiten (vgl. Walmsley & Johnson 2003, 64; Chappell 2000) verweisen theoretisch auf die von Foucault dargestellten Aspekte. Innerhalb wissenschaftlicher Praxis werden Projekte realisiert, welche die Diskussion der Untersuchungsmethoden ebenso implizieren wie jene theoretischer Literatur (vgl. Koenig & Buchner 2009, 180f.). Die Erfahrungen und das Wissen der Menschen mit Lernschwierigkeiten stehen bei weiteren Forschungsprojekten im Zentrum und bilden den Ausgang für Forschungsfragen, -themen und -ziele sowie innerhalb einer Forschungsgruppe für die Gestaltung eines gemeinsamen Forschungsprozesses (vgl. Koenig & Buchner 2009; Buchner & Koenig 2011). Dies sind jedoch zunächst erste, vereinzelte und im Vergleich zur traditionell wissenschaftsorientierten Forschung kleine Schritte eines möglichen Gegendiskurses.
Forschende sind über den Kontakt mit den Ko-Forschenden hinaus Reaktionen der wissenschaftlichen Gemeinschaft in ihrer Rolle als partizipativ Forschende ausgesetzt. Mit Blick auf die Wahrnehmung aus der wissenschaftlichen Gemeinschaft verweist Markowetz im Kontext einer praxisorientierten Forschung mit

Menschen mit Lernschwierigkeiten auf die Gefahr des Vorwurfs einer Nicht-Wissenschaftlichkeit (vgl. Markowetz 2009). Jener scheint zum einen über die transparente Darstellung der Methodologie, Methodik sowie des Forschungsvorgehens entkräftet werden zu können (vgl. ebd.). Zum anderen könnten Kriterien wissenschaftlichen Arbeitens möglicherweise dialogisch gemeinsam mit den Ko-Forschenden mit Lernschwierigkeiten erarbeitet werden (vgl. Hauser 2016 in dieser Herausgeberschaft) und zu einem modifizierten wissenschaftlichen Arbeiten anregen. Somit wird die wesentliche Frage der Bestimmung von Wahrheit, der Wahrheit des Wissens und der Wissenschaftlichkeit behandelt. Was ist Wissenschaft und welche Aussagen sind wahr? Konkret stellt sich die Frage, welches Wissen im Kontext von Behinderung wahr ist, welchen Kriterien in der Produktion von Wissen entsprochen werden muss, um als wahr zu gelten.

Wahrheit, so Foucault, sei weniger als fix, sondern als relativ zu verstehen, als Frage nach kritischer Transformation (vgl. Foucault 1984, 22f.). Vielleicht könnten in dieser Modifikation Theorie und Diskurs der Menschen mit Lernschwierigkeiten entgegen traditioneller und scheinbar Wahrheit, Wissen und Kriterien bestimmender Wissenschaft abgebildet werden.

Warum wird jedoch der Diskurs[4] und das Wissen (vgl. Foucault 2002a, 384ff.) der Menschen mit Lernschwierigkeiten nur vereinzelt gehört und warum wird dieser Gegendiskurs (ebd., 386) nicht als wesentlicher Diskurs betrachtet und folglich nicht einer Theorie über die Lebenserfahrungen bzw. Lernschwierigkeiten vorgezogen (vgl. ebd.)? Als auf die Rolle der Forschenden Einfluss nehmender Aspekt und als grundsätzliche Rahmenbedingung für jegliches wissenschaftliches Handeln stellt Foucault fest, dass ein „Machtsystem existiere, das diesen Diskurs [in diesem Fall, den Diskurs der Menschen mit Lernschwierigkeiten, Anmerk. WiC] und dieses Wissen absperrt" (Foucault 2002a, 384). Jenes sei nicht nur in den richtenden, bewertenden und urteilenden Instanzen vorzufinden, sondern tief innerhalb der Gesellschaft verhaftet. Für eine partizipative Forschung könnte dies bedeuten, dass sich die Barrieren nicht nur innerhalb der Wissenschaft und Forschung, sondern ebenfalls innerhalb der Gesellschaft befinden, innerhalb welcher die WissenschaftlerInnen und Forschenden dann „Teil dieses Machtsystems" (ebd.) wären. Die Frage des „warum" eines fehlenden Diskurses und fehlender Theorien der Menschen mit Lernschwierigkeiten fiele somit auf den Forschenden zurück. Welche Position und Rolle kann er einnehmen, um den Gegendiskurs voranzutreiben und den Menschen mit Lernschwierigkeiten Wissen zugänglich zu machen?

Betrachtet man zunächst jedoch die Kriterien partizipativer Forschung mit Menschen mit Lernschwierigkeiten (vgl. Kiernan 1999; Chappell 2000) bildet die kritische Reflexion der WissenschaftlerInnen einen bedeutsamen Aspekt ab. Insbe-

---

4 Zur Begrifflichkeit „Diskurs" nach Foucault (vgl. u.a. Schrage 1999, 63ff.)

sondere im Kontext der Initiierung partizipativer Forschungsgruppen wird darauf hingewiesen, dass sich die WissenschaftlerInnen die Frage zu stellen haben, welche Rolle sie mit ihrer Initiative und ihrer Position als WissenschaftlerInnen innerhalb der Gruppe einnehmen und, ob sie aus eben jener heraus Macht ausüben (vgl. Goeke & Terfloth 2006, 53) bzw., ob Sie über das gemeinsame Forschen das Wissen der Menschen mit Lernschwierigkeiten zugänglich machen. Spiegelt sich in den Forschungsgruppen folglich der Diskurs der Menschen mit Lernschwierigkeiten wider oder wird mit der Initiative durch die WissenschaftlerInnen eine Asymmetrie (vgl. Flieger 2009, 162) rekonstruiert?

Foucault stellt für die Reflexion der eigenen Rolle als WissenschaftlerInnen und hiermit einhergehend der Subjektivierung und Sozialisation einen theoretischen Rahmen bereit. Dieser scheint zu einem Umdenken beizutragen, um Barrieren im Zugang zum Wissen abzubauen sowie den Diskurs der Menschen mit Lernschwierigkeiten zu unterstützen. Zunächst wird der Blick auf die Konstituierung der WissenschaftlerInnen als „Teil des Machtsystems" (Foucault 2002a, 384) gelenkt, bevor die konkreten Machtbeziehungen zwischen den Forschenden und Ko-Forschenden betrachtet werden. Foucault konstatiert, dass die Intellektuellen „praktisch alle durch sie [die Universität, Anmerk. WiC.] hindurchgehen und sich auf sie beziehen" (ebd. 2005b, 101). Er fordert den Intellektuellen „dort gegen die Formen einer Macht zu kämpfen, wo er zugleich Gegenstand und Instrument dieser Macht ist" (ebd. 2002a, 384). Wenn WissenschaftlerInnen in ihrer Subjektivierung als WissenschaftlerInnen („Gegenstand") den universitären Kontext reproduzieren („Instrument") und über jenen machtvoll bzw. handlungsfähig werden, zeigt sich im Kontext partizipativer Forschung ein spezielles Machtgefüge. Insbesondere, da im Gegensatz hierzu Menschen mit Lernschwierigkeiten keinesfalls über diese Strukturen eine Handlungsfähigkeit und Macht entwickeln, sondern sich in gänzlich differenten Lebensfeldern subjektivieren. Hiermit geht ein grundsätzlicher Unterschied innerhalb der Forschungsgruppen einher.

Foucault fordert die Intellektuellen auf für das Sichtbarmachen der Macht einzutreten und dies „neben all jenen und mit all jenen, die dafür kämpfen" (Foucault 2002a, 384). Er verweist darauf, dass in der Annäherung des „Intellektuellen" an die Praxis, sich die Möglichkeit ergibt, dass die Beteiligten „denselben Gegner" haben. Diskurse der Menschen mit Lernschwierigkeiten scheinen „Kämpfe [zu sein], weil sie zumindest für einen Augenblick für sich die Macht in Anspruch nehmen" (ebd., 390), über die Erfahrungen, Institutionen, Lebensbedingungen zu sprechen und somit über die Macht. Im Verbünden und möglicherweise in der Parteilichkeit mit den PraktikerInnen erfolgt nach Foucault eine Übernahme ihrer Motive, Ziele (vgl. ebd., 392f.) und ein Wenden gegen Gesetze, Institutionen und gegen Diskurse, welche den Ausschluss festlegen. WissenschaftlerInnen partizipativer Forschung würden sich hiernach in der Annäherung an die Praxis gegen eine Forschung *über* Menschen mit Lernschwierigkeiten wenden, das Potenzial der

Personengruppe erkennen und sich für sie einsetzen. Gegenwärtig stellen diese dar, dass sie zum einen politische Veränderungen herbeiführen und zum anderen auf die Themen der Personen sowie die Missstände, welche die Menschen mit Lernschwierigkeiten erleben und erfahren, aufmerksam machen und machen wollen, indem sie sie zu Wort kommen lassen (vgl. Goeke & Terfloth 2006; Buchner & Koenig 2013). Die Forschung hat sich ihrer Meinung nach den Herausforderungen der in der Praxis tätigen und lebenden Personen zuzuwenden und eine *„wissenschaftliche Praxis"* (Buchner & Koenig 2013, 251) zu betreiben, welche die Ergebnisse auf ihre Praxisrelevanz kritisch prüft und zum veränderten Handeln anregt. Die partizipative Forschung scheint folglich eine Möglichkeit darzustellen, Menschen mit Lernschwierigkeiten nicht zu beobachten, über sie zu forschen und sie in ihrem Verhalten zu bewerten, sondern sie als ExpertInnen ihres individuellen Lebens, ihrer individuellen Erfahrungen sowie als Ko-ForscherInnen mit dem Wissen über wissenschaftlich anspruchsvolle Forschung mit einzubeziehen, sie zu informieren und darüber hinaus, sie im Forschungsprozess zu unterstützen. Werden erste partizipative Forschungsprojekte reflektiert, erscheinen diese Aspekte als Ziel möglich, der Weg jedoch durchdrungen von Dilemmata und Widersprüchlichkeiten. Wie können zum einen die als WissenschaftlerInnen subjektivierten und sozialisierten Forschenden dem Wissen der Menschen mit Lernschwierigkeiten eine Gleichrangigkeit einräumen, welchen Herausforderungen stehen Sie hierbei gegenüber und zum anderen wie können Menschen mit Lernschwierigkeiten zur Zusammenarbeit befähigt werden, wie können sie sich an die Kriterien der Wissensproduktion anpassen? Wenn Forschende und Ko-Forschende Wissen teilen, stellt die Aufbereitung und Aufnahme von Wissensbeständen ebenso einen Teil der Befähigung dar, wie die Auseinandersetzung mit dem wissenschaftlichen System (vgl. Kremser 2016 in dieser Herausgeberschaft).

Die Relevanz die wissenschaftliche Praxis partizipativer Forschung explizit und konkret im Kontext Macht zu betrachten, erscheint insbesondere innerhalb gemeinsamer Forschung zwischen den Forschenden und den Ko-Forschenden mit dem Anspruch einen Gegendiskurs aufzuzeigen und partizipativ zu arbeiten unerlässlich.

3 Partizipative Forschung und Machtstrukturen in der gemeinsamen Forschungstätigkeit

In der Analyse gemeinsamer Forschungstätigkeit wird nachfolgend das Wissen und die Relation zwischen Forschenden und Ko-Forschenden näher beleuchtet. Foucault liefert mit seinen Ausführungen hierzu ein theoretisches Handwerkszeug, welches für die kritische Reflexion gemeinsamer Forschung relevant ist. In Betrachtung der Beziehung zwischen Forschenden und Ko-Forschenden ist mit

Foucault zunächst auf die Relation zwischen Subjekt und Macht einzugehen. Ihm folgend sind Subjekt und Macht zusammen zu denken. Er fragt nicht, was Macht ist oder woher sie kommt, sondern, wie Macht innerhalb von Beziehungen, also zwischen Subjekten ausgeübt und wie die Relation zwischen ihnen bestimmt wird (vgl. Foucault 2005b, 251f.). Subjekte sind, laut Foucault, nicht frei und autonom, sondern von der Macht gemacht bzw. von diversen Gegebenheiten wie etwa kulturellen Aspekten und anderen Subjekten geprägt (vgl. ebd., 245). Sie reproduzieren diese Macht aufs Neue. Diese Ausführungen lenken den Blick auf Relationen, welche von Macht determiniert sind. Transferiert auf partizipative Forschungsgruppen würden Forschende wie Ko-Forschende extern sowie intern als gemeinsam forschend Tätige beeinflusst und geleitet, denn jedes Subjekt sei ein „Machteffekt" durch die Kultur und Gesellschaft geprägt und gemacht (vgl. Ricken 2004, 131).

> *„Überall wo es Macht gibt, wird Macht ausgeübt. Niemand ist im Grunde Inhaber der Macht; und dennoch wird sie stets in eine bestimmte Richtung ausgeübt, mit den einen auf der einen und den anderen auf der anderen Seite; man weiß nicht, wer sie eigentlich hat, aber man weiß, wer sie nicht hat"* (Foucault 2002a, 389f.).

Es ist davon auszugehen, dass auch in partizipativen Forschungsgruppen und -projekten Machtbeziehungen aufgrund von unterschiedlicher Subjektivierung und Sozialisation vorhanden sind. Die ForscherInnen und Ko-ForscherInnen werden folglich geprägt und prägen sich in den Machtbeziehungen im Kontext partizipativer Forschung gegenseitig. Gegenwärtig wird bereits konstatiert, dass differente und divergente Interessen zwischen den ForscherInnen und Ko-ForscherInnen u.a. den Zugang, die Ziele und den Umgang betreffend, Einfluss auf die gemeinsame Tätigkeit nehmen (vgl. Goeke & Kubanski 2012). Foucault verweist darauf, dass es zwischen den Interessen und Macht zu komplexen Verflechtungen kommt (vgl. 2002a, 391f.). Anzunehmen ist – den bisherigen Ausführungen folgend – , dass die Personengruppen sich aufgrund ihrer Sozialisation und Subjektivierung in differenten Lebensbedingungen und -feldern hinsichtlich ihrer Erfahrungen, ihrer jeweils theoretisch oder praktischen Prägungen sowie der Interessen unterscheiden. Goeke & Terfloth (2006, 53) verweisen auf die Notwendigkeit einer ständigen Reflexion der Interessen aller Beteiligten. Konkret könnte hierbei unter Rückbezug auf Foucault, kritisch gefragt werden, ob und wie der Diskurs der Menschen mit Lernschwierigkeiten fokussiert wird und, ob die ForscherInnen in den Diskurs einsteigen und ihre Sozialisation in den Gegendiskurs einbringen. Darüber hinaus scheinen die Machtbeziehungen zwischen den ForscherInnen und Ko-ForscherInnen komplexer, denn „nicht zwangsläufig haben diejenigen die die Macht ausüben, das Interesse, sie auszuüben [...]" (Foucault 2002a, 391f.). Neben dem Interesse erscheint der Umgang mit dem Wissen und die Frage der Lehre bzw. des Vermittelns in Hinblick auf Machtstrukturen zu analysieren. Der

Zugang zur Literatur kann auf unterschiedliche Art und Weise erfolgen. Eine einseitige Vermittlung der ForscherInnen widerspräche der Perspektive, dass das „wesentliche Wissen" (Foucault 2002b, 525) jenes der PraktikerInnen sei. Übertragen auf eine Forschung mit Menschen mit Lernschwierigkeiten ist m.E. nach eine partizipative, vielmehr bereits eine inklusive Forschung zu erkennen, wenn es ausgehend von dem Wissen und den Erfahrungen bzw. den Fragen und Themen der Ko-ForscherInnen darum geht, Methoden und Hilfsmittel zur Verfügung zu stellen, um ihre Themen zu bearbeiten. Hiernach scheinen Reflexionen wesentlich, die u.a. die vielfältigen Praxiserfahrungen von Menschen mit Lernschwierigkeiten, den Umgang mit Hilfsmitteln und die Relevanz der und der Umgang mit den Forschungsergebnisse/n betreffen. Forschungsprojekte aus dem angloamerikanischen Raum zeigen diverse Möglichkeiten auf (vgl. u.a. Garbutt et al. 2009; Walmsley & Johnson 2003). Im deutschsprachigen Raum hingegen bringt der Diskurs der Forschung mit Menschen mit Lernschwierigkeiten ein gänzlich neues Verständnisses bzw. einen Gegendiskurs in die Forschungslandschaft ein, welcher/s nicht unumstritten ist (vgl. Terfloth & Janz 2009, 13).

Vielleicht sind die Sozialisation und Subjektivierung der WissenschaftlerInnen innerhalb eines traditionellen Wissenschafts- und Forschungsverständnisses und der hierzu einzunehmende Gegendiskurs Gründe für keine bzw. teilweise zögerliche Schritte der Umsetzung. Gerade dieser Kontext scheint die Reflexion der Machtbeziehungen und die Beachtung sowie Fokussierung der Theorie der Menschen mit Lernschwierigkeiten, insbesondere aufgrund möglicher Vorurteile, ihr Wissen sei nichts wert oder dasjenige der WissenschaftlerInnen sei das richtige (vgl. Foucault 2002b, 525), unabdingbar zu machen.

Gemeinsam kann, so zeigen es angloamerikanische wie erste deutschsprachige Entwicklungen, nicht nur das Wissen, sondern ebenso Vorträge (vgl. Haake & Madsen 2011) und Artikel (vgl. Buchner & Koenig 2011) bearbeitet werden. Beispielsweise werden durch AutorInnengruppen von Menschen mit und ohne Lernschwierigkeiten Veröffentlichungen verfasst (vgl. Garbutt et al. 2009). Garbutt et al. begründen ihre Art der Darstellung, indem Sie auf die mächtige Sprache der WissenschaftlerInnen verweisen und darüber hinaus Rahmenbedingungen und Forderungen für eine authentische gemeinsame Forschung und gegen die Macht von (akademischen) ForscherInnen formulieren (vgl. u.a. ebd., 22). Umso relevanter erscheint es, eine theoretische Machtperspektive im Kontext partizipativer Forschung einzunehmen.

Im Hervorbringen von Wissen liegt nach Foucault die Produktivität von Macht (vgl. Foucault 1976, 39). Meiner Ansicht nach verdeutlicht und konkretisiert sich diese Produktivität, wenn die WissenschaftlerInnen auf die Stimmen der Ko-Forschenden eingehen und anstreben, von ihren Themen auszugehen bzw. ihre Perspektive in den Fokus der Forschung zu rücken, um ihre Theorien zugänglich zu machen und die Möglichkeit zu schaffen, wechselseitig voneinander in einem

„Komplex Macht-Wissen" (Foucault 1976, 39f.) zu lernen. Die von Foucault verdeutlichte Begrenztheit der Intellektuellen bzw. der WissenschaftlerInnen würde sich hierin ebenso verdeutlichen, wie die Chance, die unmittelbare Forschungstätigkeit zu verändern. Resultat wäre eine Perspektive, nach welcher es sich weniger um eindeutige als vielmehr um vielschichtige "Macht/Wissen-Komplexe" (ebd., 39) handelt, innerhalb welcher die ForscherInnen und Ko-ForscherInnen in ihren wechselseitigen Machtbeziehungen diverse Positionen einnehmen, um jeweils Wissen zu produzieren (vgl. ebd., 39f.). Durch ihre Initiative und Teilnahme an der Forschungsgruppe würden sich die Forschenden den Forderungen der Ko-Forschenden stellen, wenn ein transparentes, reflektiertes und authentisches Vorgehen, welches den Kriterien partizipativer Forschung folgt (vgl. Hauser 2016 in dieser Herausgeberschaft), angestrebt wird.

4 Fazit

Die theoretische Rahmung Foucaults zeigt Optionen auf, traditionelle Werte, Möglichkeiten des Denkens und Praktizierens zu hinterfragen, zu erweitern und zu verändern, „um anders zu denken, um anderes zu machen und anders zu werden als man ist" (Foucault 1984, 22). Dieser philosophische Blickwinkel Foucaults kann, transferiert auf die Forschung, ein Hinterfragen traditioneller Werte und gedanklicher Möglichkeiten gegenwärtiger wissenschaftlicher Tätigkeit bedeuten und aktiv in einer partizipativen Forschung im Dialog mit den von der Forschung Betroffenen ein verändertes Verständnis, andere Gedanken und andere Handlungen im Kontext Forschung initiieren. Wie könnten WissenschaftlerInnen sich neu formen, wie könnten universitäre Strukturen hinterfragt werden und die Theorie der Ko-ForscherInnen den WissenschaftlerInnen sowie Wissenschaft und Forschung den Ko-Forschendenden zugänglich gemacht werden? WissenschaftlerInnen haben insbesondere im Kontext der Menschen mit Lernschwierigkeiten nach Foucault die Aufgabe, Gegendiskurse und das zuvor ausgesperrte Wissen zu empowern und stark zu machen (vgl. Foucault 2002a, 384ff.). Mit dem Wissen um die eigenen Grenzen könnten folglich – für die Erweiterung des Wissens über die Wirklichkeit – Erfahrungen der Praxis bzw. Kenntnisse und das Wissen der Ko-Forschenden mit Lernschwierigkeiten aufgenommen und sich diesen unterworfen werden, um das eigene Handeln zu verändern.
Die wechselseitige Bedingtheit bzw. die Annahme von „Macht-Wissen-Komplexe[n]"(Foucault 1976, 39) verweist weniger auf eine zuvor angenommene eindeutige Asymmetrie, sondern auf eine Komplexität sozialer Machtbeziehungen. Hiermit eröffnet sich die Möglichkeit, gemeinsam zu reflektieren und zu handeln, die Komplexität der sozialen Machtbeziehungen offen zu legen, um die jeweiligen Prägungen in den Blick zu nehmen. Dies kann zum Verständnis wechselseitiger Machtbeziehungen beitragen, die vielfältigen Machteffekte und Unterwerfungen

bewusst machen (vgl. Balzer 2004, 27) und das zuvor begrenzte Handeln erweitern.
„Andersmöglichkeiten" können nach Foucault im Hinterfragen von Wahrheiten entstehen (1984, 22f.). WissenschaftlerInnen haben die Chance, die generelle Forschung zu reflektieren (vgl. Hauser 2016 in dieser Herausgeberschaft), über die Wirklichkeit und Relevanz des eigenen Wissens nachzudenken sowie sich wie das eigene Handeln im Kontext Macht insbesondere in ihren Forschungs- und Untersuchungsbeziehungen gemeinsam mit den Ko-Forschenden zu analysieren, die Ziele, Aufgaben bzw. das Handeln zu diskutieren und festzulegen. Die Stimmen der Ko-Forschenden zu hören bedeutet, ihr Wissen als Gegendiskurs im Feld der Forschung zu Behinderung zu empowern und folglich „Andersmöglichkeiten" nicht nur zu denken, sondern zu praktizieren.

Literatur
Balzer, N. (2004): Von den Schwierigkeiten, nicht oppositional zu denken. Linien der Foucault-Rezeption in der deutschsprachigen Erziehungswissenschaft. In: Ricken, N. & Rieger-Ladich, M. (Hrsg.): Michel Foucault: Pädagogische Lektüren. Wiesbaden: Verlag für Sozialwissenschaften, 15-35.
Buchner, T. & Koenig, O. (2013): Zum Verhältnis von Inklusion und Wissenschaft. Gedanken zu Transformationspotenzialen der Geistigbehindertenpädagogik. In: Ackermann, K.-E., Musenberg, O. & Riegert, J. (Hrsg.): Geistigbehindertenpädagogik!? Disziplin-Profession-Inklusion. Oberhausen: Athena, 247-267.
Buchner, T. & Koenig, O. (2011): Von der Ausgrenzung zur Inklusion: Entwicklung, Stand und Perspektiven des gemeinsamen Forschens. In: Deutsche Interdisziplinäre Gesellschaft zur Förderung der Forschung für Menschen mit geistiger Behinderung e.V. (DIFGB) (Hrsg.): Forschungsfalle Methode? Partizipative Forschung im Diskurs. Dokumentation der Jahrestagung der DIFGB. 18.-19.11.2010. Leipzig, 2-16.
Buchner, T. & Koenig, O. (2008): Methoden und eingenommene Blickwinkel in der sonder- und heilpädagogischen Forschung von 1996-2006 – eine Zeitschriftenanalyse. In: Heilpädagogische Forschung, 34 (1), 15-34.
Chappell, A. L. (2000): Emergence of participatory methodology in learning difficulty research: understanding the context. In: British Journal of Learning Disabilities, 28 (1), 28-43.
Flieger, P. (2009): Partizipatorische Forschung: Wege zur Entgrenzung der Rollen von ForscherInnen und Beforschten. In: Jerg, J., Merz-Atalik, K., Thümmler, R. & Tiemann, H. (Hrsg.): Perspektiven auf Entgrenzung. Erfahrungen und Entwicklungsprozesse im Kontext von Inklusion und Integration. Bad Heilbrunn: Klinkhardt, 159-171.
Flieger, P. (2003): Partizipative Forschungsmethoden und ihre konkrete Umsetzung. In: Hermes, G. & Köbsell, S. (Hrsg.): Disability Studies in Deutschland – Behinderung neu Denken. Dokumentation der Sommeruni. Kassel: bifos, 200-2004.
Foucault, M. (1976): Überwachen und Strafe. Die Geburt des Gefängnisses. Frankfurt am Main: Suhrkamp.
Foucault, M. (1984): Von der Freundschaft als Lebensweise Michel Foucault im Gespräch. Berlin: Merve Verlag.
Foucault, M. (2002): Dits et Ecrits Schriften in 4 Bänden, Band II. 1970-1975. Frankfurt am Main: Suhrkamp.
Foucault, M. (2002a): Die Intellektuellen und die Macht. „Les intelectuels et le pouvoir" (Gespräch mit G. Deleuze; 4. März 1972), in: LArc, Nr. 49: Gilles Deleuze, 2. Trimester 1972, 3-10. In:

Foucault, M. (2002): Dits et Ecrits Schriften in 4 Bänden, Band II. 1970-1975. Frankfurt am Main: Suhrkamp, 382-393.
Foucault, M. (2002b): Der Intellektuelle hat die Aufgabe, Ideen zusammenzutragen, aber sein Wissen ist nur bruchstückhaft im Verhältnis zum Wissen der Arbeiterschaft. „L´íntellectual sert à rassembler les idées mais son savoir est partiel par rapport au savoir ouvrier" (Gespräch mit José, Arbeiter bei Renault in Billancourt, und Barrout, J.-P.), in: Libération, Nr. 16, 26.Mai 1973, 2-3, siehe Nr. 117, Band 2, 497-499. In: Foucault, M. (2002): Dits et Ecrits Schriften in 4 Bänden, Band II. 1970-1975. Frankfurt am Main: Suhrkamp, 524-527.
Foucault, M. (2002c): Der Wille zum Wissen. „La volonté de savoir", in: Annaire du College de France, 71e année, Histoire des systemès de pensée, année 1970-1971, 1971, 245-249. In: Foucault, M. (2002): Dits et Ecrits Schriften in 4 Bänden, Band II. 1970-1975. Frankfurt am Main: Suhrkamp, 294-299.
Foucault, M. (2005): Analytik der Macht. Defert, D.; Ewald, F. (Hrsg.) Frankfurt am Main: Suhrkamp.
Foucault, M. (2005a): Gespräch mit Michel Foucault. "Intervista a Michel Foucault" ("Entretien avec Michel Foucault"; geführt von Fontana, A. & Pasquino, P. im Juni 1976; übersetzt von C. Lazzeri), in: Fontana, A. & Pasquino, P. (Hrsg.), Microfisica del potere: interventi politici, Turin 1977, 3-28. In: Foucault, M. (2005): Analytik der Macht. Defert, D. & Ewald, F. (Hrsg.) Frankfurt am Main: Suhrkamp, 83-107.
Foucault, M. (2005b): Subjekt und Macht. The Subject and Power", in: Dreyfus, H. & Rabinow, P., Michel Foucault: Beyond Structuralism and Hermeneutics, Chicago 1982, 208-226. In: Foucault, M. (2005): Analytik der Macht. Defert, D.; Ewald, F. (Hrsg.) Frankfurt am Main: Suhrkamp, 240-263.
Garbutt, R., Tattersall, J., Dunn, J. & Boycott-Garnett, R. (2009): Accessible article: involving people with learning disabilities in research. In: British Journal of Learning Disabilities, 38, 21-34.
Goeke, S. & Kubanski, D. (2012): Menschen mit Behinderungen als GrenzgängerInnen im akademischen Raum – Chancen partizipatorischer Forschung. In: Forum Qualitative Sozialforschung, 13 (1), Art. 6. Online unter: www.qualitative-research.net/index.php/fqs/article/view/1782/3303/ (20 04 2015)
Goeke, S. & Terfloth, K. (2006): Inklusiv forschen – Forschung inklusive. In: Platte, A., Seitz, S. & Terfloth, K. (Hrsg.): Inklusive Bildungsprozesse. Bad Heilbrunn: Klinkhardt, 43-54.
Haake, D. & Madsen, A. (2011): People First forscht. In: Vortrag im Rahmen der Ringvorlesung „Behinderung ohne Behinderte?! Perspektiven der Disability Studies", Universität Hamburg. Online unter: http://www.zedis-ev-hochschule-hh.de/files/haake_madsen_09052011.pdf (02.09.2014)
Hauser, M. (2016): In: Buchner, T.; Koenig, O. & Schuppener, S.: Inklusive Forschung. Bad Heilbrunn: Klinkhardt.
Koenig, O. & Buchner, O. (2009): Inklusion in Forschung und Lehre am Beispiel des Seminars "Partizipatvie forschungsmethoden mit Menschen mit Lernschwierigkeiten" an der Universität Wien. In: Jerg, J., Merz-Atalik, K., Thümmler, R. & Tiemann, H. (Hrsg.): Perspektiven auf Entgrenzung. Erfahrungen und Entwicklungsprozesse im Kontext von Inklusion und Integration. Bad Heilbrunn: Klinkhardt, 177-186.
Kiernan, C. (1999): Participation in Research by people with learning Disability: Origins and Issues. In: British Journal of Learning Disabilities, 27, 43-47.
Kremser, G. (2016): In: Buchner, T., Koenig, O. & Schuppener, S. (Hrsg.): Inklusive Forschung. Bad Heilbrunn: Klinkhardt.
Markowetz, R. (2009): Handlungsforschung als komplexe Methode und qualitatives Design zur Lösung sozialer Probleme von Menschen mit geistiger Behinderung. In: Janz, F. & Terfloth, K. (Hrsg.): Empirische Forschung im Kontext geistiger Behinderung. Heidelberg: Winter, 279-303.
Mensch zuerst – Netzwerk People First Deutschland (2011): Goldene Regeln. Projekt: „Gesundheit – leicht gemacht". Online unter: http://www.people1.de/pdf/Goldene_Regeln.pdf/ (04.01.2015)
Mensch-zuerst – Netzwerk People First Deutschland (2015): Startseite. Online unter: http://www.people1.de/index.html (04.01.2015)

Ricken, N. (2004): Die Macht der Macht – Rückfragen an Michel Foucault. In: Ricken, N.& Rieger-Ladich, M. (Hrsg.): Michel Foucault: Pädagogische Lektüren. Wiesbaden: Verlag für Sozialwissenschaften, 119-143.

Schrage, D. (1999): Was ist ein Diskurs? Zu Michel Foucaults Versprechen, „mehr" ans Licht zu bringen. In: Bublitz, H., Bührmann, A. D., Hanke, C. & Seier, A. (Hrsg.): Das Wuchern der Diskurse. Perspektiven der Diskursanalyse Foucaults. Frankfurt/New York: Campus, 63-74.

Terfloth, K. & Janz, F. (2009): Forschung im Kontext geistiger Behinderung. In: Janz, F. & Terfloth, K. (Hrsg.): Empirische Forschung im Kontext geistiger Behinderung. Heidelberg: Winter, 9-18.

Walmsley, J. (2004): Inclusive learning disability research: the (nondisabled) researcher´s role. In: British Journal of Learning Disabilities, 32, 65-71.

Walmsley, J. & Johnson, K. (2003): Inclusive Research with People with Learning Disabilities in Past, Present and Future. London: Jessica Kingsley Publishers.

Partizipatorische Forschung mit Kindern mit Lernschwierigkeiten

Mary Kellett

Making it happen: young people with learning difficulties undertaking their own research

Summary

The involvement of young people with learning difficulties in research is often at a tokenistic level. This chapter challenges that position and discusses why and how young people with learning difficulties can be supported to set their own research agendas and undertake their own investigations. Critical issues around facilitation of meaningful engagement in research and barriers such as competency metrics are explored. The example of an original research project carried out by young people with learning difficulties, funded by Mencap, is included to demonstrate what is possible when appropriate support is provided. Their research study investigated barriers to meaningful participation in youth democracy groups and the subsequent tool kit they devised to help overcome these challenges.

1 Introduction

No body of work about inclusive research could be complete without a discussion of how young people with learning difficulties can participate as active researchers in their own right. There is much discussion about how we comprehensively and ethically include young people with learning difficulties in research for and about them (e.g. Walmsley & Johnson 2003; Nind & Seale 2009) but little discourse concerning their ability to play a leading role in their own research. By that I mean determining what research topics to explore, framing what research questions to investigate, choosing what methods to employ in the generation of findings and actively engaging in the analysis of data. In the past, this has been confined to the 'too difficult pile' and the smoke screen of competency issues liberally invoked. However, the focus on children's rights that flowed out of the 1989 United Nations Convention on the Rights of the Child (UNCRC) increasingly challenged normative competency metrics as limiting factors in the realisation of those rights

(Woodhead & Faulkner 2008). This prompted similar challenges to our thinking concerning children and young people with learning difficulties. Robust questions were posed about the true nature of participation for these individuals (Kiernan 1999; Atkinson 2004) and we have much to learn from the theoretical and political debates which dominated participation discourse in the wake of the UNCRC. In the decade immediately following the UNCRC, more attention was given to listening and consulting processes with children and young people and how these could be made more effective and meaningful. It was around this time that children and young people's involvement in research began to be more prominent (Boyden & Ennew 1997; James et al. 1998; Alderson 2000). This was initially at the level of membership of advisory groups and involvement in discrete pockets of data collection, guided by adults. In this way children and young people began to be engaged as 'co-researchers', albeit still in adult-conceived projects. Soon after the turn of the century, thinking shifted more radically towards children and young people leading their own research rather than assisting in adult studies (Kellett 2005). Doubts were raised about how child-led research could actually be realised and familiar arguments about competency re-emerged. Rebuttals centred on two perspectives: one was the disaggregation of age as a metric of competence – social competence being a more reliable indicator (Waksler 1991; Solberg 1996) – and the second was absence of research training (Kellett et al. 2004). If most adults cannot undertake valid research without appropriate training, why should we expect this from children? Attention then turned to how children could be trained in research knowledge and skills in an accessible way, without diluting the core principles of good research. Since research expertise is located in universities, the training of children and young people as active researchers was dependent on developing workable partnerships between tertiary institutions and schools and youth organisations.

I spent eighteen months exploring, designing and piloting the teaching of research process to children (Kellett 2002; 2003) in schools in the UK. The sum of this work was an 18-hour differentiated training programme which could be adapted to support children as young as nine upwards to undertake their own research (Kellett 2005). Successful outcomes were dependent on effective partnerships between universities and schools and between universities and children's organisations. Since that early pilot work, there has been a significant growth in a body of child-led research knowledge emanating from such tertiary institutional partnerships (e.g. see Spyrou 2008; Kellett 2011). The value of findings derived from authentic, insider, child perspectives is being increasingly acknowledged and drawn upon (Thomas 2007). While barriers pertaining to age and competency in relation to participation are steadily being overcome, other critiques are surfacing. One of these concerns inclusion and participation. Who gets to research in child-led research initiatives? (Arnot & Reay 2007; Bragg 2007). Is there a danger that child-led research will become an elitist activity serving articulate, white, middle class groups for whom a successful research project is perceived more in terms of a notch on a future CV than a contribution it can make to knowledge and understanding of childhoods? Equally perturbing is the concern that adult support for child-led research might transmute into manipulation resulting in a hijacking of youth research voice for adult purposes (Kellett 2011).

Developing a genuinely inclusive approach to child-led research militates against potential distortions of this kind. While marginalised and minority groups are harder to reach and require more resource, there is an imperative to provide opportunities for them to have an authentic research voice. Young people with learning difficulties are one of those minority groups. This brings us to the focus of this chapter which is about enabling young people with learning difficulties to determine, and carry out, their own research and about how they are supported to do this in a meaningful way. The text that follows describes a UK-based project I was involved in, funded by Mencap, which demonstrates how this aspiration works in practice. The aim of the collaborative project between the Children's Research Centre at The Open University and Mencap was to explore the extent to which young people with learning difficulties could be supported to lead their own research investigations into issues they identified as important. Mencap is a UK-based charity and service provider which works with individuals with a learning disability. The chapter contains original contributions from some of the young people with learning difficulties whom I worked with. They are acknowledged as co-contributors on the title page, but it is important to re-iterate here the significance of their input and underline their ownership of their own data.

The Young Researchers

Mencap operates a volunteer programme for young people with learning difficulties. The group I worked with were six of these volunteers who had come together because they were all members of local youth groups where they were encountering barriers to meaningful participation. The youth groups are typical of those found in most local councils and included a Youth Advisory Group, a Young People's Council, a Young People's Scrutiny Forum, an Anti-Bullying Group and a Youth Opportunity Panel (which decides how to spend Youth Opportunity Funds). The young researchers were aged 13-18 at the start of the project. Their learning difficulties affected literacy, numeracy and associated concentration span. They were still in full time education either at a special school or further education college. All of them could read to a proficient standard and were effective oral communicators, especially when given enough time to formulate what they wanted to say. They had a good understanding of what was said to them, provided jargon and big words were avoided, and could communicate their own opinions and feelings effectively. One girl had speech difficulties but these were entirely in the vocalisation, not the conception, of the words and she was intelligible if listened to carefully and given ample time to speak. Her adult supporter could understand her perfectly and, on occasions, was able to interpret if needed.

The adult learning supporters

Each young person had an adult supporter for the duration of the project. The young people participated in the interview selection process of their own learning supporter. The adult support was there to assist them to get to venues, to help them to organise their tasks and to be a scribe. A scribe was needed because of the time it would have taken the young people to write down what they observed or to transcribe the interviews they recorded and their ability to capture observations in real time would have been impeded without the aid of scribes, given their literacy difficulties. The scribes read back what they had written to each young person to check that this is what the young person intended to say. It was not possible to use video recording for the observation data session covering committee meetings. However, audio recording was used in the collection of interview data.

Facilitating research training

The six young people came together for five residential weekends and worked individually (with their adult supporters) outside of these times. The residential training weekends brought together young people from the south-west and north-west of England along with their Mencap learning support workers who acted as scribes, recording the young people's comments from discussions and noted down their learning points from game-oriented sessions. The programmes were prefaced with several ice-breaking activities to help build rapport and punctuated with frequent breaks to optimise concentration span. Sessions were interactive throughout. The first residential training programme began with an exploration of the nature of research, through games and sharing of accessible examples from real research studies by young people. How can research make a difference and how do we ensure that research is valid and evidence-based? In those early sessions, we also explored how research undertaken by young people might produce different findings from adults, why this might be and the potential impact. This was intended to provide an accessible platform of knowledge and understanding on which the young people could make an informed choice about exactly what they wanted to research and why.

A consensus soon emerged around wanting to research issues of meaningful participation for young people with learning difficulties in youth decision-making groups. In the brainstorming sessions, strong feelings were expressed about what they regarded as their 'token' inclusion in such groups. For example, Alice had recently secured membership of the Youth Parliament and was frustrated by the marginalisation she was experiencing, even though she had a learning support worker attending with her. All of the young researchers were members of at least one youth-decision making forum and shared accounts of their participation as being tokenistic bordering on the cynical. Alan even expressed suspicion that his membership was linked to the organisation being able to access additional funding if they included a young person with learning difficulties. Once signed up, there appeared to be no attempt to include that person in any meaningful way or make appropriate adaptations to the format of meetings. However, our earlier sessions had persuaded the young people that anger alone would not bring about change. Undertaking an evidence-based study would be more powerful and persuasive. The next part of their training, therefore, centred on refining a research question, scoping a study and determining how appropriate data might be collected.

From this initial scoping it transpired that both observation and interview data would be needed and some focused research training was facilitated around these data collection techniques. All the training was done in an interactive, fun way with lots of role play and games to enable the young people to practise their interviewing and observation skills. Discussions about ethics were kept grounded, keeping the focus as accessible as possible and avoiding the abstract. Reality scenarios were enacted from existing research studies where ethical dilemmas had been explored (Abell et al. 2007). Issues about informed consent and about not causing harm were relatively easy to convey since the young people already had a strong sense of what it felt like to be excluded. Ethical considerations in relation to the approach they made to their councils about their research and permission to collect data at youth group meetings were particularly important. It was also important for the young people to understand that findings would need to be reported back to the councils in a sensitive and constructive way.

During the first residential weekend, a project plan was put together and the young people divided up different data collection tasks between them. As well as traditional methods such as observation and interview, they devised their own ideas of how to collect information in a measurable way. For example, Lizzie decided she would listen out for all the big words she did not understand in her forthcoming youth group meetings whether these were oral words spoken in the actual assembly or written words in the pre-reading. She would signal these words to her learning supporter who would note them down. Josh and Allan agreed to undertake participant observation during the youth meetings they would be attending. They would dictate exactly what they saw, heard and felt about the action they were involved in to their adult scribes. Here, training about the effectiveness of life narrative techniques in merging academic expertise with local knowledge (Veale 2005; Nind & Seale 2009) was helpful in showing Josh and Allan that they themselves could be instruments of their own data collection. It was decided that Ross, assisted by Alice, would interview four professionals from their councils. These would be a lead youth participation worker, a positive contribution manager and two youth workers. The interviews would be recorded if consent was granted. Finally, Ryan had a purposive observation task which was to note any actions in his meetings which prevented him participating. In particular he was to note actions designed to exclude him or shut him down and to disclose these to his scribe for recording. Before departing for their home towns, the group decided on a title for their study. Eventually, they chose WeCan2 as it was catchy and reflected the crux of their endeavour in researching meaningful participation.

When the group convened for the second residential weekend, we discussed their findings and I facilitated some data analysis training. It was crucial that they were actively involved in analysing their data since they understood the context in which these had been gathered. Too often, when children and young people co-research with adults, the children collect data from their peers but it is adults who do the analysis. This introduces a layer of mediated interpretation which could be avoided if the young researchers were supported with data analysis training (Holland et al. 2008). In the study reported here, simple principles of data analysis were addressed through games. One of the most difficult aspects of data analysis is managing the sheer volume of seemingly unrelated data. Miles and Huberman (1964) encourage us to adopt data reduction techniques. To help convey understanding of this core concept, we played games where lots of muddled items that needed coding and sorting. A favourite game used chocolates with assorted centres and an array of different wrappings. There were a myriad different ways of sorting and coding them (e.g. by centre – hard, soft, fruit etc. – or by shape or by size or by type of wrapper et al.) Once the young people had grasped the concept of grouping data into categories from which themes could be drawn, they had lots of fun grouping, 'coding' and categorising the chocolates into different subgroups. Of course the best fun of all was eating the chocolates at the end of the game! When we transferred the practice from chocolates to their research data they found it much easier and were able to identify themes more readily. Their themes took the guise of major barriers to participation. There were three main ones: i) things that got in the way of them understanding; ii) things that got in the way of them being listened to; and iii) things that got in the way of them actively participating. Each identified theme was placed at the top of a large piece of blank paper and the young people, supported by their scribes, contributed relevant pieces of evidence to each of the themes.

The final part of this second residential weekend was devoted to drawing out conclusions and recommendations from the analysed data and agreeing a framework for a research report. This took the form of an oral discussion in which the young people indicated what points they wanted scribed. Then, just as the data collection tasks had been divided up between them, the young people each agreed to take responsibility either individually, or in pairs, for one section of the research report.

These sections were dictated to their individual scribes in the few weeks following the residential weekend. My role was to collate all of their sections and formulate a draft report along the lines that had been agreed by the young researchers. Before the next residential weekend, this draft report was sent to each young person so that it could be scrutinised, word for word, by each of them alongside their learning supporters. This was a long and laborious process in which the young people decided what they agreed with and what they wanted to change. The individual changes were relayed back to me for collating before we all met up again at the third residential weekend. Further changes were made during group discussions before a final draft was agreed by the whole group. This was then pulled together by me in time for the third residential weekend. In this way the young people were involved as much as their literacy abilities permitted in the written accounts of their research ensuring that the content was as close to their authentic perspectives as possible. We discussed what form the final dissemination might take, as there was no assumption that, ultimately, this should be a written report. But the young people insisted on a written report, declaring this would be the easiest format to send to multiple audiences and maximise opportunities for their voice to be heard. At the fourth residential weekend the young people checked and approved the final draft of their report. The investigation had unearthed some significant participation barriers for young people with learning difficulties in youth decision making forums. The young researchers felt they could do more than simply disseminate their findings, they could design a toolkit to support youth groups to address the identified participation barriers. The rest of the weekend was taken up with designing this toolkit which they planned to take back with them and seek permission to introduce it to their youth groups. The plan was to evaluate how effective these were in enhancing meaningful participation.

Permissions were duly granted in their different locations and the young researchers brought back their evaluation data to the final residential weekend. Here, they shared their experiences and analysed their findings. We then created a second part to their research report. This was a description of their toolkit and their thoughts on why and how it could be used. The two part format enabled a structured, staged approach to be adopted in what had ultimately developed into a bigger project than had been visualised originally. The young people's own research report follows and is testament to the enormity of this achievement and to the actuality that young people with learning difficulties can actively engage in their own research with appropriate support.

WeCan2

A report of our research about including young people with learning disabilities in their youth communities

Having a say

Being heard

Taking part

by Allan Aoslin, Ross Baines, Alice Clancy, Lizzie Jewiss-Hayden, Ryan Singh and Josh Strudgwick

What our research is about

We are a group of young volunteers from Devon and Blackpool. We have been working together with Blackpool and Devon's youth service to build a toolkit for people who work with young people. This toolkit is to help include young people with a learning disability so that they can play a full part in meetings and events, be listened to and have their say about what is important to them.

We are all members of youth groups such as youth councils and want to play a full part in the meetings and the decision-making of these groups. Sometimes this can be hard for us but it doesn't have to be hard if people understand better what we need in order to be able to play a full part. Because of this we decided to do some research to find out just what the real difficulties are. We wanted to use our findings from our research to help us build the toolkit. Our research is about fairness for all young people and about everyone having a voice. At first we called it a Youth Democracy Project but then changed it to something we like better WeCan2.

Our aims

- To learn about research methods
- To collect evidence about young people's experiences of being at youth group meetings
- To decide the main points of what the evidence is telling us
- To use our findings to build a toolbox to help people who work with young people who have learning disabilities to participate better, be listened to and have their say at youth meetings.

What we did

First of all we did some research training with Mary from the Open University. We learned about what research is and why it is important. It's not just adults who can do research, young people can too. We learned about good and bad research and how to not hurt anyone in the way we do research. We practised some research skills such as observation and interviews.

Team work

We talked together about our experiences of being at meetings and what the difficulties were. From this we decided on the kind of evidence we would collect.
- Josh and Allan listened, observed and recorded what happened at the meetings they attended.
- Lizzie collected evidence of all the big words used at meetings that she could not understand.
- Ross did some interviews
- Alice helped as Ross's deputy.
- Ryan observed the kind of things that shut people out.

Time and size of our project

We worked on our project for a whole year. We each kept a folder to record our findings. Altogether we collected over 300 pages of information and research evidence about taking part in youth meetings. It is based on 70 hours of attendance at youth meetings (young people's councils, anti-bullying meetings and youth opportunity fund panels) and four interviews with youth professionals. We made notes at every meeting we attended about what it was like for us and what the good and bad parts were. This is a lot of data over a long period of time and we think we have done some very important research.

Our main findings

We were able to sort out the main points from our own folders but Mary helped us do some sorting across all of our findings together to see what themes and patterns were there. When the same findings are repeated again and again in different places and with different researchers, it makes the findings stronger. It is important that people don't just know about our findings but also know which ones are very strong too.

Mary said that when she looked at our data in our folders everything was so rich in its detail that it was like watching a movie play out in front of her eyes. All that was missing was the popcorn!

Enthusiastic participation

From our data it is clear that young people with learning disabilities are enthusiastic about their membership and participation in youth councils. They take their responsibilities very seriously. However, the data show few examples of good participation experiences due to difficulties and barriers that are not of the young people's own making. Where there is evidence of good participation this has been where meetings have been more interactive and have included games.

Summary of our participation experiences

The strong findings (where there are many examples of this happening in different places) from our data show that difficulties occur when:
- People speak too fast.
- Minutes of meetings are not sent out in advance and have to be read during the meeting.
- Minutes and agenda papers with small print and no pictures are hard to read.
- People use too many big words: e.g. in just one youth council meeting Lizzie checked 66 big words such as 'ethnically diverse'.
- Timings of meetings are often fixed for straight from school and we are hungry and tired which affects how well we can participate.
- Places of meetings frequently do not have good disabled access.

What we think

Before we did this research we had a feeling about a lot of these things but we didn't have any evidence. What we have been able to do is collect the evidence to show that these things really do happen. Now that we could show this, we wanted to do something about it.

Putting our research findings into action

We wanted to use our research findings to help us build a toolkit for people who work with young people so that they will understand better how to include young people with learning difficulties. We wanted to call this the WeCan2 toolkit. You can read about this in Part 2 of our report.

Part 2: Designing the WeCan2 toolkit and testing it

We used the findings from Part 1 of our WeCan2 project to help us to build a toolkit for people who work with young people. This toolkit is meant to help include young people with a learning disability so that they can play a full part in meetings and events, be listened to and have their say about what is important to them.

The WeCan2 toolkit

First we made a list of the difficulties that had been shown in the research. Then we talked about what we needed to overcome these difficulties. Then we thought about what resources we would need. We listed these under three headings in Table 1.

Tab. 1: WeCan2 toolkit

DIFFICULTY	WHAT WE NEED TO OVERCOME THIS	RESOURCE
Support	Participation worker	money to pay for participation worker
Available transport	Car, bus, train	money to pay for transport
A lot of big words used we don't understand	Get people not to use big words or have them explained	ground rules and word cards

Extra time to read Agenda/meeting papers	Tie, audio tapes, CD	ground rules, pictures and symbols, time frames
Small writing on papers	bigger writing and pictures	ground rules, pictures and symbols, time frames
Need to ask if questions if we don't understand	be allowed to ask	traffic light cards, word cards
We get hungry	get people to understand	provide open refreshments
We get tired	get people to understand	breaks, shorter meetings
Writing & taking notes	supporter to help	money to pay for supporter

As part of our toolkit, we put together a set of information to give to the organisers of youth group meetings telling them about these difficulties and suggesting what they could do to help us in the meetings. We asked for big writing and pictures on the papers, time to read them before the meeting. We asked that people speak more slowly and don't use big words. We asked for frequent breaks to help us to concentrate and we asked for food and drink so that being hungry did not make us tired. We also made a set of traffic light cards for young people with a disability to use in meetings to let people know when there is a problem. If people are going too fast or if a young person does not understand something they can hold up a red card. If a young person needs to ask a question they can hold up a card with a question mark on it. The red, green and yellow cards can also be used as voting cards for no, yes and unsure. Then we collected some data to find out how these changes were being used in community youth forums and if they were making a difference.

Collecting our evaluation data

First of all we did some more research training with Mary from the Open University to learn how we could collect the evidence we needed to judge how well the toolkit was working. We worked as a team and shared out the different data collection tasks.
- We recorded the content and difficulty level of meeting papers
- We recorded the time allocated to pre-reading the material
- We kept a record of the number of big words used in meetings
- We kept a record of how much note taking was needed at each meeting
- We recorded how many breaks we got
- We recorded whether we got any refreshments and what they were

We did this by observing, making notes and taking photos.

What the data told us

Between us we collected 84 pages of data about the meetings we attended. We were able to sort out the main points from our own folders but Mary helped us do some sorting across all of our findings together to see what themes and patterns were there. Mary said that when she looked at our data she was impressed by how many notes we had made and how much notice we had taken of everything going on at the meetings.

Mary helped us to find these three main themes in our data:

1. The effect on our ability to understand.
2. The effect on levels of our active participation.
3. The extent to which we are being listened to.

Our findings

1. Understanding

There was evidence of some better understanding. For example a letter and document read out by Scrutiny from one of the task groups about Religious Education GCSE was much more accessible. 'We read out the letter and the document and we were able to understand it and so we thought that Scrutiny have taken us seriously and made things easier to understand.'

The notes that we made showed that we had been able to understand most of what went on at the meetings we attended.

Some other evidence was that the minutes were in larger print than before. Information documents had fewer words on the page, with simple language and some pictures. However, we still had difficulty with information leaflets given out by guest speakers.

2. Participating

There was evidence of active participation by young people with a learning disability in the business of the meetings. For example they were involved in choosing people to work for the group, 'We will be interviewing for the person who will fill Zaena's old job...We suggested some questions we wanted to be asked'

Another example is being involved in giving feedback to guest speakers who come to the meetings, such as Jenny and Gwen from the Health Authority, *'We gave feedback to [Jenny on what we had discussed (parenting; children with special needs; sexual health; substance misuse; 0-5 year olds; emotional health and wellbeing). She will type up our notes.'*

Other examples in the data show that we were also given responsibility and Allan was a Co-Chair in some of the meetings.

At some of the meetings the decisions were made using smiley face sheets and we liked this very much and it made it easy for us to take part and have our say. It was also a lot of fun.

3. Being listened to

We were listened to about the UR Devon website and also about the magazine because we were able to tell them that it looked a bit too busy and needed more pictures and less words and that the photos should be pictures of real people doing things not posed. *'Jenny told us that the feedback we had given will be included in a report and given to a conference.'*

There was also some evidence to show that we had been listened to about bigger writing because a lot of the documents were in bigger fonts than they used to be. Also, generally (although not always) the agendas were not too long. All the meetings had a break, although these were not shown on the agendas and we did get some food so this was another example of where our needs had been listened to.

The interviews

Here are some of the questions that Ross asked the youth professionals after they had been involved in our WeCan2 project. These interview data show that our research was having an effect.

What have you learned from working with us?

"We have learned not to be afraid about involving people with a learning disability. We have learned that we work with all young people as individuals and so we needed just to think slightly further outside the box. And we have learned that often the things useful for young people with a learning disability are also useful for everyone." (*Youth service professional 1*)

What have you enjoyed the most?

"Learning new skills and seeing the changes in the involvement of the young people as we have developed new skills in engaging them. There have been massive benefits for all of us – very exciting." (*Youth service professional 2*)

What has been difficult?

"I believe communication and relations have needed work. Future practice would benefit more if both services had more of an understanding of each service, their aims, management mechanisms and working practices." (*Youth service professional 3*)

What would you say helps the young people you have been supporting to take part in things like meetings?

"Accessible documents, accessible meetings, I personally have taken up additional training to further increase my understanding and skills." (*Youth service professional 2*)

What would you say to another organisation about including young people with a learning disability?

"The outcomes for the organisation and the young people involved are huge. It is well worth working on involving a wider range of young people in everything you do and, apart from anything else, all young people have the right to have their voice heard – it's our job to work out how to make that happen, not theirs to learn how to do it so we can hear!" (*Youth service professional 4*)

Summary of our findings

1. Generally (though not always) young people with a learning disability are more understanding of what is going on in the group meetings than before.
2. Generally (though not always) young people with a learning disability are participating more meaningfully for young people with a learning disability than before.
3. Comments raised by young people with a learning disability are being listened to and noted more than before.

Making things even better

Although there was evidence of better listening and participation generally there were still a few examples where meaningful participation was not happening. The difference was that at least we could tell the group and give them our views on what would make things better for us. For example the Bus Information Strategy Consultation document was not very accessible and we told them that:

- The font was too small
- The 24 hour clock needed explaining
- The pictures were good but maps would help
- How would people know if a bus was accessible for disabled people?
- Bus drivers should be able to give information
- Colour codes would help.

And they listened. Other evidence we collected showed that paperwork was still being given out in meetings without us seeing it beforehand and we did not have enough time to read and understand it properly before decisions had to be made and this meant we could not play a full part in the decision-making.

A lot of progress has been made with members of the groups but we still need to make sure that guest speakers understand our difficulties, so perhaps there could be a standard information leaflet given to any guests who are going to join the group showing them what they need to make sure everyone can be included.

What we think

We are very proud of the research we have done. The first part helped us to see what we needed to do to make inclusion real in youth decision-making groups. It led to us developing the WeCan2 toolkit. The second part of our research has been about finding out whether this has made a difference. It definitely has in the youth decision-making groups we attended in Blackpool and Devon but there are always more improvements that can be made so we hope this report will help to make it even better. We want other people to read this research so that it will make them think about how inclusive they are being in their groups

2 Discussion

In discussing the relevance and impact of the young people's WeCan2 project, several issues, questions and critiques emerge. Perhaps the most prominent of these is the role played by adult supporters and the extent to which the young researchers' voice and ability to determine their own research could have been compromised by adult filters and mediation especially when they were engaged in extensive scribing. The response to this lies in the painstaking approach that was adopted by the adult supporters to their scribing roles. Every word they scribed was checked and approved by the young person. Every decision, every action, every word in every sentence of the reports that were ultimately produced had to be sourced, discussed and approved by the young people to ensure their own voice was neither diluted nor distorted. The painstaking nature meant that it took

18 months to complete the WeCan2 project. It was important that the adult supporters constantly reflected on their role as facilitators and that they did not attempt to 'take over' (Chapman 2005). During some of the young people's free time in the residential weekends, group reflexivity sessions were held for the adult supporters so that they could share experiences, explore challenges and reinforce their facilitative support role.

The research design in which the young people used themselves and their own participation as data collection tools could not have been replicated by adult researchers. It represents a unique contribution to our understanding of meaningful participation in decision-making processes for young people with learning disabilities and offers a way to mitigate some of the adult mediation which frequently dominates such young people's lives. In addition to the more meaningful participation cited by the young people another important outcome of this initiative has been the skills development and raised confidence and self esteem generated in the young people themselves. They were interviewed at the end of the project to talk about what they had personally gained from the WeCan2 project.

> *I have got more confident at more things because of this project. I have travelled to different places like Birmingham, London and Kidderminster. I have learned what is around for young people and how much money is available. I have also learned how to research things properly too.* (Josh)
>
> *I did all the things for Wecan2 because I like helping people and I like to do projects. I have gained in confidence, I have learned how meetings are run and I have been working with lots of different young people. I have never had experiences like this before. It's been amazing, I've had fun, learned new things and made new friends.* (Ross)
>
> *For Wecan2 I did training and interviewed support staff. I go to meetings and workshops with young people. I have learned how to do research, how to work with other people, how to use a camera and have learned new skills. Because of this I am more confident; I used to be really nervous. I can do more things than I thought I could* (Alice)
>
> *I did this because I want parks and places in Blackpool to be safe for young people. I have learned better research skills and how to find things out, like how many big words people use.* (Lizzie)
>
> *I did Wecan2 because I wanted to change what people think of people with a learning disability and to make a difference in Blackpool. I have made new friends through the work I have done with Wecan2. I have gained confidence and improved my talking skills. I have learned to speak up in front of big groups and I have learned interviewing skills too!* (Allan)
>
> *I did this because I want to change stuff in Blackpool. I was voted by my school friends on to the school council. I have learned better research skills, how to change things for people with*

a learning disability and how to talk to and meet new people. I have gained interviewing skills too. I have enjoyed visiting the different places we have been to with Wecan2. (Ryan)

Their study has already had an impact in their local communities and beyond. This chapter celebrates and values these achievements and looks forward to a future where empirical investigations led by young people with learning difficulties are more widely acknowledged in the research arena.

Literatur

Abell, S; Ashmore, J., Beart, S., Brownley, P., Butcher, A., Clarke, Z., Combes, H., Francis, E., Hayes, S., Hemmingham, I., Hicks, K., Ibraham, A., Kenyon, E., Lee, D., McClimens, A., Collins, M., Newton, J. & Wilson, D. (2007): The Burton Street Group. In British Journal of Learning Disabilities, 35 (2) 121-24.

Alderson, P. (2000): 'Children as Researchers'. In Christensen, P. & James, A. (Hrsg.): Research with Children. London: Falmer Press, 241-257.

Arnot, M. & Reay, D. (2007): 'A sociology of pedagogic voice: power, inequality and pupil consultation'. In Discourse: Studies in the Cultural Politics of Education, 28 (3), 311-325.

Atkinson, D. (2004): Research and empowerment: involving people with learning difficulties in oral and life history research. In Disability & Society, 19 (7), 961-702.

Bragg, S. (2007): Student voice and governmentality: the production of enterprising subjects? In Discourse: Studies in the Cultural Politics of Education, 28 (3), 343-358.

Boyden, J. & Ennew, J. (Eds), (1997): Children in Focus: a manual for participatory research with children. Stockholm: Barnen, R..

Chapman, R. (2005): The role of the self-advocacy support worker in UK People First groups: Developing inclusive research. Unpublished doctoral dissertation, Open University, Keynes, M., UK.

Holland, S., Renold, E., Ross, N. & Hillman, A. (2008): Rights, 'Right on' or the Right Thing To Do?' A critical exploration of young people's engagement in participative social work research. ESRC National Centre for Research Methods: Working Paper, Series 07/08.

James, A., Jenks, C. & Prout, A. (1998): Theorizing Childhood. Cambridge: Polity Press.

Kellett, M. (2002): Empowering able 10-year-olds as active researchers. Paper presented at Annual Conference of the British Educational Research Association, Herriot Watt University, Edinburgh.

Kellett, M. (2003): Enhancing pupils' learning skills through their engagement with research process. Paper presented at Research in Practice Conference, Westminster Institute of Education, Oxford.

Kellett, M. (2005a): Children as active researchers: a new research paradigm for the 21st century? ESRC National Centre for Research Methods: Working Paper 003.

Kellett, M. (2005b): How to Develop Children as Researchers: a step-by-step guide to teaching the research process. London: Paul Chapman Publishers.

Kellett, M. (2011): Empowering children and young people as researchers: overcoming barriers and building capacity. In Child Indicators Research, 4, 205-219.

Kellett, M., Forrest, R., Dent, N. & Ward, S. (2004): 'Just teach us the skills, we'll do the rest': empowering ten-year-olds as active researchers. In Children & Society, 18 (5), 329-343.

Kiernan, C. (1999): Participation in research by people with learning disabilities: origins and issues. In British Journal of Learning Disabilities, 27 (2), 43-47.

Nind, M. & Seale, J. (2009): Concepts of access for people with learning difficulties: towards a shared understanding. In: Disability and Society, 24 (3), 273-87.

Solberg, A. (1996): The challenge in child research from "being" to "doing". In Brannen, J. & O'Brien, M. (Hrsg.) Children in Families: research and policy London: Falmer, 53-65.

Spyrou, S. (Hrsg.) (2008): Children as researchers: A resource book for teachers and other educators. Nicosia: United Nations Development Programme Publication.

Thomas, N. (2007): Towards a theory of children's participation. In: International Journal of Children's Rights, 15 (2), 199-218.
United Nations (1989): Convention on the Rights of the Child. Geneva: UN General Assembly.
Veale, A. (2005): 'Creative methodologies in participatory research with children'. In Greene, S. & Hogan, D. (Hrsg.): Researching Children's Experience: Methods and Approaches. London: Sage, 253-72.
Waksler, F.C. (1991): Studying the Social Worlds of Children: sociological readings. London: Falmer.
Walmsley, J. & Johnson, K. (2003): Inclusive Research with People with Learning Disabilities: Past, Present and Futures. London: Jessica Kingsley.
Woodhead, M. & Faulkner, D. (2008): 'Subjects, Objects or Participants: Dilemmas of Psychological Research with Children'. In: Christensen, P. & James, A. (Hrsg.): Research with Children: Perspectives and Practices. London: Falmer Press/Routledge.

4 Inklusive Hochschule

Mandy Hauser, Saskia Schuppener, Gertraud Kremsner,
Oliver Koenig und Tobias Buchner

Auf dem Weg zu einer Inklusiven Hochschule? Entwicklungen in Großbritannien, Irland, Deutschland und Österreich

Zusammenfassung

In diesem Beitrag geht es um die Einbindung von Menschen mit Lernschwierigkeiten als Lernende, Lehrende und Forschende in die Strukturen einer Hochschule, die sich als reflexive Institution versteht und eine „Inklusionsorientierung" anstrebt, in dem sie sich zunehmend gegenüber Menschen öffnet, denen aufgrund zahlreicher Barrieren in ihrer Bildungsbiographie akademische Bildungsinstitutionen bislang nicht zugänglich gewesen sind. Unter Bezugnahme auf die UN-Konvention über die Rechte von Menschen mit Behinderung (UN-BRK) werden ideelle Veränderungen beschrieben, die zu einer inklusiven Hochschulstruktur und somit auch -kultur beitragen. Zudem wird am Beispiel von Großbritannien, Irland, Deutschland und Österreich auf gesellschaftspolitische Veränderungen eingegangen, die je nach Ausmaß als Motor oder Hemmnis inklusiver Hochschule fungieren. Abschließend werden internationale Beispiele der Öffnung von Hochschulen für Menschen mit Lernschwierigkeiten skizziert[1].

1 Einführung: die Inklusive Hochschule

Wir möchten einen Diskurs aufgreifen, der in den letzten Jahren virulent geworden ist: die Gestaltung einer inklusiven Hochschule. Wir verstehen eine an den Prinzipien von Inklusion orientierte Hochschule als einen Ort des Lehrens und Lernens, der die Ideen inklusiver Bildung aufgreift und seine Bildungsangebote auch Menschen zugänglich macht, denen der Zugang in den tertiären Bildungssektor bisher verwehrt blieb. Es geht bei der Idee einer inklusiven Hochschule also darum, eine aktive Partizipation aller LernerInnen zu ermöglichen und darüber inklusive Strukturen, Kulturen und Praktiken zu etablieren (vgl. Erk & Knauff 2012). Als Orte der akademischen Aus- und Weiterbildung sind Hochschulen

---

1 Teile dieses Beitrages basieren auf der Publikation „Menschen mit Lernschwierigkeiten an der Hochschule – Entwicklungen in Großbritannien, Irland und Deutschland" von Mandy Hauser & Saskia Schuppener, welcher 2015 in der Fachzeitschrift Teilhabe (54) 3, 100-106 erschienen ist.

demnach mehrfach gefordert, Inklusion nicht nur als Konzept theoretisch zu vermitteln, sondern als Bewusstseinshaltung und Organisationsprinzip zu etablieren (vgl. Platte & Schultz 2011). Dieser Anspruch scheint auf den ersten Blick im Widerspruch zu stehen mit einem institutionellen Hochschul-Selbstverständnis, welches sich zumeist auf Exklusivität und Exzellenz reduziert. Diversität und Differenz scheinen hier zu irritieren. Wir möchten in unserem Beitrag den Blick auf die Chancen einer solchen „Irritation" lenken, indem die Inklusive Hochschule mit dem Fokus auf das Differenzmerkmal „Behinderung" als einem Teilbereich der Dimensionen von Heterogenität betrachtet wird: Hier geht es um den Zugang und Einbezug von Menschen mit Behinderungserfahrungen (Schuppener 2006) – im Speziellen: Menschen mit Lernschwierigkeiten.

Die Entwicklung einer Inklusiven Hochschule erscheint aus verschiedenen Gründen wichtig: Einerseits ist ein solcher Prozess der Weiterentwicklung aufgrund der durch die Ratifizierung der Behindertenrechtskonvention der Vereinten Nationen wirksam werdenden Verpflichtungen notwendig (vgl. Hauser 2015). So heißt es in Artikel 24: „(5) Die Vertragsstaaten stellen sicher, dass Menschen mit Behinderungen ohne Diskriminierung und gleichberechtigt mit anderen Zugang zu allgemeiner Hochschulbildung, Berufsausbildung, Erwachsenenbildung und lebenslangem Lernen haben. Zu diesem Zweck stellen die Vertragsstaaten sicher, dass für Menschen mit Behinderungen angemessene Vorkehrungen getroffen werden" (UN-BRK).

Andererseits steht der Ruf nach einer Inklusiven Hochschule auch in einer breiteren bildungspolitischen Debatte darum, wie Wissen generiert werden soll und welchen Nutzen das in der Akademie produzierte Wissen haben soll. Schlagwörter wie ‚post-normal science' (vgl. Funtowisz & Ravetz 1993) bzw. eines ‚Mode 2' von Wissenschaft (Gibbons et al. 1994) verweisen auf die Notwendigkeit einer Wissensproduktion, die nicht ausschließlich innerhalb des ‚Elfenbeinturms' der Akademie erfolgt und darin verbleibt, sondern versucht, durch die Einbeziehung von ‚externen' Stakeholdern ein gesellschaftlich-nutzbares Wissen zu generieren. Diese Entwicklungen sind zwar nicht vor neoliberalen Vereinnahmungsstrategien gefeit, in einer emanzipatorischen Lesart verweisen sie jedoch darauf, dass Wissensproduktion nicht mehr als Privileg einer abgekapselten Elite zu erfolgen hat, die ein Wissen über andere generiert, sondern diese als AkteurInnen in Forschungsprozesse einbezieht (vgl. Buchner & Koenig 2012). Diese allgemeinen wissenspolitischen Forderungen bilden sich ‚im Kleinen' bereits in der Programmatik der Disability Studies ab, wie sie etwa von Oliver (1992) oder Zarb (1992) proklamiert wurde – und in weiterer Folge von VertreterInnen der Inklusiven Forschung übernommen wurden (vgl. Buchner, Koenig & Schuppener 2011).

Was bedeuten die zuvor skizzierten Überlegungen nun für Inklusive Hochschule und den in diesem Artikel fokussierten Personenkreis von Menschen mit Lernschwierigkeiten? Eine Inklusive Hochschule muss nicht nur inklusiv bilden, sondern auch inklusiv Wissen generieren und vermitteln. Das heißt konkret, dass Personen mit Lernschwierigkeiten drei differente Rollen als ProduzentInnen und RezipientInnen im akademischen Raum zukommen: als ForscherInnen, Lehrende und Studierende (vgl. Abb. 1).

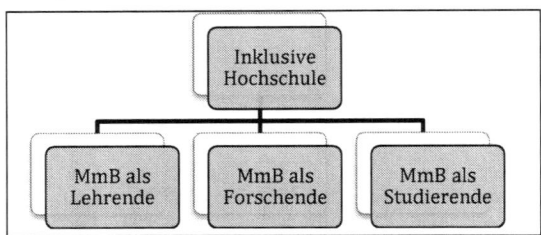

Abb. 1: Rollen von Menschen mit Behinderungserfahrungen im Kontext Inklusiver Hochschule

Doch wie kann ein solcher Transformationsprozess gelingen? Auf den ersten Blick erscheint eine solche Unternehmung utopisch, ihre Realisierung noch weit entfernt. Allerdings kann bereits auf erste Versuche verwiesen werden, Hochschule inklusiver zu gestalten. Diese möchten wir im Folgenden etwas eingehender betrachten, wobei wir sowohl auf internationale Beispiele rekurrieren, als auch auf eigene Erfahrungen.

2 Entwicklungen Inklusiver Forschungs- und Lehrkultur im internationalen Vergleich

In Großbritannien und Irland hat die teilweise Transformation und Erweiterung der Lehr- und Forschungskultur in Richtung einer Inklusiven Hochschule schon sehr viel früher begonnen als das im deutschsprachigen Raum denkbar gewesen wäre. Großen Einfluss auf diese Entwicklung hat die starke SelbstvertreterInnenbewegung, die seit den 1970er Jahren in Großbritannien aktiv ist und deren Entwicklungslinien im vorliegenden Band bereits hinlänglich beschrieben wurden. Zu betonen ist jedoch, dass durch das prominente Auftreten der SelbstvertreterInnenbewegung Auswirkungen auf gesellschaftspolitische Entscheidungen zu verzeichnen sind, die sich in neuen Gesetzen für mehr Autonomie und Selbstbestimmung von Menschen mit Behinderungserfahrungen niederschlagen. Als Beispiel kann hier die Einführung des Independent Living Fund (ILF) angeführt werden, der ähnlich der Idee des Persönlichen Budgets seit seiner Gründung 1993 Direktvergaben finanzieller Zuwendungen für Menschen mit „schwerer Behinderung" vorsieht. Dem Personenkreis werden somit mehr Möglichkeiten gegeben, autonomere Entscheidungen beispielsweise bezüglich der Formen und der entsprechenden Institutionen der von ihnen angestrebten Unterstützung zu treffen (vgl. Maschke 2008, 255).

Die Entwicklungen in Irland weisen große Ähnlichkeit zur britischen Geschichte des disability-rights-movement auf, da auch hier seit den 1960-/1970er Jahren ebenfalls eine Stärkung von Selbstbestimmung und gesellschaftliche Partizipation durch die Independent Living Bewegung erfolgte.

Insgesamt kann davon ausgegangen werden, dass diese Entwicklungen weitreichend zu einem Perspektivwechsel im Hinblick auf den sozialen Status von Menschen mit Behinderung beitrugen, der wiederrum große Bedeutung für die Ausweitung partizipativer und inklusiver Strukturen auch an Hochschulen hatte und bis heute hat. Die SelbstvertreterInnenbewegung ging von Anfang an mit einer Wissenschaftskritik einher und gerade in Hochschulkontexten ist der Strukturwandel eng mit der Etablierung der Disability Studies verknüpft, die in Großbritannien als Disziplin bereits seit den 1980er Jahren fest im Wissenschaftskanon verankert sind (vgl. Waldschmidt 2003). Ein weiterer Motor waren die Änderungen der Förderbedingungen bedeutender Forschungsförderinstanzen wie der Joseph Rowntree Foundation: Fördergelder werden seit den 1990er Jahren nur dann genehmigt, wenn Menschen mit Behinderung und so auch Menschen mit Lernschwierigkeiten nachweislich als Forschende am Forschungsprozess beteiligt sind (vgl. Buchner, Koenig & Schuppener 2011, 6) (vgl. Abb. 2).

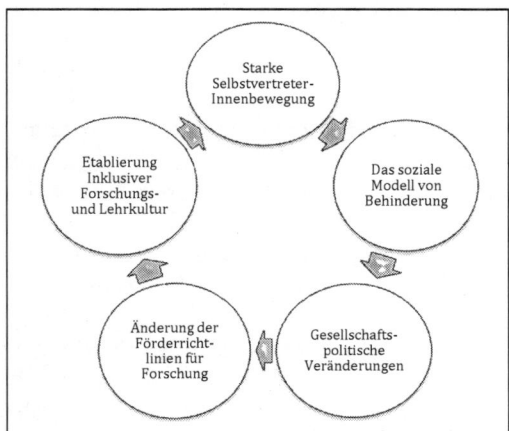

Abb. 2: Einflüsse auf die Entwicklung Inklusiver Hochschule in Großbritannien und Irland

Einen Wandel, wie er am Beispiel Großbritanniens und Irlands skizziert wurde, durchliefen die sozial-politischen Entwicklungen in Deutschland und Österreich bisher nicht in dem Maß beziehungsweise zeitlich deutlich verzögert. Damit einher geht die vergleichsweise schwerfällige Öffnung von Hochschulräumen für Menschen mit Behinderungserfahrungen und insbesondere für Menschen mit Lernschwierigkeiten. Waldschmidt (2005, 10f.) verweist zwar darauf, dass auch in

Deutschland seit den 1980er Jahren mit den Anfängen der SelbstvertreterInnenbewegung eine Wissenschaft von SelbstvertreterInnen entwickelt wurde, jedoch ohne offizielle Anerkennung oder breite Aufmerksamkeit. Ein ähnlicher Verlauf lässt sich für Österreich konstatieren. Erst mit Beginn des 21. Jahrhunderts, also fast 20 Jahre nach ihrer Etablierung in Großbritannien, hielten die Disability Studies als eigenständige Wissenschaftsdisziplin in Deutschland Einzug (vgl. Waldschmidt & Schneider 2007, 14). Warum die Entwicklung im Vergleich zu anderen Staaten wie beispielsweise Großbritannien aber auch den USA oder Kanada so verlangsamt verläuft, ist mit mehreren Faktoren zu erklären, die sich wechselseitig bedingen und gemeinsam einen Kreislauf der Exklusion von Menschen mit Lernschwierigkeiten aus Hochschulkontexten bilden: Defizitorientierte Menschenbildannahmen über Menschen mit Behinderung sind auch im deutschsprachigen Raum bislang noch verbreitet, was die häufig wiederkehrende Gleichsetzung von Behinderung und Krankheit beziehungsweise Behinderung als Abweichung von hegemonialen Normalitätsvorstellungen verdeutlicht (Hermes 2007, 69). Dabei werden die vermeintlichen Defizite einer Person in den Vordergrund gerückt und deren Ausgleich beispielsweise in Form rehabilitationsorientierter Maßnahmen fokussiert. Damit verbunden ist ein hohes Maß an zugeschriebener Passivität: Menschen mit Behinderung werden in die Rolle passiver UnterstützungsempfängerInnen gedrängt, während Menschen ohne sogenannte Behinderung über die Art und Weise und die Dauer der Unterstützung entscheiden (vgl. hier z.B. auch Flieger & Schönwiese 2011). Dementsprechende defizitorientierte Sichtweisen wirken auch auf die Formen wissenschaftlicher Erkenntnisproduktion an Hochschulen, da diese zumeist unter Ausschluss der betreffenden Personenkreise stattfindet und somit große Gefahr läuft, in Forschung und Lehre als unreflektierte Normalitätssetzung wahrgenommen zu werden. Dies wird nicht zuletzt durch Zugangsbarrieren im akademischen Raum unterstützt, die zum einen formaler Herkunft sind, beispielsweise durch die Notwendigkeit adäquater Schulabschlüsse als Hochschulzugangsberechtigung, aber sich zum anderen auch ideell niederschlagen (vgl. Goeke & Kubanski 2012). Dazu zählt auch das Festhalten am traditionellen, Objektivität postulierenden Wissenschaftsverständnis und die damit verbundene starre Abgrenzung der Rollen von AkademikerInnen und NichtakademikerInnen (vgl. Abb. 3). Auch wenn an dieser Stelle dringend darauf verwiesen werden muss, dass Kritik an diesem Wissenschaftsverständnis auch aus anderen, etablierteren Bereichen (wie etwa der Biographieforschung – vgl. hierzu z.B. Schulze 2006) geäußert wurde, wird diese Haltung besonders spürbar, wenn es um die Finanzierung partizipativ angelegter Forschungs- oder Lehrprojekte mit Menschen ohne entsprechende akademische Vorbildung geht. Wallcraft (2007) gibt beispielsweise für die psychiatrische Forschung an, dass Forschungsvorhaben, die im klinischen Bereich ohne die Einwirkung von äußeren Faktoren durchgeführt werden, immer den größten Teil der finanziellen Förderung erhalten.

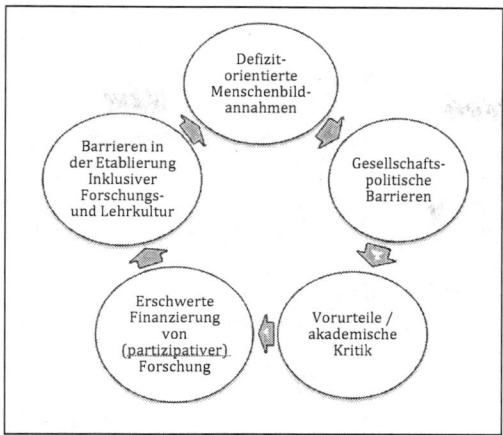

Abb. 3: Einflüsse auf die Entwicklung Inklusiver Hochschule im deutschsprachigen Raum

In den letzten Jahren lässt sich jedoch im deutschsprachigen Raum insgesamt ein wachsender Wandel konstatieren, der eine nachhaltige Praxisrelevanz des sozialen Modells von Behinderung auf verschiedenen Ebenen erkennen lässt: Im tertiären Bildungsbereich gibt es erste Ansätze, auch Menschen mit Lernschwierigkeiten aktiv in die akademische Wissensproduktion und -weitergabe einzubinden. Derartige Aktivitäten und Bestrebungen sind allerdings nach wie vor hauptsächlich auf die Initiative und das Engagement von Einzelpersonen oder Personengruppen zurückzuführen und konnten bisher wenig strukturell verankert werden.

3 Perspektiven aus dem angelsächsischen Raum: Menschen mit Lernschwierigkeiten als Forschende und Studierende

An der Open University (Milton Keynes) wurde bereits Ende der 1980er Jahre für PraktikerInnen der Behindertenhilfe ein Kursangebot entwickelt, an dem Menschen mit Lernschwierigkeiten aktiv beteiligt waren – als Vortragende, aber auch durch das Teilen ihrer Lebensgeschichten (vgl. Walmsley & Johnson 2003). Dadurch wurde auch ein international Aufsehen erregender Forschungsstrang etabliert, in dessen Rahmen nicht nur Bündnisse mit Selbstvertretungsorganisationen geschlossen wurden, sondern auch Personen mit Lernschwierigkeiten eine Stimme verliehen wurde - und damit auch ihre politische Wirkmächtigkeit wuchs. Das Norah Fry Research Center (im Folgenden NFRC) der University of Bristol wurde 1988 gegründet und ist ein Forschungszentrum für und mit Menschen mit Lernschwierigkeiten. Alle Forschungsprojekte werden mit einem inklusiven Anspruch durchgeführt. Konkret bedeutet dies, dass in Abwägung verschiedenster

Aspekte wie der Fragestellung bzw. des Themas sowie der finanziellen, zeitlichen und personellen Ressourcen, die für das Forschungsvorhaben zur Verfügung stehen, entschieden wird, in welchem Maß Menschen mit Lernschwierigkeiten als Forschende im Prozess agieren. Die Spannweite richtet sich dabei von der Partizipation an der Festlegung der Fragestellung über die Erhebung und Analyse der Daten bis zur Publikation der Ergebnisse. Das Ansinnen ist es dabei immer, die Forschungsmodalitäten so zu gestalten, dass der Forschungsprozess *as inclusively as possible* durchgeführt werden kann (vgl. Norah Fry Research Center). Um das gewährleisten zu können, ist es notwendig, dass die (mit)forschenden AkademikerInnen eine Vielfalt an Methoden und auch didaktischem Know-How kennen und anwenden können, um den spezifischen Erfordernissen inklusiv gestalteter Forschungsprozesse gerecht werden zu können. Dazu wurde am NFRC ein Masterstudiengang im Rahmen der Disability Studies mit dem Titel „Inclusive Theory and Research" eingerichtet, in dem den Studierenden explizit Forschungskenntnisse für inklusive Settings vermittelt werden mit besonderem Schwerpunkt auf die Forschung mit Menschen mit Lernschwierigkeiten (vgl. Norah Fry Research Center). Kritisch anzumerken ist an dieser Stelle, dass trotz aller Bemühungen zur Öffnung der Forschungsprozesse nach wie vor die Entscheidung, wer in welcher Art und in welchem Umfang im Forschungsprozess partizipiert, hauptsächlich von den akademischen ForscherInnen getroffen wird und somit ein ungleiches Machtverhältnis bestehen bleibt.

Ein weiteres Beispiel findet sich in den Entwicklungen am Trinity College in Dublin, in deren Rahmen nicht nur zahlreiche inklusive Forschungsprojekte erfolgten, sondern auch ein inklusiver Studiengang kreiert wurde (vgl. Kubiak et al. in diesem Band).

4 Perspektiven aus Deutschland: Menschen mit Lernschwierigkeiten als Forschende und Lehrende

Im Bereich der Forschung lassen sich in Deutschland aktuell zunehmend mehr Beispiele aus dem Bereich der Partizipativen und Inklusiven Forschung finden. Hier hat sich in den letzten Jahren auch eine Forschungsförderkultur schrittweise verändert, so dass eine Forschungsbeteiligung von Menschen mit Behinderungserfahrungen nicht nur möglich, sondern ausdrücklich erwünscht ist (siehe Ausschreibungen und Vorgaben im Rahmen der Forschungsförderung des Bundesministeriums für Arbeit und Soziales - BMAS). So startete z.B. im Oktober 2014 an der Universität Leipzig ein interdisziplinäres Forschungsprojekt zur Evaluation der Leichten Sprache und zur Analyse der Teilhabe am Arbeitsleben von Menschen mit Lernschwierigkeiten (LeiSA). Beteiligt sind WissenschaftlerInnen aus der Sonderpädagogik, der Soziologie und der Linguistik sowie Menschen mit

Lernschwierigkeiten und VertreterInnen des Netzwerkes Leichte Sprache. In diesem partizipativen Forschungsprojekt wird gemeinsam mit Menschen mit Lernschwierigkeiten erforscht, wie Leichte Sprache dazu beitragen kann, die beruflichen Teilhabechancen zu verbessern und inwiefern die bisherigen Prinzipien und Regeln Leichter Sprache noch effektiver gestaltet werden können (zum Abbau von Kommunikationsbarrieren). Dieses dreijährige Projekt wird gefördert aus Geldern des Ausgleichsfonds durch das Bundesministerium für Arbeit und Soziales (BMAS).

Mit dem Ziel der Ermittlung der Subjektperspektive von Menschen mit Lernschwierigkeiten in Bezug auf ihre berufliche Teilhabesituation und die Bedeutung Leichter Sprache im Arbeitsleben wird der gesamte Forschungsprozess von einer Fokusgruppe, bestehend aus ForscherInnen mit und ohne Behinderungserfahrungen, begleitet und kontrolliert (www.research.uni-leipzig.de/leisa/de/) (vgl. Schuppener u. a. 2014, 184).

Für die Möglichkeit der Beteiligung von Menschen mit Lernschwierigkeiten im Bereich der Lehre lässt sich in Deutschland das Projekt „Inklusive Bildung" der Stiftung Drachensee (u.a. gefördert durch die Aktion Mensch e.V.) anführen: Mit dem Anspruch „Barrieren in den Köpfen überwinden" werden hier aktuell in einer 3-jährigen Vollzeitqualifizierung Menschen mit Behinderungen als Dozierende an Fach- und Hochschulen ausgebildet. Es handelt sich bislang um ein Modellprojekt, das perspektivisch Arbeitsplätze für Menschen mit Lernschwierigkeiten im Bereich der Bildungsarbeit schaffen soll. Als qualifizierte Lehrende vermitteln sie ihre Expertise – insbesondere ihr Wissen und ihre Kompetenzen zur Bewältigung des Alltags und der Auseinandersetzung mit Teilhabebarrieren in unserer Gesellschaft – an Studierende unterschiedlicher Fachhochschul- und Hochschulbildungsgänge (www.inklusive-bilung.org).

5 Perspektiven aus Österreich: Menschen mit Lernschwierigkeiten als Forschende, Studierende und Lehrende

Inklusive und Partizipative Forschungsprojekte sind in Österreich nach wie vor leider nur sehr selten zu finden. An äußerst erfolgreichen und bereits abgeschlossenen Forschungsvorhaben sind explizit das „Bildnis eines behinderten Mannes" (vgl. Flieger & Schönwiese 2007 und in diesem Band) sowie das Projekt „Partizipationserfahrungen in der beruflichen Biographie von Menschen mit einer intellektuellen Beeinträchtigung (vgl. Biewer, Fasching & Koenig 2009; Koenig 2012; Koenig 2014) zu nennen; von kleinerem Umfang, aber gerade auch in der Rezeption nicht minder prominent ist die „Lebensgeschichte von Gerhard Westermann" (vgl. Westermann & Buchner 2007) anzuführen. Außerdem befindet

sich das Projekt „Das Erleben von institutionellen und personalen Strukturen in den Biographien von Menschen mit Lernschwierigkeiten" (vgl. Kremsner in diesem Band) derzeit im Entstehen.
Das aktive Mitwirken von Menschen mit Lernschwierigkeiten an universitärer Lehre kann in Österreich hingegen auf eine mittlerweile mehrjährige Tradition verweisen, wenngleich die Rahmenbedingungen hierfür sich institutionell nach wie vor nicht etablieren konnten. Zu nennen ist hier die Seminarreihe „Partizipation von Menschen mit Lernschwierigkeiten – in Forschungsfeldern der Heil- und Integrativen Pädagogik" am Institut für Bildungswissenschaft der Universität Wien, geleitet von Oliver Koenig und Tobias Buchner (vgl. z.B. Koenig et al. 2010; Koenig & Buchner 2011; Kremsner & Eichinger 2011), bei der in insgesamt drei Seminardurchgängen Menschen mit Lernschwierigkeiten als LehrveranstaltungsleiterInnen fungierten und Studierende durch inklusive Forschungsprozesse begleiteten. Ebenfalls anzuführen ist das am gleichen Ort abgehaltene zweisemestrige Bachelorseminar „Inklusive Räume gemeinsam gestalten. Inklusive und transformative Forschungs- und Praxisansätze", bei dem Studierende gemeinsam mit Menschen mit Lernschwierigkeiten Forschungsprojekte planten und durchführten. Die Leitung dieses Seminars oblag Oliver Koenig und Gertraud Kremsner
Mit dem Lehrgang zum/zur „Empowerment-BeraterIn für inklusive Schulentwicklung" startete die Pädagogische Hochschule Wien unter der Leitung von Marianne Wilhelm den Versuch, ein reguläres Curriculum für Menschen mit und ohne Lernschwierigkeiten zu implementieren. Nach der erfolgreichen Ausbildung von neun Menschen mit Lernschwierigkeiten zu Empowerment-BeraterInnen (die letzten von ihnen schlossen 2012 erfolgreich ab) konnte dieser Lehrgang jedoch aufgrund personeller Umstrukturierungen nicht weitergeführt werden. Zielsetzung war einerseits „die Erforschung der Auswirkung von gemeinsamem Lernen in der LehrerInnen-Aus- und Fortbildung sowie andererseits die Erforschung der Auswirkungen des Projekts auf Empowerment, Self Advocacy and Independent Living der außerordentlichen Studierenden" (http://podcampus.phwien. ac.at/barrierefrei/empowerment-beraterinnen/). Derzeit gibt es Bestrebungen, das Curriculum an der privaten Sigmund-Freud-Universität in Wien wieder aufzunehmen.
Als weiteren Versuch, den Hochschulbereich für Menschen mit Lernschwierigkeiten zu öffnen und zugänglich zu machen, kann die „Offene Uni", die im Juni 2014 am Institut für Bildungswissenschaft der Universität Wien stattgefunden hat, angeführt werden. Dabei wurden eine Woche lang Workshops für Menschen mit Lernschwierigkeiten angeboten, in welchen aktuell durchgeführte Forschungsprojekte des Arbeitsbereiches Heilpädagogik und Inklusive Pädagogik vor- und zur Diskussion gestellt wurden. Ebenso wurden Lehrveranstaltungen in

diesem Zeitraum für Menschen mit Lernschwierigkeiten geöffnet (vgl. Kremsner, Hochmeister & Saugspier 2015).
Für all diese Initiativen ist jedoch erneut zu konstatieren, dass sie – bedingt durch die Abhängigkeit vom Engagement einzelner Personen – viel zu kurz greifen, um von einer „echten" und institutionell verankerten Partizipation von Menschen mit Lernschwierigkeiten zu sprechen. In diesem Sinne ist auf den Ausgangspunkt dieses Beitrages verwiesen, in dem der Zugang zu Hochschulen für Menschen mit Lernschwierigkeiten auch im Sinne der UN-BRK legitim eingefordert werden muss.

6 Fazit

Im Zuge der Umsetzung der UN-BRK ist auch die Öffnung des tertiären Bildungssektors Teil der Bemühungen zur Schaffung inklusiver Strukturen und Kulturen. Doch durch ihre originär exklusive Ausrichtung ist die inklusionsorientierte Gestaltung von Hochschulräumen für eine heterogene Studierenden-, Forschenden- und Lehrendenschaft nach wie vor vielfachen Barrieren ausgesetzt. Diese Barrieren sind eng mit der etablierten Perspektive auf Wissenschaft und akademische Tätigkeiten einerseits sowie dem sozial-gesellschaftlichen Status von Menschen ohne akademischen Bildungshintergrund andererseits verbunden. Die Frage, warum sich auch Hochschulen für Personenkreise ohne entsprechende Zugangsvoraussetzungen und damit u.a. auch für Menschen mit Lernschwierigkeiten öffnen sollten, wird nach wie vor vielfach kritisch gestellt. Die Öffnung von Hochschule aktiv zu gestalten und dem Anspruch einer Inklusiven Hochschulkultur zu folgen, ist eine Herausforderung, die alle Ebenen und alle darin Agierenden gleichermaßen betrifft. Vor allem aber erfordert es ein Umdenken im Wissenschaftsverständnis und im akademischen Selbstverständnis, wie es sich beispielsweise in Großbritannien und Irland, aber auch den USA seit einigen Jahren in Teilen der Hochschullandschaft abzeichnet.
Insgesamt bleibt zu bilanzieren, dass Hochschulen in der Verantwortung einer Realisierung inklusiver Strukturen stehen, weil sie sich „nicht als Ort abstrakter Reflexion, sondern als in Bewegung begriffener Ort, der die keimhaften Zukunftsimpulse der Praxis verdichtet und in die Wirklichkeit hineinbringen hilft" verstehen (Käufer & Scharmer 2000, 4 in Platte & Schultz 2011). Inklusion als Zukunftsimpuls sollte demnach ein zentraler Motor sein, um bisherige Exklusionsrisiken und -praktiken in Hochschulen aufzudecken, zu reflektieren und abzubauen. Der Anspruch „Eine Hochschule für alle" muss weit über die Reflexion baulicher Barrieren und sogenannter Nachteilsausgleiche für Studierende mit Behinderung/chronischer Erkrankung hinausgehen, wie sie von der Deutschen Hochulrektorenkonferenz 2009 proklamiert wurden (HRK 2009). Es sollte um eine umfassende selbstreferentielle Analyse von institutionellen Demokratisie-

rungsansprüchen, Diskriminierungspraktiken und Zugangsbarrieren gehen, die auf strukturelle Veränderungsprozesse abzielt. Das Recht lebenslangen Lernens darf nicht auf der bisherigen Ebene von (Einzel)Initiativen der projektgebundenen Öffnung von Hochschulen verhaftet bleiben und Menschen in marginalisierten Lebenslagen konsequent als Teilnehmende im tertiären Bildungsbereich ausschließen, sondern sollte auf eine möglichst breite Öffnung von Hochschule auch für Menschen mit nicht-akademischem Bildungshintergrund ausgerichtet sein.

Literatur
Biewer, G., Fasching, H. & Koenig, O. (2009): Teilhabe von Menschen mit einer intellektuellen Behinderung an Bildung, Arbeit und Forschung. In: SWS-Runschau, 3, 391-403.
Buchner, T., Koenig, O. & Schuppener, S. (2011): Gemeinsames Forschen mit Menschen mit intellektueller Behinderung. Geschichte, Status quo und Möglichkeiten im Kontext der UN-Behindertenrechtskonvention. In: Teilhabe, 50 (1), 4-10.
Eek, J. & Knauf, H. (2012): Inklusion in der Hochschule Partizipation, Vielfalt und Verantwortung im Dialog. In: Zeitschrift für Inklusion. Online unter: http://www.inklusion-online.net/index.php/inklusion-online/article/view/70/70 (23.03.2015)
Flieger, P. & Schönwiese, V. (Hrsg.) (2007): Das Bildnis eines behinderten Mannes. Bildkultur der Behinderung vom 16. bis ins 21. Jahrhundert. Neu Ulm: AG Spak.
Flieger, P. & Schönwiese, V. (2011): Die UN-Konvention über die Rechte von Menschen mit Behinderungen: Eine Herausforderung für die Integrations- und Inklusionsforschung. In: Flieger, P. & Schönwiese, V. (Hrsg.): Menschenrechte. Integration. Inklusion. Aktuelle Perspektiven aus der Forschung. Bad Heilbrunn: Klinkhardt, 27-35.
Hauser, M. (2015): Qualität im gemeinsamen Forschen mit Menschen, die als geistig behindert gelten. In: Leonhardt, A., Müller, K. & Truckenbrodt, T. (Hrsg.): Die UN-Behindertenrechtskonvention und ihre Umsetzung. Beiträge zur Interkulturellen und International vergleichenden Heil- und Sonderpädagogik. Bad Heilbrunn: Klinkhardt, 398-406.
Hermes, G. (2007): Behinderung und Normalität. In: Schnoor, H. (Hrsg.): Leben mit Behinderung. Eine Einführung in die Rehabilitationspädagogik anhand von Fallbeispielen. Stuttgart: Kohlhammer Verlag, 69-78.
Hirschberg, M. (2012): Menschenrechtsbasierte Datenerhebung – Schlüssel für gute Behindertenpolitik. Anforderungen aus Artikel 31 der UN-Behindertenrechtskonvention. In: Deutsches Institut für Menschenrechte: Policy Paper, 19. Online unter: http://ibis-ev.de/images/useruploads/121128_PolicyPaper19_bf-abA7.pdf (23.03.2015)
Hochschulrektorenkonferenz HRK (2009): Eine Hochschule für Alle. Online unter: http://www.hrk.de/positionen/gesamtliste-beschluesse/position/convention/eine-hochschule-fuer-alle/ (24.03.2015)
Käufer, K. & Scharmer, C. O. (2000): Universität als Schauplatz für den unternehmenden Menschen. Hochschule als Landestationen für das In-die-Welt-Kommen des Neuen. In: Laske, S., Scheytt, T., Meister-Scheytt, C. & Scharmer, C. O. (Hrsg.): Universität im 21. Jahrhundert. Zur Interdependenz von Begriff und Organisation der Wissenschaft. Mering: Rainer Hampp Verlag, 109-134.
Koenig, O., Buchner, T. Kremsner, G. & Eichinger, M. (2010): Inklusive Forschung und Empowerment: Wie funktionieren inklusive Forschungsprozesse aus Sicht der beteiligten Akteure am Beispiel einer inklusiven Lehrveranstaltung an der Universität Wien. In: Stein, A.-D. Krach, S. & Niediek, I. (Hrsg.): Integration und Inklusion auf dem Weg ins Gemeinwesen. Möglichkeitsräume und Perspektiven. Bad Heilbrunn: Klinkhardt, 176-190.
Koenig, O. & Buchner, T. (2011): (Inklusive) Forschung als Empowerment? In: Kulig, W., Schirbort, K. & Schubert, M. (Hrsg.): Empowerment behinderter Menschen. Theorien, Konzepte, Best Practice. Stuttgart: Kohlhammer, 267-281.

Kremsner, G. & Eichinger, M. (2011): Vier Semester inklusive Forschung in einem Seminar an der Universität Wien: Rück- und Ausblick. In: Flieger, P. & Schönwiese, V. (Hrsg.): Menschenrechte. Integration. Inklusion. Aktuelle Perspektiven aus der Forschung. Bad Heilbrunn: Verlag Julius Klinkhardt, 161-165.

Kremsner, G., Hochmeister, J. & Saugspier, R. (2015): Die Offene Uni. bidok works. In: Beruf und Arbeit ohne Barrieren, 13, 21-26.

Maschke, M. (2008): Behindertenpolitik in der Europäischen Union: Lebenssituation behinderter Menschen und nationale Behindertenpolitik in 15 Mitgliedsstaaten. Wiesbaden: VS Verlag.

Norah Fry Research Center. Online unter: http://research-information.bristol.ac.uk/en/organisations/norah-fry-research-centre(56ebfc31-c3f0-4980-a162-d37fd133304a).html (23.03.2015)

Platte, A. & Schultz, Ch.-P. (2011): Inklusive Bildung an der Hochschule – Impulse für LehrerInnenbildung und Soziale Arbeit. Online unter: http://bidok.uibk.ac.at/library/platte-hochschule.html (24.03.2015)

Schulze, T. (2006): Biographieforschung in der Erziehungswissenschaft – Gegenstandsbereich und Bedeutung. In: Krüger, H.-H. & Marotzki, W. (Hrsg.): Handbuch erziehungswissenschaftlicher Biographieforschung. 2., überarbeitete und aktualisierte Auflage. Wiesbaden: VS-Verlag, 35-57.

Schuppener, S. (2006): Menschen mit „Behinderungserfahrungen" = Menschen mit einer „behinderten Identität"? In: Klauß, T. (Hrsg.): Geistige Behinderung – Psychologische Perspektiven. Heidelberg: Winter, 163-182.

Schuppener, S. & Hauser, M. (2014). Empirische Forschung mit Menschen, die als geistig behindert gelten – Basisvariablen und methodologische Zugänge aus Sicht der Partizipativen Forschung. In: Behindertenpädagogik, 53 (3), 233-250.

Schuppener, S., Fix, U., Michel, M., Goldbach, A., Bock, B., Seidel, A., Lange, D. & Bergelt, D. (2014): LeiSA – Eine Evaluationsstudie zur Wirksamkeit der leichten Sprache im Arbeitsleben. In: Teilhabe, 53 (4), 184-186.

UN-Behindertenrechtskonvention. Übereinkommen über die Rechte von Menschen mit Behinderungen. Online unter: http://www.behindertenrechtskonvention.info/uebereinkommen-ueber-die-rechte-von-menschen-mit-behinderungen-3101/ (23.03.2015)

Waldschmidt, A. (2003): Selbstbestimmung als behindertenpolitisches Paradigma – Perspektiven der Disability Studies. Online unter: http://www.bpb.de/apuz/27792/selbstbestimmung-als-behindertenpolitisches-paradigma-perspektiven-der-disability-studies?p=all (23.03.2015)

Waldschmidt, A. (2005): Disability Studies: Individuelles, soziales und/oder kulturelles Modell von Behinderung? In: Psychologie und Gesellschaftskritik, 29 (1), 9-31.

Waldschmidt, A. & Schneider, W. (2007): Disability Studies und Soziologie der Behinderung. Kultursoziologische Grenzgänge – eine Einführung. In: Waldschmidt, Anne; Schneider, Werner: Disability Studies, Kultursoziologie und Soziologie der Behinderung. Erkundungen in einem neuen Forschungsfeld. Bielefeld: transcript, 9-28.

Wallcraft, J. (2007): Betroffenenkontrollierte Forschung zur Untermauerung alternativer Ansätze. Die Rolle von Forschung im psychosozialen System. In: Lehmann, P. & Stastny, P. (Hrsg.): Statt Psychiatry 2. Berlin: Antipsychiatrieverlag, 358-368.

Walmsley, J. & Johnson, K. (2003): Inclusive Research with People with Learning Disabilities. Past, Present and Future. London: Jessica Kingsley Publishers.

Westermann, G. & Buchner, T. (2007): Erfahrungsbericht. Die Lebensgeschichte von Gerhard Westermann. In: Boehlke, E. (Hrsg.): Integrationsgespräche Band 5: „Individuelle Biografieforschung als Entwicklungschance für Menschen mit Intelligenzminderung". Berlin: Edition GIB, 120-144.

Karin Terfloth und Theo Klauß

Menschen mit Lernschwierigkeiten an der Hochschule?

Zusammenfassung

Menschen mit Lernschwierigkeiten erfüllen nicht die formalen Voraussetzungen für die Aufnahme eines Hochschulstudiums. Dennoch ist die Teilhabe als Gasthörer an gemeinsamen Lehrveranstaltungen denkbar, wenn Zugangs- und Gelegenheitsbarrieren identifiziert und abgebaut werden und didaktische Methoden zur inklusiven Erwachsenenbildung zum Einsatz kommen. Mittels Handlungsforschung konnten im Rahmen von inklusiven Seminaren an der PH Heidelberg Kriterien für die Teilhabe am gemeinsamen Lernprozess entwickelt werden.
In der Behindertenrechtskonvention der Vereinten Nationen wird das

> „(…) Menschenrecht auf Bildung (…) für Menschen mit Beeinträchtigungen in Bezug auf die vier Strukturmerkmale Verfügbarkeit, Zugänglichkeit, Akzeptierbarkeit und Anpassungsfähigkeit konkretisiert. In Artikel 24 wird betont, dass Menschen mit Beeinträchtigungen gleichen Zugang zum allgemeinen Bildungssystem haben sollen und dass auf ihre Bedürfnisse und Unterstützungsanforderungen eingegangen werden muss, damit sie ihre Persönlichkeit und Fähigkeiten entfalten können. Zudem wird das Spektrum aufgezeigt, worauf sich diese Bildungsansprüche beziehen – auf die allgemeine Schulbildung ebenso wie auf das Erlernen lebenspraktischer Fertigkeiten, auf die berufliche Aus- und Weiterbildung, die Hochschulbildung und die Erwachsenenbildung. Das dahinter stehende Leitbild der inklusiven Bildung erfordert eine Neugestaltung von Bildungsstrukturen und -prozessen, die viel stärker als bislang üblich auf die individuellen Unterschiede der Bildungsteilnehmenden eingehen." (Bundesministerium für Arbeit und Soziales 2013, 84)

Die daraus resultierende Diskussion über inklusive Bildung schließt das Erwachsenenalter weitgehend aus. Wenn Feuser (1989) auch Gymnasien als Sonderschulen charakterisierte, so gilt Gleiches für Universitäten. An deutschen Hochschulen gelten Zulassungsverordnungen, die regeln wer zur Aufnahme eines Studiums und somit zum Besuch von Lehrveranstaltungen und zur Nutzung von Einrichtungen der Hochschulen, berechtigt ist. Der Zugang ist nur durch den Nachweis der zertifizierten Hochschulreife zu erreichen. Das deutsche Hochschulsystem funktioniert nach dem Leistungsprinzip, nach dem vermeintlich bei gleicher Leistung auch gleiche Chancen offen stehen (vgl. Geißler 2008, 274). Hochschulbildung gilt dabei als knappe Ressource, die eine gute Platzierung auf dem Arbeitsmarkt sichern soll. Daher wird nur zugelassen, wer z.B. den Numerus Clausus überwindet und einen erfolgreichen Abschluss verspricht. Menschen mit Behinderung können an Hochschulen studieren, wenn sie die geforderten Leistungen ggf. durch Gewährung eines Nachteilsausgleichs erbringen können. Ein zieldifferentes gemeinsames Lernen von Menschen mit und ohne Lernschwierigkeiten auf der Basis differenzierter Inhalte und Kompetenzbeschreibungen in den Curricula eines Studiengangs, findet an Hochschulen jedoch nicht statt. Der Anspruch, Hochschulangebote inklusiv zu gestalten konterkariert die beschriebene Allokation- und Selektionsfunktion.

In der BRD studieren aktuell etwa 450.000 Menschen mit Beeinträchtigungen. Aus dieser Gruppe geben ca. 95.000 Studierenden (ca. 4% aller Studierenden) an, eine schwerere Beeinträchtigungen zu habe, die zu Schwierigkeiten im Studium führe. Dabei sind psychische Beeinträchtigungen und chronische Erkrankungen die am häufigsten genannten Beeinträchtigungen (vgl. Bundesministerium für Arbeit und Soziales 2013, 86). Menschen mit Lernschwierigkeiten sind in diesen Statistiken nicht einbezogen, sie haben aufgrund des Schulabschlusses einer Förderschule keine Zulassungsberechtigung. Auch so genannte GasthörerInnen, die nicht in einem Studiengang immatrikuliert sind, sich aber für bestimmte Themen interessieren, müssen bestimmte Voraussetzungen erfüllen (an der Pädagogischen Hochschule Heidelberg ist dies laut Zulassungsordnung eine Anmeldung mit Vorlage des Schulabschlusszeugnisses). Dies gilt, obwohl GasthörerInnen grundsätzlich nicht berechtigt sind, geprüft zu werden und somit keine arbeitsmarktrelevanten Zertifikate an der Hochschule erwerben können. Muss das so sein?

- Welche Barrieren erschweren bzw. verhindern die Teilhabe von Menschen mit Lernschwierigkeiten an hochschulischen Angeboten?
- Ist zieldifferentes Lernen auch an Hochschulen didaktisch möglich?

Zur Beantwortung dieser Fragen werden wir zuerst in Anlehnung an das Partizipationsmodell nach Beukelmann und Mirenda (1998) (vgl. Antener 2001) Teilhabebarriere für Menschen mit Lernschwierigkeiten an Hochschulen identifizieren. Im zweiten Schritt stellen wir unsere Erfahrungen aus inklusiven Hochschulseminaren an der Pädagogischen Hochschule (PH) in Heidelberg vor.

1 Teilhabebarrieren im System Hochschule

Selbst Studierende mit Behinderung, die kognitiv nicht beeinträchtigt sind, bemängeln zahlreiche infrastrukturelle Barrieren oder fehlende Unterstützungsangebote, die ihnen das Studium erschweren (Bundesministerium für Arbeit und Soziales 2013, 109). Anhand des Partizipationsmodells, das ursprünglich zur Erfassung von Teilhabebarrieren im Bereich der Unterstützten Kommunikation entwickelt wurde, können hindernde Faktoren im Bereich der Kompetenz der

Studierenden selbst und deren Bezugspersonen und in Bezug auf äußere Faktoren identifiziert und Möglichkeiten zu deren Abbau geplant werden.

Zu Beginn der Analyse werden die Aktivitäten, an denen eine Person täglich teilnimmt, zusammengestellt. Diese Orientierung an der Lebenswirklichkeit der Studierenden erhöht die Wahrscheinlichkeit, dass die Interventionen an individuell bedeutsamen Bereichen des Alltags anknüpfen somit subjektiv als sinnvoll und effektiv empfunden werden. Dann werden die Partizipationsmöglichkeiten mit denen Gleichaltriger mit und ohne Behinderung verglichen. Im dritten Schritt geht es darum herauszufinden, welche Zugangsbarrieren (aktuellen Fähigkeiten und Einstellungen der Personen selbst und auf ihre unmittelbare Umgebung sowie Umgebungsfaktoren wie barrierefreies Gebäude, etc.) und Gelegenheitsbarrieren (politische und soziale Faktoren) vorliegen (vgl. Antener 2001). Auf der Basis der erhobenen Daten lässt sich ein Interventionsplan erstellen. Im letzten Schritt wird dann überprüft, ob die eingeleiteten Maßnahmen zu einer verstärkten Partizipation der betroffenen Person führen konnten. Das Partizipationsmodell skizziert einen kontinuierlichen zyklischen Prozess, in dem das Erreichte immer wieder hinterfragt und überprüft werden soll.

Wenden wir die Aspekte des Modells auf die Situation von Menschen mit Lernschwierigkeiten im Kontext von lebenslangem Lernen z.B. an Hochschulen an, so werden folgende Barrieren sichtbar:

Einstellungen
- fehlendes Zutrauen von Menschen mit Lernschwierigkeiten, Kurse an der Hochschule zu besuchen und fehlende Unterstützung/Bestärkung durch Bezugspersonen oder BildungsexpertInnen
- fehlende Bereitschaft von Lehrenden die Veranstaltungen zu öffnen und die hochschuldidaktischen Maßnahmen auf eine heterogene Gruppe abzustimmen

Sprache und Interaktion
- kein niederschwelliger Zugang zu Informationen zur Ausschreibung und Anmeldung von Kursen sowie deren sprachliche Barrierefreiheit
- keine verständliche – in einfacher oder leichter Sprache verfassten – und bebilderte Lernmaterialien sowie eine an die Teilnehmer angepasste Sprache in Lehrveranstaltungen

Mobilität
- keine mit öffentlichem Personennahverkehr gut erreichbaren und barrierefreien Veranstaltungsorte sowie schriftliche/bildliche oder personelle Orientierungshilfen bei der Anfahrt und der Orientierung vor Ort

Selbstständigkeit
- nicht ausreichend klare Strukturierung von Abläufen
- zu hohe finanzielle Kosten
- fehlende zur Verfügung stehende individuelle Assistenz

Das notwendige didaktisch-methodische Wissen von Lehrenden und Lernenden zur Gestaltung zieldifferenter Lernsituationen wird im Folgenden erläutert.

2 Handlungsforschung zur Klärung didaktischer Teilhabekriterien

Man kann die inklusiven Hochschulseminare, die seit 1999 einmal jährlich an der PH Heidelberg stattfinden, als Versuch verstehen, im Sinne der Handlungsforschung zu klären, ob und wie Zieldifferenz möglich ist. Die bisherigen Bildungsinhalte dieser Seminare waren z.B. Arbeit – Teil des Lebens, Wohnen – Teil des Lebens, Kunst, Musik, Sexualität, Literatur etc. Zwei Seminare hatten die Erarbeitung eines Stadtführers für Heidelberg in Leichter Sprache zum Gegenstand und in zwei Seminaren wurden inklusive Studienreisen nach Venedig (Italien) und Linköping (Schweden) vor- und nachbereitet.

Im Forschungsansatz ging es darum, praxisnahe Hypothesen zu einem Problemfeld aufzustellen und dementsprechend sinnvolle Veränderungen im regionalen sozialen Feld durchzuführen, um dann die Auswirkungen dieser Veränderungen zu evaluieren (vgl. Huschke-Rhein 1991). Es wurden Methoden ausgewählt, die diesem Grundgedanken folgen wie z.B. strukturierte oder auch unstrukturierte Beobachtung und Protokolle sowie mündliche und schriftliche Befragungen.

2.1 Orientierung an der Projektmethode

Ein Teil der inklusiven Seminare orientierte sich in Organisation und Ablauf an der Projektmethode. Dabei wurden die Phasen: Orientierung auf ein Ziel, Planung der Handlungsschritte, Umsetzungen und Überprüfung des Ergebnisses durchlaufen. Nach Gudjons sind folgende Merkmale, die auch auf unser Seminar zutreffen, für ein Projekt charakteristisch (vgl. Gudjons 2001):
- Projekte basieren auf einer offenen Planung unter Einbezug der Lernenden. So wird deren Eigenverantwortung und weitest gehende Selbstorganisation gestärkt.
- Die Themenauswahl wird durch Situationsbezug und Lebensweltorientierung bestimmt. Dies geschieht, indem die Fragestellungen oder Probleme, die sich im Alltag der Lernenden ergeben, als Ausgangspunkte genutzt und im Projektverlauf verändert werden, z.B. wurden im Stadtführerprojekt in einem inklusiven Prozess ein Stadtführer und eine Qualifizierungsmaßnahme für Gästeführer

in leichter Sprache entwickelt und umgesetzt. Beide ermöglichen ein Angebot inklusiver kultureller Teilhabe in der Region.
- Projektarbeit ist zielgerichtetes Tun. Im Mittelpunkt steht hierbei ein Ergebnis (z.B. ein Gegenstand oder eine sich im Handeln niederschlagende Einstellungsänderung), an dem alle Beteiligten gleichermaßen interessiert sind, und an dessen Erstellung sie sich kooperativ und arbeitsteilig beteiligen.
- Innerhalb eines Projektes sollen geistige und körperliche Arbeit zusammengeführt werden. Theorie und Praxis werden im Idealfall ganzheitlich erlebt.
- Die Lernenden lernen in erster Linie voneinander und miteinander. Die Projektarbeit will demokratische Umgangsformen fördern.

Eine mit Mitgliedern aus allen TeilnehmerInnen-Gruppen besetzte Projektsteuerungs- oder Begleitgruppe beobachtet, reflektiert und unterstützt den Ablauf, eine Dokumentationsgruppe sorgt für die Ergebnissicherung und eine begleitende Evaluation.

2.2 Forschungsfragen und -ergebnisse

Diese Art von Forschung kann nicht wertfrei betrieben werden, d.h. der Forscher ist kein außenstehender objektiver Beobachter, sondern greift parteilich in den Forschungsprozess ein. Zudem sind Befragte und Beobachtete innerhalb des Forschungsprozesses gestaltende Subjekte und gleichberechtigt (vgl. Mayring 2002). Daher haben wir unsere Erhebungen gemeinsam mit den SeminarteilnehmerInnen mit und ohne Lernschwierigkeiten durchgeführt.

Auf diesem Wege konnten die Fragen nach dem ‚Wie' (Wie gelingt gemeinsames Lernen und Arbeiten hochschuldidaktisch?) und nach der Relevanz und Bedeutung solcher Veranstaltungen für die Beteiligten geklärt werden (Welche für ihre zukünftige ‚inklusive' Praxis relevanten Kompetenzen erwerben die Studierenden? Welche Bildungschancen nutzen die TeilnehmerInnen mit Behinderung in solchen Veranstaltungen?).

In etlichen Seminaren wurden regelmäßig ‚Barometer' eingesetzt, auf denen die TeilnehmerInnen anzeigen und auch schriftlich ergänzen konnten, wie gut ihnen die Sitzung gefallen hatte, was sie gelernt haben und was sie gestört hat. In allen Seminaren fanden zwei bis drei Reflexionsrunden statt, in denen eingangs alle ihre Erwartungen an das Seminar formulierten und später mit unterschiedlichen Methoden reflektierten, wie sie die Ergebnisse, die Lernformen und das Gelingen der Kooperation im Seminar einschätzten. Beurteilt und diskutiert wurden u.a. auch die Rollen, die alle bei der Zusammenarbeit im Seminar und in den Arbeitsgruppen eingenommen haben und der Beitrag, den alle zu den Ergebnissen beitragen konnten.

Die wichtigsten Ergebnisse stellen wir in Ausschnitten im Folgenden dar.
Als didaktische Voraussetzungen für ein Gelingen der inklusiven Veranstaltungen erwiesen sich:

- die Berücksichtigung unterschiedlicher Aneignungsmöglichkeiten der Lernenden;
- die Auswahl der Bildungsinhalte in Abstimmung mit den Lernenden sowie deren Aufbereitung mit Hilfe von Elementarisierung;
- der Einsatz einer handlungsorientierten Methodik, die Differenzierung ermöglicht;
- die individuelle Reflexion des Lerngewinns sowie kollektive Rückmeldungen zur Kooperation im Lernprozess.

2.2.1 Aneignungsmöglichkeiten

Traditionell orientieren sich Bildungsangebote in Schulen, Hochschulen und in der Erwachsenenbildung an der Vorstellung homogener Lerngruppen z.B. in Bezug auf das Lerntempo und die Lernstrategien: Das hat zur Folge dass die Aufgaben für alle gleich gestaltet werden und auch alle bei der Evaluation an den gleichen Kriterien gemessen werden. Das gilt prinzipiell auch für den Bereich der universitären Bildung, wo ein bestimmter Bildungsabschluss verlangt wird. Tatsächlich erweist sich diese Annahme jedoch als Fiktion, sodass die Prinzipien der Differenzierung und Individualisierung inzwischen für alle Schulformen in ihrer grundlegenden Bedeutung anerkannt sind (vgl. Terfloth & Klauß 2014). Dies sollte auch für Seminargruppen in Hochschulen gelten.

In der Tradition der Entwicklungspsychologie der kulturhistorischen Schule (vgl. Feuser 1989) lässt sich die ‚Aneignung' von Bildungsinhalten als dialektischer Prozess verstehen, bei dem sich das Subjekt die kulturell gestaltete Welt zu Eigen macht und diese dabei gleichzeitig aktiv selbst gestaltet. Orientiert an den unterschiedlichen und in der Entwicklung nacheinander ‚dominierenden Tätigkeiten' lässt sich beschreiben, dass Menschen sich die kulturelle Welt sowohl ‚perzeptiv', also über die Wahrnehmung, ‚manipulierend', also durch eine Nutzung der Dinge im ‚eigenen' Sinne, gegenständlich, durch Übernahme des kulturellen Sinnes der Gegenstände etc. aneignen. „Die Aneignungsmöglichkeiten beschreiben die Art und Weise, in der sich die Schülerin oder der Schüler mit einem Bildungsgegenstand auseinandersetzt und sich diesen zu Eigen macht. Sie können qualitativ – in ihren Merkmalen, nicht in ihrem Wert – unterschieden werden. Sie sind altersübergreifend und erlauben keine Rückschlüsse auf das Lebensalter (...)", so der badenwürttembergische Bildungsplan der Schule für Geistigbehinderte (vgl. Ministerium für Kultus, Jugend und Sport 2009, 14).

2.2.2 Bildungsinhalte

Um ein ‚Lernen am Gemeinsamen Gegenstand' zu ermöglichen, sollte nach Möglichkeit in Absprache mit den TeilnehmerInnen ein Themenbereich gewählt werden, bei dem davon auszugehen ist, dass dieser für alle Beteiligten von hoher Relevanz ist.

Um Bildungsinhalte für eine heterogene Gruppe aufbereiten zu können, bietet sich der didaktische Ansatz der Elementarisierung an. Dieser stellt einen sorgsamen Abstimmungsprozess zwischen dem Kerngehalt des Bildungsinhaltes und den Lernvoraussetzungen dar. Ziel der Elementarisierung ist es, das der Bildungsinhalt zum subjektiv bedeutsamen Lerngegenstand für alle Beteiligten werden kann. Das bedeutet nicht, dass jeder mit den gleichen Vorgehensweisen und Materialien den identischen Umfang des Themas erarbeitet. Vielmehr werden Zuschnitt des Themas und Lernweg individualisiert. Die im hierarchischen Bildungssystem angelegte implizite Verknüpfung von Bildungsinhalt und kognitivem Lernvermögen wird durch die Elementarisierung überwunden (vgl. Böing & Terfloth 2013, 25f).

2.2.3 Differenzierte Methodik

Die Beschäftigung mit einem Gemeinsamen Gegenstand in einer heterogenen Gruppe erfordert Maßnahmen der Öffnung der Lernsituationen im Sinne der Steuerung des Lernprozesses durch die Lernenden. Die eigene Planung und Vorstrukturierung des Lernprozesses führt zu einem hohen Kohärenzgefühl, da der Lernerfolg von dieser Tätigkeit maßgeblich mitbestimmt wird. Dabei zeigt sich mit Blick auf unterschiedliche Lernerfahrungen und Reflexionskompetenzen ein Spannungsfeld zwischen der Vorbereitung von Differenzierungsmöglichen durch die LernbegleiterInnen und der natürlichen Differenzierung durch die Lernenden selbst.

Zudem stellt sich die Frage: Lernen in inklusiven Settings immer alle zusammen? Wocken schlägt vor, eine Balance zwischen individualisierenden und kooperativen Lernsituationen anzustreben (vgl. Wocken 1998, 37ff). Einige Formate wie z.B. Lerntheke, Wochenplan oder Freiarbeit sind geeignet, um den individuellen Lern- und Leistungsmöglichkeiten gerecht zu werden. Charakteristisch für kooperative Lernsituationen hingegen ist es, dass die Handlungsziele der Lernenden unterschiedlich oder gleich sein können, jedoch auf jeden Fall miteinander verbunden sind. In komplementären Lernsituationen werden zwar verschiedene Ziele verfolgt, können jedoch nicht ohne den jeweils anderen verwirklicht werden. In der solidarischen Lernsituation wird ein gemeinsames Ziel arbeitsteilig verfolgt (vgl. ebd. 48f). Diese Situation kommt der Vorstellung Feusers zum kooperativen Lernen am Gemeinsamen Gegenstand am nächsten und kann seiner Meinung nach in Form von Unterrichtsprojekten realisiert werden.

> *„Kooperative, solidarische Lernsituationen vereinigen in höchster Form alle gemeinschaftsstiftenden, integrationsförderlichen Faktoren: Die Aufgaben und Ziele sind aufeinander be-*

zogen, die Tätigkeiten und Arbeitsprozesse sind koordiniert und wechselseitig abgestimmt, es gibt einen Fundus an gemeinsamen Erfahrungen und Erlebnissen" (ebd. 1998, 50).
Dennoch sollte berücksichtigt werden, dass Lernsituationen dieser Art nach Wocken ca. 10% des Unterrichts ausmachen können und keine reguläre Form darstellen (vgl. ebd., 50).

3 Beispiele geöffneter Hochschulseminare

Im Folgenden werden wir zwei unterschiedliche Beispiele von Hochschulseminaren an der PH Heidelberg beschreiben, die außer für Studierende auch für TeilnehmerInnen geöffnet waren, die nicht die Zugangsvoraussetzung für ein Universitätsstudium mitbringen.
- Eine „Lerntheke: Freundschaft-Liebe-Sexualität" mit individualisierten Angeboten (vgl. Terfloth & Klauß 2011) und
- Ein „Projektseminar: Heidelberger Stadtführer in Leichter Sprache" (vgl. Terfloth & Klauß 2013).

An den Seminaren nahmen zwischen drei und sechs SchülerInnen mit dem Förderschwerpunkt Geistige Entwicklung, acht bis 12 Beschäftigte einer WfbM und zwischen 18 und 15 Studierende der Sonderpädagogik gemeinsam teil. Über die Veranstaltungen wurde in den WfbM der Lebenshilfe Heidelberg und in der Schule durch Aushänge, persönliche Ansprache und bei einer extra Veranstaltung informiert. Mit den InteressentInnen wurde dann gemeinsam über Teilnahme entschieden.

3.1 Lerntheke „Freundschaft – Liebe – Sexualität"

Ein Kurs zum Thema Sexualität sollte sowohl biologische Grundlagen, als auch gesellschaftliche Vorstellungen und die individuelle Auseinandersetzung mit der eigenen Sexualität beinhalten. Diese Aspekte haben für Menschen mit und ohne Lernschwierigkeiten im Jugend- und Erwachsenenalter gleichermaßen Bedeutung. Allerdings ist dabei von sehr unterschiedlichen Vorkenntnissen und Erfahrungen der TeilnehmerInnen auszugehen. Das macht es erforderlich, das Thema sehr breit anzubieten und inhaltliche Schwerpunkte zu wählen, die bei allen auf Interesse stoßen sollten. Wir vereinbarten mit der Gruppe folgende inhaltliche Schwerpunkte: Körperlust und Körperfrust; Ein Freund, ein guter Freund, Ich bin von Kopf bis Fuß auf Liebe eingestellt und Let`s talk about sex. Die Heterogenität der TeilnehmerInnen resultierte auch aus den unterschiedlichen Aneignungsmöglichkeiten. Es bot sich daher als methodische Arbeitsform die Lerntheke an.
Dabei wird ein Themenkomplex in seine Teilaspekte aufgegliedert, die anhand von selbsterklärenden Aufgabenstellungen und Materialien selbständig von den Lernenden erarbeitet werden können. Die Lerntheke bietet eine Auswahl an ver-

schiedenen inhaltlichen Aufgaben und Bearbeitungsformen. Sie ähnelt dem Lernen an Stationen, mit dem Unterschied, dass alle Materialien auf einer „Theke" ausliegen und keine Reihenfolge abgearbeitet wird. Die Materialien bauen also nicht zwingend aufeinander auf. Die LernbegleiterInnen, also die SeminarleiterInnen wie auch TeilnehmerInnen, die bestimmte Themenbereiche didaktisch strukturieren, können aber Pflichtaufgaben definieren. Die Lernenden treten innerhalb des festgelegten Zeitfensters in eine individuelle Auseinandersetzung mit den angebotenen Lernanlässen bzw. Frage- und Problemstellungen. Somit bestimmen diese an der Lerntheke ihr Programm selbst und nehmen somit auch selbst Maßnahmen der Differenzierung vor. Manche Aufgaben eignen sich für die Bearbeitung in einer Gruppe, anderen nur für die Einzel- oder Partnerarbeit. Der Vorteil dieser Arbeitsform liegt darin, dass durch das selbständige Arbeiten und die Auswahlmöglichkeiten nach Interessen und Neigungen ein hohes Maß an Motivation entsteht. Zudem wird die Sozialkompetenz der Lernenden gefordert und gefördert.

Die Aufgaben der Lerntheke wurden im Seminar am Prinzip der Handlungsorientierung ausgerichtet. Es ging darum, einen Zugang zum Thema nicht nur durch das gesprochene und geschriebene Wort anzubieten, sondern diese um Handlungs- sowie Erlebnisweisen sowie bildliche und anschauliche Formen zu ergänzen. Die Handlungsorientierung umfasst zwei Grundformen des aktivproduktiven Tuns:

- Prozessorientierung durch vielfältiges Erleben z.B. durch Versuche, ‚Erwecken' geschriebener Texten durch praktisches Handeln und den aktiven Gebrauch der Sinnesmodalitäten, Rechercheaufgaben in Büchern oder im Internet, ‚Diskussionsanlässe' wie z.B. Filme, Liedtexte, Thesen, Fragestellungen, Rollenspiele
- Produktorientierung durch das Erzeugen von neuen Ergebnissen z.B. Schreib- oder Gestaltungsaufgaben wie Collagen oder Arbeitsblätter, Modelle bauen, ebenso Befragungen von Passanten auf der Straße etc.

Die Kulturtechniken des Lesens und Schreibens stellen bei der handlungsorientierten Erschließung von Bildungsinhalten keine notwendige Voraussetzung dar. Es ist jedoch gerade bei der Erwachsenenbildung auf Altersadäquatheit zu achten. Das gemeinsame (kreative) Tun und Erproben von Gegenständen – ohne die Barriere des geschriebenen Wortes – wirkte besonders motivierend auf die TeilnehmerInnen unseres Seminars. Boten diese Aufgaben doch am ehesten die Chance, in heterogen Arbeitsgruppen gemeinsam ein Thema zu bearbeiten. An zweiter Stelle rangierte die Arbeitsform der ‚Diskussionsanlässe'. Diese Methode wurde oft bei Themen eingesetzt, zu denen unterschiedliche Einstellungen oder moralische Werte vertreten werden konnten. Diese Arbeitsweise wurde häufig von den Studierenden vorgeschlagen. Die TeilnehmerInnen aus der WfbM griffen sehr oft auch zu den Arbeitsblättern, bei denen häufig bildliche Darstellung beschriftet oder sortiert werden sollten. Diese Arbeitsform war vielen aus dem schulischen

Kontext bekannt und hatte somit vermutlich auch eine Sicherheit vermittelnde Funktion beim Lernen.

3.2 Projekt „Stadtführer in leichter Sprache"

Ein Beispiel für die inklusiven Seminare, die sich an der Projektmethode orientierten, war das, in dem ein Stadtführer in Leichter Sprache erarbeitet wurde.

3.2.1 Stadtführerprojekt – Projektbeginn und Zielsetzung

Zu Beginn des Stadtführerprojektes wurde Heidelberg in kleinen Gruppen erkundet. Jeder konnte seine Lieblingsorte zeigen. Die TeilnehmerInnen beschäftigten sich mit verschiedenen Fragen wie:
- Was findest du an Heidelberg schön?
- Wie gut kannst du dich mit den Stadtführern in Heidelberg zu Recht finden?
- Was interessiert dich an einer fremden Stadt?
- Was brauchst du, um dich gut informieren zu können?
- Was sollten Besucher mit und ohne Mobilitätseinschränkungen über Heidelberg erfahren?

Das Ziel einen Stadtführer in Leichter Sprache zu entwickeln wurde gemeinsam formuliert.

Um erste Eindrücke und Anregungen zum Thema Stadtführer in Leichter Sprache zu erhalten, orientierten sich die TeilnehmerInnen bei der Planung und Gestaltung der Touren an schon vorhandenen Führern in Leichter Sprache aus anderen Städten.

In einem nächsten Schritt entschied die Gruppe, welche Sehenswürdigkeiten, Themen und Informationen sie in ihren Stadtführer aufnehmen wollten. Die Gruppe legte fünf Themenbereiche für unterschiedliche Touren in und um Heidelberg herum fest.

3.2.2 Arbeitsteilige Erstellung des Stadtführers

Dann wurden fünf Arbeitsgruppen eingerichtet. Jede von ihnen entwarf eine Stadttour durch Heidelberg, wobei sie Inhalte, Ziele, Wege und auch einen Namen der Tour festlegten. In den folgenden Sitzungen wurden die Routen weiter entwickelt und mit Beschreibungen von Sehenswürdigkeiten und Attraktionen sowie Informationen über die Stadt und ihre Geschichte, Kunst und Museen, Hotels und Restaurants und praktische Hinweise, Tipps und nützliche Adressen gefüllt.

Gemeinsam fand eine Auseinandersetzung mit dem Konzept der ‚Leichten Sprache' statt, nach deren Regeln die Texte verfasst und bearbeitet werden sollten. Die Rohversionen wurden dann in der Stadt von einer anderen Gruppe getestet und nach Kriterien wie Zeit, Verständlichkeit des Textes und Gestaltung bewertet. Die

Touren wurden anschließend mit Hilfe von Rückmeldungen der anderen Gruppen überarbeitet.

Eine wesentliche Rolle bei der Erstellung der Texte, Bilder und der Tourverläufe spielte die Frage der Zugänglichkeit. Orientiert am Konzept der Aneignungsmöglichkeiten wurde überlegt, welche Informationen in welcher Form begrifflich-abstrakt, anschaulich, konkret-gegenständlich und auch basal-perzeptiv angeeignet werden konnten. Im Stadtführer sollten – in Leichter Sprache verfasste – Texte durch gut verständliche Bilder veranschaulicht werden. Auch die Wege wurden anschaulich mit Bildern und Pfeilen dargestellt. Die Pläne für die Touren wurden ebenfalls nicht abstrakt, sondern durch eingefügte Bilder und Symbole anschaulich gestaltet. Es ging aber auch um konkrete Aktivitäten, die an den jeweiligen Stationen der Touren möglich sind sowie um das, was man dort wahrnehmen kann. In Kooperation mit einem Designer wurde das Layout erarbeitet. Zudem zeichnete dieser detaillierte Stadtpläne neu. Geplant und erprobt wurde außerdem eine Version für Audio Guides; leider konnte dieses Vorhaben nicht in die Realität umgesetzt werden. Am Ende des Semesters hielten die TeilnehmerInnen eine vorläufige Version des Stadtführers in den Händen.

3.2.3 Zwischenevaluation 1

Im Folgeseminar fand vor allem eine Überprüfung der Inhalte, der Routen, der Texte und der Darstellungen statt. Eine professionelle Stadtführerin wurde engagiert, die in Bezug auf Inhalte, korrekte Informationen sowie zum Verlauf der Touren etc. fachkundig beriet.

Die Qualität des erarbeiteten Produktes wurde auch durch eine mündliche und schriftliche Befragung von externen Menschen mit Lernschwierigkeiten, die an einer Stadtführung teilgenommen haben, gemeinsam evaluiert. Die TeilnehmerInnen bekamen in kleinen Gruppen je eine Version der Altstadttour in Leichter Sprache und sollten die Tour anhand der Weg- und Ortsbeschreibungen eigenständig erfassen und ablaufen. Die Befragung der TeilnehmerInnen im Anschluss der Tour bezog sich auf den Inhalt (Auswahl der Orte, Sehenswürdigkeiten) den Text (Informationsgehalt, Sprache) und auf das Layout (Größe und Handhabbarkeit des Buches; Umfang sowie Verhältnis von Bild und Text, Strukturierung und Übersichtlichkeit der Seiten) sowie eine persönliche Einschätzung (eigene Orientierungsfähigkeit mit Hilfe des Stadtführers, Zufriedenheit mit dem Umfang der Tour) (vgl. Banzhaf 2011). Die Rückmeldungen wurden in die Überarbeitung des Stadtführers einbezogen.

3.2.4 Weiterentwicklung der Ziele „Qualifizierung von Gästeführern in Leichter Sprache"

Wegen des großen Interesses der WerkstattmitarbeiterInnen an dem Projekt, wurde ein Qualifikationsprogramm für ‚Stadtführungen in Leichter Sprache' entwickelt und umgesetzt. Einige TeilnehmerInnen mit Lernschwierigkeiten wurden im Rahmen des Projektes als GästeführerInnen ausgebildet. Sie haben inzwischen bereits mehr als 70 Gruppen durch die Stadt geführt.

Die Qualifizierung orientierte sich inhaltlich am Ausbildungskonzept des Bundesverbands der Gästeführer in Deutschland e.V. (BVGD). Dieses wurde jedoch elementarisiert und erfolgte in folgenden Schritten (vgl. Altnickel 2011):

- Information der Interessenten über Organisation und Ablauf der Ausbildung (Motivation und Orientierung);
- Erarbeitung fachlicher Inhalte und sozial-kommunikativer Kompetenzen (Aneignung);
- Durchführung von Probeführungen ohne Gäste (Training und Vertiefung);
- Durchführung von Gästeführungen im realen städtischen Umfeld mit einer Gruppe von Gästen (Festigung).

Die Erarbeitung fachlicher Inhalte (historische Daten und Anekdoten zu den Sehenswürdigkeiten) und sozial-kommunikativer Kompetenzen fand anschaulich, medial unterstützt, mit viel Eigenaktivität der TeilnehmerInnen und in einem lebendigen, wechselseitigen Austausch statt. Arbeitsgrundlage vieler Sitzung waren schriftliche Informationen zu den einzelnen Stationen der ‚Altstadt-Tour', zu Präsentations- und Führungsfähigkeiten, zum Vorgehen in Not-Situationen, Zeitmanagement sowie zum Gästeführer als Teil des Tourismuswesens. Neben den Inhalten des gedruckten Stadtführers wurden weiterführende (Hintergrund-)Informationen sowie illustrierende Bilder zur Verfügung gestellt.

Seit Beginn der Qualifizierungsphase findet wöchentlich in der kooperierenden WfbM eine Weiterführung und Auffrischung der Ausbildung statt. Bei den Treffen werden die Informationstexte zu den Stationen der Tour gemeinsam gelesen (in Text und/oder Bild) und mit Hilfe eines Zeitstrahls zur geschichtlichen Einordnung der Geschehnisse und einer Altstadt-Karte Heidelbergs besprochen. Die TeilnehmerInnen verfügen über eine Mappe mit allen nötigen und ergänzenden Informationen, um auch eigenständig damit arbeiten zu können.

3.2.5 Zwischenevaluation 2

Nach den ersten Führungen wurden alle TeilnehmerInnen gebeten, in ca. 5 min. einen Fragebogen zur Einschätzung der Gästeführung (sachliche Inhalte) und der GästeführerInnen (Präsentations- und Führungsfähigkeiten) und ihrer persönlichen Beurteilung auszufüllen. Der Fragebogen für die Gäste sollte einen mehrperspektivischen, intersubjektiven Blick auf die Kompetenzen der GästeführerInnen und die Qualität der Führung eröffnen. Zur Selbsteinschätzung wurde den GästeführerInnen ein Fragebogen ausgeteilt, in dem sie um eine Bewertung der Ausbildung (Zeit der Vorbereitung, vermittelte Informationen, Organisation der Ausbildung, usw.) und eine Einschätzung ihres Lernstands gebeten wurden. Bei den meisten der 16 Items handelte es sich um Multiple-Choice-Fragen, wobei zu jedem Item auch persönliche Anmerkungen notiert werden konnten. Lediglich drei Fragen waren offen gehalten.

Schließlich wurden mit Hilfe eines differenzierteren Beobachtungsbogens eine umfassende Analyse der Kenntnisse und Kompetenzen der GästeführerInnen sowie eine Einschätzung der Qualität der Führungen angestrebt. Dafür wurden externe Beobachter einbezogen; sie bekamen auch den Text der ‚Altstadt-Tour' zum Abgleich mit dem Gesagten ausgehändigt. Außerdem erhielten sie den Auftrag, bereits während der Führung den Beobachtungsbogen auszufüllen, der sich auf die Inhalte der GästeführerInnen-Qualifizierung bezog und 47 Items umfasste, die sich auf die Bereiche ‚allgemeines und regionales Sachwissen' und ‚Präsentations- und Führungsfähigkeiten' bezogen.

Bei den Selbsteinschätzungen der GästeführerInnen fallen eine realistische Einschätzung der Ausbildungsverhältnisse sowie der eigenen Kompetenzen auf. Sie reflektieren das vorhandene und noch zu vertiefende Fachwissen; fordern ein, Kenntnisse und Kompetenzen stärker selbst zu erarbeiten und mehr zu üben; wünschen für die Festigung mehr praktisches Training; brauchen teilweise Unterstützung bei den Gästeführungen; haben durch die Qualifizierungsmaßnahme zur/zum GästeführerIn ihr Interesse an dieser Tätigkeit entdeckt und äußern teilweise ein dabei gewachsenes Selbstvertrauen.

Der Stadtführer ist seit 2013 auf dem Markt und die Ausbildung zu GästeführerInnen in Leichter Sprache hat sich nun in Heidelberg fest etabliert.

4 Erkenntnisse aus den geöffneten Hochschulseminaren

Brücken ins Gemeinwesen: Das Stadtführerprojekt hat zum einen das kulturelle Angebot vor Ort verändert, es sensibilisiert auch weiterhin bei jeder Stadtführung neue Gäste mit und ohne Behinderung für das Thema „kulturelle Teilhabe" und hat Erkenntnisse zur Gestaltung von Projektarbeit in heterogenen Gruppen gebracht. Durch das inklusive Lernen an der Hochschule wurde eine Brücke in die Gemeinde hinein gebaut. Die große Nachfrage zur Teilnahme an den Seminaren zeigt, dass zieldifferentes Lernen eingefordert wird. Die Evaluationen einiger Seminare belegen, dass die Möglichkeit der gemeinsamen Kooperation mit unterschiedlichen Voraussetzungen besonders geschätzt wird und sich einige TeilnehmerInnen gerade auch aus diesem Grunde für ein inklusives Seminar angemeldet haben.

Bildungsinhalt, Aneignung und Methodik: Die Evaluation der Seminare zeigte auch, dass der Gemeinsame Gegenstand durchaus so organisiert werden kann, dass unterschiedliche Lernvoraussetzungen und Zugangsmöglichkeiten berücksichtigt und integriert werden können. Dabei wurde allerdings auch deutlich, dass keinesfalls alle den gleichen Lerninteressen folgen, dasselbe tun oder die gleichen Erkenntnisse gewinnen.

Lernmotivation und Lerngewinn: Die Studierenden der Sonderpädagogik sind es gewohnt, etwas über Menschen mit Behinderung zu erfahren. In diesen Seminaren stehen sie jedoch als Lernende selbst in einer Situation, die ihrer späteren beruflichen Praxis ähnlich ist. Die Reflexionen zeigten, dass die meisten Studierenden die dabei gewonnenen Erkenntnisse als sehr relevant einschätzten. Bei der Bewertung des Seminarerfolges unterschieden sie zwischen ihrem Lerngewinn bezüglich des Themas und den Erkenntnissen, die sie im Bereich der Gestaltung inklusiver Lernarrangements erworben haben. Hier verzeichneten sie bedeutsamere Lernerfolge als in Bezug auf das eigentliche Thema der Veranstaltungen (vgl. Terfloth & Klauß 2010).

Für die Menschen mit Lernschwierigkeiten zeigten die Seminarevaluationen, dass das Lerntempo und das Anspruchsniveau von ihnen als angemessen erlebt wurden und dass sie die Möglichkeit hatten, ein gleichberechtigtes Lernen zu erleben. Sie hatten – eher als die Studierenden – den Eindruck, viel Neues gelernt zu haben, wobei auch für sie die Erfahrung der gemeinsamen Kooperation und des gegenseitigen Kennenlernens einen hohen Stellenwert hatte. Bei ihnen war ein deutlicher Zuwachs des Selbstwertgefühls zu erkennen. Die Erfahrungen haben ihren Horizont erweitert und ihrer Persönlichkeitsentwicklung genutzt. In einigen Zitaten wird das deutlich: (vgl. Markowetz & Klauß 2000).

> *Mir hat es von Anfang an gefallen. Wir haben auch unsere Arbeit vorgestellt, und ich habe den Studenten alles in der Gruppe gezeigt. Ich habe bisher alles verstanden. Wir haben viel gelernt, und ich habe alles behalten (C.B.)*

> *Am Anfang war es für meinen Kopf ein bisschen anstrengend, weil ich das nicht gewöhnt bin. Auch das viele Sitzen war schwer, weil ich in der Gartengruppe arbeite. Aber jetzt habe ich mich an das Lernen gewöhnt und meine, dass es eine richtige Abwechslung ist. Ich weiß jetzt viel mehr über Arbeit (T.S.).*

> *Wir arbeiten viel in dem Seminar, und manchmal raucht mir der Kopf, aber ich habe viel davon (J.W.).*

> *Jedes Mal lerne ich etwas Neues, und wenn ich es mal nicht verstehe, erklären es mir die Studenten. Ich finde das Seminar toll (H.Z.). (ebd., 72)*

Interessant sind die Erkenntnisse über die im Seminar übernommenen Rollen und Aufgaben. Es zeigt sich, dass diese durchaus unterschiedlich wahrgenommen werden. So wählten die Studierenden – an Hand einer Abbildung – für sich die Rolle des ‚Animateurs' am häufigsten, aber auch die Rolle dessen, der zufrieden, ruhig und eher gleichmütig wirkend alles seinen Gang gehen lässt, und häufig sehen sie sich auch als Moderator und auf die Zeit Achtende. Die TeilnehmerInnen aus Schule und WfbM wählen demgegenüber am häufigsten ein Bild, das zwei Personen darstellt, die etwas zusammen arbeiten, und nur einzelne sehen sich auch als ‚Moderator' als ‚Zeitwächter' oder als ‚Animateur' (vgl. Klauß & Terfloth 2010).

Diese Rollenverteilung reflektieren die Studierenden als Unsicherheit bezüglich ihrer Rolle. Wie verträgt es sich miteinander, wenn sie ihre individuellen Lerninteressen berücksichtigen und deshalb z.B. Literatur lesen oder den Diskussionsprozess vorantreiben, zugleich aber im Kopf haben, dass sie das Lernniveau und Arbeitstempo der anderen Seminarteilnehmer beachten möchten? Müssen sie eine solche Doppelaufgabe übernehmen? Können sie das, ohne den anderen ihre Selbstbestimmung zu nehmen? Oder benötigt der Integrationsprozess eine Moderation von außen, also eine Person, die vor allem darauf achtet, dass ein gemeinsames Lernen auf unterschiedlichen Niveaus auch tatsächlich stattfinden kann, so dass sich die Beteiligten darauf begrenzen können, ihre eigenen Interessen zu verfolgen? Von den behinderten TeilnehmerInnen wurde diese Fragestellung nicht thematisiert.

Die dargestellten Beispiele und Erkenntnisse zeigen, dass es zahlreiche Herausforderungen für eine inklusive Lehrveranstaltung an Hochschulen gibt. Unsere inklusiven Hochschulveranstaltungen waren bisher im Institut für Sonderpädagogik verortet und somit auch (fast) nur zukünftigen SonderpädagogInnen zugänglich. Dabei stand auch der Aspekt der Professionalisierung der Studierenden im Fokus. Es stellt sich uns jedoch abschließend die Frage, ob nicht interessante Themen aus anderen Fakultäten und Fachbereichen für eine Gasthörerschaft ohne Abitur und Schulabschluss geöffnet und nach den oben beschriebenen didaktischen Kriterien ausgerichtet werden könnte – dies aber nicht im Sinne eines zielgruppenspezifischen Angebotes wie z.B. das Projekt „Kinderuni", sondern als Möglichkeiten inklusiver Erwachsenenbildung.

Literatur

Altnickel, J. (2011): Angewandte Geografie im Förderschwerpunkt geistige Entwicklung: Die Stadt erkunden und anderen erklären? PH Heidelberg: Wiss. Hausarbeit, unveröffentlicht.

Antener, G. (2001): Und jetzt? – Das Partizipationsmodell in der Unterstützten Kommunikation. In: Boenisch, J. & Bünk, C. (Hrsg.): Forschung und Praxis der Unterstützten Kommunikation. Karlsruhe: von Loeper Literaturverlag, 257-267.

Banzhaf, C. (2011): Teilhabe an Kultur für Menschen mit Beeinträchtigungen durch die Entwicklung eines Stadtführers für Heidelberg. Heidelberg: Wiss. Hausarbeit, unveröffentlicht.

Böing, U. & Terfloth, K. (2013): „Gedichte lesen, erleben und handelnd erarbeiten" Elementarisierung als Schlüssel zum inklusiven Literaturunterricht. In: Lernen konkret, 32 (3), 24-30.
Bundesministerium für Arbeit und Soziales (2013): Teilhabebericht der Bundesregierung über die Lebenslagen von Menschen mit Beeinträchtigungen. Teilhabe – Beeinträchtigung – Behinderung. Bonn.
Feuser, G. (1989): Allgemeine integrative Pädagogik und entwicklungslogische Didaktik. In: Behindertenpädagogik, 1, 4-48.
Geißler, R. (2008): Die Sozialstruktur Deutschlands. Zur gesellschaftlichen Entwicklung mit einer Bilanz zur Vereinigung. 5., überarbeitete und aktualisierte Auflage, Wiesbaden: VS Verlag für Sozialwissenschaften.
Gudjons, H. (2001): Handlungsorientiert lehren und lernen, Projektunterricht und Schüleraktivität. Bad Heilbrunn: Klinkhardt.
Huschke-Rhein, R. (1991): Systemische Pädagogik, Band II, Qualitative Forschungsmethoden. Köln: Rhein Verlag.
Klauß, Th. & Markowetz, R. (2000): Studierende, Werkstufenschüler und Werkstattmitarbeiter drücken gemeinsam die (Hoch-)Schulbank – Erste Erfahrungen und Erkenntnisse aus einem integrativen Seminar. In: Gemeinsam leben, 2, 68-75. Online unter: http://info.uibk.ac.at/c/c6/bidok/texte/gl2-00-seminar.html (23.02.2013)
Klauß, Th., Kunze, M., Plauth, C. & Schüfer, M. (2008): Die Heidelberger integrativen Hochschulseminare. In: Heß, G., Kagemann-Harnack, G. & Schlummer, W. (Hrsg.): Wir wollen – wir lernen – wir können! Erwachsenenbildung, Inklusion, Empowerment. Marburg: Lebenshilfe-Verlag, 256-263.
Mayring, P. (2002): Einführung in die qualitative Sozialforschung. Weinheim: Beltz.
Ministerium für Kultus, Jugend und Sport (2009): Bildungsplan der Schule für Geistigbehinderte. Stuttgart.
Terfloth, K. & Klauß, Th. (2010): Erfahrungen mit einem integrativen Seminar zum Thema Liebe – Freundschaft – Sexualität. In: Dobslaw, G. (Hrsg.): Sexualität bei Menschen mit geistiger Behinderung. Dokumentation der Arbeitstagung der DGSGB am 5.3.2010 in Kassel. Materialien der DGSGB, 23. Berlin, 32-53.
Terfloth, K. & Klauß, Th. (Hrsg.) (2013): Heidelberg in Leichter Sprache. 5 Touren durch die Stadt. Heidelberg, Selbstverlag.
Terfloth, K. & Klauß, Th. (2014): Lesekompetenz inklusiv fördern. Anforderungen an die Entwicklung von Kompetenzrastern für den inklusiven Unterricht. In: Esslinger-Hinz, I., Franz, E. & Trumpa, S.: Inklusion: Eine Herausforderung für die Grundschulpädagogik. Hohengehren: Schneider Verlag, (im Druck).
Wocken, H. (1998): Gemeinsame Lernsituationen. Eine Skizze zur Theorie des gemeinsamen Unterrichts. In: Hildeschmidt & Schnell (Hrsg.): Integrationspädagogik. Auf dem Wege zu einer Schule für alle. Weinheim, München: Juventa, 37-52.

Molly O'Keeffe, Edurne Garcia Iriarte,
Zoe Hughes und John Kubiak

The impact and journey of the Certificate in Contemporary Living (CCL) – a third level course for adults with intellectual disabilities at Trinitiy College, Dublin (Ireland)

1 Student's voice

"Hello, my name is Tomas, I am a graduate of Trinity College Dublin and I also have an intellectual disability. Here is my story.
We all try hard to fit in. It was difficult for me to form friendships, especially as a young child. When I went out to play, I was not accepted by some of the other children on my street and I remember my sister standing up for me.
When I started Secondary School, as I was putting my uniform on for the first time, I said to my mum "It's good to feel normal". Even though it became a challenge for me to cope with the work load on completion of my school exams I knew I wanted to learn and study some more.
After attending the National Institute for Intellectual Disability (NIID) Inclusive Summer School, I applied for and secured a place on the Certificate in Contemporary Living (CCL) course. Attending college enabled me to learn how to travel for the first time independently in and out of the city using public transport. Now I travel completely on my own to meet up with friends.
On the first day of college, I did not know anyone and I found it a little scary. I did not know what to expect from college life or if I would fit in. Now, as a graduate I still keep in contact with a lot of college friends and we continue to meet up in the city. I found the CCL course different and exciting. I gradually gained knowledge from the different subjects and modules.
I am very honoured to be an Ambassador of the course. I have worked with staff supporting the setup of CCL programmes in other universities around Ireland. I have also been an active researcher with the NIID. I travelled and presented with staff abroad in many countries including Iceland and the USA where I was a key note speaker on the student panel at The State of the Art Conference at George Mason University, Conference on Postsecondary Education and People with ID, Washington D.C.

My first job after graduation was with a well-known and respected accountants firm in Dublin. I'm now working two full days a week at a top law firm also in the city. I am extremely happy in the job. I am hoping to remain with this firm for the foreseeable future. I have a good active social life. Life is good."

Tomas graduated from the CCL in 2011 and continues to work in various ways alongside staff at the NIID. Tomas is also part of a growing cohort of CCL graduates, who have become agents of change and who continue to challenge the barriers that face adults with intellectual disabilities in Ireland.

2 Setting the scene – Historical perspectives on education for people with intellectual disabilities

Tomas' experience contrasts sharply with the dominant experience of people with intellectual disabilities until recent years. Traditionally, people with intellectual disabilities have been considered "non-educable" in Western and non-Western societies, meaning that they did not receive an education as their peers without disability. The 1960s however witnessed a change in North and Western Europe, the United States and Australia where social responses replaced individual and medical responses to disability (Albrecht, Seelman, & Bury 2001). Disability activists, parents of children with intellectual disabilities, and progressive professionals advocated for the rights of persons with intellectual disabilities leading in 1971 to the proclamation of the first international human rights document specifically focused on intellectual disabilities, the United Nations Declaration on the Rights of Mentally Retarded Persons. Simultaneously, scientific developments in the field of psychology took place demonstrating the learning potential of people with intellectual disabilities (Parmenter 2011). These developments, along with the progressive de-institutionalisation of people with intellectual disabilities, led to the development and provision of special and later mainstream, education to people with intellectual disabilities.

In Western societies where firm attempts to provide primary and secondary education to people with intellectual disabilities are made, there is still one big challenge, that of opening third level education to people with intellectual disabilities. In the last number of years, however, opportunities for tertiary study for people with intellectual disabilities have gradually increased in higher education in Nordic countries, Western Europe, United States and Australia.

In this chapter, we present one of these courses, the Certificate in Contemporary Living (CCL), run at the School of Education, TCD. We start by outlining available models for inclusive higher education to provide a broader conceptual background to the CCL. Next, we describe in detail all aspects of CCL programme including its evolution, its ongoing development and its associated research. Finally we outline the CCL's position within TCD and in the wider community.

3 Inclusive Higher Education programmes for people with intellectual disabilities

Globally, both the USA and Canada have shown strong leadership in the development of tertiary education opportunities for adults with intellectual disabilities. These fall into three broad categories: the substantially separate model, the mixed or hybrid model, and the totally inclusive model (Hart, Grigal, Sax, Martinez & Will 2006). Each type is presented below with examples from an Irish context.

Substantially separate model: Students participate only in classes with other students with disabilities (sometimes referred to as a "life skills" or "transition" programme). Students may have the opportunity to participate in generic social activities on campus and may be offered employment experience, often through a rotation of pre-established employment slots on-or off-campus (Hart, Grigal, Sax, Martinez & Will 2006). 'Project Interact', which ran successfully before the development of the CCL in 2004 is an example of this model. 'Project Interact' involved adults with intellectual disabilities travelling from their service provider, St. John of God, with the support of agency staff to attend classes and social activities hosted in TCD by the department of Occupational Therapy.

Mixed/hybrid model: Students participate in social activities and/or academic classes with students without disabilities (for audit or credit) and also participate in classes with other students with disabilities (sometimes referred to as "life skills" or "transition" classes). This model typically provides students with employment experience on/off campus (Hart, Grigal, Sax, Martinez & Will 2006). The CCL is an example of this model of inclusive education. Students leave with a TCD Certificate and are required to pay fees.

Inclusive individual support model: Students receive individualised services (e.g., educational coach, tutor, technology, natural college supports) for audit or credit of certificate programmes and/or degree programs. The individual student's vision and career goals drive the educational services. There is no program based on campus (Hart, Grigal, Sax, Martinez & Will 2006). The inclusive individual support model is the latest model of education to be introduced in Ireland and is currently running at the National University of Ireland, Galway (NUIG) since 2011, and more recently at the National University of Ireland, Maynooth. Students leave with a recognised qualification depending on the level they achieve at completion of the course.

As indicated above, the Irish landscape of post-secondary education for adults with intellectual disabilities has dramatically changed over the past 10 years. Prior to 2004, a range of segregated models were being offered in community colleges or by the Vocational Education Committee[1] in certain parts of the country. Some of these courses continue to include "Life Skills" training and continue to be delivered in partnership with State funded service providers.

In 2004, two Irish universities launched third level education programmes for people with intellectual disabilities. University College Dublin launched its one year part-time Certificate in Citizenship and Advocacy, while Trinity College launched its two year full-time CCL programme. Both programmes fell into the mixed/hybrid model.

Since the development of the two-year CCL certificate, many other Irish colleges and universities have offered educational opportunities at post-secondary level. The Strategic Innovation Fund from the Irish Department of Education, enabled the NIID to 'roll out' the CCL programme to five other Irish Higher Educational Institutions. As part of this process, CCL staff and students attended Open Days with each partner site, shared the CCL modules' content, provided tutor training and assisted with student recruitment. As a result of this initiative five Irish colleges and Institutes of Technology[2] are now running a version of the CCL programme which is done in partnership with a diversity of college departments along with service providers and community employment agencies.

4 Overview of the CCL programme

The CCL is a two-year course aimed at promoting full citizenship for students with intellectual disabilities through development of learning and social networks, as well as career opportunities (O'Brien, O'Keeffe, Kenny, Fitzgerald & Curtis 2008).

It is designed for people with an intellectual disability who have a strong motivation and a particular interest in furthering their education within a tertiary enviroment. Interested individuals are invited to attend an Open Day which provides an opportunity for them to learn more about the course content and to meet and talk with CCL staff, graduates and their parents/guardians. Candidates are also invited to attend a formal interview and a group workshop. Successful candidates are selected on the basis of their level of engagement in the interview and workshop, previous level of formal study and potential for personal and professional growth / development. Like every other college student, they have a student card that allows them access to all college facilities and services.

---

1 VEC = Vocational Educational Committee which were statutory local boards with the reasonability of providing some secondary but mainly adult education in Ireland. However since 2013 VEC's are being replaced by Education & Training Boards (ETB).
2 Dundalk Institute of Technology, Waterford Institute of Technology, University College Cork, St. Angela's College Sligo, Mary Immaculate College Limerick

4.1. Development of the CCL programme

A number of research projects have informed and supported the evolution of the CCL over the last ten years and are presented throughout the chapter. In 2007, the National Disability Authority (the independent state body providing expert advice on disability policy and practice to the Irish government and the public sector) funded a two year project to identify development opportunities of the CCL programme (O'Brien et al. 2008). This was achieved through exploring the experiences of students with intellectual disabilities and other stakeholders (e.g. family members, support staff, tutors).

Six overall lessons to develop the CCL course were identified and are listed below. Subsequent actions taken as a result of this project are expanded on in this chapter.

1. Need for a Transition process for students existing the course on completion (section 5, PATH process)
2. Need to develop a vocational aspect of the CCL (section 6, NIID Business Partners' Network)
3. Need to engage with and to support other third level institutions to develop educational opportunities for this cohort (section 3, CCL roll out)
4. Need for creative teaching methods and inclusion of mentors role to reflect diverse learning styles (section 4.5, students' experience of learning)
5. Benefits of attending third level institution for all students "regardless of their abilities"
6. Need to ensure true inclusion (presence and participation) (section 4.4, monitoring through action based research)

4.2 Outline of the CCL Programme

The course programme is made up of 11 modules (see Table 1) which cover the expressive arts, the humanities, sports and recreation and transferrable skills. CCL students are also provided with opportunities to partake in the wider campus life – they audit courses of their choice alongside their undergraduate peers (see O'Connor, Kubiak, Espiner & O'Brien 2012), they undertake an expressive arts programmes under the guidance of professional artists, and they experience and participate in a variety of work placements both within and outside the college environment. Finally, upon completing their studies, CCL students graduate in a formal ceremony with their non-disabled peers. Table 1 provides an overview of the modules with corresponding instruction and assessment methods.

Tab. 1: CCL course outline

	METHODS OF INSTRUCTION							METHODS OF ASSESSMENT							
	lectures	in class discussion	individual work	group work	homework	practical instruction	other	individual presentation	group presentation	individual quiz	reflective journal /reflection	participation	portfolio	home assignment	other
YEAR 1															
learning to learn	X	X	X	X				X	X						
career development	X	X	X	X				X	X						X
expressive arts	X	X				X		X	X				X		
personal effectiveness	X	X	X	X				X							
written and oral communication	X	X	X	X				X	X						
financial management	X	X	X	X				X	X						
informtion and communication technology	X	X	X	X				X	X						
sports, excercise and nutrition	X					X					X	X			
YEAR 2															
research	X	X		X				X							
social science and international perspective	X	X		X	X			X							
work placement	X					X					X				
applied learning skills	X					X		X	X		X				
sports, exercise and nutrition	X					X					X	X			
creative arts participation and/or performance	X	X				X						X		X	

4.3 CCL Module Example – Research Methods

Within the CCL course, each module is assessed and reflected on by staff with the input and feedback of the CCL students and an external examiner at the end of each academic year. One module is presented here – the Research Methods Module – to illustrate how the CCL curriculum can offer students the potential to develop research capacity and participate in a research project that is relevant to their needs and interests.

The research methods module, delivered in the second year of the certificate, adopted the Research Active Programme (RAP) curriculum from 2012 (Salmon, Neylon, & Carey, 2012). The RAP programme draws from the work of the Inclusive Research Network (IRN) (IRN 2009; IRN 2010) and self-advocacy programmes delivered at the NIID (Salmon & Carey 2013). With the aim of developing research capacity among people with intellectual disabilities in Ireland, the module provides students with introductory knowledge and skills to understand and take part in projects as co-researchers.

The module runs over 11 weeks and consists of 2 hour sessions focusing on the following themes: research question, research ethics, data collection methods (e.g., qualitative interviews, focus groups, survey), data analysis, and dissemination of findings. Students also undertake a research project at the end of the module where they become co-researchers of an existing research project, for example, The Home and Independence study (see Burke, Donohue, Dooher et al. 2014). Summative evaluation is used to assess students' final projects and presentations. The module was evaluated during the academic year 2012-2013 (see Salmon, Garcia Iriarte and Burns, in preparation). Evaluation findings indicated that the learning experience was overall positive for students. The evaluation allowed students to indicate their preferences. For example they preferred a range of learning methods such as class discussions, demonstrations and group work. The evaluation also helped evaluators ascertain the areas where students gained knowledge and skills, for example, in relation to steps to conduct research projects and those where more work was needed such as research ethics.

4.4 How students learn on the CCL programme

In the above mentioned 2007 NDA report, six lessons were identified; one of these lessons addressed the need to categorise the diverse learning styles of CCL students and develop an awareness of creative teaching methods for this group of individuals. In 2012 a study was undertaken that set out to categorise how students experience learning on the CCL programme (See Kubiak, 2013; Kubiak & Shevlin 2015). Four categories that describe learning were identified for students attending the CCL: The Cognitive Stages of Learning, Self-Regulation of Learning, Learning as Collective Meaning Making, and The Supportive Environment and Learning. These are presented and defined below.

Cognitive Stages of Learning. This category pays attention to what is happening in the minds of the learners; their acts of learning are seen as a cognitive process. This stage is divided into three sub-categories: (i) learning as increasing one's knowledge – learning is viewed as adding to one's current knowledge base; (ii) learning as memorising and reproducing – knowledge is "non-problematic" (Paakkari, Tynjälä, & Kannas 2011, 708) and involves the storage and remembering of facts, and (iii) learning and applying knowledge which sees students being able to apply aspects of the curriculum into practice.

Self-regulation of Learning. This second category deals with the learning process which consists of three cyclical phases:

1. The forethought phase – processes and beliefs that occur before efforts to learn. This includes the two main classes of task analysis and self-motivation (Zimmerman 2002); task-analysis involves planning for goals and self-motivation stems from students' self-efficacy beliefs.
2. The performance phase – the processes that occur during behavioural implementation. This phase falls into two main classes: self-control and self-observation. Self-control refers to the deployment of specific learning strategies, such as (i) Brainstorming (Osborn 1953); (ii) Concept Maps (Novak 1991), and (iii) mnemonics (Scruggs & Mastropieri 2000) defined here as visual and auditory learning strategies mainly experienced through the medium of PowerPoint presentations.
3. The self-reflection phase (processes that occur after each learning effort). This third cyclical phase consists of two main classes: self-evaluation and self-reaction. Self-evaluation offers potential for self-improvement through reflection as seen in the use of reflection journals. Self-reaction involves engaging with and becoming more aware of one's emotions during the performance of learning.

Learning as Collective Meaning Making. This third category moves from meaning making from an individual level to collective or shared meaning. The difference between this category and Categories 1 and 2 is that students do not only learn on their own, but also participate in a dialogue with others, such as peers, family/guardians and (iii) college mentors.

The Supportive Environment and Learning. This final category can be summarised in the words of one student – a "safe classroom space" – somewhere where she could feel comfortable enough to ask questions and share ideas with her classmates. Paakkari, et al., (2011) sees these educational spaces as places that support conditions for the development of students' own views and can influence both individual students as well as their peers.

CCL students learn best when particular teaching strategies are used. These include strategies that helped learners to remember important information, such as brainstorming, concept maps and visual and auditory mnemonics. Learners also valued an awareness of self-regulated learning and appreciated a type of instruction that stimulated the learning process as a thinking activity, one that explicated the process of learning instead of conceiving it simply as the memorisation and reproduction of facts. Thirdly, teaching for this group of students can also be viewed as collaboration between the classroom lecturers, student peers, parents/guardians, and undergraduate mentors. Finally, a classroom climate (or atmosphere) that creates a positive, motivating and safe environment allowed CCL students to engage with the curriculum, develop rapport with their peers, and acquire personal growth.

5 Transition from the CCL – 'PATH'

On the sucessful completion of all CCL modules, a transtition process is offered to graduating students and their families. This process is informed by Person Centred Planning (PCP) which was orginally developed to counteract the traditional „systems approach" to the placement of students with disabilties within special educational settings and allow the focus to be placed on the voice of the individual and their family (Meaden, Sheldan, Kelli & DeGrazia 2010). PCP has been seen as particularly useful in the transition to further life stages of young people with disabilities as it offers them an opportunity to identify their hopes and dreams for the future (Davies, Burke & Mattingly 2009). 97% of Transition and Postsecondary Programmes for Students with Intellectual Disabilties (TYSID) reported using Person Centred Planning in the first year of their postsecondary programmes in over 30 third level sites across America in 2011 (Grigal, Hart, Smith, Domin & Sulewski, 2013).

The process entitled 'Planning Alternative Tomorrows with Hope' (PATH), (O'Brien, Perarpoint &Kahn 2010) is used as part of the CCL students transition from TCD and into the next stage of their lives. Within this process each individual's plan is graphed on a large piece of paper with the 'path finder' (i.e. student) supported to explore and identify: their current situation, short and long term goals, possible obstacles they may encounter, who will support them on their journey, and first steps of action towards their identifies goals. A CCL PATH normally takes between 2-3 hours to complete and is facilitated by two CCL course tutors – a facilitator and a graphic facilitator. On completion of the PATH students are invited to take it home as a continued source of inspiration and encouragement (see Abb. 1).

Abb 1: CCL Student PATH

5.1 Graduate pathways

Separate from the PATH, in 2011, a formal follow up with graduates of the CCL was conducted. CCL students who graduated from the course between 2008 and 2010 (53) were invited to take part in the study with over half (63% /34) participating. The Graduate Survey followed up students' career and personal progression in the first couple of years after graduation. The survey explored the experiences and outcomes (personal development, social life, employment, and further education) of graduates of the CCL. In keeping with the inclusive ethos of the NIID, the survey design was collaborative, involving the CCL team, research staff and CCL graduates.

Feedback on outcomes indicated mixed results – personal development was the strongest positive outcome for graduates, with varied reported outcomes for further education / training and employment. In contrast to personal and social outcomes, feedback on employment and educational outcomes was mixed. While almost all (92.2%) graduates had held a job and / or participated in an educational course since graduation and the vast majority (71%) were employed, payment and hours was a concern for graduates. Amounts of pay and hours for graduate jobs were a further concern.

The findings suggest that while graduates had experienced personal growth and developed further friendships as a result of undertaking the course, they faced barriers in maintaining friendships and accessing the open job market. These barriers need to be addressed in order for graduates to fully realise their potential and use the skills learned during their time at college.

6 CCL and the Wider Community

Systems barriers to true inclusion for our students necessitate cooperation within and outside of TCD. Inclusivity in education, the use of diverse teaching methods and national and international cooperation are espoused values of Trinity College, as articulated through the most recent strategic plan (2014-19) for the university. These values were reflected in the collegial relationships between departments in supporting the establishment of the CCL programme within Trinity College. It is also worth noting that a recent study by O'Connor, Kubiak, Espiner and O'Brien (2012) demonstrated how a tertiary education environment can contribute to drawing out the best in students with ID, their peers and faculty.

When the CCL programme was established in 2007, Trinity College was pro-active in facilitating local, national and international engagement with the programme. One such relationship which supported the successful development of the CCL programme both within the college and the wider community was with the Trinity Foundation. The Foundation was founded as an independent charity in 1994 and continues to support various Trinity projects, initiatives and engagement with the wider local and global communities through fundraising and engagement with the college alumni. The partnership between NIID and the Foundation has led to the creation of the NIID 'Business Partners Network' which has been and continues to be one of the most exciting and beneficial initiatives of the CCL programme with regard to employment opportunities for CCL students. The Network is made up of a range of companies and organisations whose mission statement advocates for inclusion and diversity within the work place. It supports both the CCL programme and students in a range of ways which are tailored around each individual partner's interest and scope. A financial contribution from each company directly supports the student's successful engagement with college and also includes a student hardship fund, and ongoing developments of inclusive employment initiatives.

An equally vital role of the network is the provision of work placements to the CCL Junior and Senior Freshmen cohorts. These placements vary in length: Junior Freshmen undertake a short term placement while Senior Freshmen undertake a substantially longer placement which runs over two college semesters. While on placement each CCL student is allocated a job coach, (a person recruited through the CCL Mentoring programme) and a champion, (an employee within the organisation of the Business Partner). The placement process also offers the student and placement provider an opportunity to voice their reflections and recommendations throughout and on completion of the work experience. The network of NIID Business Partners continues to advocate for equality within the workplace for adults with intellectual disabilities through a sharing of experiences with regard to the provision of placements for the CCL students and the development of long term employment opportunities for adults with intellectual disabilities.

7 Conclusion

Since 2004, the NIID has worked to promote the rights of people with intellectual disabilities through its mission of inclusion through Education, Research and Advocacy. Parallel with this endeavour, individual NIID staff have been working on a variety of inclusive research projects to help achieve this core aim. NIID has aligned its work within the overarching framework of the United Nations Convention on the Rights of Persons with Disabilities, along with national legislation and government policies on disability. Since its inception, the NIID has aimed to create a paradigm shift in opportunity, policy and service provision that will enable people with intellectual disabilities to be empowered and become active participants within Irish society.

Much has been achieved, but more work needs to be done. Inclusive education, policy and practice have made significant progress internationally and within Ireland over the past decade. Within Ireland, people who were once considered 'non-educable' are now gradually becoming more active participants within education. Irish legislation enshrining an inclusive education policy (EPSEN 2004) has been enacted and support structures within schools have been developed to enable children with intellectual disabilities to access the curriculum. However, critical barriers remain to be addressed if people with intellectual disabilities are to become active participants and achieve meaningful outcomes within post-secondary education, employment and the wider society.

As the time of writing, the NIID has entered a new phase of its development by being fully incorporated into Trinity's School of Education. The School plans to build on the solid foundation established by NIID since 2004 with one of the main priorities being to accredit the CCL programme on the National Framework of Qualification (a ten-level system giving an academic or vocational value to qualifications obtained in Ireland). More specifically for the CCL programme, the School aims to focus on a niche that has education at the heart and pathways thereafter, while also encompassing models of inclusion for people with an intellectual disability in the workplace. These planned activities will enable the NIID to make a significant contribution to policy and practice for people with an intellectual disability within the area of education and employment while continuing to remain committed to a person centred approach where all stakeholders are invited to work together to continue building capacity with inclusive third level education for adults with intellectual disabilities.

Literatur

Albrecht, G.L., Selman, K.D. & Bury, M. (Eds) (2001): The Disability Studies Handbook. Thousand Oaks, CA: Sage.

Burke, C., Donohue, B., Dooher, M., Gannon, C., Garcia-Iriarte, E., Hogan, B., Hopkins, R., McManus, M., Minogue, G., Phelan, L., Salmon, N., Santry, P., Sexton, A., Walls, M. & Wolfe, M. (2014): Home and independence: a study by the inclusive research network. Journal of Applied Research in Intellectual Disabilities, 27(4), 347-347.

Davies, J., Burke, C. & Mattingly, M. (2009): We can dream! Ways of planning for the future for young people with autistic spectrum disorders. London. England Foundation for people with learning disabilities. Online unter: http://www.learningdisabilities.org.uk/content/assets/pdf/publications/we_can_dream.pdf?view=Standard (08.05.2015)

Education for Persons with Special Educational Needs Act (EPSEN) (2004): Online unter: http://www.oireachtas.ie/documents/bills28/acts/2004/A3004.pdf (08.05.2015)

Grigal, M., Hart, D., Smith, F.A., Domin, D. & Sulewski, J. (2013): Think College National Coordinating Centre: Annual report on the transition and postsecondary programmes for students with intellectual disabilities. Boston, MA: University of Massachusetts Boston, Institute for Community Inclusion.

Hart, D., Grigal, M., Sax, C., Martinex, D. & Will, M. (2006): Postsecondary education Options for Students with Intellectual Disabilities. Research to Practice. Institute for Community inclusion, 45 (1)

Inclusive Research Network (2009): Where we Live: A national study done by members of the Inclusive Research Network. Online unter: https://www.tcd.ie/niid/research/irn/inclusive-research-network.php (08.05.2015)

Inclusive Research Network (2010): Relationships and Supports Study: People with Intellectual Disabilities in Ireland. Online unter: https://www.tcd.ie/niid/research/irn/inclusive-research-network.php (08.05.2015)

Kubiak, J. (2013): Intellectually Disabled Students' Experiences of Learning in Tertiary Education: An Inclusive Phenomenography. Unpublished D.Ed. Thesis, Trinity College Dublin.

Kubiak, J. & Shevlin, M. (2015): Experiencing Learning: Students with Intellectual Disabilities in Higher Education in Ireland. In: Rhonda G. C., Alex M., Philip P., Danielle T. (Hrsg.): International Advances in Education: Global Initiatives for Equity and Social Justice. USA, Information Age Press, 139-162.

Meaden, H., Sheldan, D., Appel, K. & DeGrazia, R. (2010): Developing a long term vision: A road map for students' future. In: Teaching Exceptional Children, 43(2), 8-14.

Novak, J. D. (1991): Clarify with concept maps. In: The Science Teacher, 58(7), 45-49.

O'Brien, P., O'Keeffe, M., Kenny, M., Fitzgerald, S. & Curtis, S. (2008): Inclusive education: A tertiary experience and transferable model? Lessons learned from the Certificate in Contemporary Living Programme: Dublin: National Institute for Intellectual Disability, TCD, 3, Monograph series, 1-97.

O'Brien, J., Pearpoint, J. & Kahn, L. (2010): The PATH & MAPs Handbook, Person Centred Ways to Build Community, Inclusion Press.

O'Connor, B., Kubiak, J., Espiner, D. & O'Brien, P. (2012): Lecturer responses to the inclusion of students with intellectually disabilities auditing undergraduate classes. In: Journal of Policy and Practice in Intellectual Disability 9 (4), 247-256.

Osborn, A. (1953): Applied Imagination: Principles and Procedures of Creative Problem Solving. New York, New York: Charles Scribner's Sons.

Paakkari, L., Tynjälä, P. & Kannas, L. (2011): Critical aspects of student teachers' conceptions of learning. In: Learning and Instruction, 21, 705-714.

Parmenter, T. (2011): What is intellectual disability? How is it assessed and classified? In: International Journal of Disability, Development, and Education, 58 (3), 303-319.

Salmon, N. & Carey, E. (2013): Research Active Programme: an inclusive research module in 3rd level education. In: British Journal of Learning Disabilities, 41 (3), 244-246.

Salmon, N., Neylon, M. & Carey, E. (April 2012): Occupational justice through research practice: evaluating a research capacity building programme for people with intellectual disabilities. Paper presented at the AOTI Annual Conference, Mullingar, Ireland.

Scruggs, T.E. & Mastropieri, M.A. (2000): 'The effectiveness of mnemonic instruction for students with learning and behaviour problems: An update and research synthesis'. In: Journal of Behavioural Education, 10 (2-3), 163-173.

United Nations (2006): Convention on the Rights of Persons with Disabilities. Online unter: http://www.un.org/disabilities/default.asp?navid=12&pid=150 (08.05.2015)

Zimmerman, B. J. (2002): Becoming a self-regulated learner: an overview. Theory into practice, 21(2), 64-70.

Ausblick

Oliver Koenig, Tobias Buchner und Saskia Schuppener

Inklusive Forschung im deutschsprachigen Raum: Standortbestimmung, Herausforderungen und ein Blick in die Zukunft

Mit dem vorliegenden Band waren verschiedene Intentionen verbunden. Im ersten Kapitel, das mit der Überschrift „Grundlagen" versehen ist, erfolgte eine Auseinandersetzung mit der Geschichte inklusiver Forschung – sowohl für den deutschsprachigen als auch den englischsprachigen Raum. Zudem wurde behandelt, wie partizipatorische Projekte durchgeführt werden können bzw. wie sich eine längerfristige inklusive Zusammenarbeit konkret entwickeln kann. Neben diesen Aspekten wurde ein Aufsatz den Qualitätskriterien inklusiver Forschung gewidmet – womit eine in unseren Augen leider allzu häufig vernachlässigte Thematik aufgegriffen wurde.

Ein weiteres wesentliches Anliegen war es, einen Überblick zu den bisherigen und aktuellen inklusiven Forschungsbemühungen in Deutschland, Österreich und der Schweiz zu geben. So finden sich in der zweiten Sektion dieses Bandes Beiträge versammelt, die Einblicke in laufende oder auch bereits abgeschlossene Projekte bieten. Zudem wurde im Rahmen eines geographischen Exkurses anhand der Arbeit „Eye and I of the Camera" das Potenzial inklusiver Forschung für Studien zu Behinderung im globalen Süden veranschaulicht.

Im dritten Schwerpunkt des Buchs widmeten sich AutorInnen aus verschiedenen Ländern einer kritischen Betrachtung von bestimmten Aspekten inklusiver Forschung, wobei Reflexionen zu methodologischen Ansätzen im Vordergrund standen. Darüber hinaus wurden auch zukünftige Agenden inklusiver Forschung erarbeitet und machtkritische Fragen zu Prozessen gemeinsamen Forschens beleuchtet. Schließlich wurde auch eine Generationskategorie von ForscherInnen adressiert, die hierzulande bisher kaum Beachtung gefunden hat: Kinder und Jugendliche mit intellektueller Behinderung.

Im vierten Teil wurde der Blick auf den institutionellen Kontext der Universität gerichtet und danach gefragt, inwiefern dieser Ort für inklusive Praktiken und Settings genutzt werden kann. Dabei wurden Erfahrungen aus Deutschland und Österreich angeführt, aber auch internationale Beispiele behandelt, die auf die

Spielräume für eine institutionelle Verankerung von inklusiver Forschung in den Räumen der Akademie verweisen.

In diesem abschließenden Kapitel möchten wir nun die in unserer HerausgeberInnenschaft versammelten Zeugnisse von inklusiven Forschungsaktivitäten nochmals aufgreifen und unter drei Fluchtpunkten betrachten. Zunächst einmal gehen wir der Frage nach, wie die bisherigen Entwicklungen im deutschsprachigen Raum in Relation zu den Vorgängen und dem Knowhow auf internationaler Ebene zu bestimmen sind. Hier fokussieren wir die unterschiedlichen Entstehungszusammenhänge und Rahmenbedingungen, aber auch die Gemeinsamkeiten, die sich unserer Ansicht im ‚Jetzt' inklusiven Forschens in beiden kulturellen Kontexten ergeben. Die zweite Akzentuierung legen wir auf die Dilemmata, Herausforderungen und Möglichkeiten für inklusive Forschung in Deutschland, Österreich und der Schweiz. Dabei gehen wir insbesondere auf jüngere Entwicklungen im politischen und akademischen Feld ein. Der Blick in die Zukunft scheint uns schließlich eine passende Perspektive für den Ausklang dieses Buches zu sein. Unter diesem Blickwinkel werden ausschnitthaft methodologische aber auch thematische Weiterentwicklungen für inklusive Forschung vorgeschlagen.

1 Inklusive Forschung im deutschsprachigen Raum im Spiegel internationaler Entwicklungen[1]

Bei einem Blick auf die bisherigen inklusiven Forschungsarbeiten im deutschsprachigen Raum fällt im Vergleich zu den Vorgängen in angelsächsischen Ländern zunächst auf, dass, wie Stephanie Goeke und Melanie Nind in ihren Beiträgen gezeigt haben, gerade in Großbritannien Bemühungen zu einer gemeinsamen Forschungspraxis deutlich früher einsetzten. Während dort bereits seit den 1980er Jahren entsprechende Ansätze und Versuche verzeichnet werden konnten, setzt der Diskurs in Deutschland, Österreich und der Schweiz erst mit Erscheinen des Buchs „Inclusive Research: Past, Present and Future" von Jan Walmsley und Kelley Johnson (2003) ein - und inspirierte vorerst eine junge Generation an ForscherInnen, die sich überwiegend in der Pre-Doc-Phase befanden. Demgegenüber liegen zu Beginn der 2000er Jahre in Großbritannien bereits umfangreiche Erkenntnisse und Erfahrungen vor. Zudem ist hier bereits eine Ausdifferenzierung des Diskurses zu verorten – was sich unter anderem in der Unterscheidung zwischen emanzipatorischer, inklusiver und partizipatorischer Forschung widerspiegelt (vgl. Goeke in diesem Band, Buchner et al. 2011). Während im deutschsprachigen Raum die Überführung eines Interesses an inklusiver Forschung auf konkrete Pro-

---

[1] Den folgenden Ausführungen sei vorangestellt, dass wir international hier auf den angelsächsischen Raum beziehen. Die Entwicklungen in anderen Ländern, wie etwa Belgien, den Niederlanden oder Spanien, werden hier nicht thematisiert.

jekte eher zaghaft beginnt, erlebt der englischsprachige Raum durch das White Paper „Valuing People" (Department of Health 2001) und die daran anschließende „Learning Disability Research Initative" einen weiteren Schub, der eine Vielzahl an (geförderten) Aktivitäten freisetzt. Einen wesentlichen Unterschied stellt demgemäß die Quantität an Erfahrungen und Arbeiten dar, aber sicherlich auch die Qualität. Zudem ist in Hinblick auf „Valuing People" anzumerken, dass diese Policy auch nur möglich war, da hierfür lange Zeit der diskursive Boden beackert wurde – nicht zuletzt durch eine Tradition, in der die Selbstvertretungsbewegung (auch unterstützt durch inklusive Forschung) eine hörbare Stimme entwickelte. Außerdem wurde die Einbeziehung behinderter Personen in die Evaluationen und Gestaltung von sozialen Dienstleistungen bereits seit über einem Jahrzehnt propagiert. Das Starkmachen von Selbstvertretung und die verpflichtende Partizipation von Personen mit intellektueller Behinderung in staatlichen Förderprogrammen gründen daher in Diskursen und Praktiken, die seit den 1980er Jahren an Einfluss gewannen und nicht zuletzt Ausdruck einer starken Behindertenbewegung waren. Eine ähnliche Entwicklung lässt sich im betreffenden Zeitraum für den deutschsprachigen Raum nicht ausmachen. Dies ist einerseits Ausdruck einer wesentlich schwächeren Rolle die Forschung hierzulande in Policy-Prozessen (zumindest im Kontext von Behinderung) von staatlicher Seite zugedacht wurde und wird. Andererseits hatte die Behindertenbewegung noch lange nicht das Gewicht im öffentlichen Diskurs. So fand erst allmählich eine Verankerung der Disability Studies an deutschsprachigen Universitäten statt (vgl. Waldschmidt & Schneider 2008). Die Anzahl an Selbstvertretungsgruppen war eher gering und die betreffenden AkteurInnen waren verständlicher Weise eher mit Aufbauarbeit beschäftigt. Zudem existierte zu Beginn der 2000er Jahre keine Kultur der Kollaboration zwischen WissenschaftlerInnen und Personen mit Lernschwierigkeiten wobei die Studie „Ich sehe mich nicht als behindert!" (Köbler et al. 2003) hier eine namhafte Ausnahme darstellt. Dies hat sich jedoch in den letzten Jahren zumindest an manchen universitären Standorten verändert, wie sowohl die Beiträge in der Projektsektion, als auch im Buchteil zur inklusiven Hochschule verdeutlichen.
Des Weiteren lässt sich, forciert durch die Debatten rund um die UN-Konvention über die Rechte von Menschen mit Behinderungen, ein zunehmendes Interesse von Seite staatlicher Fördergeber für eine Partizipation von Menschen mit Lernschwierigkeiten ausmachen (das Projekt LeiSA – Leichte Sprache im Arbeitsleben, das an der Universität Leipzig durchgeführt wird, stellt ein Beispiel für diese Tendenz dar). Im englischsprachigen Raum ist hingegen nach der Blütezeit inklusiver Forschungsprojekte in den 2000er Jahren mit Einsetzen der Austeritätspolitik der Regierung Cameron eine Abschwächung festzustellen. Trotzdem zeigt sich hier immer noch eine weitaus höhere Anzahl an geförderten inklusiven Studien als auch eine wesentlich stärkere institutionelle Etablierung im akademischen Bereich. Das erwähnte Norah Fry Centre an der Universität Bristol (vgl. Hauser et

al. in diesem Band), die Einbindung des „Certificate for Contemporary Living" in den akademischen Betrieb des Trinity College Dublin (vgl. Kubiak et al. in diesem Band) oder die Learning Disability History Research Group an der Open University sind nur einige Beispiele einer solchen Verankerung. Eine derartige Anbindung, die über den Charakter von gemeinsamen Projekten oder universitären Seminaren hinausgeht, ist im deutschsprachigen Raum nicht zu beobachten. Dies hängt zum einen mit der Jugendlichkeit des Diskurses und der geringen Visibilität von inklusiver Forschung zusammen, zum anderen aber auch mit einer starken institutionellen Beharrlichkeit, in der nach wie vor individualistisch-defizitäre Modelle von Behinderung und elitäre Ideen von Wissenschaftlichkeit dominieren. Die Quantität von Projekten, Förderstrukturen und die akademische An- und Einbindung von inklusiver Forschung rangieren demzufolge im angelsächsischen Gebiet auf einem anderen Niveau als im deutschsprachigen Raum.

Die Unterschiede in der Qualität von Forschung erscheinen uns allerdings etwas geringer. So konnte in den letzten Jahren durchaus an das internationale Level bzw. aktuelle Fragestellungen bezüglich der Weiterentwicklung inklusiver Ansätze angeknüpft werden, wie etwa die Einbeziehung von ForscherInnen mit intellektueller Behinderung in den Prozess der Datenauswertung (siehe hierzu Koenig 2012) oder die Vermittlung und das Teilen von komplexen Theorien (siehe dazu Kremsner in diesem Band) um ein Arbeiten in inklusiven Teams auf Augenhöhe voranzutreiben. Bei genauerer Betrachtung lässt sich gewisser Maßen eine beschleunigte Entwicklung festmachen: trotz der bedeutenden zeitlichen Verzögerung scheinen die jungen ForscherInnen aus den deutschsprachigen Ländern durch die Vorteile des World Wide Web, Open Access-Policies und den Austausch mit aufgeschlossenen KollegInnen auf internationalen Konferenzen relativ bald Anschluss an den „state of the art" gefunden zu haben. Durch die Zugänglichkeit englischsprachiger Publikationen, aber auch die stete Offenheit und Bereitschaft zum Teilen von Knowhow, wie wir und andere KollegInnen es beispielsweise von Personen wie Jan Walmsley, Dorothy Atkinson, Melanie Nind, Val Williams, Nicola Grove oder auch Dan Goodley erlebt haben, konnte auf die Erfahrungen der KollegInnen jenseits des Kanals aufgebaut werden und dadurch ohne ein allzu breites Vorwissen tragfähige Projekte entwickelt werden. Kritisch muss allerdings angemerkt werden, dass deutschsprachige inklusiv Forschende es abseits von Konferenzbeiträgen viel zu selten geschafft haben, die wertvollen Erfahrungen und Reflexionen in Form von Artikeln in den relevanten Organen der internationalen Community, sprich Peer Reviewed Journals wie Disability & Society, British Journal of Learning Disability, Journal of Intellectual Disability Research, etc., zu veröffentlichen – was sicherlich auch der Karrierephase der meisten ForscherInnen (Pre-Doc) und den damit verbundenen, mitunter verstaubt wirkenden Vorgaben (Dissertation als Monographie) geschuldet ist.

Zusammenfassend lässt sich zu dem vorgenommenen Vergleich anführen, dass die deutschsprachige inklusive Forschung zwar in Sachen Quantität mit den Vorgängen im angelsächsischen Raum nicht mithalten kann, durch die Unterstützung der dort involvierten KollegInnen und die Zugänglichkeit der Erfahrungen relativ bald an die internationalen Diskurse angeschlossen werden konnte. Nach diesem Fokus lenken wir nun, ebenfalls unter Referenz auf einiger der in den Beiträgen dieses Bandes enthaltenen Gedanken, den Blick auf rezente Dilemmata, Herausforderungen und Möglichkeiten von inklusiver Forschung im deutschsprachigen Raum.

2 Dilemmata, Herausforderungen und Möglichkeiten

In verschiedenen Beiträgen wurde auf ein bedeutendes Dilemma hingewiesen: seit ihrer Entstehung standen und stehen inklusive und partizipative Forschungsbemühungen im Kontext Behinderung in einem Spannungsfeld unterschiedlicher, zum Teil schwer vereinbarer Interessen. Diese waren und sind die Ansprüche ‚guter Wissenschaft' und wissenschaftlicher Karriereentwicklung auf der einen sowie die sozialen und politischen Forderungen der Selbstbestimmt-Leben bzw. Selbstvertretungsbewegung auf der anderen Seite (vgl. Goodley & Moore 2000). Dieses Spannungsfeld, so unsere Argumentation, verleiht inklusiver Forschung einen Doppelcharakter, dessen Bearbeitung inklusiv Forschende bislang immer wieder aufs neue eine zeit- und ressourcenintensive doppelte Legitimierung abverlangt hat. Schließlich muss sich inklusive Forschung zurecht daran messen lassen, inwieweit die gemeinsamen Forschungsbemühungen eine Frage adressieren, die für Menschen mit Lernschwierigkeiten von Relevanz ist, das Vorgehen einen transparenten Prozess darstellt und die Ergebnisse zugänglich sind und derart disseminiert werden, dass sie potenziell Impact auf die Lebensqualität von behinderten Personen haben (vgl. Walmsley & Johnson 2003, Goodley 2011). Diese Qualitätskriterien sind allerdings gänzlich anders strukturiert als jene universitären Standards, denen junge Forschende sich unterwerfen müssen um in einem elitären Wissenschaftsbetrieb als WissenschaftlerInnen intelligibel zu werden – sie scheinen ihnen geradezu entgegengesetzt. Anerkennbar ist hier eine akademische Sprache, die gerade nicht auf Zugänglichkeit sondern, so könnte man kritisch einwenden, weniger einer exakten Beschreibungen von Phänomen dient als dem Ausweisen der Verfügbarkeit über ein codiertes Vokabular, über dessen Verwendung nicht nur exkludiert wird sondern auch Zugehörigkeit zur Bildungselite performativ demonstriert wird. Zudem wird eine politische Positionierung, wie sie von inklusiv Forschenden verlangt und auch vorgenommen wird, nach wie vor mit Argwohn betrachtet und als Abweichung vom Konstrukt einer „objektiven", „neutralen" Wissenschaft erachtet. Zwar erhöht sich der diskursive Druck auf Universitäten, Wissen zu produzieren, das der Allgemeinheit dient und nicht zum Selbstzweck im Karrierespiel des Elfenbeinturms degeneriert. Für Qualifizierungsarbeiten ist die Transparenz von Forschungsprozessen, eine entsprechende Einbeziehung von „Ko-ForscherInnen" und die Zugänglichkeit von Ergebnissen aber nicht nur relativ egal sondern bedeuten ein zusätzliches Mehr an Ressourcen, die in solchen Phasen ohnehin knapp bemessen sind. Dieses Dilemma zeigt sich nun gerade in jener Subdisziplin der Bildungswissenschaft, die sich explizit der Unterstützung von Menschen mit Lernschwierigkeiten verpflichtet fühlt, das dazu benötigte Wissen paradoxer Weise jedoch in überwiegend exkludierenden Praktiken gewinnt und auch entsprechend disseminiert (vgl. Buchner & Koenig 2013). Um den skizzierten „beidseitigen Ansprüchen" genügen zu können, müssen inklusiv Forschende entweder einen geschickten Balanceakt zwischen den gänzlich unterschiedlich gestrickten Anspruchspolen vollführen oder schlicht das Doppelte an Arbeit aufwenden – was für eine wissenschaftliche Karriere sicherlich den unbequemeren und mühsameren Weg darstellt. Wie Walmsley und Johnson (2003) betonen, erfordern inklusive Forschungsprozesse in Relation zu herkömmlichen Ansätzen generell ein Vielfaches an Aufwand und Intensität – und dieses Mehr wird durch die angeführten doppelten Legitimierungszwang noch zusätzlich erhöht.

Eine Herausforderung, die nicht nur unserer Erfahrung nach auch häufig zur Barriere wird, stellt die Etablierung von inklusiven Strukturen an der Hochschule dar. Wenn die Universität der prädestinierte Raum für Wissensproduktion ist, dann sollte inklusive Forschung auch hier erfolgen – und das dabei hergestellte Wissen auch inklusiv gelehrt werden. Wir haben auf die Vorteile einer solchen Praxis an verschiedenen Stellen hingewiesen (Koenig et al. 2010, Koenig & Buchner 2011): Demnach fließt die Expertise von Menschen mit Lernschwierigkeiten in einem solchen Setting in Forschungsprozesse ein und kann dabei einzigartige Lernprozesse zwischen den ForscherInnen mit und ohne Beeinträchtigung evozieren. Genau diese Effekte haben wir schließlich auch in der Lehre festgestellt, was gerade in den Evaluationen von Studierenden sichtbar wird (Kremsner 2012). Die dauerhafte Etablierung solcher inklusiver Räume erweist sich allerdings als überaus schwierig. So wurde oben bereits die diesbezüglich feststellbare institutionelle Beharrlichkeit der akademischen Apparate im deutschsprachigen Raum angesprochen. Universitäten bleiben demzufolge in einem hochgradig elitären und selektiven Selbstverständnis verhaftet, welches sich in einem zunehmend auf unmittelbarer Verwertungslogik aufgebauten Studien- und Universitätssystemen derzeit eher verhärtet denn beginnt durchlässig zu werden. In einem solchen Szenario, das von neoliberalen und meritokratischen Bildungsidealen durchsetzt ist, werden die Spielräume für die beschriebenen Settings tendenziell geringer. Um diese Art von Forschungs- und Lernmöglichkeiten dauerhaft entfalten zu können, müssen entsprechende Rahmenbedingungen jedoch gegeben sein. Der Blick auf britische und irische Universitäten macht klar, dass ein Großteil der dort stattfindenden inklusiven Forschung an Orten realisiert wird, wo es gelungen ist, institutionalisierte Strukturen und Sozialisationsorte für Studierende und Forschende mit und ohne Lernschwierigkeiten zu schaffen – und derlei fehlen im deutschsprachigen Raum bislang (vgl. den Beitrag von Hauser et. al. in diesem Band). So argumentieren sowohl Biewer & Moser als auch Goeke in diesem Band, dass die Zukunft von inklusiver Forschung im deutschsprachigen Raum zentral davon abhängen wird, inwiefern es gelingt, Sozialisations- und Vergemeinschaftungsräume für ForscherInnen mit und ohne Behinderung und Lernschwierigkeiten zu schaffen. In der zuvor beschriebenen akademischen Landschaft können Räume für inklusives Forschen derzeit nur entstehen, wenn sie erstens über unbezahlte Mehrarbeit und Selbstausbeutung der involvierten ForscherInnen mit und ohne Lernschwierigkeiten generiert werden oder zweitens wenn entsprechende Fördersummen gewonnen werden können. Unserer Erfahrung nach empfiehlt sich das letzte Setting, auch wenn es manchmal notwendig erscheint, durch den ersten Weg die Grundlagen für einen erfolgreichen Projektantrag zu schaffen. Einige Förderorganisationen scheinen für partizipatorische und inklusive Projekte eine gewisse Offenheit aufzuweisen, die sich auch in positiv beschiedenen Anträgen widerspiegelt. Wenn entsprechende Ressourcen zur Verfügung stehen, gelingt das Erzeugen von inklusiven Räumen – zumindest für die Dauer des Projekts – wesentlich leichter. Auch weil dadurch die Arbeit aller ForscherInnen abgegolten werden kann. Einige Förderschienen weisen für gemeinsames Forschen große Potenziale auf, wie etwa das Sparkling Science Programm des österreichischen Ministeriums für Wissenschaft, Forschung und Wirtschaft, in dem die Partizipation von SchülerInnen explizit verlangt wird. Zudem zeigt sich ein gewisser Trend zur Partizipation, der gerade durch den Diskurs zur UN-Konvention Aufschwung erfahren hat. Demnach sind Policy-Prozesse im Kontext von Behinderung generell partizipativ zu gestalten, was zum einen Möglichkeitsfenster aufmacht, andererseits aber auch die Aushöhlung des Begriffs der „Partizipation" beschleunigt. Hier empfiehlt sich eine kritische Betrachtung der jüngst zu beobachtenden, scheinbar selbstverständlichen Involvierung behinderter Personen, denn die Rede von der notwendigen Umsetzung der Konvention geht nur allzu oft mit Pseudo- oder Alibibeteiligung einher, die selten mehr als eine ‚Anhörung von Anliegen' darstellen (vgl. Österreichischer Monitoringausschuss 2015). So haben auch wir vielfach erlebt, wie staatliche Organe die durch die UN-Konvention auferlegte Verpflichtung zur Partizipation lediglich mit der Einladung von häufig zufällig ausgewählten behinderten Personen realisieren, und diese damit als ausreichend erfüllt wahrnehmen. Trotzdem stellt die UN-Konvention aufgrund ihrer normativen Setzungen und ihres verpflichtenden Charakters eine starke argumentative Grundlage für zukünftige inklusive Forschung und ihre Weiterentwicklung dar. Einige Trägerorganisationen rühmen sich im Fahrwasser des skizzierten Trends zur Partizipation der Einbeziehung von NutzerInnen mit Lernschwierigkeiten in „Produktentwick-

lung" die auch mit angeblicher partizipativer Forschung verbunden ist. Bei genauerer Betrachtung handelt es sich hierbei jedoch um ein Zerrbild der mit einem solchen Ansatz eigentlich verwobenen Ansprüche, um eine instrumentalisierende Einbeziehung von Menschen mit Lernschwierigkeiten. Hier empfiehlt es sich, genau hinzuschauen, denn nicht überall wo Partizipation und Inklusion draufsteht, lassen sich entsprechende Prozesse nachweisen. Das ist auch den geringen Mitteln geschuldet, die von staatlicher Seite für die Umsetzung der Konvention angedacht sind: Partizipation wird zwar verlangt, die dies fordernden Stellen sind häufig jedoch nicht Willens, eine echte Teilhabe oder ein wirklich gemeinsames Vorgehen zu finanzieren. Partizipation ist erwünscht, darf aber nicht zu viel kosten.
Die Kollaboration zwischen Akademie und Selbstvertretung hat sich, als förderlich erwiesen. Auch wenn diese Partnerschaften im Vergleich zu Großbritannien (vgl. hierzu Nind, Williams in diesem Band) eher selten und meistens weniger in Form der Zusammenarbeit zwischen Organisationen und Universitäten als zwischen einzelnen SelbstvertreterInnen und WissenschaftlerInnen entstehen. Solche Kollaborationen erweisen sich als ertragreich, weil SelbstvertreterInnen in vielen Fällen ein gewisses Vorverständnis zu Diskriminierung und der sozialen Konstruktion von Behinderung mitbringen. Die durch politische Reflexion biographischer Erlebnisse im Zuge ihrer Selbstvertretungsarbeit gewonnene kritische Perspektive auf die sie umgebenden Strukturen kann zumeist sehr gut in Forschungsprozesse eingebracht werden. Viele ProponentInnen der Selbstvertretung können überdies bereits auf Erfahrungen als SprecherInnen in verschiedenen Settings zurückgreifen. Diese Aufzählung ließe sich hier noch weiter fortführen, es soll dabei jedoch nicht der Eindruck entstehen, dass es sich in der Zusammenarbeit mit SelbstvertreterInnen um eine Elitisierungstendenz handelt und die skizzierten Fähigkeiten bei anderen Menschen mit Lernschwierigkeiten nicht vorhanden wären.
Ein weiteres Argument für derlei Kollaborationen liegt in der Tatsache, dass Selbstvertretung explizit für politischen Wandel, Anti-Diskriminierung und die Umsetzung der UN-Konvention eintritt und die Zusammenarbeit zwischen einem solchen politischen Akteur und der Akademie eine gewisse Wirkmächtigkeit entwickeln kann. Akademisch sozialisierten WissenschaftlerInnen haben, wie Wiebke Curdt in ihrem Beitrag herausstreicht, die Aufgabe, ihr (elitäres) Wissen zu teilen, um derart die Handlungsfähigkeit von Selbstvertretung zu erweitern.
Im genannten Beitrag wird ein weiterer Förderfaktor für inklusive Forschungsprozesse thematisiert, der auch von anderen AutorInnen dieser HerausgeberInnenschaft angesprochen wird (siehe hierzu die Artikel von Goeke, Kremsner, von Unger, Goethals et al. und Williams): die kritische (Selbst-)Reflexion von Machtbeziehungen, die auch in inklusiven Settings entstehen können und/oder in diese hineinwirken. WissenschaftlerInnen haben einen gewaltigen Vorsprung hinsichtlich des Knowhows von Forschung, verfügen mitunter als ProjektleiterInnen über die finanziellen Mittel für Forschung und haben, wie bereits erwähnt, zu

der Agenda des Forschungsprojekts in den meisten Fällen noch eine weitere, die der akademischen Karriere. All dies umschreibt ein gewaltiges Machtgefälle, dass in derlei Settings vorhanden ist und reflektiert werden muss. Wir empfehlen hierzu eine klare Offenlegung der jeweiligen, mitunter verschiedenen Interessen und einen transparenten, gleichberechtigten Aushandlungsprozess. So streichen Bigby et al. (vgl. 2014, 8f) in der Konzeptualisierung ihres kollaborativen Forschungszugangs heraus, dass in der Zusammenarbeit zwischen ForscherInnen mit und ohne Lernschwierigkeiten zumeist gemeinsame aber auch distinkte Zielsetzungen verfolgt werden. So teilen Ko-ForscherInnen mit Lernschwierigkeiten vielleicht nicht das Bedürfnis, dass die Erkenntnisse aus der gemeinsamen Zusammenarbeit in peer-reviewten Journals publiziert werden, während akademischen ForscherInnen das Rekrutieren und Befähigen von neuen Mitgliedern für die Selbstvertretungsgruppe nicht als vorrangig ansehen. Beide spezifische Interessenslagen gilt es in einem inklusiven Forschungsprojekt nicht nur als gleichwertig zu betrachten sondern auch sicherzustellen, dass beide Gruppen zur Umsetzung ihrer Ziele auch genügend zeitliche Ressourcen eingeräumt werden.

Macht zeigt sich darüber hinaus aber auch in den Denkmustern, wie Behinderung und ForschungspartnerInnen mit Lernschwierigkeiten wahrgenommen werden. Auch wir haben, trotz vielfältiger Reflexion und jahrelanger Zusammen- und Unterstützungsarbeit im Kontext von Forschung, Selbstvertretung und Assistenz nach wie vor ableistische Vorannahmen (siehe hierzu Buchner et al. 2015) bezüglich der Kompetenzen von Menschen mit Lernschwierigkeiten – die sich auch in gemeinsamen Forschungsprozessen manifestieren bzw. darin plötzlich virulent werden. Wichtig ist es dann, sich diesen zu stellen und diese vor der Gruppe zu thematisieren, denn hier liegt das Potenzial für die wertvollsten Lernprozesse auf Seiten der akademisch sozialisierten WissenschaftlerInnen – und nur so können wir unsere Expertise und Fähigkeiten für inklusive Forschung weiterentwickeln. Im folgenden, abschließenden Punkt möchten wir nach der erfolgten Standortbestimmung inklusiver Forschung im deutschsprachigen Raum, der Betrachtung von Herausforderungen und Möglichkeiten von inklusiver Forschung den Blick in die Zukunft lenken und jene Felder thematisieren, die unserer Ansicht nach für eine Weiterentwicklung der gemeinsamen Bemühungen von Bedeutung sind.

3 Ein Blick in die Zukunft: Wissen vertiefen, inklusive Räume gestalten und potenzielle thematische Schwerpunkte

Wie die Überschrift dieses letzten Abschnitts unseres Schlusskapitels bereits verrät, sehen wir zwei zentrale Punkte, die für die Zukunft inklusiver Forschung generell, aber besonders in Deutschland, Österreich und der Schweiz, als zentral zu erachten sind. Beide Punkte lassen sich nicht trennscharf unterscheiden und bedingen sich letztlich gegenseitig. Zudem möchten wir im Folgenden potenzielle Themenfelder für zukünftige Forschungsprojekte andenken.

Mit Wissen vertiefen meinen wir einerseits, das Knowhow zu gemeinsamen Forschen beständig auszweiten und dabei kreativ fragend voranzuschreiten. Andererseits ist es für uns aber auch unabdingbar, eine vertiefende Theoretisierung der methodologischen Grundlagen von inklusiver Forschung voranzutreiben. Monika Wagner-Willi und Mandy Hauser haben mit ihren Beiträgen hierzu wesentliche Impulse geliefert. Wagner-Willis Duktus präzisiert einige, bisher teilweise vorhandene Unschärfen in der Argumentation für die Einbeziehung von Menschen mit Lernschwierigkeiten. Es geht hier, wie auch innerhalb der Disability Studies argumentiert wird, nicht um vermeintliche ontologische Qualitäten, die Menschen mit Lernschwierigkeiten „innewohnen". Man wird nicht eine gute inklusive Forscherin, weil man eine Lernschwierigkeit hat, sondern weil man, wie dies alle ForscherInnen tun sollten, die eigenen biographischen Erfahrungen sowie die damit verwobene Standortgebundenheit reflektiert und sich zudem wissenschaftliche Expertisen und Fähigkeiten aneignet. Gleichzeitig ist, ähnlich wie die Diskurse in den Postcolonial oder Gender Studies, darauf zu verweisen, dass es von Bedeutung ist, wer unter welchen Regeln welches Wissen produziert – und dies kann im Kontext von Lernschwierigkeiten nur über eine Einbeziehung der entsprechenden Personen geschehen. Der Unterschied zu den relevanten AkteurInnen der Disability, Postcolonial und Gender Studies ist nun jedoch der, dass diese Personengruppe qua ableistischer Barrieren per se von der Aneignung wissenschaftlicher Fähigkeiten ausgeschlossen sind. Daher sind sie mittelfristig auf die Zusammenarbeit mit Personen aus der Akademie angewiesen. Dabei muss, wie die selbstgewählte Bezeichnung als „Menschen mit Lernschwierigkeiten" bereits suggeriert, ein Format gewählt werden, das akademischen Kriterien genügt, diese aber entsprechend adaptiert – um sicherzustellen, dass die notwendigen Kompetenzen in der unmittelbaren Forschungspraxis auch angeeignet werden können.

Wie aus den vorherigen Argumentationen ersichtlich wurde, wird es weiterhin Räume für eine vertiefende (wissenschafts-)theoretische Auseinandersetzung, Positionierung, Fundierung und Entwicklung im Bereich der Forschungsmethodologie sowie der Grundlagenforschung geben müssen. Diese wird sich einerseits an bestehende methodologische und theoretische Ansätze und Diskurse andocken aber im Sinne der Weiterentwicklung von Wissenschaft auch weiterdenken müssen. Bislang wurden die Prozesse der theoriegeleiteten Analyse, theoretischen Verdichtung und Theorieentwicklung von und durch im Rahmen von inklusiven Forschungsprojekten erhobenen empirischen Datenmaterial weitestgehend von WissenschaftlerInnen ohne Behinderung geleistet, was in der Regel mit den dafür fehlenden Kompetenzen und intellektuellen Möglichkeiten der „Ko-ForscherInnen" und/oder durch den Leistungs- und Zeitdruck universitärer Forschungsproduktion legitimiert wurde. Selten wurden theoretisch entwickelte Konzepte und

Modelle oder bedeutsame sozialwissenschaftliche Theoriebestände zum Ausgangspunkt einer Diskussion und Reflexion mit Menschen mit Lernschwierigkeiten gemacht. Ein zukunftsweisender Zugang wird dabei von Kremsner in diesem Band beschrieben. Im Rahmen eines experimentellen und inklusiven Seminarsettings hat sie zusammen mit Nicola Grove aus Großbritannien gemeinsam mit Menschen mit Lernschwierigkeiten einen Zugang erprobt, in dem die ihren Forschungsansätzen zugrundeliegende Theorieansätze zu Macht und Gewalt (Foucault und Spivak) im Rahmen von interaktiven Rollenspielen mit anschließender Diskussion vermittelt und im Kontext der Lebensrealitäten der TeilnehmerInnen diskutiert wurden. Somit setzt sie in ihrer Arbeit unmittelbar an der Tradition Freires an, der die Dialektik von Theorie und Praxis stets als Grundlage seiner Ansatzes der „Bewusstwerdung" verstand, so schrieb er: „Wie der Unterdrücker eine Theorie der unterdrückerischen Aktion braucht, um zu unterdrücken, so brauchen die Unterdrückten, um frei zu werden, ebenfalls eine Aktionstheorie." (Freire 1984, 157). Erst derart, so argumentiert sie folgerichtig, wäre die Möglichkeit geschaffen, mit Menschen konsequent inklusiv auch an weiterführender Theorieentwicklung zu arbeiten.

In Summe ist darauf hinzuweisen, dass ForscherInnen mit Lernschwierigkeiten vermehrt in die Vermittlung und Produktion von Theorie einbezogen werden sollten. Ganz allgemein gesprochen benötigt es verstärkte „theoretische Tiefenarbeit" zur Methodologie inklusiver Forschung. Bloße Verweise auf VorgängerInnen und WegbereiterInnen von inklusiver Forschung reichen auf Dauer nicht aus, wenn, wie Nind in diesem Band herausstreicht, wirklich neue Räume für inklusive Forschung und andere forschungsbezogene Aktivitäten geschaffen werden sollen. Einer dieser Räume wird definitiv unter dem Dach der Hochschule liegen, wobei es, wie auch Hauser et. al. in diesem Band aufzeigen, um eine konsequente Weiterentwicklung von Hochschule als inklusivem Lehr- und Lernraum geht. Dabei sehen wir in der gemeinsamen Konzeption und Gestaltung von experimentellen Settings einer angewandten inklusiven Hochschuldidaktik, die eingebettet in Schleifen der Praxis und Reflexion der Frage nachgehen, was notwendig ist, damit inklusive (Lern- und Entwicklungs-)Prozesse im Erwachsenenalter gelingen, ein wichtiges zukünftiges Lern und Anwendungsfeld inklusiver Forschung.

Dabei sollten verstärkt Brücken in Richtung Selbstvertretung aufgebaut werden. So betonen sowohl Nind als auch Williams in ihren Beiträgen ihre berechtigte Sorge hinsichtlich der zukünftigen finanziellen Absicherung vieler Self-Advocacy Gruppen, die aktuell aufgrund der britischen Austeritätspolitik massiv gefährdet sind. Doch auch in den deutschsprachigen Ländern ist die langfristige Existenz der wenigen eigenständig agierenden und unabhängig geförderten Selbstvertretungsgruppen alles andere als gesichert. Insbesondere aufgrund der zunehmend geforderten Partizipation in Reform- und Entscheidungsprozessen auf organisationaler, kommunaler und politischer Ebene, gleichen die Terminkalender der AktivistInnen häufig jenen von SpitzenmanagerInnen. Das bewusste Gestalten von Räumen ohne unmittelbaren Verwertungsdruck wo darüber nachgedacht werden kann, wie durch inklusive Forschung wechselseitig befruchtende Arbeitsformen und Forschungsprojekte entstehen können, die sowohl den Interessen von akademisch forschenden als auch den sozialen und politischen Motiven der Selbstvertretungsgruppen Rechnung tragen sehen wir als eine unmittelbare Kernaufgabe, so inklusive Forschung im deutschsprachigen Raum eine weitere – die gegenwärtigen Bedingungen transzendierende – Zukunft beschieden sein soll. Wir sehen dies nicht als Widerspruch zum Vorantreiben mit einer vertiefenden theoretischen Auseinandersetzung, sondern als weiteren zentralen Fokus von inklusiver Forschung, wenn sie ihren politischen Ansprüchen gerecht werden will.

Ein vielversprechendes Thema, das einen solchen Brückenschlag unterstützen könnte, erblicken wir in einer gemeinsamen Auseinandersetzung mit der Geschichte der Selbstvertretung im deutschsprachigen Raum. Ein solches Unterfangen könnte auch zu einem besseren Verständnis der gegenwärtigen Herausforderungen und zukünftigen Entwicklungsmöglichkeiten von Selbstvertretung beitragen. In eine solche Richtung deutet das im Entstehen begriffene Vorhaben „Geschichte der Behindertenbewegung" von Volker Schönwiese in Kooperation mit zahlreichen österreichischen ForscherInnen genannt werden, dass die längst überfällige Aufgabe in den Blick nimmt, die Geschichte(n) der ersten Generation von AktivistInnen der österreichischen Behindertenbewegung mittels Methoden der Oral History zusammenzutragen und damit einen wichtigen Lücke in der bisherigen Geschichtsschreibung zu schließen.

Ein weiteres interessantes Feld für zukünftige inklusive Forschung sehen wir in der inklusiven Bildung. Hierzu beobachtet Nind (vgl. 2014), dass emanzipatorische, partizipatorische und inklusive Forschung sowohl im Kontext von Behinderung als auch im Bereich der Kindheitsforschung einen prägenden Einfluss hinterlassen haben, aber sich so gut wie keine Spuren im Bereich inklusiver Bildung finden lassen. Dieser für den englischsprachigen Raum getätigte Befund ist unserer Ansicht auch für den deutschsprachigen Diskurs zutreffend. Dies erscheint uns insbesondere deshalb verwunderlich, als beide Strömungen (inklusive Bildung und inklusive Forschung) ähnliche Motivationsfiguren und argumentative Legitimationsmuster verwenden. In beiden Strömungen geht es um Fragen der grundlegenden Transformation von Systemen. Es geht um aktive Einbeziehung und volle Teilhabe anstatt bloße Anwesenheit oder sporadische Einbeziehung. Beide vertreten eine starke normative Orientierung, die von AkteurInnen beider Strömungen auch im menschenrechtlichen Kontext der UN-Behindertenrechtskonvention verankert gesehen wird. Während die einen eine Ethik und Praxis einer „Schule für alle" vertreten, geht es den ProtagonistInnen inklusiver Forschung parallel dazu darum, Forschung und Wissensproduktion für alle zugänglich zu machen. Und zu guter Letzt liegt beiden Ansätzen ein starker Fokus auf der Wahrnehmung, Anerkennung und der Entwicklung der Kompetenzen derjenigen Personen und Gruppen zugrunde, die vormals an den Rand der Gesellschaft gedrängt worden sind. Das in diesem Band vertretene Projekt „Inclusive Spaces" stellt einen ersten Schritt in diese Richtung dar (vgl. den Beitrag von Buchner et al. in diesem Band).

Zum Abschluss möchten wir auf eine These Bezug nehmen, die Melanie Nind in ihrem Beitrag aufgestellt hat. Demnach sollten wir als inklusiv Forschende stärker die Verbindungen zwischen partizipativ arbeitenden ForscherInnen und (sozialen) Bewegungen in anderen Feldern erkennen und wahrnehmen, in einen gemeinsamen Dialog treten und davon wechselseitig profitieren werden. Ähnlich plädieren auch Goeke und von Unger in diesem Band für eine expansive Weiterentwicklung des Begriffs und der Praxis von inklusiver Forschung sowie für eine dialogische Annäherung an andere Communities, die sich mit von Ausgrenzung bedrohten oder betroffenen Gruppen befassen. Dies ist, mit Goeke, gerade für eine Erweiterung unseres, weiter gedachten aber in der Regel zumeist im Kontext von Behinderung und Lernschwierigkeiten verhafteten, Inklusionsbegriffs bedeutsam, da wir nur derart alle nach der jeweiligen Forschungsfrage betroffenen Heterogenitätsdimensionen abzubilden in der Lage wären. So möchten wir die von von Unger, deren wesentlicher Arbeitsschwerpunkt sich bislang nicht im Bereich von Fragen mit Behinderung bewegt hat, ausgesprochene Einladung bewusst annehmen um in unserer eigenen zukünftigen Praxis einen Beitrag dafür zu leisten, das transformative Potential von inklusiver Forschung durch das Nutzen und Gestalten von Synergien zu vertiefen. So können unserer Ansicht nach gerade im Kontext der derzeitigen Flüchtlingssituation und den damit verbundenen Debatten auch Möglichkeitsräume entstehen, um in einem größeren Kontext Fragen zu Zugehörigkeit, Diskriminierung, Ausgrenzung, Exklusion gemeinsam zu bearbeiten und nach zukunftsträchtigen Lösungen zu suchen.

Literatur

Bigby, C., Frawley, P. & Ramcharan, P. (2014): Conceptualising inclusive research with people with intellectual disability. In: Journal of Applied Research in Intellectual Disability, 27 (1), 3-12.

Buchner, T., Pfahl, L. & Traue, B. (2015): Zur Kritik der Fähigkeiten: Ableism als neue Forschungsperspektive der Disability Studies und ihrer PartnerInnen. In: Zeitschrift für Inklusion. Online unter: http://www.inklusion-online.net/index.php/inklusion-online/article/view/273/256 (02.2015)

Buchner, T. & Koenig, O. (2013): Zum Verhältnis von Inklusion und Wissenschaft. Gedanken zu Transformationspotenzialen der Geistigbehindertenpädagogik. In: Ackermann, E., Mursenberg, O. & Riegert, J. (Hrsg.): Geistigbehindertenpädagogik!? Disziplin – Profession – Inklusion. Oberhausen: Athena, 247-268.

Buchner, T. & Koenig, O. & Schuppener, S. (2011): Gemeinsames Forschen mit Menschen mit intellektueller Behinderung. Geschichte, Status quo und Möglichkeiten im Kontext der UN-Behindertenrechtskonvention. In: Teilhabe, 50, No. 1, 4-11.

Department of Health (2001): Valuing People. A New Strategy for Learning Disability for the 21st Century. Online unter: https://www.gov.uk/government/uploads/system/uploads/attachment_data/file/250877/5086.pdf (30.08.2015)

Freire, P. (1984): Pädagogik der Unterdrückten. Bildung als Praxis der Freiheit. Reinbeck bei Hamburg: Rowohlt Verlag.
Goodley, D. (2011): Disability Studies. An Interdisciplinary Introduction. London: Sage
Goodley, D. & Moore, M. (2000): Doing Disability Research: Activist lives and the academy. In: Disability & Society, 15(6), 861-882.
Koenig, O. (2011): Any added value? Co-constructing life stories of and with people with intellectual disabilities. In: British Journal of Learning Disabilities, 28, 213-231.
Koenig, O. & Buchner, T. (2011): (Inklusive) Forschung als Empowerment? Empowerment behinderter Menschen. Theorein, Konzepte, Best-Practice. Unknown publisher, 267-284.
Koenig, O., Buchner, T., Kremsner, G. & Eichinger, M. (2010): Inklusive Forschung und Empowerment. In: Stein, A-D., Krach, S. & Niediek, I. (Hrsg.). Integration und Inklusion auf dem Weg ins Gemeinwesen: Möglichkeitsräume und Perspektiven. Bad Heilbrunn: Klinkhardt, 176-191.
Köbler, Reinhard et al. (2003): „Ich sehe mich NICHT als behindert!". Studie über die Lebensbedingungen von Menschen mit besonderen Fähigkeiten. Innsbruck: Verein Tafie Innsbruck-Land.
Kremsner, G. (2012): Menschen mit Lernschwierigkeiten an die Uni: Über die Mitarbeit von ExpertInnen in eigener Sache an einem Seminar an der Universität Wien. Saarbrücken: AV Akademikerlag.
Nind, M. (2014):Inclusive research and inclusive education: why connecting them makes sense for teachers' and learners' democratic development of education. In: Cambridge Journal of Education, 1-16.
Waldschmidt, A. & Schneider, W. (2007): Disability Studies, Kultursoziologie und Soziologie der Behinderung Erkundungen in einem neuen Forschungsfeld. Bielefeld: transcript.

Autorinnen und Autoren

Biewer, Gottfried, Prof. Dr.
Universität Wien, Institut für Bildungswissenschaft, Heilpädagogik und Inklusive Pädagogik.
gottfried.biewer@univie.ac.at

Buchner, Tobias
queraum. kultur- und sozialforschung.
buchner@queraum.org

Carlisle People First Research Team Ltd.
Cambeck Bridge Cottage, Brampton, Cumbria, CA8 2AU, UK.
cpfrt.research@yahoo.com

Curdt, Wiebke
Bremen
wcurdt@gmx.de

de Schauwer, Elisabeth, Dr.
Universität Gent, Department of Special Needs.
Elisabeth.DeSchauwer@UGent.be

Egloff, Barbara
UNiversität Zürich, Institut für Erziehungswissenschaft, Sonderpädagogik: Gesellschaft, Partizipation und Behinderung.
begloff@ife.uzh.ch

Fleischanderl, Ulrike
queraum. kultur- und sozialforschung.
fleischanderl@queraum.org

Flieger, Petra
Absam.
petra.flieger@pflie.at

Garcia Iriarte, Edurne, Dr.
Trinity College Dublin, Department of Social Studies.
E-Mail: iriartee@tcd.ie

Goeke, Stephanie, Dr.
Böblingen.
stephaniegoeke@gmx.de

Goethals, Tina
Universität Gent, Department of Special Needs.
Tina.Goethals@UGent.be

Goldbach, Anne, Dr.
Universität Leipzig, Erziehungswissenschaftliche Fakultät, Institut für Förderpädagogik, Pädagogik im Förderschwerpunkt Geistige Entwicklung.
goldbach@uni-leipzig.de

Grubich, Rainer
Pädagogische Hochschule Wien, Büro für Inklusive Bildung.
Rainer.Grubich@phwien.ac.at

Hauser, Mandy
Universität Leipzig, Erziehungswissenschaftliche Fakultät, Institut für Förderpädagogik, Pädagogik im Förderschwerpunkt Geistige Entwicklung.
mandy.hauser@uni-leipzig.de

Hughes, Zoe
Trinity College Dublin, Department of Social Studies.
zhughes@tcd.ie

Johnson, Kelley, Prof. Dr.
University of New South Wales, Social Policy Research Centre.
kelley.johnson@unsw.edu.au

Moser, Vera, Prof. Dr.
Humbold-Universität zu Berlin, Kultur-, Sozial- und Bildungswissenschaftliche Fakultät, Institut für Rehabilitationswissenschaften, Pädagogik bei Beeinträchtigungen des Lernens/Allgemeine Rehabilitationspädagogik.
vera.moser@hu-berlin.de

Kellett, Mary, Prof. Dr.
The Open University Milton Keynes, Dean and Director of Studies Faculty of Education and Language Studies.
mary.kellett@open.ac.uk

Klauß, Theo, Prof. Dr. i.R.
Pädagogische Hochschule Heidelberg, Institut für Sonderpädagogik, Pädagogik im Förderschwerpunkt geistige Entwicklung, Mitglied Bundesvorstand der Bundesvereinigung Lebenshilfe, Stellvertretender Vorsitzender der Deutschen Gesellschaft für seelische Gesundheit von Menschen mit geistiger Behinderung (DGSGB).
Theo.Klauss@urz.uni-heidelberg.de

Koenig, Oliver, Dr.
Universität Wien, Institut für Bildungswissenschaft, Heilpädagogik und Inklusive Pädagogik.
oliver.koenig@univie.ac.at

Kohlmann, Karen
Diakonie am Thonberg Leipzig, Berufsbildungsbereich.
kohlmann.karen@dat-leipzig.de

Kremsner, Gertraud
Universität Wien, Institut für Bildungswissenschaft, Heilpädagogik und Inklusive Pädagogik.
gertraud.kremsner@univie.ac.at

Kubiak, John, Dr.
Trinity College Dublin, School of Education.
kubiakj@tcd.ie

Nind, Melanie, Prof. Dr.
University of Southhampton, Education School.
M.A.Nind@soton.ac.uk

Nösterer-Schreiner, Sylvia
Pädagogische Hochschule Wien, Institut für Hochschulmanagement.
Sylvia.Noesterer@phwien.ac.at

O'Keeffe, Molly
Trinity College Dublin.
MOOKEEFF@tcd.ie

Schönwiese, Volker, Prof. Dr. i.R.
Absam.
Volker.Schoenwiese@uibk.ac.at

Schuppener, Saskia, Prof. Dr.
Universität Leipzig, Erziehungswissenschaftliche Fakultät, Institut für Förderpädagogik, Pädagogik im Förderschwerpunkt Geistige Entwicklung.
schupp@rz.uni-leipzig.de

Seifert, Monika, Prof. Dr.
Deutsche Heilpädagogische Gesellschaft e.V., Vorsitzende.
monikaseifert@gmx.de

Terfloth, Karin, Prof. Dr.
Pädagogische Hochschule Heidelberg, Institut für Sonderpädagogik, Pädagogik bei schwerer geistiger und mehrfacher Behinderung und Inklusionspädagogik.
terfloth@ph-heidelberg.de

Wagner-Willi, Monika, Dr.
Fachhochschule Nordwestschweiz, Institut Spezielle Pädagogik und Psychologie, Integrative Didaktik und Heterogenität.
monika.wagner@fhnw.ch

Williams, Val, Dr.
University of Bristol, Norah Fry Research Centre.
val.williams@bristol.ac.uk

van Hove, Geert, Prof. Dr.
Universität Gent, Department of Special Needs.
Geert.VanHove@UGent.be

van Breda, Lien
Universität Gent, Department of Special Needs.
Lien.VanBreda@UGent.be

von Unger, Hella, Prof. Dr.
Ludwigs-Maximilian-Universität München, Sozialwissenschaftliche Fakultät Institut für Soziologie, Lehr- und Forschungsbereich für Qualitative Methoden der empirischen Sozialforschung.
unger@lmu.de

Walmsley, Jan, Dr.
Jan Walmsley Associates, Wingrave.
janwalmsleyassociates@gmail.com

Zahnd, Raphael
Universität Zürich, Institut für Erziehungswissenschaft, Sonderpädagogik: Gesellschaft, Partizipation und Behinderung.
rzahnd@ife.uzh.ch

Zehle, Jana, Prof. Dr.
Hochschule Hannover, Fakultät V – Diakonie, Gesundheit und Soziales Heilpädagogik.
jana.zehle@hs-hannover.de